Italienische Literatur(geschichte) für das Bachelorstudium

Grundlagen der Italianistik

Herausgegeben von Heinz Willi Wittschier

Band 15

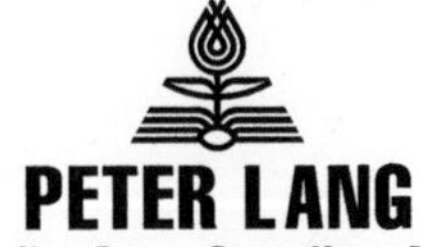

PETER LANG

Frankfurt am Main · Berlin · Bern · Bruxelles · New York · Oxford · Wien

Heinz Willi Wittschier

Italienische Literatur(geschichte) für das Bachelorstudium

Kurs und Arbeitsbuch

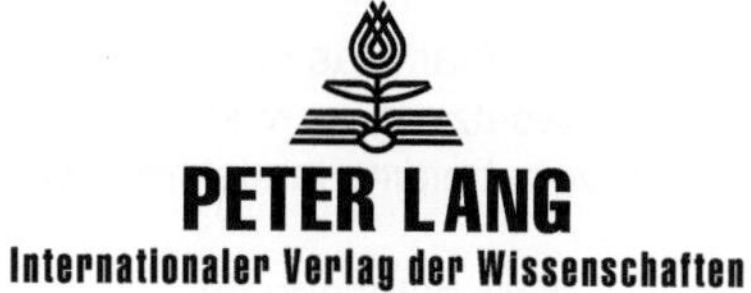

Bibliografische Information der Deutschen Nationalbibliothek
Die Deutsche Nationalbibliothek verzeichnet diese Publikation
in der Deutschen Nationalbibliografie; detaillierte bibliografische
Daten sind im Internet über http://dnb.d-nb.de abrufbar.

Gedruckt mit freundlicher Unterstützung
des Istituto Italiano di Cultura Hamburg

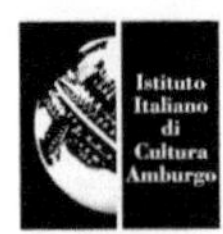

und der Società Dante Alighieri -
Deutsch-Italienische Gesellschaft e.V.

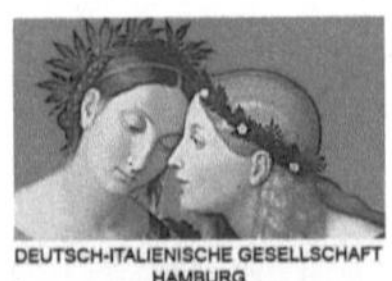

Hintergrund des Buchumschlags:
Auszug aus der ‚Göttlichen Komödie‘
von Dante Alighieri (1265-1321).
Nähere Erläuterungen finden Sie hinten in diesem Buch.

ISSN 1439-0140
ISBN 978-3-631-63651-0

© Peter Lang GmbH
Internationaler Verlag der Wissenschaften
Frankfurt am Main 2012

www.peterlang.de

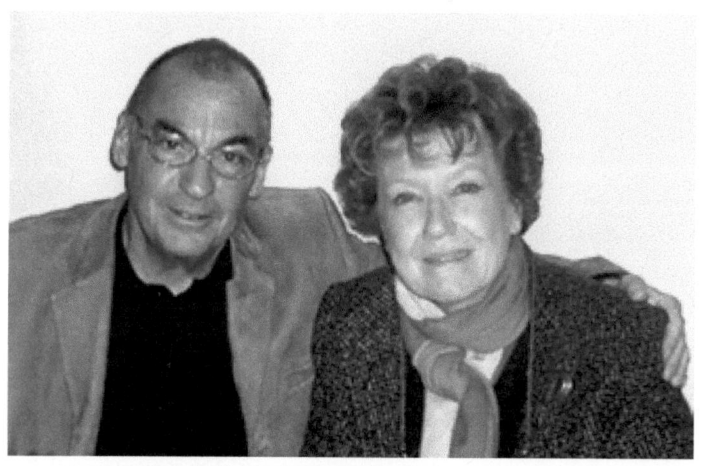

[Der Autor Heinz Willi Wittschier; hier mit
Italiens berühmter Schriftstellerin Dacia Maraini.
Foto: Gianni Wittschier]

…misi me per l'alto mare aperto…
(So ging aufs hohe, offene Meer die Fahrt)

[Mit diesen Worten beginnt Odysseus vor Dante die Erzählung seiner wagemutigen Seefahrt.
(**Dante ALIGHIERI**, *Inferno* XXVI, 10)]

Mein lieber Gianni!

Warum ich Dir dieses Buch widme?

Nun, immer wieder sagtest Du mir:

> *„Papa, Du schreibst soviel, aber denkst Du auch an die Studenten?*
> *Was ist mit den Bachelor-Leuten? Die haben es doch so schwer!*
> *Willst Du für sie nicht mal was Gutes auf den Weg bringen?"*

Gianni, recht hattest Du! Die Aufgabe war aber nicht leicht. Hoffentlich enttäusche ich die jungen Menschen jetzt nicht! Aber ich denke, dass es doch irgendwie geklappt hat, weil ich beim Schreiben immer an Deine Worte dachte.

Sollte man mich dennoch als Kamel bezeichnen, dann betrachte ich das als ein Kompliment. Denn

A camel is a horse designed by a committee.

[Dies soll Sir **Alec ISSIGONIS** (1906-88) gesagt haben. Der von der englischen Königin geadelte Konstrukteur des berühmten und beliebten 'Minis' wollte damit andeuten, dass ein Pferd trotz seiner edlen Qualitäten dem wertvolleren Wüstentier unterlegen sei. So entwickelte Issigonis mit seinem Team neben dem 'normalen' Auto d a s Auto schlechthin, also den 'unverwüstlichen', u. a. von Leyland, Innocenti, Austin und Rover gebauten Mini, mit dessen Technik sich Gianni seit seiner Jugend leidenschaftlich auseinandersetzt.]

Inhalt

Vorwort

Liebe Bachelor-Studierende!

Das vorliegende Lehr- und Lernwerk schlägt eine Brücke von Ihren ersten Literaturerfahrungen in der Schule hin zum Bachelor-System bis zur Schwelle der Master-Studiengänge an der Universität.

In nur 6 Lektionen (= 'Problemfeldern') werden Sie Schritt für Schritt an Hauptgattungen, bedeutende Epochen und herausragende Autoren sowie berühmte Werke der italienischen Literatur herangeführt und erlangen so fundiertes Grundwissen.

Da ein BA-Studium an unseren Universitäten ohne Italienisch-Kenntnisse begonnen werden kann, kommen Sie auch bei unserem Kurs zunächst mit geringen fremdsprachlichen Fertigkeiten aus.

Ein Studium ist Lebensplanung; deshalb werden wir kontinuierlich auf berufliche Perspektiven eingehen, die sich dann später mit Ihrem Fach Italienisch verbinden lassen. Das Erlernen literarischer Sachverhalte wird so mit selbständigem Arbeiten verknüpft, dass Theorie und Praxis eine Einheit bilden. Zur Welt der Texte, ihrer Geschichte und wissenschaftlichen Erschließung führen zwar primär Bücher, aber auch die permanent genutzten modernen Medien sowie Italiens beliebte Kunst und Architektur. Ein Ziel ist es, dass Sie sich anschließend nicht nur 'in Ihren vier Wänden' in italienischer Literatur und deren Geschichte auskennen, sondern auch in der Hochschule sicher auftreten: in Institutsräumen, vor Bücherregalen, an Katalogeinrichtungen, neben den Mitstudierenden.

In effizient genutzter Zeit erhalten Sie einen ausgewogenen Eindruck von italienischer Literaturwissenschaft, die hier international ausgerichtet ist. Da Sie sich jedoch als deutschsprachige Studierende dieses Gebiet in einem Kulturraum mit großer romanistischer Tradition aneignen, werden Sie gerade auch mit dieser vertraut gemacht.

Durch die Beschreibungen zahlreicher anderer Einführungswerke gewinnen Sie einen unverdeckten Einblick in die 'Marktlage' des eigenen Faches (bzw. seines Umfeldes), sodass Sie gut informiert eigene Wege wissenschaftlicher Weiterbildung planen können.

Die besondere Schreibweise des Titelbegriffs 'Literatur(geschichte)' soll andeuten, dass Texte immer eine historische Substanz besitzen; diese ist in ihnen selbst verankert, und es gilt, sie auf der Basis gesicherter Methodik aufzudecken. Es ist jedoch nur zum Teil förderlich, sich als Lernende(r) eine ganze 'Geschichte der italienischen Literatur' 'einzuverleiben'. Das bloße Kennenlernen von Epochen und Abläufen bleibt dann zu abstrakt, literaturfern und ebenso einseitig und trocken wie die Lektüre eines reinen Theoriehandbuches. Wir behandeln daher das Studium italienischer Texte als eine synchrone Zusammenschau von (praktikabler, logischer) Abstraktion und (innerer, ablesbarer) Geschichtlichkeit.

Dieses Buch ist als 'Selbstlernwerk' konzipiert, kann aber auch die Grundlage eines Literaturseminars bilden; in beiden Fällen sollten Sie für jede Lektion zwei Wochen bzw. zwei Sitzungen einplanen.

Im Laufe von drei Jahren müssen Sie bekanntlich 'in rasender Geschwindigkeit' umfassende Kenntnisse von der Sprache, Literatur, Geschichte und Kultur einer romanischen Nation sowie von sehr entwickelten, globalisierten Spezialdisziplinen erwerben. Deshalb soll dieses Buch für Sie ein 'Ort' ruhiger Zurückgezogenheit sein, von dem aus Sie sich gelassen einen interessanten Wissenschaftskosmos erschließen können. Es geht um die Schätze der italienischen Literatur, die ja eine unmittelbare Beziehung zu einem schönen und wichtigen Teil Europas herstellen, mit dem sich viele Menschen in starker Emotionalität verbunden fühlen; dies ist auch bei Ihnen der Fall, denn sonst hätten Sie sich nicht für das Fach Italienisch entschieden.

Nun wünsche ich Ihnen viel Erfolg.

Hamburg, im Dezember 2011

Heinz Willi Wittschier

1.1 Problemfeld I: Lyrik in freien Versen. Das Mikrogedicht *Mattina* (1917) von Giuseppe Ungaretti (1888-1970) [Novecento: 'Moderne' (20. Jh.)].

Die beiden ersten Hauptkapitel dieses Studienwerks gelten der Lyrik (man spricht auch von 'Versrede'). Wir befassen uns also mit einer Gattung, von welcher Studierende manchmal behaupten, dass sie schwer Zugang zu ihr hätten, wenig damit anfangen können. So etwas wurde mir in persönlichen Gesprächen oft angedeutet. Allerdings glaube ich, dass gerade die 'jungen Leute (von heute)' ein enges und ungezwungenes Verhältnis zur Poesie haben, weil sie tagtäglich damit leben. Denn ihr Gefallen an englischen Songs oder französischen Chansons ist ein eindeutiges Ja zu poetischen Texten, welche in solchen Fällen mit Gesang und Instrumentalbegleitung 'performt' werden. Sie finden manche Lieder so gut, dass sie sich gern dazu bewegen, manchmal sogar danach tanzen. Damit machen sie etwas, was schon die alten Griechen taten, für die rhythmische Körpermotorik zur Musik an besonderen Orten eine religiöse Bedeutung hatte. Dieses sakrale Phänomen ist noch heute beim Gospel-Vortrag in den USA recht natürlich zu erleben.

Zuerst befassen wir uns mit einem neuzeitlichen und danach – im zweiten Kapitel (= 'Problemfeld II') – mit einem älteren Gedicht. Zufälligerweise entstand im 20. Jh. der kürzeste Lyriktext der gesamten italienischen Nationalliteratur. Es könnte sogar sein, dass der im Folgenden besprochene 'Zweizeiler' überhaupt das kürzeste Gedicht des Weltschrifttums ist! Daraus ergibt sich für uns eine besondere Chance:

Wenn ein Gedicht nämlich wirklich ein Gedicht ist, dann müssten seine elementaren Eigenschaften – und diese wollen wir unbedingt in diesem Arbeitsabschnitt erfassen – auch auf das kürzeste Beispiel seiner Gattung zutreffen. Und falls das besagte kleine Werk bedeutend oder berühmt ist – was hier einmal vorläufig behauptet wird –, dann sollten sich auch relevante literaturgeschichtliche Merkmale an ihm feststellen lassen.

[Alle 6 Kapitel (= 'Problemfelder') dieses Arbeitsbuches sind so konzipiert, dass man bei einer (empfohlenen) ersten Lektüre die in kleinerem Druck gesetzten, etwas eingerückten und mit einer (fetten) eckigen Klammer umgrenzten Passagen übergehen kann, um sich nur auf den Verlauf der Interpretation des jeweiligen literarischen Textes und die inhaltliche Argumentation zu konzentrieren. Bei einem (unbedingt notwendigen) zweiten Lesen gilt es, hiernach eben jene eingeschobenen Exkurse gedanklich einzubeziehen, um so zu einer wissenschaftlichen Fundamentierung der Feststellungen zu gelangen, welche das methodische Rückgrat Ihres Literaturstudiums bilden. Manche Namen, Titel, Begriffe oder Statements heben wir im Druck heraus, um die anvisierten Schwerpunkte zu signalisieren. Es folgt nun der erste Exkurs.]

[**Lyrik kann kurz sein.** Da es sich bei dem folgenden Textbeispiel – wie angedeutet – um ein extrem 'sparsames' Gedicht handelt, wollen wir uns Beobachtungen zunutze machen, mit denen ein Verfasser geschickt seine 'Abiturhilfe' für Lyrik Erlernende einleitete; es ist ein Büchlein, welches 'damals' vielleicht auch an Ihrer Schule in Mode war und das Sie sogar kennen:

„Liebe Abiturientin, lieber Abiturient, **Gedichte sind kurze Texte**. Ihr Grundprinzip ist es, mit wenigen Worten viel zu sagen. Dies führt zu stark verdichteten und komplizierten Gebilden, die nur von dem ganz verstanden werden, der sich in besonderer Weise darum bemüht und sich auf das Wagnis einer Gedichtinterpretation einlässt. Aufgrund der mehrdeutigen und bildhaften poetischen Sprache kann man den Sinngehalt eines Gedichts oft nur annähernd und nicht mit letzter Gewissheit erschließen. Daher lassen viele Gedichte unterschiedliche Interpretationen zu." (Reinhard MARQUASS, *Gedichte analysieren. Grundbegriffe und Verfahren*, [1]2000: 5; [2]2003, [3]2007: ebend.).

Für uns soll im Folgenden gelten, dass Textökonomie bei Lyrik einerseits etwas generell Charakteristisches ist, dass aber eine ausgeprägte Knappheit außerdem auf eine bestimmte Epoche hinweisen kann.]

Methodisch bzw. erkenntnistheoretisch setzen wir ab jetzt voraus: Über nennenswerte Erfahrungen zu Italiens Literatur verfügen wir noch nicht, aber unser Blick ist auf jeden Fall kritisch geschärft. Wenn wir nun unsere Aufmerksamkeit nicht auf eine riesige Fläche (so weiträumig etwa wie eine Landschaft), sondern auf einen winzigen Gegenstand (nicht größer als eine Münze) richten sollen, dann ist anzunehmen, dass wir leichter und schneller Markantes und Relevantes an unserem zu untersuchenden Textobjekt feststellen werden.

Das in dieser Unterrichtseinheit behandelte Mikro-Gedicht stammt von **Giuseppe UNGARETTI (1888-1970)**, einem der anerkanntesten Dichter Italiens des 20. Jh.s. Dieser Poet hat die Lyrik gewissermaßen 'neu erfunden', indem er so tat, als hätte es vor ihm nie jene festgefügten bzw. traditionellen Poesieformen gegeben, wie Sie sie gewiss in der Schule zu Genüge kennen gelernt hatten. Ungarettis Dichten ist somit wegen seiner innovativen Bedeutung eine überaus wichtige und spannende philologische Angelegenheit!

[**Biographie unseres Dichters (von der Geburt bis zum Ende des Ersten Weltkrieges)**. Ungaretti wurde 1888 in der ägyptischen, auf eine sehr alte Kulturgeschichte zurückblickenden Stadt Alexandria geboren. Die aus Lucca stammenden Eltern waren bäuerlicher Herkunft und Ende der 70er Jahre des 19. Jh.s dorthin ausgewandert, als man den Suezkanal baute. Der Vater, Antonio Ungaretti, wirkte an den Ausschachtungsarbeiten mit; er starb 2 Jahre nach der Geburt des Sohnes an einem Leiden, das er sich auf den Baustellen zugezogen hatte. Die Familie – es war da noch der ältere Bruder Costantino – wohnte am Stadtrand, in unmittelbarer Nähe der Wüste, sozusagen im Anblick der Beduinenzelte. Als kleiner Junge hatte Giuseppe ein sudanesisches Kindermädchen, und von einer kroatischen Hausangestellten, welche in einem Harem gelebt hatte, ließ er sich phantastische Geschichten erzählen. Maria Lunardini, die Mutter, hatte eine Bäckerei; dies ermöglichte dem Jungen – nach einer ersten Ausbildung im dortigen Collegio Don Bosco – den Besuch der Schweizer Schule (École Suisse Jacot). Vor allem war da noch der spätere Schriftsteller Enrico Pea (1881-1958), ein hilfreicher Freund, der einst gleichfalls nach Ägypten übergesiedelt war und der in Alexandria einen internationalen (sozialistisch-atheistischen) Anarchistenkreis (Barraca Rossa) gründete, dem sich auch Ungaretti anschloss. Die Mutter gab dann das Backgeschäft auf, das Geld verschwand in unglücklichen Unternehmungen. Deshalb begab sich ihr Sohn Giuseppe – nach seinem allerersten Aufenthalt in Italien (Brindisi, Rom und Florenz) – nach Paris (1912-15); eigentlich sollte er dort, dem Wunsch der Mutter entsprechend, Jura studieren; er hörte aber am Collège de France, der Elitehochschule, und an der Sorbonne Vorlesungen ganz anderer Art bei bedeutenden Persönlichkeiten wie dem Philosophen Henri Bergson, dem Philologen Joseph Bédier und dem Kritiker Gustave Lanson. Ein schreckliches Erlebnis war für ihn 1913 der wohl aus Heimweh geschehene Freitod seines arabischen, von Emirrnomaden abstammenden Jugend- und Schulfreundes Mohammed Sceab in der gemeinsam bewohnten Pariser Pension Hôtel d'Orléans (Rue des Carmes Nr. 5) im Quartier Latin; mit ihm war er vom Nil in die französische Metropole gekommen. In Frankreich gewann Ungaretti als Freunde berühmte Vertreter der Avantgarde wie die Literaten Guillaume Apollinaire, Max Jacob und Marcel Proust sowie die Maler Umberto Boccioni, Georges Braque, Carlo Carrà, Giorgio de Chirico, Fernand Léger, Amedeo Modigliani und Pablo Picasso. Auch den Begründer des Futurismus Filippo Tommaso Marinetti lernte er dort kennen, durch dessen revolutionäre Ästhetik man Ungarettis Art Lyrik vielleicht am besten erklären kann. Italienische Schriftsteller, zu denen er Kontakt hatte, waren Aldo Palazzeschi, Giovanni Papini und Ardengo Soffici. Als 1915 Italien in den Krieg eintrat, meldete er sich in Lucca, der Heimat seiner Eltern, als Freiwilliger. Er kämpfte als einfacher Soldat im 19. Infanterieregiment zuerst in der nordostitalienischen Karstregion, ging später mit seiner Einheit nach Nordfrankreich an die deutsche Front. Mitten in diesem Krieg entstanden seine ersten lyrischen Texte, wovon uns einer besonders beschäftigen soll:

„Ungaretti è di nuovo al fronte, a Santa Maria La Longa, nel gennaio 1917, il 26, e il dolore riprende a raggrumarsi nella pietrificazione del grido: *«Ma le mie urla / feriscono / come fulmini / la campana fioca / del cielo // Sprofondano / impaurite»*. È il preludio di un mattinale, forse il più celebre della poesia del Novecento italiano, due versi soltanto, il culmine della pietrificazione prosciugata dal dolore, su cui tanta inetta critica ha ironizzato: *«M'illumino / d'immenso»* scrive dalla retrovia di Santa Maria La Longa, il 26 gennaio: ed è un segnale di ritrovata fede nella vita che incontriamo, ancora lo stesso giorno, in questi versi: *«Vorrei imitare / questo paese / adagiato / nel suo camice / di neve»*.“ (Walter MAURO [1]1990: 45; [2]2006: 60. In seiner Ungaretti-Biographie erinnert W. M. mit diesem Zitat daran, dass sich der einst recht renommierte Literaturkritiker Francesco Flora, 1891-1962, seinerzeit, nämlich1936, sehr negativ über das hier in den Mittelpunkt unseres Kapitels gestellte meisterhafte Gedicht, über seinen Verfasser und ähnlich dichtende Poeten geäußert hatte; die sich bald aus diesem Text und anderen vergleichbaren ergebende Strömung des 'ermetismo' wurde nämlich zu einem weltliterarischen 'Markenzeichen' für kunstvolles modernes Dichten.).

(Vokabelhilfen zu dem Zitat von W. Mauro: *raggrumarsi* = sich verfestigen; *pietrificazione* = Versteinerung; *urlo* = Schrei, *le urla* = die Schreie; *ferire* = verletzen; *fulmine* = Blitz; *campana* = Glocke; *fioco* = schwach; *sprofondare* = einstürzen, versinken; *impaurito* = verängstigt; *preludio* = Vorspiel, Auftakt; *mattinale* = morgendlich(er Bericht, Rapport); *culmine* = Gipfel; *prosciugare* = austrocknen; *inetto* = unklug; *retrovia* = Etappe, Bereich hinter der Front; *adagiare* = sanft hinlegen; *camice* = Kittel, Kleid)

1916 kam Ungarettis erster kleiner Gedichtband ***Il porto sepolto*** in Udine heraus, in nur 80 Exemplaren, die er an Bekannte verteilte. Seine Biographie wollen wir nur bis hier verfolgen, weil unser Interpretationsgegenstand kurz nach dieser frühen, zuvor beschriebenen, überaus ereignisreichen, mit kulturellen Kontakten prall angefüllten Lebensphase entstand. Es sei weiterhin erwähnt, dass das folgende Gedicht erstmals in einer Zeitschrift, dann in seinem ersten größeren Sammelband mit dem Titel ***Allegria di naufragi*** (Firenze, Vallecchi, 1919) erschien. Nach Kriegsende, 1918, lebte Ungaretti erneut bis 1921 in Paris, dem großen europäischen Zentrum sich erneuernder Künste und progressiver Ideen. Er hatte dort übrigens ein Examen in Französisch mit einer Arbeit über den romantischen Dichter Maurice de Guérin abgelegt und kurz danach in Italien die Lehrbefähigung für das Fach erhalten.]

Worte, Sätze, Verse und Strophen stellt Giuseppe Ungaretti in völlig neuer Art zusammen. Daher ist jeder Text, formal-äußerlich gesehen, ein Unikat, d. h. etwas

Einmaliges. Ungaretti ging mit seinem Sprachmaterial äußerst sparsam um: Nichts ist bei ihm überflüssig. Das tut gut in einer Zeit, wie der unsrigen, in der soviel Seichtes oder Bodenloses vom Stapel gelassen wird. Sein Lebenswerk – und Ungaretti erreichte ein hohes Alter – findet in nur einem Band Platz, der sogar ziemlich schmal ausfällt, wenn man sich die üblichen Kommentare der Herausgeber wegdenkt; er heißt *Vita d'un uomo*, wird immer wieder aufgelegt, denn er ist eine 'klassische' Gedichtsammlung der italienischen Nationalliteratur geworden. Man sieht an diesem Menschen, Künstler und seinem Schaffen: Nicht Masse, sondern genial erkannt Essentielles und hartnäckig erarbeitete Beschränkung können zum Lebensziel führen: der wertvollen Erneuerung einer ganzen und sehr wichtigen Textgattung.

„Giuseppe Ungaretti (1888-1970) gilt als einer der bedeutendsten modernen italienischen Lyriker. Sein erster Gedichtband, *Il Porto Sepolto*, dessen Erscheinen während des 1. Weltkrieges (1916) nicht nur in Italien Aufsehen erregte, hat wesentlich zur Erneuerung der italienischen Lyrik beigetragen. Zahlreiche Übersetzungen von Ungarettis Gedichten dehnten seinen Einfluß über den italienischen Sprachraum hinaus aus; dass zu seinen Übersetzern auch Ingeborg Bachmann und Paul Celan gehörten, lässt die Bedeutung Ungarettis für die Dichtung der Moderne erahnen." (Angelika BAADER, *'Unschuld' und 'Gedächtnis'. Bewußtsein und Zeiterfahrung in Giuseppe Ungarettis Poetik und Lyrik*, 1997: 11)

Das zentrale Deutungs- und Arbeitsobjekt dieses erstes 'Problemkreises' sieht so aus:

MATTINA

Santa Maria La Longa il 26 gennaio 1917

M'illumino

d'immenso

[Text nach der Ausgabe von Leone PICCIONI ([1]1969 bzw. Nachdrucke), S. 65]

Das Textgebilde besteht aus einer Überschrift (wie so viele Werke bekanntlich einen Titel haben), worauf eine Orts- und Zeitangabe folgt (was bei Gedichten ab und zu vorkommt, aber eher die Ausnahme ist; man spricht dabei von 'Paratext'). Hieran schließt sich das eigentliche Gedicht an, das zwei Zeilen bilden.

Der Text erschien damals zuerst in einer Anthologie, d. h. einer Ausgabe mit Gedichten verschiedener Verfasser (*Antologia della Diana*, Napoli, S. Morano, 1918, 193 Seiten) und wurde danach in Ungarettis Werkausgaben aufgenommen (erstmals in *Allegria di naufragi*, Firenze, Vallecchi Editore, 1919, 245 Seiten).

In der Eindeutschung des Ungaretti-Übersetzers Michael Marschall von Bieberstein lautet das Ganze:

16

Santa Maria La Longa am 26. Januar 1917

Ich erleuchte mich

aus Unermeßlichem

Während der eigentliche Textkörper (= *M'illumino d'immenso*) im Original aus 4 Worten besteht, wovon aber 2 Fragmente sind, benötigt der Übersetzer 5 ganze Worte. Im Italienischen erscheinen nur 19 Buchstaben (bzw. Zeichen), im Deutschen jedoch 32. Das Deutsche ist also nicht in der Lage, dem italienischen Minimalismus vollkommen zu entsprechen. In den Ausgaben nimmt der lyrische Winzling übrigens normalerweise die jeweilige Buchseite ganz alleine ein.

Wir haben eine 'morgendliche' Aussage vor uns, die ihren Ursprung an einem bestimmten Ort und an einem genau datierten Tag hatte. Santa Maria La Longa liegt in der norditalienischen Provinz Udine, und zwar in einer friaulischen Bergregion. Das Datum bezieht sich auf eine Phase der Kriegshandlungen während des Ersten Weltkriegs (1914-18): Im nordöstlichen Raum Italiens fanden damals erbitterte Kämpfe zwischen Italienern und Truppen der Donaumonarchie statt, bei denen auf beiden Seiten furchtbar viele Soldaten ihr Leben ließen.

Offenbar schildert das Gedicht die Situation, dass ein Soldat an der Front im Schützengraben eine schreckliche Nacht überstanden hat. Es ist tiefer Winter, die Sonne geht auf, und der junge frierende Mann erlebt einen neuen Morgen. Dieser Soldat könnte Giuseppe Ungaretti selbst gewesen sein, denn er nahm in der Tat an jenem Krieg teil und er war auch zu jenem Zeitpunkt an dem besagten Ort, was sich exakt dokumentieren lässt. Das Gedicht 'spricht' also jemand, der wieder einmal dem Tode entronnen ist, intensiv sein Am-Leben-Sein spürt und deswegen gewaltige Emotionen hat: Jeder Sonnenaufgang bringt einen neuen Tag und damit eine weitere Chance, die Welt und das Sein zu erfahren. Um die Situation des mit sich, aber auch zu uns Sprechenden als eine universelle und seine Erkenntnis als eine allzeit gültige einzuordnen, machen wir eine kleine Reise in eine ganz andere Zeit und Kultur.

Im Schaffen des deutschen Romantikers August Graf von Platen (1796-1835), der Italien über alles liebte und noch recht jung im sizilianischen Syrakus sein Grab fand, treffen wir auch ein Kurzgedicht an, das von Linderung und Trost des größtmöglichen Schmerzes spricht. Es inspirierte ihn hierzu einer der beliebtesten Poeten Persiens, nämlich Saadi von Schiraz (das ist Moscharraf od-Din Abdullah: um 1190-1283/91), Dichter und Mystiker sowie Schüler und Nachfolger des bedeutenden Autors Hafis, dem die Perser in seiner Geburtsstadt ein Mausoleum schufen. Bei von Platen findet man folgenden Vierzeiler, der wohl auch nach 'immensem' persönlichem Leid entstand:

NACH DEM PERSISCHEN DES SAADI

1822.

Die Welt kam zur Ruh durch des Erdbebens Wut,
und Saadi nach langwier'gem Irrsale ruht.
**Es kann dein Gemüt, Freund, den Schmerz überstehn,
denn stets mit dem Tag muß die Nacht schwanger gehn.**

Es geht dem alten persischen Poeten – wie auch dem Italiener, Jahrhunderte danach – um etwas, was jeder von uns nachvollziehen kann, weil man das schon selbst erlebt hat, auch wenn Erdbeben und Kriege noch viel schlimmere Kataklysmen sind: Die finsterste Nacht – und so auch der allergrößte Kummer – kann nicht ewig dauern, sie muss schon ziemlich bald dem Tag und der neuen (und alten und guten) Sonne weichen. Dichter machen sich zur Aufgabe, solche Umstände und Eindrücke anschaulich, und zwar poetisch darzustellen. Ein narrativer Text würde gewiss viele Seiten benötigen, um die komplexen Regungen im Herzen jenes dies alles erlebenden Menschen zu erfassen. In einem Theaterstück wäre so etwas vielleicht überhaupt nicht möglich, oder es wären lange Monologe sowie komplexe Dialoge notwendig. Ein Lyriker hat indes geeignete Mittel, das Gemeinte genau und unumwunden auszudrücken: kurz, knapp, bündig und dennoch in gewaltige Tiefen gehend. Es geht ja in unserem Fall um jene Lebenslagen, in denen Leben, Tod, Ewigkeit, Erleuchtung, Natur, Glück eine entscheidende Rolle spielen. Und dies geschieht hier in 2 Zeilen! Wie macht der Dichtende das bloß? Nun, offenbar steckt er sehr viel in seinen winzigen Text hinein.

Wenn wir jetzt die Dichtungsarbeit unseres italienischen Poeten transparent machen, dann praktizieren wir wissenschaftliche Prozesse, die wir methodisch so durchführen wollen, dass Sie sie bei späteren Anlässen – d. h. ähnlichen Aufgaben – wieder verwenden können. Vorweg sei betont: Ein Dichter träumt sich nichts zusammen, er ist nicht irrational von Emotionen geleitet, sondern er übt – bei aller 'Inspiration' – kompetent und geschickt sein Handwerk aus; dies besteht im effektvollen Umgang mit Worten, Sätzen und Texteinheiten. Er beherrscht dies alles dermaßen gut, dass er in uns Gefühle und Phantasien evoziert. Dafür ist ein Poet meist kein guter Klempner, Tischler, Mechaniker oder Kaufmann, welche ihrerseits andere und besondere Begabungen unter Beweis stellen müssen. Indem wir dem Dichter in seine Werkstatt folgen, wollen wir außerdem überprüfen, ob seine Schreibvorgänge nicht hier und dort an alte Traditionen erinnern und somit historische Verflechtungen aufweisen. Denn es geht uns ja (auch) um die Geschichtlichkeit der Literatur, und zwar hier der Gattung Lyrik.

Obwohl Ungarettis kleiner Text so 'modern' anmutet und der lapidaren Kommunikationsweise unserer Zeit nahe steht, dringen die mit ihm verbundenen Gedanken tief in die Errungenschaften der Dichtungsgeschichte vergangener Jahrhunderte ein: „Ungaretti appears to have learned to integrate his meditative substance with appropriate tones and delicate phonic combinations principally through a series of careful studies of the Petrarchan tradition, the baroque poets, and the decadent and symbolist movements." (Frederic J. JONES 1977: 211) Der Verfasser eines empfehlenswerten Buches über unseren Autor in englischer Sprache deutet mit seiner knappen Einordnung einen Bogen von nicht weniger als sechs Jahrhunderten Lyrik an, eine Entwicklung, die von Francesco Petrarca (1304-74) bis zu Charles Baudelaire (1821-67) reicht. Es geht also um einen großen europäischen Poesiekosmos, der bei Ungaretti – 'in nuce' und 'en miniature' – (wieder) in Erscheinung tritt.

[**Zur Kohärenz (und generellen Interpretierbarkeit) poetischer Texte.** Bevor wir beginnen, Teile oder Schichten des Gedichtes in Augenschein zu nehmen und so eine Interpretation eröffnen, wollen wir uns kurz daran erinnern, warum so etwas überhaupt möglich oder 'machbar' ist. Wir nehmen dafür ein theoretisches Statement des namhaften italienischen Professors Angelo MARCHESE (*1937) in Anspruch, der verschiedene, im italienischen Lehr- und Lernbetrieb recht geschätzte (und methodisch moderne) Bücher über die strukturelle und innere Beschaffenheit von Texten (einzelner Gattungen) schrieb:

„**Il dinamismo del testo.** Il testo poetico è strutturalmente costruito sulla correlazione dinamica delle parti o sottostrutture di cui è formato, in modo tale che, per i parallelismi messi in atto dal principio di equivalenza, ogni elemento può essere sinonimico [= gleichbedeutend] o antonimo [= entgegengesetzt] di qualsiasi altro." (A. M., *L'officina della poesia. Principi di poetica*,[1]1985: 96; [2]1997, [3]2000: ebendort)

Diese Aussagen erscheinen Ihnen bestimmt etwas abstrakt, aber inhaltlich geht es darum, dass der Text ein Gewebe ist, das eine logische Verknüpfung einzelner (mit einander korrelierender oder korrespondierender) Elemente darstellt, die ein dynamisches und vor allem bedeutungshaltiges Äquivalenzganzes aus Gleichheiten oder Gegensätzen bilden. Wenn man nun einem 'Glied' oder einer 'Masche' des kohärent geknüpften 'Netzes' einen Sinn (= eine Interpretation) verleiht, dann wird dies automatisch zu einem sinnstiftenden Teilakt eines größeren Gesamtvorgangs, den eine inhärente, d. h. innere Logik beherrscht, die vom Willen des Textproduzenten generiert (= erzeugt) wird.]

Zu den beiden Textzeilen (= 'Versen'). Die Mitteilung „*M'illumino d'immenso*" wäre an sich eine einfache Aussage in 'normal', glatt und simpel gebauter Syntax, wenn sie in Prosa daherkäme. Das ist aber nicht der Fall! Die kurze Nachricht wird nämlich mit einer minimalen 'Unterbrechung' vorgetragen, denn am Ende der ersten 'Zeile' ist man gezwungen innezuhalten, zu verweilen, eine kleine Pause zu machen. Dadurch bekommt der herkömmliche Satz einen anderen, ungewohnt unalltäglichen Verlauf oder Rhythmus, einen Aufmerksamkeit erregenden Charakter, einen feierlichen Duktus. Es wird somit durch einen scheinbar geringfügigen Eingriff, d. h. mit einer harmlosen 'Zäsur' – die ein 'anderes' Lesen oder Sprechen der ersten sowie der folgenden Zeile erzwingt – von dem Wesen banaler Gebrauchsprosa hin zu etwas anderem übergeleitet. Dieses 'andere' ist 'Poesie'; es steht dieses Wort in Verbindung mit dem griechischen Verbum *poiein* (= machen, tun): Wenn man mit der 'normalen' Sprache etwas 'macht', dann erhält man etwas 'Gemachtes', also möglicherweise *poiesis* (= 'Poesie'). Ein Dichter ist unentwegt damit beschäftigt, etwas mit der üblichen Sprache zu bewerkstelligen, sie nämlich unüblich erscheinen zu lassen und ihr eine besondere Wirkung zu geben. Wir Zuhörer bzw. den Text nachsprechende Leser merken das dann sofort und sagen: „Oh, das klingt so 'seltsam'; ach ja, das ist Dichtung!" Durch eine Zergliederung von Prosasprache in Zeilen (bzw. Versen) und Abschnitten (bzw. Ab-Schnitten) weichen wir von alltäglicher Rede ab und kommen zu 'sonntäglicher', feiertagshafter Kommunikation.

> [**Was ist überhaupt ein Gedicht?** Da wir in diesem Moment die Kernfrage bezüglich der Gattung 'Lyrik' berühren, sei hier die minimalistische (= elementare) Definition eines besonders kompetenten Fachmannes – er ist Professor für Literaturwissenschaft in Mainz – auf diesem Gebiet eingebracht:
>
> „[…]. In diesem Sinne schlage ich vor, das Gedicht als *Versrede* oder genauer noch: als *Rede in Versen* zu definieren. Unter einer *Rede* ist jede sprachliche Äußerung zu verstehen, die eine sinnhaltige, endliche Folge sprachlicher Zeichen darstellt. […]. Als *Versrede* soll hier jede Rede bezeichnet werden, die durch ihre besondere Art der Segmentierung rhythmisch von normalsprachlicher Rede abweicht. Das Prinzip dieser Segmentierung ist die Setzung von Pausen, die durch den Satzrhythmus der Prosa, und das heißt vor allem: durch die syntaktische Segmentierung des Satzes nicht gefordert werden." (Dieter LAMPING, *Das lyrische Gedicht. Definitionen…*, [1]1989: 23, 24; [2]1993, [3]2000: ebendort)]

Der muslimische Freitag, der jüdische Sabbat und der christliche Sonntag gelten bekanntlich dem Gottesdienst. Zur Ehrung des Allerhöchsten, also beim Dienst an oder für Gott wird dann eine andere, nämlich feierliche Sprache verwendet. Mit dem Schöpfer pflegt man weder coram publico noch 'innerlich' alltagshaft zu reden. Man 'reißt sich zusammen', d. h. man nimmt auch seine Sprache zusammen oder auch nimmt man sie gepflegt ordentlich auseinander und bereitet sie neu auf, womit man signalisiert, dass man sich an einen exzellenten Adressaten richtet. Und so wurde denn im Griechenland der Antike für den Umgang mit den Göttern eine eigene Textsorte verwendet: hymnisch erhabene Poesie. Wer einem heute poetisch oder lyrisch begegnet, der will sagen, dass es nun um eine herausragende Mitteilung geht. Bereits zwei Verse reichen (in unserem Fall) aus, um ein solches Poesiedokument zu schaffen. Ein einziger Vers wäre aber nicht genug; so etwas befände sich in zu dichter Nähe zu einem Prosasatz, und es entstünde kein magisch feierlicher Rhythmus, mit dem man vor den Schöpfer treten könnte. Prosa kann wohl gleichfalls poetische Elemente enthalten, aber nur ein Text aus Versen vermag wirklich ein Gedicht darzustellen.

In Ergänzung zu der poetischen 'Rede' (= Versrede) werden wir übrigens noch, bei der Bearbeitung der entsprechenden Problemfelder (III und IV bzw. V und VI), die erzählende (= narrative) und die szenische (= dramatische) 'Rede' kennenlernen. Außer 'Text' oder 'Gattung' – bei Gedicht, Erzählung oder Drama – benutzt man heute den allgemeineren, umfassenderen und kommunikationsorientierten Begriff der 'Rede', um anzudeuten, dass bei all den literarischen Produkten Sprache bzw. Gesprochenes oder gesprochen Gedachtes gemeint ist und dass literarische Texte immer den Gesetzen der sich mit Sprache und Sprechen bzw. Reden und Rede befassenden Linguistik gehorchen müssen – und dies auch tun –, sodass die Sprachwissenschaft die Basisdisziplin allen Verstehens von Literatur ist. Daher studieren Sie immer auch Linguistisches mit Ihrem Literaturfach.

20

Fazit: Weil die Äußerung *M'illumino / d'immenso* in Versen angelegt ist, bekommt sie a priori eine unkonventionelle, feierliche, sakral wirkende und (möglicherweise) religiöse Tragweite: Man sagt uns etwas Außerordentliches! So wollen wir uns denn darauf einlassen, diese Mitteilung, welche uns als extraordinäre Botschaft entgegengebracht wird, näher zu betrachten und ihre Substanz und Relevanz zu durchdringen!

Zum Rhythmus. Dadurch dass Aussagen satzphonetisch 'unterbrochen', nämlich in Verse gegliedert werden, entsteht ein anderer Rhythmus als in einer Prosarede. Bei jedem Sprechen – das in der Regel ein Kommunikationsakt ist – geht es nicht nur um bestimmte Worte (die untergebracht werden) oder eine Syntax (mit der man die Worte ordnet); man versieht das Sprechen auch mit einem bestimmten Duktus, einer gewissen Betonung, also lautlichen Gesamtstrukturierung. In einem Prosasatz (ohne Versaufteilung) würde es in unserem Fall ganz 'einfach' darum gehen, dass da irgendjemand eine Erleuchtung hat und dass dabei etwas Unermessliches im Spiel ist. Worum es sich dort handelt, könnte man in einem sachlichen Gespräch klären. Die beiden Verse schildern aber den gemeinten Umstand bzw. den Vorgang selbst! Zunächst wird im ersten Vers die Erhellung erwähnt (und dargestellt), und zwar als ein in sich abgeschlossenes Phänomen. Darauf wird der Eindruck von Unermesslichem vermittelt. Der erste Vers *M'illumino* hat einen eigenen Klangkörper: Die Betonung dieser Bedeutungseinheit liegt auf der vorvorletzten Silbe, also *M'illumino*. Es findet hier eine besondere Lautbewegung statt, nämlich ein vorsichtiger Anstieg, ein plötzlicher Höhepunkt sowie ein zweigliedriges Abklingen. Lässt sich diese kleine Klangsequenz nicht mit dem geophysikalischen und optisch bildlichen Szenario der am Horizont aufgehenden Sonne vergleichen, das der im Schützengraben liegende Soldat offenbar erlebt? Schauen Sie sich das doch bitte einmal bei nächster Gelegenheit (frühmorgens und bei klarem Himmel) an: Die Sonnenscheibe ist zunächst noch nicht da, aber sie kündigt sich schon indirekt durch ihre Leuchtkraft an; beim ersten Sichtbarwerden eines Segments des Sonnenkörpers zeigt dieser plötzlich seine ganze Intensität. Das weitere Emporsteigen des Lichtballs ist dann ein sich eher allmählich vollziehendes Stärkerwerden seiner Leuchtpotenz. Der zweite Vers ist klanglich anders ausgerichtet; *d'immenso* besteht aus drei Silben, von denen keine besonders herausgehoben wird. Alle drei Vokale haben ein großes Gewicht: *d'immenso*. Das Unermessliche bezieht sich einerseits auf die Sonne selbst, deren gleich bleibende Unbegrenztheit (z. B. in physikalischer Hinsicht) sich auf diese Weise andeutet. Zum anderen wird aber auch das seelische Erfülltsein des ergriffenen Soldaten spürbar gemacht: Sein Herz ist unerwarteterweise voll von Glück (inmitten des gewaltigen Leides ringsherum sowie natürlich trotz der maßlosen und bleibenden Angst), denn er ist n o c h am Leben. Ausgedrückt wird seine Emphase durch das akustisch ausgedehnte, in der Lautverteilung homogene und Weite sowie Größe verkörpernde, substantivierte Adjektiv. Dieses birgt in sich und umschließt klanglich sowie semantisch die Idee von der Unermesslichkeit.

[**Lyrik und Rhythmus.** Obwohl auch Prosa ohne bestimmte rhythmische Strukturen ihre Kommunikationsfunktionen schwerlich erfüllen kann, haben wir alle das Gefühl, dass Lyrik bzw. Poesie in besonderer Weise vom Rhythmus lebt, also Schwung, Elan, Impetus, Bewegung und Leben ausdrückt. So hatte man Gedichte schon im Altertum an Rhythmen gebunden, die allerdings – wie die Hexameterdichtung – ziemlich 'fest' waren. In neueren Zeiten befreiten sich die Dichter von solchen 'planmäßigen' Konventionen, und ihre Texte können in 'freien Rhythmen' verfasst sein. Wir lassen uns über diese Entwicklung von Hans-Dieter GELFERT informieren, denn wie kaum ein anderer Literaturprofessor hat er sich bemüht, gerade Schülern wissenschaftliche Textzusammenhänge zugänglich zu machen, und vielleicht kennen Sie sogar noch von damals das nun genannte Reclam-Bändchen – wovon er mehrere publizierte – über Wesen, Bedeutung und Geschichte der Rhythmik in der Poesie:

„Ein Gedicht braucht weder ein festes Metrum noch eine Bindung der Zeilen durch Stab- oder Endreim zu haben. Wichtig ist nur, dass es eine 'kristalline' Struktur hat, die jedem Sinn- und Lautgefüge einen festen Platz zuweist. Wenn kein Metrum erkennbar ist, wird das Lautgefüge eben durch den Satzrhythmus bestimmt. Von moderner Lyrik erwartet der Leser kaum noch, dass sie sich reimt oder ein Metrum hat. Selbst der freie Rhythmus wird so stark zurückgenommen, dass er sich oft wie Prosa liest. Das war in der klassischen Tradition noch ganz anders. Dort kamen freie Rhythmen verhältnismäßig spät auf. Unter den großen deutschen Lyrikern war Klopstock (Friedrich Gottlieb K.: 1724-1803) der erste, der mit reimlosen, frei rhythmisierten Gedichten versuchte, den hymnischen Ton Pindars (P.: 522 oder 518 – ca. 446 vor Chr.) nachzubilden. Ihm folgte der junge Goethe (1749-1832) mit seinen frühen Hymnen, die zu den Prunkstücken dieser Dichtungsform zählen. Die Schwierigkeit der freien Rhythmen liegt darin, dass sie sich nach zwei Seiten hin abgrenzen müssen. Einerseits müssen sie den Eindruck von Prosa vermeiden und andererseits dürfen sie nicht in eines der vertrauten Metren verfallen. Das verlangt von einem Dichter mehr sprachliche Intuition als bei einem Gedicht mit vorgegebener Form wie etwa dem Sonett. Wirklich bedeutende Gedichte in freien Rhythmen haben deshalb nur die ganz großen Dichter geschaffen." (H.-D. G., *Einführung in die Verslehre*, [1]1998; Nachdruck 2009: 148-9)]

Fazit: Die Analyse der Rhythmik der beiden Kurzverse bekundet bereits den großen Ausdrucksvorteil der Versrede gegenüber einer Prosatextur. Während letztere einen Vorgang logisch, zerebral, geradezu 'wissenschaftlich' zu schildern, erläutern, begründen pflegt, kann die Poesie etwas d i r e k t sagen, nämlich durch ihre textliche Körperhaftigkeit selbst darstellen, d. h. 'mimetisch' nachspielen oder simulieren. Die Poesie ist eine Meisterin der 'Mimesis', die schon der griechische Philosoph und Begründer literaturtheoretischen Denkens Aristoteles (384-322 v. Chr.) als Haupteigenart der Dichtung erkannte; gemeint ist mit diesem Terminus die Nachahmung (Imitation) von Wirklichkeit. Die lyrisch 'inszenierte' Welt im Gedicht ist oft die Welt selbst (in Worten), aber kein trockenes Dissertieren darüber. Wir wollen sehen, ob diese Feststellung auch auf die anderen Elemente (Konstituenten) zutrifft, welche unseren Text bilden, also das Gedicht als solches hervorbringen.

Zur Metrik. Mit der Rhythmik haben wir noch nicht die Metrik unseres Textes kommentiert; gemeint ist seine 'Versbeschaffenheit' hinsichtlich der Silbenstruktur und -qualität. In einem Prosatext sind Anzahl und Anordnung bestimmter Silben belanglos (in unserer Zeit zumindest, während die über ein Jahrtausend verwendete lateinische Prosa einst doch kunstvolle Verlaufsformen von Silbenanhäufungen und Lautkombinationen kannte, z. B. 'cursus' genannt und dort hauptsächlich zum Ende eines Satzes erscheinend). Prosa will – vor allem heute – Inhalte vermitteln, was sie durchaus auch mit rhetorischen und stilistischen Mitteln erreichen kann. Aber koordinierte Anordnungen von Silben spielen da kaum eine tragende Rolle (wobei wir jedoch die raffiniert operierende Sprache der Werbung ausnehmen müssen). Die gesamte Dichtkunst Europas – aber auch die anderer Länder – basiert auf dem Einbringen eines kalkulierten Quantums von Silben in eine 'Zeile' – Vers genannt – und einer Anordnung von 'Zeilen' gemäß eines übergeordneten Systems (= Strophen bzw. Gedichtform). Dies bedeutete immer einen gewissen Zwang, dem sich manche Textschöpfer mit Begeisterung, andere jedoch nicht gerne beugten. Seit der Antike wird jedenfalls lyrische Rede nach mehr oder weniger geregelten Silbendispositionen organisiert: Dichten hat damit etwas durchaus Numerisches oder gar Technisches an sich.

[**Elementares zum Wesen des italienischen Verses.** Da wir augenblicklich das 'Urwesen' der lyrischen Sprache der Italiener berühren – nämlich die metrische (und rhythmische) Beschaffenheit ihrer Gedichte schlechthin –, lassen wir uns von einem bedeutenden Italianisten und Fachmann auf dem Gebiet der Metrik – dem hochbetagt verstorbenen Ordinarius für Romanistik an der Universität Mainz Wilhelm Theodor ELWERT – die entsprechenden Basics dafür erklären:

„1. Der Charakter des italienischen Verses ist bestimmt durch Silbenzahl und Rhythmus. Wie in den anderen romanischen Literaturen bildet die Silbe die metrische Einheit; d. h. als gleich gelten Verse, die die gleiche Silbenzahl aufweisen.
2. Die Quantität der Silbe, d. h. ihre Länge oder Kürze spielt keine Rolle. Das ist ein grundsätzlicher Unterschied gegenüber dem antiken, griechisch-lateinischen Versbau. Er liegt in der sprachlichen Entwicklung begründet. [...].
3. Beim italienischen Vers spielt auch der Rhythmus eine Rolle; er tritt aber an Bedeutung zurück hinter der Silbenzahl, d. h. als gleich gelten Verse gleicher Silbenzahl, auch wenn sie rhythmisch verschieden sind. Gegenüber der Silbenzahl spielt der Rhythmus eine untergeordnete Rolle, anders als im germanischen (und älteren deutschen) Vers. [...].
4. Andererseits ist die rhythmische Struktur des Wortes im Verszusammenhang im italienischen (und spanischen, portugiesischen) Vers von größerer Bedeutung als im französischen. Den italienischen Vers unterscheidet vom französischen die stärkere Rolle, die der Wortakzent und die Reihenfolge der Wortakzente spielt. Auch dies ist im Charakter der Sprache begründet. [...]. Im Italienischen (und Spanischen, Portugiesischen) hat jedes Wort einen starken eigenen Akzent, den es auch im Satzzusammenhang und folglich auch im Vers behält. [...]. Der Vers wird dadurch stark rhythmisch gegliedert. [...]. Es ist daher bei der Betrachtung des italienischen Verses von der Silbenzahl auszugehen, dann aber der Rhythmus zu beachten." (W. Th. E., *Italienische Metrik*, [2]1984: 13-4; [1]1968)]

Es gibt Gedichtarten, die aus soundsovielen Versen zu soundsovielen Silben bestehen; ein typisches und berühmtes Beispiel hierfür ist das sich aus 14 Elfsilberversen zusammensetzende, in allen europäischen Literaturen anzutreffende Sonett, welches wir im nächsten Problemfeldkapitel kennen lernen werden. Jenes Strukturgesetz verschwindet teilweise erst während der ersten Jahrzehnte des 20. Jh.s, in Italien mit Ungaretti, und zwar auch mit bzw. seit eben diesem unserem Text, der jetzt in (scheinbar) von den Vorschriften der Metrik 'befreiten', daher sozusagen 'freien' Versen abgefasst ist.

[**Was heißt 'frei' beim lyrischen Text?** Da es keineswegs leicht ist – selbst für 'Fachleute' –, zwischen 'freien Rhythmen' und 'freien Versen' zu unterscheiden, lassen wir
uns anhand eines besonderen Lexikons Näheres dazu sagen. Dieses Fachkompendium
können Sie in Ihrem Studium immer für eine erste Information über Ihnen unbekannten
Termini der Dichtkunst konsultieren; es stammt von einem Verfasser, der kein Literaturprofessor, aber sein ganzes Leben im Schuldienst tätig war, also erklären können musste.
Der Stuttgarter Kröner-Verlag – der es publizierte – hat übrigens Hunderte von literarischen oder kulturellen Einführungs- und Nachschlagewerken in seinem Programm, sodass
Sie dort noch andere Bücher finden, welche Ihren Wissensdurst stillen:

„**Freie Verse**. [...]. Die [...] schwierige Abgrenzung von den → Freien Rhythmen
müsste in primär entstehungsgeschichtlicher Argumentation erfolgen: Letztere knüpfen
hauptsächlich an die antiken Odenmaße an, während die F.n V. kein bestimmtes Metrum
bevorzugen. Sie bewahren zwar ihren Verscharakter mittels einer mehr oder weniger
deutlichen rhythmischen Profilierung, die nicht selten eine Anlehnung an überlieferte
metrische Muster erkennen lässt, vermeiden jedoch jegliche metrische Festlegungen.“
(Otto KNÖRRICH, *Lexikon lyrischer Formen*, [1]1992, [2]2005: 71)]

Dennoch hat jeder Vers – selbst wenn er ganz 'frei' ist – ein gewisses Metrum
(= Versmaß), weil man ihn aus Worten bildet und diese immer aus Silben bestehen, zumindest aus einer (was dann z. B. auf asiatische Sprachen zutrifft). Das
Zusammenstellen aller Silben sämtlicher Verse eines Gedichtes ergibt ein Muster
oder Raster, welches seinerseits bedeutungstragend ist, wie alles an einem Text
Sinnbildung leistet; denn dieser besteht eben aus Sprache, welche Inhalte vermitteln soll, weil dies generell die Intention des Sprechenden oder Schreibenden (hier
des Dichters) ist. Also: *M'illumino* (= der erste Vers) besteht (eigentlich) aus 4
Silben, ist aber nach der italienischen Metrikkonvention ein Dreisilber ('tris*i*l-
labo'), weil bei 'Proparoxytona' (= auf der *vor*vorletzten Silbe betonten Worten,
hier am Ende eines Verses stehend) die beiden letzten (schnell bzw. verschmolzen
gesprochenen) Silben (nur) als e i n e Lauteinheit gesehen bzw. gehört und ge-
wertet werden; *d'immenso* ist gleichfalls ein (reiner) Dreisilber. Vers 1 wird mit
einer sogenannten 'parola sdr*u*cciola' und Vers 2 mit einer 'parola grave' abgeschlossen; das sind metrisch-phonetische Bezeichnungen für die einen Reim bildenden Worte am Versende (und zwar entsprechend der Position ihrer Betonung).
Der überaus kurze Dreisilber spielt in der italienischen Dichtungsgeschichte eigentlich keine Rolle. Von größter Wichtigkeit ist hingegen der Elfsilber ('endeca-
s*i*llabo)', und auch der Siebensilber ('setten*a*rio') kommt in allen Jahrhunderten
häufig vor. Ungaretti schafft also mit diesem Kurzvers etwas Neues oder sagen
wir besser: Er ist scheinbar innovativ; denn dass ein Gedicht aus justament zwei
Dreisilbern besteht, ist ein Hinweis auf ein altes Gesetz struktureller Harmonie im
poetischen Text. Die Idee von einer 'Einheit in der Dreiheit' wird durch die Tatsache hervorgerufen, dass auch die Überschrift *Mattina* drei Silben besitzt. Der
Titel eines Textes ist nämlich meist der kleinste gemeinsame Nenner seines Inhaltes. Und es geht ja um e i n e n bzw. d e n Morgen, den der Leser aber automatisch als wiederholbar und somit universell empfindet! Der Morgen an sich sowie
das individuelle Morgenerlebnis – oder auch umgekehrt betrachtet – bilden etwas
Ganzes, das wegen der Zahl Drei eine tiefe Symbolik erhält: Die Drei spielt in der
christlichen Kultur generell auf die Trinität an, auf Gott als Verkörperung der

Dreieinigkeit. Diese Verbindung unterstreicht auch das auslautende *a* von *Mattina*, in dem allerersten Wort des Textes, während die beiden Verse des Gedichtes mit *o* ausklingen. Es stehen somit *a* und *o* 'tonangebend' im akustisch-semantischen Raum. Dies sind Laute des Erstaunens und der Größe. Aber wir haben damit auch den ersten und den letzten Buchstaben des griechischen Alphabets vor uns, in dem das *Neue Testament* geschrieben vorliegt, welches für göttlich gehaltene Botschaften umschließt; und Alpha und Omega – auf Kunstwerken sowie im religiösen Bereich sieht man beispielsweise beide Buchstaben des Griechischen oft zusammenstehend und vereint – gelten gemeinsam als Emblem für Gott, der Anfang und Ende ist und beides bestimmt.

Fazit: Unser Gedicht in 'freien Versen' bildet vermittels seiner Freiheit ein einzigartiges Strophenpaar, welches in der italienischen Literaturgeschichte ohne Vorgänger ist, sodass es sich selbst zum Vorbild macht. Trotz seiner Losgelöstheit von Metriktraditionen besitzt der kleine lyrische Text allerdings eine 'klassisch' verwurzelte 'Struktur'. Auch wenn erste und zweite Zeile 'uneben' aussehen, verschmelzen sie beide – liest man sie bis zum Ende zusammen, mit einer kleinen Pause am ersten Versende – zu einer wunderbaren Einheit, und zwar zu einem metrischen 'Klassiker': Sie formen nämlich einen Siebensilber ('settenario'), dessen sieben (!) Silben kulturell recht anspielungsreich sind. Zum Beispiel könnten sie – wenn man dies will – für die sieben Tage der in der Bibel beschriebenen Schöpfung stehen. Denn diese sieben Silben erbauen die ganze uns gebotene 'Geschichte' eines Schicksals. Und um einen neuen Tag in der für das Leben konzipierten Welt geht es ja hier tatsächlich auch. Überhaupt sind nicht wenige Systeme der Ethik und der Religion vieler Ethnien auf der Zahl Sieben begründet; Giuseppe Ungarettis unscheinbarer Text strebt somit offenbar eine universelle Aussage zur menschlichen Existenz schlechthin an.

Zur Klanglichkeit. Prosa – gerade die des täglichen Gebrauchs, aber auch generell die der literarischen wie z. B. narrativen (= erzählerischen) Darstellung – ist vorwiegend zielstrebig und daher pragmatisch angelegt: Sie will ihre Mitteilungsaufgabe (= die Leserinformation) meist ohne Umwege erfüllen. Bisweilen mag Prosa auch rhetorisch und schmuckreich organisiert sein, sie hält sich aber eher selten mit Effekten wie Klanglichkeit oder Musikalität auf. In Theaterstücken – vor allem beim Versdrama – kann die Reimgestaltung der Redepartien durchaus gewisse (und wichtige) Wirkungen beabsichtigen (wobei man William Shakespeares Werke in Erinnerung rufen könnte); es geht uns jedoch an dieser Stelle um Lyrik, und da wissen wir alle, dass Klänge gerade in Gedichten eine große Rolle spielen. Hierbei denken wir vor allem an die Versschlüsse, wo wir bekanntlich 'Reime' antreffen. Ein lyrischer Text kann überhaupt ein kunstvoll gebauter Gesamtklangkörper, eine kleine Symphonie aus Lauten sein. Warum machen Dichter so etwas? Nun, Musikalität erregt Aufmerksamkeit! Zum Beispiel Ihre! Denn auch Sie finden Musik(alisches) oft ziemlich 'gut'. Wenn ein Sänger oder ein Solist – eine Stimme, ein Instrument, eine Band, ein Lied – einmal Ihre Beachtung gefunden hat, ist das Hauptziel der dahinter stehenden Arbeit und des Engagements erreicht. Vielleicht sind Sie sogar zum Fan jenes Künstlers geworden. Klangstrukturen in literarischen Texten haben eben diese, aber noch eine tiefere, nämlich sinnbildende Funktion, die man auch in vielen Liedern antreffen kann.

[**Worte in poetischen Texten als Klang- und Sinnträger.** An dieser Stelle, wo wir uns daran erinnern, dass Gedichte nicht nur von der inneren B e d e u t u n g der Worte, sondern auch von deren rein akustischem K l a n g Sinn erhalten, ziehen wir zur Verfestigung dieser zentralen poetologischen Tatsache eines der erfolgreichsten autodidaktischen Lernwerke zur Gattung Lyrik der letzten Jahrzehnte hinzu:

„In der zweifachen Funktion des Wortes als Sinnträger und als Klangträger [...] überwiegt einmal diese, ein andermal jene Funktion, wiewohl nur ganz selten Wörter als reine Klangträger ohne Sinn auftreten (*nonsense verse*), sehr häufig jedoch die Klangfunktion völlig hinter der semantischen und syntaktischen Funktion der Wörter zurücktritt. [...]. Der Dichter, der den Klang der Wörter im Vers strukturbildend einsetzt, muss in der Regel die Setzung der Wörter im poetischen Kontext unter dem doppelten Auswahlkriterium des angemessenen Sinns und des angemessenen Klangs zugleich vornehmen, woraus sich nicht selten Spannungen ergeben. [...]. Klang-Sinn-Beziehungen konstituieren sich ebenso wie Vers-Sinn-Beziehungen jeweils nur im Kontext des konkreten Einzeltextes und werden gewissermaßen a posteriori [= im Nachhinein] interpretierbar." (Hans-Werner LUDWIG, *Arbeitsbuch Lyrikanalyse,*[1]1979 bis [4]1994: 74-5; [5]2005: 101-2]

Alles Sprechen oder Verschicken/Senden von Botschaften/Texten hat die Aufgabe, Bedeutung zu erzeugen. Dies muss aber immer erst bzw. überhaupt irgendwie 'technisch' (hier: literarisch) 'realisiert' werden. In unserem Fall ist es so, dass sich Giuseppe Ungaretti sehr bemüht hat, das morgendliche Erfülltsein durch das Erfassen des Lebens im Angesicht der Sonne und im Erfahren eines neuen Tages geballt dynamisch und kunstvoll auszudrücken. So besitzen denn die beiden Verse *M'illumino* und *d'immenso* eine geschickt erfundene Parallelstruktur des Klanges: Sie beginnen jeweils mit dem hellen und geschlossenen Vokal *i* und enden mit dem dunkleren und offenen *o*. Lautlich wird demnach eine Symbiose zwischen dem ergriffen erlebenden Ich und dem auf dieses mächtig einwirkenden Naturkomplex Sonne-Morgen-Leben hergestellt. Das Thema des Textes ist ja das harmonische Einswerden des wieder einmal dem Tode entronnenen jungen Soldaten mit dem gewaltigen Kosmos des so wertvollen Lebens. Zusätzlich ist in jedem Vers eine tonale Entwicklung, ein akustischer Weg zu erkennen: der vom *i* zum *o*. Das *i* signalisiert das Aufgehende und Anfängliche, während das *o* das Fertige, Zustandshafte andeutet. Das helle *i* ist eine Ver-laut-barung der Überraschtheit, *o* ist Ausdruck des Erstaunens über etwas unerwartet Eingetroffenes. Nicht ohne Grund geben wir in Fällen besonderen Erstaunens ein *ooohh* von uns. Lautlichen Impetus bekommt der erste Vers durch das mit der Stimme beliebig anhaltbare *l* in *M'ill(llll)umino*, wonach der zweite seine Emphase durch den Konsonanten *m* erhält, der durchaus *d'imm(mmm)enso* gelesen werden könnte, um das nicht endende Unbegrenzte wiederzugeben. Die 'motorischen' Konsonanten *l* und *m* sind geeignet, Werden und Wachsen sowie anhaltendes Wirken des zweifachen, nämlich allgemein kosmischen und individuell psychischen Vorgangs zu schildern: zum einen das sukzessive, nicht aufzuhaltende Emporsteigen des Gestirns

26

und andererseits das an Intensität zunehmende Erfaßt- und Erfülltwerden des Betrachters des Sonnenaufganges.

Fazit: In der Dichtkunst bewirken auf Gleich- oder Anklang begründete lautliche Wiederholungsphänomene (= Rekurrenzen, Repetitionen, Parallelismen) – hier sind es Binnenlaute und Endklänge (Reime) – die Fähigkeit (oder 'Potenz'), thematische oder sachliche Zusammenhänge herzustellen, um dabei Bedeutung zu produzieren und den Text mit Sinnenergie anzureichern. Gedichte haben die Verfasser – erfindungsreiche Poeten sind es eben – oft sehr üppig mit Sinnerzeugungsmotorik ausgestattet! Solche Eigenschaften sind keineswegs zufällig oder 'chaotisch' im Text präsent; sie lassen sich vielmehr ordentlich und exakt zu strukturellen Familien oder Klassen zusammenschließen. Es gibt nämlich verschiedene Textebenen, auf denen etwas gedanklich Gemeinsames (oder auch Gegensätzliches) angesiedelt ist, was seinerseits systematisch und gezielt dazu beisteuert, das Gedicht mit logischer Aussagekraft zu versorgen. Allerdings enthüllt jedes Poesiedokument beim ersten Lesen zunächst (nur) ein gewisses, beschränktes inhaltlich-gehaltliches Sinn- und Kunstpotential, das man meist bloß an der Oberflächenbeschaffenheit abliest. Wir erkennen aber bald, dass da noch andere (latente) Prinzipien oder gar Ordnungen existieren. Ein lyrischer Text ist also besonders reich an Bauelementen, er ist sozusagen 'über-strukturiert', extrem sinngesättigt, kunst-voll. Das bedeutet für uns Lernende eine sehr günstige Arbeitssituation; denn wo viel 'vorhanden' ist, haben wir gute Chancen, wenigstens 'etwas' aufzustöbern. Gedichte sind somit für beginnende LiteraturwissenschaftlerInnen die ideale Gattung, um ergebnisreich Findungsprozesse zu realisieren, mithin Erfolgserlebnisse zu haben. Studieren ist ja immer ein Suchen: Es geht darum, wissenschaftliche Sachverhalte aufzuspüren; aber ein Studium ist auch das Bemühen um den richtigen Lebensweg. Wenn Sie intensiv Gedichte durchleuchten (sie interpretieren), gelangen Sie daher automatisch zum Forschen und zur Forschung, und zwar schönerweise nicht, ohne dass auch wichtige Fragen zum Leben gestellt werden. Denn genau dies ist die berufliche Aufgabe des Dichters. – Schauen wir uns nun ein weiteres Gestaltungselement, eine andere Ebene oder Schicht des Textes, des jetzt wohl schon gar nicht mehr so simpel anmutenden Ungaretti-Gedichts an, das sich offenbar als ein ungemein reichhaltiges lyrisches Dokument zu entpuppen scheint.

Zur Syntax. [Das Wort 'Syntax' leitet sich von dem griechischen Wort σύνταξις (ausgesprochen „sýntaksis"; von σύν = zusammen und ταξις = Ordnung) ab, was soviel wie Zusammenstellung oder Anordnung heißt.] Es gibt kein 'normales' Sprechen, keinen (literarischen) Text ohne Syntax (sei sie 'richtig' oder 'falsch', vollständig oder unvollständig = elliptisch), wobei wir einmal Grenzfälle außer acht lassen. Dies gilt auch für Gedichte, welche sich aus Sätzen – oder zumindest aus einem Satz, wie hier – zusammensetzen. Rede(n) und Texte sind von einem Urheber 'gebaut', also in der Regel syntaktisch nach bestimmten Prinzipien gestaltet. Sätze können kurz oder lang, geradlinig oder gewunden, eingliedrig oder mehrgliedrig sein (oder auch noch andere Eigenschaften haben). Dass mit einer spezifischen Satzbauweise vor dem Zuhörer oder Leser ein entsprechender Eindruck erweckt wird oder werden soll, ist jedem einsichtig. Und Lyrik ist in besonderer Weise darauf angewiesen, 'Impressionen' zu bieten, welche – auf engem Raum – den Sinn der Textaussage stützen. Ungarettis Botschaft *M'illumino / d'immenso* besitzt eine kurze, einfache, klare Struktur. Dieser schon so sparsam ausgestattete Satz – der bequem in jeden Vers hineinpassen würde – wird jedoch seltsamerweise auch noch unterbrochen, obwohl in ihm der Drang steckt, unbedingt alsbald zu Ende gesagt zu werden!

[**Syntax und Vers im Gedicht.** An unserem kleinen Gedicht erleben wir ganz deutlich, und zwar punktuell, wie ein Satz bzw. ein Teil von ihm zum Vers wird und dadurch Poesie entsteht. Deshalb wollen wir uns dieses Phänomen wiederum von einem Wissenschaftler erklären lassen, der sich in einem kleinen Buch für Autodidakten ganz besonders bemüht hat, das komplexe Sachgebiet der Lyrik zugänglich zu machen:

„Einheit des Versbaus ist der **Vers**; Einheit des Satzbaus ist der **Satz**. Wo der Satzbau dem Versbau genau folgt, ist jeder Vers ein Satz. […]. Wo jedoch die Satzbewegung über das Ende einer Verszeile hinaus in die folgende führt, wird der Vers als Einheit übergangen – man spricht vom **Enjambement** (Versbrechung, Zeilensprung) –, und es entsteht eine Spannung zwischen Versbau und Satzbau: Die Versgrenze mit ihrer kurzen Sprechpause lässt eine Satzgrenze erwarten, doch die Satzbewegung verlangt pausenlosen Fortgang. Das Enjambement ist weniger deutlich, wo der Satz mit dem einen Vers enden könnte und grammatisch entbehrliche Satzglieder folgen. […]. Es ist um so auffälliger, wo der folgende Vers ein notwendiges Satzglied bzw. noch fehlendes Wort bringt. […]. Bei der Beurteilung ist auch die Verslänge zu berücksichtigen; denn kurze Verse machen Enjambements wahrscheinlicher als lange. […]. Das Verhältnis zwischen Verszeilen mit und ohne Enjambement ist eigentümlich für die Sprache des Gedichts. Eine hohe Übereinstimmung von Satz und Vers erweckt den Eindruck der Gleichmäßigkeit. […]. Je weniger Satzgrenze und Versgrenze zusammenfallen, je mehr Vers und Satz also divergieren, desto unruhiger wird das Gedicht. Diese Tendenz kann – wie nicht selten in der modernen Lyrik – den Vers überhaupt in Frage stellen und das Gedicht in die Nähe der Prosa rücken." (Horst J. FRANK, *Wie interpretiere ich ein Gedicht?*, [1]1991: 53-54)]

Bei Ungarettis *Mattina* handelt es sich um einen (bei aller Kürze) vollständigen Satz, bestehend aus einem Prädikat, welches das Subjekt in der Ich-Form enthält und reflexivisch verwendet wird. Diesem Syntagma (= Satzteil) ist noch eine Ergänzung beigefügt, nämlich ein substantiviertes Adjektiv mit der Präposition *di* (welche wegen des folgenden Anlauts verkürzt erscheint). Wenn man bedenkt, dass es in dem Zweizeiler um ein fundamentales Naturschauspiel (= Sonnenaufgang) und ein geradezu kosmisches Empfinden eines Menschen geht, so ist dieses Erlebnis regelrecht rudimentär oder 'elementar' dargestellt, nämlich mit nur zwei vollständigen Worten (*illumino* und *immenso*) sowie zwei Partikeln (*m'* und *d'*). Unser Text hat damit etwas Embryonales an sich, etwas für eine Geburt Anstehendes, und in der Tat haben wir es mit dem Geborenwerden eines Tages und eines menschlichen Wesens zu tun! Für das erlebende und tatsächlich noch lebende Ich kann nun noch einmal 'alles' ganz von vorne beginnen! Denn es darf sich nach der überstandenen Nacht wie neugeboren vorkommen. Der Text besteht aus einem einzigen Hauptsatz, weil er nur eine Hauptsache, ohne Zusätze oder Einschränkungen enthält: Wenn die Sonne morgens aufgeht, hast Du die Möglichkeit, den Tag neu zu beginnen. Daher erscheint jene Aussage ohne Kausal-, Temporal-, Konzessiv- oder Adversativnebensatz (welche eventuell davor oder danach stünden). Jene Feststellung befindet sich ebenfalls nicht in Verbindung mit anderen 'Umständen', weswegen weitere Hauptsätze oder irgendwelche syntaktischen Ergänzungen (wie z. B. Adverbien) fehl am Platze wären bzw. unnötig sind.

Fazit. Das Gedicht enthüllt über die Syntax wesentliche Aspekte seines Inhalts. Gleiches gilt für andere Teile seiner sprachlichen Verfasstheit. Gerade der effektive Bestand und die konkrete Substanz des Sprachmaterials und der Redebeschaffenheit eines Gedichts gestatten also Zugang zu seinen Aussageintentionen. Ferner wird deutlich, dass die 'Bedeutung' eines lyrischen Dokuments auch 'zwischen den Zeilen' zu suchen ist. Während wir (später, nämlich in den Problemkreisen III und IV) den Sinn eines narrativen Textes – sagen wir einer Novelle – im kontinuierlichen Verfolgen der erzählten Fakten konstruieren, d. h. alles mehr auf einer horizontalen Achse und diachronisch (= entwicklungsmäßig) wahrnehmen und somit sukzessive verbuchen, ist das Interpretieren eines Gedichtes ein mehr vertikaler Akt, bei dem wir immerzu auf das Gedicht selbst – von oben nach unten und von unten nach oben – blicken, um allmählich alle Bedeutungselemente zu erfassen, die dort sämtlich synchron (= zeitgleich oder gleichzeitig) vorhanden sind und auch von uns – in aller Ruhe – identifiziert werden können. Damit ist unsere interpretatorische Ausgangssituation bzw. Erkenntnislage justament dieselbe wie bei dem Gemälde oder Bild eines Künstlers/einer Künstlerin (in einem Museum), das wir – wegen seiner Bewegungslosigkeit und Unveränderbarkeit – im Prinzip zeitlich unbegrenzt ansehen können, um immer wieder etwas Neues und Konstitutives an und auf ihm zu entdecken und danach synthesehafte Schlüsse dazu zu ziehen.

Zur Bildlichkeit. Für Lyrik ist die Bildhaftigkeit geradezu sprichwörtlich. Poesie macht sich oft zur Aufgabe, etwas Allgemeingültiges zu sagen. Und sie kann das auch, im Gegensatz zu einem Foto, das in der Regel nur einen bestimmten Augenblick und Ort festhält. Kulturen sind seit Jahrhunderten von spezifischen Symbolen geprägt, die Ewigkeitscharakter haben können, d. h. solange Gültigkeit besitzen, wie es jene Gesellschaft gibt. Die Hieroglyphen oder heiligen Zeichen der Ägypter veranschaulichen das. Da ist z. B. der Lebensschlüssel oder die Sonne, welche in unserem Ungaretti-Gedicht von 'immenser' Bedeutung ist. Ein literarisches, künstlerisches oder religiöses 'Bild' – wie das Kreuz – hat immer einen umfassenden und/oder übertragenden Charakter: Es sagt mehr aus als das, was man gerade sieht oder primär damit verbindet; es öffnet den Weg zu anderen Sinn- und Sinnesbereichen. Wenn das Ich *M'illumino* von sich sagt, so meint es etwas, was in normaler Prosa so einfach und auch noch kurz gar nicht sagbar ist. Grundsätzlich ist der Mensch kein Licht- oder Energiespender, wie eine Glühlampe oder ein Dynamo. Er kann auch keine Helligkeit in sich aufnehmen, sondern diese nur sehen und das Erblickte registrieren, innerlich reflektieren sowie dann – eventuell – versprachlichen. Durch die Vorstellung von einem Körper (aus

Fleisch, Blut und Verstand), der zur 'Lichtgestalt' wird und 'sich erleuchtet' (oder etwa 'illuminiert') fühlt, geht Physisches sowie Physikalisches in Metaphysisches und Übernatürliches über. Dabei kommt etwas zum Vorschein, was wohl alle Kulturen der Welt gemeinsam haben: dass nämlich das rein Erdbezogene am Menschen – Kraft seiner Seele – in ein Jenseits und vielleicht zu Göttlichem sich erheben wird oder kann. Die Erklärung *d'immenso* ist dann ebenso (= abstrahierend) bildlich ausgerichtet. Man kann innerhalb logischen Denkens eigentlich alles auf der Erde Befindliche messen, also Längen, Breiten, Gegenstände, Flüssigkeiten etc. Wenn jedoch etwas maßlos und unmessbar wird, verlassen wir die Gesetze von Natur und Physik. So sind denn in diesem Gedicht zwei Bereiche durch metaphorischen (= übertragenen, bildlichen) Sprachgebrauch mit einander verbunden und zu Außerordentlichem, Exorbitantem, unseren Planeten Verlassendem vereinigt: Das unbeschreibliche Erhelltsein eines Individuums im Anblick der Schöpfung wird als eine die Normen des Irdischen überschreitende kosmische Kraft vergegenwärtigt.

Fazit. Sonne, Kosmos, Gefühle und Leben sind Themen bzw. ganze Arbeitsgebiete mehrerer unterschiedlicher Wissenschaften; Forscher nehmen seit Jahrhunderten in extensiven Analysen dazu Stellung. Poesie kann hingegen mit Hilfe von durch Sprache geschaffener Bildlichkeit einfach, direkt und spontan (anmutend) mit jenen Phänomenen verbundene Fragestellungen – wie durch Zauberei – auf den Punkt bringen und (manchmal) Lösungen andeuten. Dies ist ein Grund dafür, dass 'Dichtung' in den Mittelmeerkulturen der Antike (aber sogar schon in Zeiten davor) als 'göttlich' verstanden wurde; denn sie erinnert an die Macht eines Schöpfungsaktes. In der Tat kann die magisch mit Worten operierende Lyrik testamentarische Aussagen bieten. Nicht ohne Grund beginnt eine Heilige Schrift, nämlich das Johannes-Evangelium, mit der Feststellung *„Im Anfang war das Wort"*. Ein erstes Wort wird, sich mit einem zweiten verbindend – wie dies auch in *Mattina* geschieht – zum Text, und zwar zu einem Vermächtnis, welches von dem Erhabensten spricht, das wir Menschen empfinden und erleben können. Vollständig lautet übrigens der Auftakt jenes Evangeliums: *„Im Anfang war das Wort und das Wort war bei Gott und Gott war das Wort. Dieses war im Anfang bei Gott. Alles ist durch dieses geworden und ohne dieses ist nichts geworden, was geworden ist. In ihm war das Leben, und das Leben war das Licht der Menschen. Das Licht leuchtet in der Finsternis, die Finsternis aber hat es nicht ergriffen."* Jenem jungen Soldaten, den uns der Poet Ungaretti in Erinnerung ruft, dürften diese Worte – welche ihrerseits überaus bildlich und anspielungsreich sind – nicht ganz unbekannt gewesen sein. Man könnte sogar die kleine lyrische Äußerung Ungarettis als eine Zusammenfassung jener bedeutsamen Bibelstelle ansehen.

Zum 'Ich'. Wir werden später – in den Problemfeldern III und IV zur narrativen Literatur – sehen, dass jeder Erzähltext innerlich von einer gewissen Instanz organisiert und gesteuert wird, die ein Bestandteil des Textes ist. Nicht der textexterne Schriftsteller erzählt die Geschichte, sondern ein textinternes Erzählerphänomen, das man in der Regel auktorial, ichbezogen oder personal angelegt hat; dieses ist

Garant dafür, dass eine Geschichte noch Jahrhunderte nach dem Ableben des Autors lesbar und aufzunehmen ist. Ein ähnliches Phänomen begegnet uns in der Lyrik, wo ein Ich häufig offen zu Tage tritt – wie in unserem Ungaretti-Gedicht – oder zumindest latent anwesend ist. Das Ich poetischer Texte ist auch nicht der historische Dichter, sondern eine grammatische und kommunikative, werkimmanente Institution, die das Gedicht von sich gibt, und zwar so, dass es uns Lesern oder Zuhörern die Möglichkeit bietet, in den Text 'hineinzuschlüpfen', dabei die an sich leere bzw. anonyme Ich-Position mit unserem persönlichen Ich zu besetzen und den Aussageprozess von innen her zu erleben. Das mutet wie ein großes Wunder an und macht Lyrik tatsächlich zu einem spannenden und schönen Erlebnis.

[**Das 'Ich' lyrischer Texte.** Mit dem eigentümlichen 'Ich' in diesem Gedicht berühren wir eines der komplexesten Probleme der Lyriktheorie. Über Definitionsbemühungen sowie Stand der Forschung hierzu lassen wir uns durch einen Germanistik-Professor informieren, der sich in herausragender Weise mit dem schwierigen Ich-Poeten Johann Christian Friedrich Hölderlin (1770-1843) auseinandersetzte und der auch ein modernes Lernwerk zur Lyrik schrieb:

„**Textsubjekt und erste Person: Wer spricht?** Von einem Ich in der Lyrik sollte nur insoweit die Rede sein, als das Personalpronomen 'ich' und seine Deklinationsformen (meiner, mir, mich) und/oder das entsprechende Possessivpronomen 'mein' in einem Gedicht auftauchen. Vom Gebrauch des vorbelasteten und unscharfen Begriffs 'lyrisches Ich' sei hier nochmals nachdrücklich abgeraten, ebenso von der Verwendung des Begriffs 'der Dichter' oder des Autorennamens in diesem Zusammenhang (nach dem leider noch immer häufig anzutreffenden Muster 'der Dichter erinnert sich in diesem Gedicht an seine Jugendzeit'). Statt dessen bietet sich der Begriff des 'artikulierten Ich' an, der von Rainer Nägele (1990) eingeführt wurde; verkürzt kann man auch schlicht 'das Ich' sagen. Gegenüber der alternativen, ebenfalls brauchbaren Formulierung 'sprechendes Ich' ist der Begriff des artikulierten Ich nicht nur neutral im Hinblick auf das sprachliche Medium des Gedichts, er lässt zudem in der Schwebe, inwieweit das Ich sich selbst artikuliert und inwieweit es andererseits durch ein anderes Subjekt artikuliert worden ist. Grundsätzlich dürfte für jedes artikulierte Ich beides gelten: Als Ich ist es ein eigenständiges Subjekt seiner Aussagen innerhalb des poetischen Diskurses; zugleich ist es ein bloßes Element der nicht von ihm selbst, sondern von einer übergeordneten Instanz (dem Textsubjekt) strukturierten poetischen Rede als ganzer. [...]. In diesem Buch wird diese Instanz als 'Textsubjekt' oder kurz 'Subjekt' bezeichnet. Das Textsubjekt ist ein analytisches Konstrukt, das notwendig ist, um dem Gedicht als einem poetischen Text eine kohärente Bedeutung und einen literarischen Eigenwert zuschreiben zu können, der weder in den Aussagen des artikulierten Ich noch in den außertextlichen Willensbekundungen des empirischen Autors aufgeht. Das Textsubjekt ist daher zwischen dem im Text zur Sprache kommenden Ich und dem realen Produzenten des Textes anzusiedeln; es strukturiert die Perspektive des Gedichts und setzt das Ich, ohne mit ihm identisch zu sein. Daher ist es auch als der textexterne Ausgangspunkt der anderen Personen anzusehen; es ist selbstverständlich auch in Gedichten vorhanden, in denen kein Ich zur Sprache kommt." (Dieter BURDORF, *Einführung in die Gedichtanalyse*, [1]1995 und [2]1997: 194-6)]

Die Poesie trägt uns mit Hilfe jenes Kommunikationsphänomens – das 'Ich' ist gemeint – dicht an die dargestellte Welt heran. Wir erleben dadurch alles 'hautnah'. In diesem Fall wohnen wir einem Naturschauspiel bei, das sich jeden Morgen ereignet und das wir immerzu erleben können, wenn wir überhaupt einen Sonnenaufgang beobachten wollen und uns dazu den passenden Standpunkt aus-

suchen. Wir haben dann eventuell auch ein Gefühl des Überwältigt- und Erfüllt-
seins, das wir wohl alle ausnahmslos erstreben. Denn wir sehnen uns nach Glück;
das kann darin bestehen, dass wir uns 'maßlos' erhellt fühlen. So etwas ist vielleicht schwer zu erreichen, weil uns Pflichten und Alltagsgeschäfte zur Erledi-
gung zahlloser Aufgaben zwingen, die große Emotionen in weite Ferne rücken.
Dennoch wissen wir, dass es solche erhebenden und erhabenen Empfindungen
gibt: in der Liebe zum Beispiel oder in einer außergewöhnlichen (manchmal auch
recht simplen) Begegnung mit einem Menschen.

Fazit. Der extrem kurze Text – ein anfangs banal anmutender Mikrozweizeiler –
kommt aus dem Herzen eines Menschen und spricht in unsere Seele hinein. Die
1917 von dem jungen italienischen Dichter Giuseppe Ungaretti entworfene Aussage eines gerade noch einmal dem Tod entronnenen und das Lebendigsein voll
Glück erlebenden Soldaten erreicht uns aus der Zeit des Ersten Weltkriegs, in dem
viele Menschen starben. Das innere Erleben einer solchen psychischen Befindlichkeit ist jedoch eine zeitlose Angelegenheit. Ein Ägypter zur Pharaonenzeit
mag morgens auch so empfunden haben, wenn sich die im Zentrum seines Glaubens stehende Sonne über der Wüste erhob; und diese Parallele ist insofern angebracht, als Ungaretti im ägyptischen Alexandria geboren wurde und seine Kind-
heit am Nil verbrachte. Universell neuzeitig – also für 'moderne' Epochen gültig –
ist die Art der Vertextung dieser Botschaft. Das Gedicht ist zwar rhythmisch gestaltet (und lehnt sich damit an alte sakralsprachliche Riten an), aber nicht (mehr)
an irgendeine etablierte Form gebunden: Das Zeilenpaar konnte nur im 20. Jahrhundert entstehen, denn es setzt sich aus freien Versen zusammen. Vorher gab es
so etwas nicht. Die europäische Poesie war bis dahin generell an bestimmte Muster gebunden. Da der Krieg sämtliche Prinzipien und Hoffnungen zerstörte, erschienen herkömmliche Ästhetikstrukturen überholt. Literatur musste neu gestaltet werden. Es galt somit auch eine andere Lyrik zu entwerfen, die der allgemeinen Entwurzelung Rechnung trug. Ungaretti brachte seinem Land diese Dichtung:
Aus zwei 'übrig gebliebenen', einsamen Worten und zwei grammatischen Frag-
menten schuf er hier ein bescheidenes Sprachbauwerk, ein minimalistisches Manifest über einen Lichtblick und ein Geborenwerden mit neuen Chancen. Es ist ein
Poesiedokument über positives Denken, geschrieben für damals, aber noch heute
gültig, und zwar für uns alle. Denn jeden Tag fangen wir – als Ich, Mensch, Individuum, Subjekt und damit allen anderen ähnlich – irgendetwas neu an und verbinden dies mit starken Emotionen.

Zur Rhetorik. Literarische Texte sind – verglichen mit Gebrauchstexten – in besonderer Weise von rhetorischen 'Figuren' oder Techniken geprägt. Unter Rhetorik versteht man seit dem Altertum die bewusste Gestaltung bzw. (Um)Formung
der Sprache, z. B. von ganzen Sätzen oder Satzteilen, um damit bestimmte Wirkungen (Stimmungen) zu erreichen. In der griechischen und römischen Antike
spielte schon das Reden in der Öffentlichkeit zu politischen oder juristischen (ge-
richtlichen) Anlässen eine große Rolle: Diese 'Ansprachen' waren also gewissermaßen 'literarisch' gestaltet, und die Literatur besaß ihrerseits Strukturen solcher

'Ansprachen'. Die Poesie verwendete besonders zahlreiche Rezepte dieser Disziplin; denn sie hatte auf engem Raum komprimierte Aussagen zu erbringen, wozu sie eben helfende Mittel benötigte. Die Werbung macht sich heute solche effektvollen Sprachformungen aus der Rhetorik in hohem Maße zunutze, weil sie für den (kommerziellen) Erfolg arbeitet, d. h. für die Steuerung und Steigerung des Absatzes von Waren oder Dienstleistungen engagiert wird; und Beeinflussung vollzieht sich seit jeher auf dem Weg geschickt strategisch eingesetzter Sprache. Das gilt für Wirtschaft, Politik und Literatur in ähnlicher Weise. Die Rezepte hierfür findet man eigentlich allesamt in Rhetorikhandbüchern wieder, von denen damals das berühmteste, Jahrhunderte lang verwendete Kompendium *De institutione oratoria* („*Über die Erziehung zum Redner*") des Quintilian (= Marcus Fabius Quintilianus: 35-95 n. Chr.) war.

[**Was ist Rhetorik?** Da wir es in diesem Moment mit einer der wichtigsten formalen Eigenschaften der Literaturen zu tun haben, lassen wir uns eine genauere Erklärung des Wesens und der Funktion der Rhetorik von Gero von WILPERT, dem Verfasser des seit dem Zweiten Weltkrieg immer noch am meisten konsultierten und auch unlängst wieder aufgelegten Literaturwörterbuches geben, das Sie sich preiswert zulegen können, weil eine weniger neue, antiquarische Ausgabe auch gute Dienste tut.

„**Rhetorik** (altgriechisch ῥητορική (τέχνη) *rhetorikē (technē)* = Redekunst, Theorie und Technik der [kunst- und wirkungsbewussten] öffentlichen Rede als auf Überzeugung zielende Kommunikation und [angemessene,] effektvolle Sprachgestaltung der Prosa (im Unterschied zur Poetik für die Dichtung) mit dem Ziele der überzeugenden Darstellung eines Standpunkts und der wirksamen, emotionellen Meinungsbeeinflussung, 'Überredung'. Als mündliche Stilistik gibt sie Regeln und Mittel zur wohlgeordneten, wohlklingenden sprachl. Ausformung der Gedanken und Erkenntnisse, stellt nicht nur die natürl. sprachl. Verhaltensweisen, sondern auch künstliche Schmuckformen in den Dienst ihrer Zwecke und übt, indem sie die Sprache derart aus sich heraus in Bewegung setzt, zu allen Zeiten einen starken Einfluss auf die Dichtung aus [...]. Solange die Dichtung [einer normativen Poetik und Stilistik folgte und] nicht zum individuellen Ausdruck subjektiven Erlebens wurde, bediente sie sich der R. mit ihren vorgegebenen Formen und oft auch vorgegebenen Gedanken, wie sie gewählter Gegenstand und erwünschte Gattung vorschreiben [...]. Mit dem Verlangen nach Originalität, Subjektivität, Individualität und Wahrheit verblasst ihre Verbindlichkeit im 18. Jh.; in der polit. Rede, Publizistik und Werbung lebt sie im 20. Jh. wieder auf [und findet in Textlinguistik und Kommunikationstheorie erneut Interesse]." (G. v. W., *Sachwörterbuch der Literatur*, [7]1989: 772-3; die in eckige Klammern gesetzten Formulierungen sind Zusätze aus der Auflage [8]2001, wo man diese Passage auf S. 687-89 findet.) Dieses Handbuch informiert Sie auch über alle im Folgenden fallenden rhetorischen Termini.]

Es ist bemerkenswert, dass unser Ungaretti-Text k e i n e auffälligen rhetorischen 'Figuren', also manipulative Positionierungen bestimmter Worte erkennen lässt. Die zwei Zeilen sind glatt und 'normal' gefügt; ihre Parallelität wirkt natürlich. Es sind keine dekorativen Anaphern oder Epiphern anzutreffen; man findet keinen kunstvollen Chiasmus vor (Schauen Sie bitte in dem oben genannten Nachschlagewerk nach, was mit diesen drei häufig verwendeten Stilphänomenen gemeint ist). Auch gibt es keine (die übliche Wortfolge von Subjekt und Prädikat umkehrende) Inversion und erst recht kein sperriges Hyperbaton (d. h. keinen extremen Satzumbau, bei dem zwei syntaktisch zusammenhängende Wörter durch einen Einschub künstlich getrennt werden). Wir haben es mit einem klippenfreien Aussagesatz zu tun, der uns über eine nackte Tatsache unterrichtet: Die Sonne geht auf, und jemand bzw. man ist ergriffen. Das geschieht einfach so, überall und immer. Die Sonne steigt nämlich jeden Tag empor, und ohne weiteres können wir davon stets aufs Neue beeindruckt, erhellt und erfüllt sein. Eine Inversion beispielsweise – d. h. die Umstellung von Vers 1 und 2 (also: *D'immenso / m'illumino*) – wäre nicht sinnhaft, weil sich zuerst Helligkeit durch das Erscheinen des Sonnenlichts verbreiten muss; dieses verteilt sich dann in große Weiten, über den ganzen Himmel. Der Elementarvorgang des Strahlens der Sonne und die bewirkte emotionale Erhebung gehen sprachlich wie in der physikalischen Wirklichkeit ohne Ausschmückung und linear nacheinander vor sich. Das Ganze ist eben so wahr, wie es natürlich, will sagen: an die Natur des leuchtenden Gestirns und der aufnehmend dankbaren Seele gebunden ist.

Fazit: Die Geradlinigkeit und Unverziertheit der sprachlichen Mitteilung steht im Einklang mit dem kosmischen und psychischen Vorgang. Welt und Sprache gehen (noch) konform: kunstlos, unintellektuell, so als wären wir vor dem Beginn der Kulturgeschichte, als Worte unmittelbarer, kongruenter Ausdruck der Dinge selbst gewesen sein müssen. Ungarettis Satz *M'illumino / d'immenso* steht stellvertretend symbolisch für die Anfangsphase der Schöpfung: Er spielt auf die Einfachheit und Tiefe einer ursprünglichen Existenz und ihrer Verständigung an, die es vor der legendären babylonischen Verwirrung der Sprachen gegeben haben soll (in der Bibel wird davon unter *Genesis* Kap. 11, 1-9 berichtet). Mit dieser Überlegung berühren wir ein elementares Kulturphänomen, das ein Hauptthema im Werk des französischen Historikers und Philosophen Michel FOUCAULT (1926-84) war. Mit diesem einflussreichen Theoretiker der neueren internationalen Literaturwissenschaft sollten Sie sich unbedingt bei nächster Gelegenheit – neben Ihrem Studium – beschäftigen (weil seine anregenden Ideen immer wieder in geistreichen Beiträgen und Gesprächen auftauchen). Seine berühmte Schrift *Les mots et les choses. Une archéologie des sciences humaines* ([1]1966; deutsch: *Die Ordnung der Dinge. Eine Archäologie der Humanwissenschaften*, [1]1974, [21]2009 usw.) beschreibt einen Weg abendländischen Denkens und Wissens auf der Basis des Verhältnisses zwischen den Dingen und ihren Benennungen durch Sprache und Zeichen; Foucault rekonstruiert dabei detektivisch die Geschichte eines elementaren Verlustes. Ungarettis Dichten ist das Ergebnis einer Rückgewinnung der Welt und des Lebens durch Sprache, einer geduldigen Reduzierung auf das Essentielle, die der Labyrinthisierung und Entleerung unserer Kultur kraftvoll, komprimiert (und lichtreich wegweisend) entgegenwirken will: „Es liegt im Zuge des fortwährenden und immer strengeren Wegwaschens des Unwesentlichen – alles Erläuternden, Faktischen, Füllenden und Verbindenden –, daß die Quantität des Ausgesagten mehr und mehr zusammenschrumpft, bis der letzte und ideale Gipfel der Reinheit und des 'Geheimnisses' erreicht ist: die Kurzform des Fragments. Im lyrischen Telegrammstil liegt die kennzeichnende dichterische Leistung des frühen Ungaretti." (Hans HINTERHÄUSER, *Italienische Lyrik im 20. Jahrhundert. Essays*, 1990: 39) Das auf engstem Raum Zusammengefügte wird und wirkt extrem dicht, ungewöhnlich Vieles umschließend, in ungekannte Tiefen gehend, sodass die Texte kryptisch bzw. hermetisch anmuten. So bildete sich um Ungarettis magische Lyrik und die gleich gesinnter Weggefährten der Begriff 'Hermetismus' (ermetismo) heraus, mit dem man heute die wichtigste Poesieströmung Italiens der 'Moderne' meint.

[**Die lyrikgeschichtliche Bedeutung des 'ermetismo'.** Im Verlauf unseres Kurses werden wir alle jemals in deutscher Sprache publizierten Literaturgeschichten zu Italien kennenlernen, zumindest ansatzweise. Über die Schule der Hermetiker soll uns ein bibliographisch ungewöhnlich reich ausgestattetes, kleines Handbuch Aufschluss geben, das zwei Jahrzehnte lang zu den am meisten konsultierten Werken seiner Art gehörte; auch wenn es jetzt nur noch antiquarisch zu kaufen ist, finden Sie es in jeder Universitäts- und Institutsbibliothek.

„Die bedeutendste und erfolgreichste poetische Strömung des Novecento war diejenige, die sich kryptisches, also verschlüsselt 'dunkles' Dichten zum Ziel gemacht hatte; es war der Hermetismus (ermetismo), eine Dichtungsweise, mit der sich Lyriker wie **Ungaretti, Montale, Quasimodo und Saba** einen großen Namen zu machen vermochten, wenngleich eine Vielzahl von anderen Poeten ebenfalls dieser lyrischen Richtung verpflichtet war. Eine zeitliche Begrenzung des Hermetismus ist ebenso schwierig wie eine exakte Typologisierung. Im Prinzip handelt es sich um ein überaus fruchtbares Phänomen, das etwa seit den zwanziger Jahren deutlicher feststellbar ist, das in den dreißiger Jahren eine Hochzeit erlebte, dann immerhin bis in die sechziger Jahre hinein wirksam blieb. Francesco Flora, ein aus der 'Schule' Benedetto Croces hervorgegangener Literaturhistoriker, prägte übrigens den Begriff 'ermetismo' in negativer Absicht: Er bezeichnete damit eine absichtlich das Verständnis erschwerende Lyrik [...]. Carlo Bo bemühte sich, die neue Dichtungsart exakt zu beschreiben, und ihm ist es zu verdanken, daß der Hermetismus seinen negativen Anstrich verlor, als deren technisches Hauptmerkmal er eine übersteigerte Analogiemanier ansah. Die 'poeti ermetici' suchten in der Tat nach dunklem und esoterischem Ausdruck, der gerade ihre besondere und neue geistige Auffassung von der Aufgabe der Poesie widerspiegelte. Lyrik wollte ihnen ein orakelhaftes Medium zur Vergegenwärtigung der Beziehungen zwischen Menschen und Dingen, zwischen Dichter und Kosmos sein: Dichtung sollte Natur, Dinge und Kosmos selbst zum Sprechen bringen. Somit mußte die Sprache aufhören, vom Dichter logisch geordnetes und infolgedessen manipuliertes Instrument zu sein; sie brauchte eine uneingeschränkte Freiheit und Unabhängigkeit, die es ihr ermöglichte, direkt in Kommunikation mit der Transzendenz zu treten, deren 'Botschaft' sie zu übermitteln hatte. Deshalb bietet sich die hermetische Poesie in so freiheitlicher Struktur dar: sie besitzt keine Interpunktion, was unter anderem auf eine völlig unorthodoxe Handhabe der Syntax zurückzuführen ist. Hermetische Poesie rekurriert natürlich auch nicht – oder meistens nicht – auf die traditionellen metrischen Schemata oder auf tradierte rhetorische Rezepte [...]. Man verzichtete überdies auf moralistische, politische oder pädagogische Intentionen und man verbannte jede Art von Sentimentalität aus dem Themen- und Stimmungsrepertoire. Statt dessen strebte man danach, dem Wort selbst eine ursprüngliche und unmittelbare Evokationskraft und Spontaneität zurückzugeben." (Heinz Willi WITTSCHIER, *Die italienische Literatur. Einführung und Studienführer. Von den Anfängen bis zur Gegenwart*, [3]1985: 172-3; [1]1977, [2]1979)]

Zusammenfassung der Gedichtanalyse. Der kleine Text von Giuseppe Ungaretti ist ein 'modernes' Gedicht. Sein Autor warf alle lyrischen Formungsprinzipien über Bord; ihn interessierten nicht mehr herkömmliche Vers- und Strophentraditionen seiner Nationalliteratur. Er schuf etwas formal ganz anderes, das ob seines lapidaren Charakters sehr gut in das 20. Jahrhundert passt. Denn jene Epoche hatte keine Zeit mehr, sich über lange Erkenntnisdichtungen zu beugen! Dies kann man auch für unsere Zeit sagen. Dargestellt wird in dem Zweizeiler eine von uns allen sehr wohl geahnte Sehnsucht: Man möchte einmal das Glücksgefühl einer totalen Balance mit sich, der Welt und möglichst auch mit (einem) Gott haben. Dieses Verlangen ist Ziel jeder Religion, es ist uralt; daher versprachlicht unser Dichter es in einer zeit- und schmucklosen Sprache, die aber so tiefgründig ist, wie einst die Antworten des Orakels von Delphi knapp und konzis verrätselt waren. Das Thema des Gedichts *Mattina* führt weit zurück in die Kultur- und Literaturgeschichte; es geleitet z. B. zur größten Dichtung der Italiener, der *Divina Commedia* von Dante Alighieri (1265-1321). In jener über 14.000 Elfsilberverse einnehmenden 'Verserzählung' aus den ersten Jahrzehnten des 14. Jahrhunderts berichtet uns Dante als Jenseitswanderer, wie er in die Hölle hinabstieg, den Läuterungsberg erklomm und schließlich durch die Sphären des Himmels flog, um sein Ziel zu erreichen: der Göttlichkeit ansichtig zu werden. Diese zeigt sich ihm tatsächlich im allerletzten der 100 Gesänge in Form eines unbeschreiblichen Lichtkreises, worin Dante auch sich selbst erkennt und erfüllt, weil jene maßlose Helligkeit ihn vollkommen ausleuchtet. Die *Göttliche Komödie* gehört zu den am meisten illustrierten, d. h. malerisch oder durch Zeichnungen erläuterten Werken der Weltliteratur; schon ziemlich kurz nach Dantes Tod begann man, in den handschriftlichen Abschriften (= Kodizes) die geschilderten Vorgänge optisch darzustellen. Dieses künstlerische Bemühen hat bis heute nicht aufgehört, weil die symbolvolle Transzendenzerzählung des Dichters aus Florenz unerhört spannend und für uns alle außerordentlich mitteilsam ist. Die Künstlerinnen und Künstler waren bestrebt, gerade auch die spektakuläre Schlussepisode des Protagonisten – seine Konfrontation mit der Lichtflut – sichtbar zu machen. In den zahlreichen mit Abbildungen ausgestatteten Ausgaben sowie in den Übersetzungen der *Divina Commedia* finden Sie zum letzten Gesang des *Paradiso* solche bildlichen Umsetzungen jenes Erlebnisses, die unseren Augen durchaus als visuelle Kommentare zu dem Gedicht *M'illumino / d'immenso* gelten können.

Wie weit in kulturhistorisch zurückliegende Zeiten doch ein unscheinbares 'modernes' Gedicht führen kann! Wie eng doch ein solcher Text zum Beispiel mit der Dichtkunst eines vor etwa 750 Jahren geborenen Poeten verbunden scheint, wie alt das Neue ist und wie sehr es not und gut tut, dass wir uns selbst ebenfalls im Spiegel der Vergangenheit sehen! Die Bedeutung unseres Mikrogedichts und seines Schöpfers im Kontext der neueren Dichtungsgeschichte Europas soll abschließend ein namhafter Ungaretti-Übersetzer auf den Punkt bringen: „Diese beiden Verse mit ihrer unvergleichlichen musikalischen Intensität sind 1917 geschrieben und erscheinen im Zyklus *Schiffbrüche* [= *Naufragi*] der *Allegria* [= Freude, Frohsinn]. Sie sind ein Aufschrei im Schweigen des Krieges, zwei Worte zwischen zwei Pausen. Mit diesen und anderen Versen aus derselben Zeit erwirbt sich Ungaretti den Ruf eines Revolutionärs der italienischen Dichtungssprache, die bis dahin von den hymnischen Klängen eines [Gabriele] D'Annunzio [1863-

1938] oder den sanften Versen eines [Giovanni] Pascoli [1855-1912] bestimmt war. Jedes einzelne Wort erhält eine neue Kraft, einen Suggestionswert, der durchaus nichts Fragmentarisches hat, sondern Wesentliches beinhaltet. Das Thema des Lichtes ist angeschlagen, eines inneren Lichtes, das zum Klang wird. – Suggestionstechnik und Musikalität im Vers verweisen auf E[dgar] A[llan] Poe [1809-49], [Stéphane] Mallarmé [1842-98] und auf die große französische Lyrik der zweiten Hälfte des 19. und des beginnenden 20. Jahrhunderts." (Michael Marschall von BIEBERSTEIN, *Giuseppe Ungaretti*, 1974: 3).

Das erste 'Problemfeld' ist nun abgearbeitet. Bevor der Studienweg fortgesetzt wird, nehmen wir nochmals die Hauptziele dieses Kurses in den Blick. Wir wollen (die) italienische Literatur kennen lernen, und zwar geht es vor allem um vergangene Zeiträume: Die Geschichte der Literatur Italiens soll uns in einigen relevanten Bereichen vertraut werden. Wir haben also mit 'Literaturgeschichte' zu tun.

> **[Was ist (eine) Literaturgeschichte?** Diesem grundsätzlichen Problem müssen wir uns jetzt stellen. Man könnte sich mit ganzen Bergen von gedruckten Antworten auf jene Frage befassen, aber in der Kürze liegt bekanntlich die Würze. Es gibt für unsere Zwecke ein nachschlagewerkhaftes Einführungsbuch zur gesamten Literaturwissenschaft, das nach beinahe einem halben Jahrhundert weiterhin Konjunktur hat, immer wieder aufgelegt wird und gut unterrichtete Leser zurücklässt; jenes Werk war von Anfang an (auch) für den Schulunterricht gedacht und es wird noch heute für die Sekundarstufe II verwendet; bestimmt ist es auch Ihnen bei jeder ersten Orientierung im literarischen Wald der Gattungen, Formen, Epochen und Fragestellungen behilflich; dort liest man also zu unserem Thema:
>
> „**Literaturgeschichte.** [Die] Einordnung der Einzelwerke in größere Zusammenhänge (Richtungen und Bewegungen) erlaubt es der wiss. Forschung und Darstellung, der Literaturgeschichtsschreibung, Gesamtbilder vom geschichtlichen Ablauf der Lit. eines Volkes oder einzelner Epochen zu entwerfen." (Ivo BRAAK, *Poetik in Stichworten. Literaturwissenschaftliche Grundbegriffe. Eine Einführung,* [1]1965: 8; [8]2007: 19)
>
> Im Anschluss an diese Definition schildert Braak auf mehreren Seiten spezielle Ausprägungen solcher 'Gesamtbilder', bei denen die Verfasser jeweils besondere Aspekte berücksichtigen. So ergeben sich dann konzeptionell unterschiedliche Literaturgeschichten. Im Rahmen der nächsten 'Problemfelder' werden wir solche Felder sukzessive ansprechen. Es wird dann jedes Mal zu prüfen sein, w i e – also unter welchem Blickwinkel – uns darin etwas Geschichtliches zur Literatur beschrieben wird. Ivo Braak stellte übrigens damals 4 'Gruppen' von literaturgeschichtlichen Erfassungsweisen heraus; er gab ihnen die Bezeichnungen 'psychologisch-biographisch', 'soziologisch', 'ideengeschichtlich' sowie 'stilgeschichtlich'; heute wäre diese Unterteilung zu differenzieren bzw. zu erweitern.]

Da wir in Italiens Literaturgeschichte nicht 'einfach so', sondern allgemein (= international) akzeptabel, nämlich wissenschaftlich beweisbar eindringen wollen, müssen wir 'methodisch' vorgehen, was u. a. bedeutet, dass unsere Schritte tunlichst durch bewährte theoretische Überlegungen und Erkenntnisse abgesichert sind. Wir haben uns also der/den Literaturtheorie(n) unterzuordnen, denn diese ist/sind das Rückgrat einer 'progressiven', d. h. sich kontinuierlich weiter entwickelnden Literaturwissenschaft.

[**Was ist (heute) 'Literaturtheorie'?** Auch hier – wo wir wiederum eine uferlose Problematik berühren – vertrauen wir uns dem kleinen Werk eines herausragenden Fachmannes von der New Yorker Cornell University an, dessen übersetztes Reclam-Bändchen Sie schnell auf ein hohes theoriebezogenes Niveau bringen kann:

„**Was ist Theorie?** In der Literatur- und Kulturwissenschaft ist heutzutage viel von Theorie die Rede – wohlgemerkt nicht von Literaturtheorie, sondern nur von Theorie. [...]
„**Theorie wovon?"**, wird man sich fragen. [...] Theorie kann man betreiben, man kann sie lehren und lernen, man kann sie hassen oder auch fürchten. [...] 'Theorie', so heißt es, habe die Literaturwissenschaft radikal verändert. Eine solche Rede meint allerdings nicht eine *Theorie der Literatur*, also die systematische Untersuchung des Wesens der Literatur und der Methoden ihrer Analyse. Wer darüber klagt, dass in der Literaturwissenschaft heutzutage zu viel Theorie betrieben wird, der meint nicht ein Zuviel an systematischen Überlegungen über Literatur im Allgemeinen oder ein Zuviel an Debatten über die besonderen Eigenschaften des literarischen Sprachgebrauchs. Weit gefehlt. Die Klagen zielen auf etwas anderes. Sie zielen möglicherweise genau darauf, dass viel zu viel *Nicht*-Literarisches zur Diskussion steht, viel zu viele allgemeine Fragestellungen debattiert werden, deren Verbindung zur Literatur kaum ersichtlich ist, und viel zu viel psychoanalytische, politische und philosophische Texte gelesen werden. **Theorie ist ein ganzes Bündel von (zumeist ausländischen) Namen**; Theorie heißt etwa Jacques Derrida, Michel Foucault, Luce Irigaray, Jacques Lacan, Judith Butler, Louis Althusser oder Gayatri Spivak. [...].
Schritte der Theorie. Ein charakteristisches Merkmal von Gedanken, die zu Theorie werden, besteht darin, dass sie auf entscheidenden 'Schritten' beruhen, die man auch beim Nachdenken über andere Gegenstandsbereiche durchführen kann. [...].
Was ist also Theorie? Vier wesentliche Punkte haben sich herausgeschält:
1. **Theorie ist interdisziplinär** – ein Diskurs mit Wirkungen über das ursprüngliche Fach hinaus.
2. **Theorie ist analytisch und spekulativ** – ein Versuch herauszufinden, was bei dem, was wir Sexualität, Sprache, Schrift, Bedeutung oder auch Subjekt nennen, mit auf dem Spiel steht.
3. **Theorie ist zu verstehen als Kritik am gesunden Menschenverstand**, d. h. an Konzepten, die für natürlich gehalten werden.
4. **Theorie ist reflexiv, ein Denken über das Denken**, eine Befragung der Kategorien, die wir in der Literatur wie in anderen diskursiven Praktiken gebrauchen, um uns die Welt zu erklären.

Hieraus folgt: Theorie ist furchteinflößend. Eines der entmutigendsten Merkmale von Theorie ist, dass sie nie aufhört. Theorie ist nichts, was man je beherrschen wird, keine begrenzte Anzahl an Texten, die man sich aneignen kann, um schließlich 'Theorie zu können'. **Theorie ist ein loses Korpus von Texten, das sich ständig erweitert [...]."**
Jonathan CULLER, *Literaturtheorie. Eine kurze Einführung*, ¹2002: 8-9, 18, 28; (unveränderte Nachdrucke: 2004, 2006, 2008)

In unserem Exkurs 'Was ist Rhetorik?' (siehe oben) hatten wir absichtlich, aber eher beiläufig einige Ideensplitter des französischen Philosophen Michel Foucault einfließen lassen, um so einen Vorgeschmack vom Umgang mit aktuellen Theoriegefügen zu geben: Man hat es mit Parallelsystemen zu tun, welche sich (auch) an literarische Texte herantragen lassen, um diesen in gewissen Punkten eine neue, andere oder zusätzliche Bedeutung zu verleihen.

Und wie wollen wir nun in den Lektionen dieses Kurses und Arbeitsbuches den Begriff 'Theorie' verstehen? Was soll für uns 'Theorie' in Bezug auf Literatur und deren Deutung bedeuten?

Es ist auf jeden Fall wichtig, dass wir 'Theorie' als ein geistreich flexibles und unseren Verstand trainierendes Phänomen vor Augen behalten: Bei aller 'Furcht', welche man (nach Culler) vor 'Theorie-Diskursen' haben kann, tut sich im Hinblick auf Literatur – geistes- und kulturgeschichtlich – Anregendes und Fruchtbares auf. Dennoch soll es für die drei Jahre des BA-Studiums ausreichen, wenn sich Kraft und Wirkung von Theorien auf die Erfassung der drei Hauptgattungen von Literatur – Lyrik, Narrativik und Dramatik – beschränken, sodass wir diese fest in den Griff bekommen und mit entsprechenden Texten 'universell' umgehen können. Jene schwierigeren Theoriewelten – all das Geistreiche, was wir z. B. Michel Foucault oder Jacques Derrida verdanken – werden spannende und attraktive Themenspektren für das Masterstudium sein, bei welchem man sich dann bereits sicher auf basishaft elementarem Theorie-Terrain bewegt und nach 'Höherem' streben kann, ohne dass der Arbeitsgegenstand 'furchteinflössend' wirken muss. Trotzdem werden wir bei dem einen oder anderen 'Problemfeld' gelegentlich in die Regionen jener Spekulationskünstler vorstoßen.]

Aufgaben

zu „1.1 Problemfeld I: **Lyrik in freien Versen.** Das Mikrogedicht *Mattina* (1917) von Giuseppe **Ungaretti** (1888-1970) [Novecento: 'Moderne' (20. Jh.)]"

[Die Aufgabenlisten aller 6 Kurskapitel oder Lektionen (= 'Problemfelder') sind für eine nutzbringende Aufnahme dieses Arbeitsbuches von großer Wichtigkeit. Die Untersuchungsvorschläge führen Sie von der Theorie zur Praxis, von der bloßen Behauptung zur Überprüfung. Denken Sie bitte an jene Zeit, als Sie den Führerschein machten und stellen Sie sich vor, Sie hätten alles über Autos, Verkehr und Regeln auf den Straßen nur in Büchern gelesen und anschließend – ganz ohne Fahrpraxis im wirklichen Verkehr – die Fahrprüfung machen müssen! Die Einschätzung von Texten, Autoren, Literaturphänomenen, Methoden und Geschichtlichkeit der Werke soll auch aus eigener Anschauung geschehen. Sie müssen sich erleben, wie Sie in der Bibliothek mit Büchern und Materialien umgehen oder auch am PC selbständig zu Resultaten gelangen. Ebenfalls geht es darum festzustellen, wie Ihre Ergebnisse von Ihren Mitstudierenden aufgenommen und der Seminarleitung 'bewertet' werden. Die informative Unterweisung durch den Wortlaut im Buch eines Fachmannes ist nur ein Anfang, mit dem man Ihnen signalisiert, dass Sie sich nun selbst auf den Weg machen müssen!

Wer dieses Studienbuch als Selbstlernwerk – also autodidaktisch – benutzt, kann natürlich nur einige wenige Aufgaben in Angriff nehmen, d. h. diese bis zu einem gewissen Grad realisieren, und zwar solche, die ihn besonders interessieren. Allerdings sollte auch ein alleine Lernender bzw. bestimmte Lehrgebiete Wiederholender a l l e Aufgaben wenigstens ganz genau durchlesen, sie durchdenken und sich überlegen, w i e denn Lösungen aussehen könnten, d. h. welche Arbeitsschritte rein theoretisch erforderlich wären. Bei einer Verwendung unseres 'Kurses' als Grundlage in einer italianistischen Lehrveranstaltung, sucht sich jede(r) Teilnehmer(in) nur e i n e Aufgabe aus, sodass dann insgesamt – im Plenum – eine größere Anzahl gelöst wird. Dies geschieht in Absprache mit der Kursleitung, welche die jeweilige Schwerpunktbildung und didaktische Ziele im Auge hat. Es ist immer vorher zu entscheiden, ob eine Aufgabe als Referat oder Hausarbeit, als Einzel- oder Gruppenarbeit vergeben wird. Die Anzahl der folgenden Aufgaben ist wesentlich größer als in einer Lehrveranstaltung bzw. in 2 Sitzungen behandelt werden könnten, aber es geht hier darum, dass jede(r) Studierende(r) wenigstens einen ansprechenden Vorschlag findet. Gemeinsam wird man dann ein vielfältiges Spektrum zu erarbeiten in der Lage sein. Wir gehen davon aus, dass eine Semesterveranstaltung circa 13 bis 14 Wochen dauert, und für jedes 'Problemfeld' wären dann 2 Sitzungen anzusetzen, sodass unser Kurs 12 Doppelstunden einnähme. Das Kurs- und Aufgabenpensum zu e i n e m 'Problemfeld' bezöge sich dann auf 14 Tage.]

1. Schauen Sie sich auch gerne alte Fotos an? Diese führen uns ja unmittelbar und irgendwie geheimnisvoll in längst vergangene Zeiten. Besorgen Sie sich also das „*Album Ungaretti*" (Milano, Mondadori, 1989), das eine von 333 s/w-Fotos begleitete Lebensbeschreibung des Dichters ist. Dokumentieren Sie bitte für Ihr Seminar/Ihren Kurs unsere oben zusammengestellte Biographie von 1888 bis 1917 (= dem Jahr der Entstehung von *Mattina*) anhand der dort reproduzierten Fotodokumente. Sie fertigen also eine Powerpoint-Präsentation an oder halten einen Vortrag mit Overhead-Folien. Während Ihrer Erklärungen versuchen Sie, immer auch die geschichtlichen Elemente der Fotos herauszustellen. Bei Darstellungen, deren Umstände Sie sehr interessieren, geben Sie den entsprechenden Begriff oder das Thema in eine Bildersuchmaschine ein, um so zusätzliches visuelles Material zu erhalten. Etwas Ihrer Meinung nach Außergewöhnliches – wie z. B. der 'Futurismus' oder das Schaffen einer Künstlerpersönlichkeit – würden Sie noch anhand eines Bildbandes oder anderer Publikationen illustrieren, welche Ihre Hochschulbibliothek besitzt und die Sie nach ein paar einführenden Worten im Raum herumgehen lassen.

2. Wenn Sie sich für philosophische Themen (der Ontologie bzw. zur menschlichen Existenz) interessieren, dann leihen Sie das Buch von Angelika BAADER aus (*'Unschuld' und 'Gedächtnis'. Bewußtsein und Zeiterfahrung in Giuseppe Ungarettis Poetik und Lyrik*, München 1997). Das 3. Kapitel (*Bergsons 'durée pure'* = S. 70-95) betrifft einen französischen Philosophen, den Ungaretti vor der Entstehung unseres Gedichtes *Mattina* in Paris persönlich erlebt hatte. Beschäftigen Sie sich bitte mit Bergsons Haupttheorien (z. B. in Nachschlagewerken, aber auch im Internet), fassen Sie die wichtigsten Aspekte der Analyse von A. B. zusammen und versuchen Sie, jene Überlegungen ansatzweise auf unseren Mikrotext zu übertragen.

3. Hat Musik eine besondere Bedeutung in Ihrem Leben und sind Sie an musiktheoretischen bzw. akustischen Phänomenen interessiert? Dann leihen Sie sich das Buch von Angelika BAADER aus (*'Unschuld' und 'Gedächtnis'. Bewußtsein und Zeiterfahrung in Giuseppe Ungarettis Poetik und Lyrik*, München 1997). Das 4. Kapitel (*Musikalische Interferenzen poetischer Sprache* = S. 96-105) betrifft Musikalität bzw. Klanglichkeit lyrischer Texte. Resümieren Sie bitte die wichtigsten Beobachtungen und übertragen Sie die eine oder andere Feststellung auf das Gedicht *Mattina*.

4. Wenn Sie die geistige Tiefe und emotionale Kraft unseres kleinen Poesiemeisterwerks beeindrucken, dann besorgen Sie sich die Biographie von Walter MAURO (*Vita di Giuseppe Ungaretti*, [1]1990, [2]2006); sie ist chronologisch angelegt und zeichnet in 11 Abschnitten die Daseinsetappen des Dichters nach, indem zur entsprechenden Phase entstandene Gedichte eingebunden werden. W. M. geht so vor, weil Ungaretti sagte, dass seine Poesie sein Leben wiedergebe, und zwar besondere Momente davon. Schauen Sie sich bitte vor allem das 3. Kapitel an (*Insidia della guerra*); wählen Sie aus den allerersten Gedichten Ungarettis zwei aus, die Sie persönlich ansprechen; rekonstruieren Sie – nach besagter Biographie – die Hintergründe und kristallisieren Sie poetische Merkmale heraus, von denen Sie meinen, dass sie für Ungaretti typisch sind bzw. Ähnlichkeiten mit unserem *Mattina*-Text aufweisen. Für diese Aufgabe müßten Sie das Italienische schon gut verstehen.

5. Das Übersetzen literarischer Texte ist eine Kunst, die vielfach als Beruf ausgeübt wird und die man an einigen Hochschulen wissenschaftlich erlernen kann. Vielleicht haben Sie auch schon mit Ihrem Studium eine solche Möglichkeit ins Auge gefasst. Versuchen Sie einmal herauszubekommen, wo man 'bei uns' (italienische) Übersetzungswissenschaft studieren kann. Unser kleines Ungaretti-Gedicht ist von namhaften Persönlichkeiten ins Deutsche übertragen worden. Es lohnt sich daher, die Versuche miteinander zu vergleichen. Stellen Sie also bitte Gemeinsamkeiten und Unterschiede fest. Worin bestehen letztere, genau besehen? Welche Fassung halten Sie für die gelungenste? Die Angabe von Ort und Zeit unter dem Titel des Gedichts haben wir weggelassen, weil deren Übertragung keine besondere 'Leistung' darstellt und auch nicht Bedeutung kreiert; die Zeichensetzung bzw. deren Fehlen entspricht allerdings ganz den Druckvorlagen:

MORGEN

Ich erleuchte mich
durch Unermeßliches

[Ingeborg **BACHMANN** (1926-73), 1961]

MORGENFRÜHE

Ich erleuchte mich
aus Unermeßlichem

[Michael Marschall **von BIEBERSTEIN**, 1988]

MORGEN

Ich erhelle mich
aus Unendlichem.

[Hanno **HELBLING**, 1990]

MORGEN

Ich erleuchte mich
in Unermesslichem

[M. **von KILLISCH-HORN** / A. **BAADER**, 1993]

Wenn Sie jene Überlegungen abgeschlossen haben, besorgen Sie sich die vierseitige Studie des emeritierten Erlanger Romanisten Hinrich HUDDE mit dem Titel *Mich erhellt die Weite. Übersetzungsbemühungen um Ungarettis berühmtes Kurzgedicht*; diese erschien in der wichtigsten Italianistik-Zeitschrift des deutschen Sprachraums, deren jeweils neue Hefte – zweimal im Jahr kommen sie heraus – Sie unbedingt als angehende(r) Italianist(in) regelmäßig einsehen (bzw. durchblättern) sollten, nämlich in *Italienisch. Zeitschrift für italienische Sprache und Literatur*, Nr. 35, 1996, S. 72-5. Dort finden Sie zwei weitere deutsche Übersetzungen des *Mattina*-Gedichts sowie zusätzliche Denkanstöße zur Aufschlüsselung seiner tiefgründigen Botschaft. Hierüber berichten Sie ebenfalls.

6. Eines der Ziele dieses Kurses und Arbeitsbuches ist das Bekanntmachen mit allen italienischen Literaturgeschichten in deutscher Sprache, um so im Masterstudium eine solide Basis für eine dann internationale Sicht von Literaturgeschichtsschreibung zu erhalten. Beginnen wir also damit! Mit unserem Gedicht *M'illumino / d'immenso* wird der 'Hermetismus' (*ermetismo*) in Italien vorbereitet, der eine der wichtigsten europäischen Lyrikströmungen im 20. Jh. wurde und große historische Relevanz hatte. Sie sollen sich hierzu zwei lange Zeit in Deutschland benutzte Literaturgeschichten ansehen, also Bücher, deren Aufgabe es ist, solche Phänomene festzuhalten, einzuordnen und zu erklären. Dazu blicken Sie bitte einerseits genau auf die oben (= im 'Problemfeld' I) von uns zitierte Passage (zum '*ermetismo*'), welche aus *Die italienische Literatur* ([3]1985) von Heinz Willi WITTSCHIER stammt; besorgen Sie sich hiervon das Original und schauen Sie, in welchem Kontext jene Erläuterungen stehen. Sie leihen sich zweitens aus das Werk *Italienische Literaturgeschichte* (herausgegeben von Volker KAPP); davon gibt es drei Auflagen ([1]1992, [2]1994 und [3]2007). Dieses Buch wurde von insgesamt 6 bzw. 7 Romanisten und einer Romanistin geschrieben. Der uns interessierende Teil stammt von Heinz THOMA; auf Seite 350 von [1]1992 ([2]1994 ebendort, aber in [3]2007 auf S. 348-9) liest man auch eine Gesamteinschätzung des 'Hermetismus'; sie beginnt mit „*Die Konzentration auf die Dichtung…*" und endet mit den Worten „*…den Weg in die Resistenza verstellt.*" Auch hier überprüfen Sie die (dort vorausgehenden) Äußerungen zu den Dichtern der Strömung. Ihre Aufgabe – die am besten in einer kleinen Gruppe gelöst wird – besteht in der Beantwortung folgender Fragen: 1. Wieviel wird in jenen beiden Ausschnitten über die Lyrik selbst gesagt? 2. Welchen Literaturbegriff legen die Verfasser ihren Erklärungen zugrunde? 3. Was wird außer der Lyrik/Literatur sonst noch zur Sprache gebracht? 4. Welchen Wissensstand setzen die Romanisten offenbar bei ihren Lesern voraus? 5. Wie ist das Quantum an Informationen geartet, das den Studierenden vorgesetzt wird? 6. Wie ist die Sprache gestaltet (Satzbau, Fachtermini, intellektuelle Begriffe etc.)? 7. Welche Art von 'Geschichtlichkeit' lässt sich den Darstellungen entnehmen? 8. Was können Sie über Berufs- und Arbeitsfeld der beiden romanistischen Verfasser herausfinden, und lassen diese Ergebnisse Rückschlüsse auf die methodische Gestaltung ihrer literaturgeschichtlichen Mitteilungen zu? Die Gruppe sollte sämtliche Fragen gemeinsam besprechen und in allen Punkten zu einem ausgewogenen Urteil kommen.

41

7. Das Gedicht unseres ersten 'Problemfeldes' wurde während eines Krieges geschrieben. Auch in der heutigen Zeit vergeht kein Tag, ohne dass die Medien uns mit irgendeiner militärischen Auseinandersetzung konfrontieren. Die Journalisten präsentieren die blutigen Schauplätze meist akribisch und wirklichkeitsnah. Sie sollen nun auch ein Stück Militärgeschichte rekonstruieren und eine journalistische Kriegsdokumentation erstellen. Geben Sie in eine Suchmaschine die Begriffe „Santa Maria La Longa + Ungaretti" ein. Sie werden auf mehrere Webseiten mit historischen Reminiszenzen zum Ersten Weltkrieg und zu jener Bergregion stoßen, wo das Gedicht *Mattina* entstand. Fügen Sie bitte anhand der Internetmaterialien eine Berichterstattung zusammen, die den heutigen und den damaligen Ort sowie die Spuren jenes Krieges und des Soldatendaseins unseres Dichters zeigt. Bemühen Sie sich außerdem, in den Bibliotheken Ihrer Hochschule einen (Bild)Band zum Ersten Weltkrieg zu finden, in dem auch jene Gegend und die feindlichen Operationen dargestellt werden. Zeichnen Sie ein Bild von den politischen und militärischen Entwicklungen zwischen Österreich und Italien und stellen Sie hierfür geographisches bzw. strategisches Kartenmaterial zur Verfügung.

8. Lyrik ist (oft) kurz, knapp, präzise. Dennoch oder gerade deswegen können Gedichte ziemlich tiefsinnig, geistreich, rätselhaft sein. Es lohnt sich also, genau diesem poetisch-textlichen Phänomen weiter auf den Grund zu gehen! *M'illumino / d'immenso* ist Ungarettis kürzestes Poesiezeugnis, aber in seiner lyrischen Gesamtausgabe *Vita d'un uomo* – von der Sie sich leicht irgendeine Auflage besorgen können – gibt es noch weitere erstaunlich 'sparsame' Texte. Wählen Sie einen davon aus und versuchen Sie bitte, das eine oder andere Deutungsprinzip unseres ersten Kapitels (= 'Problemfeld I') auf jenes Gedicht anzuwenden. Es wäre auch denkbar, dass eine Arbeitsgruppe eine kleine Sequenz von Mikrotexten auswählt und dass man gemeinsam zu jedem Gedicht gewisse (poetologische, strukturelle, thematische etc.) Erkenntnisse herauskristallisiert. Wichtig ist, dass Sie bei Ihren Ergebnissen gleichfalls bestimmte (literatur)geschichtliche Dimensionen andeuten (zumindest ansatzweise).

9. Obwohl (oder weil) unsere heutige Welt angeblich so materialistisch, also von Kommerz und Geld bestimmt ist, erfüllen Religionen und Theologie eine nicht unbeträchtliche Aufgabe in Gesellschaft und Politik, gerade auch in Deutschland. So wäre es gut, wenn jeder von uns theologischen Grundfragen nicht fremd gegenüber stünde. Wenn Sie nicht christlichen (also nicht protestantischen, katholischen oder orthodoxen) Bekenntnisses sind – d. h. z. B. einen muslimischen, jüdischen oder fernöstlichen Glauben haben –, dann stellen Sie doch bitte folgende (oder ähnliche) Überlegungen an: Welche Rolle spielen in Ihrer Religion die Sonne und das Licht? Gibt es eine Verbindung zwischen Gott/Göttlichem und der Sonne/dem Licht? Kam/kommt es in Ihrem Glauben zu einer 'Erleuchtung' des Menschen durch Natur, Gott oder Göttliches? Falls in Ihren Heiligen Schriften hierzu bestimmte Episoden existieren, dann schildern Sie diese. Behalten Sie bei Ihren Ausführungen unser kleines Ungaretti-Gedicht als eventuelle Parallele im Auge: Könnte man sagen, dass Ihr Bekenntnis im Einklang mit Ungarettis *Mattina* steht?

10. Literatur und Bildende Künste stellen immer wieder gleiche Themen dar, gerade in Italien, weswegen ein Italienisch-Studium gern mit (dem der) Kunstgeschichte in Verbindung gebracht wird. So wiesen wir zum Schluss dieses ersten 'Problemfeldes' darauf hin, dass die lange Jenseitswanderung des Protagonisten der *Göttlichen Komödie* von dem Nationaldichter Dante Alighieri (1265-1321) damit endet, dass das Ich Gott in einer Lichtflut erblickt; viele Künstler waren im Laufe der Jahrhunderte bestrebt, diesen ersehnten Moment bildlich darzustellen. Wenn Sie diese ebenso philosophisch-theologische wie ästhetisch-kunstgeschichtliche Thematik interessiert, dann besorgen Sie sich Ausgaben und/oder Übersetzungen jener *Divina Commedia*, welche 'illustriert', also von Bildern begleitet sind. Man kann das in der Regel an den Katalogeinträgen Ihrer Bibliothek feststellen. So hat beispielsweise der französische Illustrator Gustave Doré (1832-83) jene Szene in berühmt gewordener Weise 'sichtbar' gemacht. Aber auch von dem großen Renaissance-Maler Sandro Botticelli (1445-1510) gibt es eine bekannte visuelle Umsetzung. Es wäre aufschlussreich, wenn Sie einige solcher Darstellungen aus unterschiedlichen Epochen näher untersuchten. Sie würden sie bitte Ihren Mitstudierenden zeigen und in ihrer Technik sowie ihrem Ausdruck erläutern. Vorher hätten Sie den 100. (= letzten) Gesang (= 'canto') des Buches von Dante (auf Deutsch) gelesen, damit Sie die inhaltliche Situation jener bedeutsamen Transzendenzdichtung genau schildern können. Für diese Aufgabe werden Sie auch im Internet bildlich fündig, wenn Sie die besagten Namen bzw. Daten in eine Suchmaschine für Bilder geben.

11. Strömungen in der Literatur und in den Künsten lassen oft vergleichbare Grundideen und Stilprinzipien des Ausdrucks erkennen; das gilt auch für Ungarettis *Mattina*-Text und künstlerische Zeugnisse jener Epoche. Interessieren Sie sich für moderne Kunst? Wenn Sie Bildbände und Fachgeschichten ein wenig durchzuarbeiten bereit sind, dann nehmen Sie folgende Aufgabe in Angriff. Unser Gedicht entstand ja im Jahr 1917. Wir stellten fest, dass es einen Bruch mit der traditionellen Lyrikgeschichte signalisiert. Diese Zäsur ist u. a. auch dadurch zu erklären, dass der Dichter in Paris Maler und Bildhauer kennenlernte, die in der Kunst Ähnliches in die Wege leiteten. Welche Bilder oder Plastiken wurden beispielsweise von Futuristen oder Kubisten um 1917 geschaffen? Legen Sie sich bitte eine kleine Auswahl zu Recht (vielleicht bis zu einem halben Dutzend Kunstwerke). Stellen Sie einige Fakten bzw. Merkmale dazu zusammen: Von welcher Persönlichkeit ist das jeweilige Bild? Wo und wie entstand es? Was zeigt es? Wie ist die Technik (z. B. die Materialverwendung)? Lassen sich Parallelen zu dem Ungaretti-Gedicht des gleichen Jahres ziehen?

12. Auch wenn Giuseppe Ungaretti, einer der eindrucksvollsten Dichter der Welt im 20. Jh., längst nicht mehr lebt, bietet die moderne Medientechnik die Möglichkeit, ihn dennoch zu erleben. Und dieser Poet las völlig anders als alle die zahllosen Schriftsteller, die uns die Verlage heutzutage immerzu auf ihren Lesereisen präsentieren. Auch Sie wird Ungarettis dramatische Stimme faszinieren! Wir erfahren durch seinen Mund etwas über Sprechkultur, ein Gebiet, das uns trotz unserer intensiven Kommunikationsgepflogenheiten ziemlich fremd geworden ist. Die in der Aufgabe Nr. 13 genannte Videokassette gibt uns übrigens die Möglichkeit, den Dichter auch in Aktion zu s e h e n. Besorgen Sie sich also (per Fernleihe) die Audio-CD *Omaggio a Ungaretti* aus dem Jahr 1996. Darauf trägt Ungaretti 8 seiner Gedichte selbst vor. Diese hören Sie sich bitte an: Sie werden von der Rezitationsart des Dichters beeindruckt sein. Ihre Seminaraufgabe besteht darin, eine Auswahl dieser 8 Texte Ihren Mitstudierenden vorzustellen. Sie versuchen dabei u. a., das Spezifische der Sprechweise/Diktion – z. B. den leidenschaftlichen Impetus – linguistisch/phonetisch zu beschreiben. An einigen Versen zeigen Sie auf, was Ungarettis eindringliche Aussprache gehaltlich bzw. semantisch bewirken kann. Da er auf der CD leider nicht das Gedicht *M'illumino / d'immenso* vorträgt, versuchen Sie selbst, diesen Text gemäß der Ausdrucksweise des Poeten zu rezitieren, wofür Sie natürlich intensiv üben müssen. Holen Sie sich bei der Firma 'Nuova Fonit Cetra S. p. a.' die Erlaubnis dafür ein, dass Sie die CD zu Studienzwecken in Ihrer Hochschule in einem kleinen Kreis vorstellen; dazu gehen Sie auf die Homepage des Unternehmens und richten eine E-mail-Anfrage an die Presseabteilung (= Ufficio stampa).

13. 1968 habe ich – als junger Assistent – Giuseppe Ungaretti bei einer Lesung in Hamburg erlebt. Seine temperamentvolle, gebärdenreiche, eindringliche Vortragsweise hatte mich gewaltig beeindruckt. Niemals mehr danach stellte ich bei einem Schriftsteller etwas Ähnliches fest und ich nahm an Hunderten von Lesungen romanischer Schriftsteller teil. Auch Sie haben die Möglichkeit, etwas von jener unglaublichen Energiegeladenheit zu sehen, die Ungaretti geradezu als magischen Wortschöpfer erscheinen lässt. Besorgen Sie sich – wenn Sie meine von Begeisterung getragenen Behauptungen neugierig gemacht haben sollten – (per Fernleihe) die Videokassette '*Ungaretti racconta Ungaretti*' (2000), welche in 42 Minuten die wichtigsten Lebensstationen unseres Dichters dokumentarisch (in s/w) festhält. Ungaretti liest dabei viele Gedichte und er spricht auch über seine Dichtungskonzeption. Bereiten Sie bitte für Ihre Lehrveranstaltung die ersten circa 15 bis 20 Minuten so vor, dass Sie die Passagen entsprechend kommentieren können. Fassen Sie außerdem aus der ganzen Dokumentation Ungarettis poetologische Statements zu einem Gesamtkonzept zusammen. Beschreiben Sie auch die Art und Weise, wie sich der Dichter beim Sprechen in seiner Gestik verhält und wie seine Diktion beschaffen ist. Holen Sie sich beim Einaudi-Verlag in Turin die Erlaubnis dafür ein, dass Sie die Videokassette zu Studienzwecken in Ihrer Hochschule vorstellen dürfen; dazu besuchen Sie die Homepage des Unternehmens und schreiben eine E-mail an die Presseabteilung (= Ufficio stampa).

14. Hier etwas zur Vertiefung eines sehr wichtigen Strukturphänomens aller Lyrik: ihre sinnbildende Lautlichkeit oder 'Musikalität'. Bestimmt hat man Sie bereits im Schulunterricht darauf aufmerksam gemacht. Besorgen Sie sich also zu diesem Thema eine der fünf Auflagen des sehr bekannten autodidaktischen Werks *Arbeitsbuch Lyrikanalyse* von Hans-Werner LUDWIG ([1]1979 bis [5]2005). Lesen Sie bitte darin gründlich (und am besten mit vielen Pausen) das 'Problemfeld III. Klangbeziehungen', aus dem wir oben gelegentlich unserer lautlichen Analyse des Ungaretti-Gedichtes eine Kernpassage zitiert haben. Ihre Lektüre jenes Kapitels soll dazu dienen, aus *Mattina* noch mehr Klangelemente herauszuarbeiten, diese fachterminologisch zu benennen und interpretativ zu verwerten. Bei der Vorstellung bzw. Erklärung bestimmter (z. T. rhetorischer) Erscheinungsformen anhand vonTextbeispielen, die Sie bei Ludwig finden, beschränken Sie sich nicht nur auf die Namen der dort genannten Autoren (Goethe, Rilke, Novalis, Byron etc.), sondern deuten Sie auch wenigstens kurz (in zwei oder drei Sätzen) die (literar)historische Dimension des jeweiligen Dichters, Gedichtes oder Textauszugs an. Es reichen daher wenige Textproben, d. h. beschränken Sie sich auf Wesentliches.

15. Literatur Studierende sind immer dazu 'verurteilt', Literaturgeschichten 'durchzuackern', egal ob ihnen dies gefällt oder nicht und einerlei ob die angesagten Werke angenehm zu lesen sind oder eher unverdaulich gelehrt wirken. Vielleicht verfassen Sie deswegen einmal selbst eine solche literaturgeschichtliche Studie (in Referatform), in der Ihr persönlicher Gestaltungswillen zum Ausdruck kommt. Im Zusammenhang mit Ungarettis Technik war ja wiederholt von 'Hermetismus' (*ermetismo*) die Rede. Diese nicht unkomplexe Eigenart kennzeichnet Teile seiner Lyrik sowie die anderer zeitgenössischer und herausragender Dichter Italiens. Erarbeiten Sie daher bitte ein Feature von dieser italienischen Lyrikströmung, indem Sie vor allem auf Eugenio Montale (1896-1981) und Salvatore Quasimodo (1901-68) blicken. Als Grundlagen nehmen Sie hierfür die in unseren Bibliographien – d. h. in den 'Studienmaterial' überschriebenen Abteilungen der jeweiligen 'Problemfelder' – genannten deutschsprachigen Literaturgeschichten (die wohl allesamt Ihre Hochschulbibliothek besitzt). Heben Sie dazu die wichtigsten Gedichtbände, Entwicklungen und Merkmale beider Poeten hervor. Kommen Sie dann schließlich auf das Ungaretti-Gedicht *M'illumino / d'immenso* sowie unsere Ausführungen dazu zurück: Wie werten Sie nun – nachdem Sie auch Montale und Quasimodo kennen gelernt haben – unsere Beobachtungen zu Ungaretti? Können Sie sie bestätigen bzw. z. T. ergänzen, vertiefen oder auch modifizieren? Lassen Sie jedenfalls nicht unerwähnt, was Ihnen beim Durcharbeiten jener Literaturgeschichten aufgefallen ist, was Sie z. B. gelungen fanden und übernommen haben bzw. was Sie unbedingt anders haben darstellen wollen.

STUDIENMATERIAL

zu „1.1 Problemfeld I: **Lyrik in freien Versen.** Das Mikrogedicht *Mattina* (1917) von Giuseppe **Ungaretti** (1888-1970) [Novecento: 'Moderne' (20. Jh.)]"

[Das sich an die 'Problemfelder' sowie an die 'Aufgaben' anschließende 'Studienmaterial' bezieht sich immer auf die vorangehenden Sachgebiete; es steht aber auch in engem Zusammenhang mit den daran angeschlossenen Aufgaben, ist in vielen Fällen deren fachliche Grundlage.

Lesen Sie bitte die Informationen zu den unten genannten Büchern besonders sorgfältig. Die Veröffentlichungen werden hier ungewöhnlich exakt und ausführlich beschrieben! Das soll Ihnen signalisieren, dass Genauigkeit und Vollständigkeit unbedingt zu einer guten philologischen Ausbildung gehören, und Sie sind ja gerade dabei, PhilologInnen zu werden.

Für das aufmerksame Lesen unserer Literaturhinweise planen Sie bitte viel Zeit ein. Nach jedem Titel halten Sie inne und überlegen Sie, was die Angaben eigentlich bedeuten, d. h. versuchen Sie, sich Inhalte, Anlage und Bedeutung der Publikationen zunächst auf 'abstraktem' Weg vorzustellen.

Der Sinn der 'Bibliographiepakete' zu den 6 Arbeitsgebieten bzw. das Ziel des damit verbundenen Unterweisungsvorganges ist, dass Sie die Bücher in die Hand nehmen, sie öffnen, darin lesen (z. B. Inhaltsverzeichnis, Einleitung, Zusammenfassung, kleinere Kapitel usw.). Dazu müssen Sie an die Regale Ihrer UB- oder Institutsbibliothek gehen! Es wäre gut, wenn Sie wenigstens die Hälfte der hier genannten Publikationen zu Gesicht bekämen; wenden Sie für jedes Werk mindestens 10 bis 15 Minuten auf. Betrachten Sie den von Ihnen gewünschten Gang in die Bibliotheken nicht als lästige Zumutung! Denn in Wirklichkeit halten Sie sich doch nur an dem für Sie vorgesehenen Studien- bzw. Arbeitsplatz auf. Als Studierende(r) haben Sie sich nämlich entschlossen, einen nicht geringen Teil Ihres Lebens vor Bücherregalen und an Lerntischen zu verbringen.

Diese Hinweise gelten vor allem für Studierende, die unser Lernwerk im Selbststudium, also auto-didaktisch durcharbeiten. In einem Literaturkurs wird man Ihnen spezielle bibliographische Vor-schläge machen, die zu dem Konzept der jeweiligen Lehrveranstaltung passen.]

Ausgabe der Gedichte von Giuseppe Ungaretti

[Leone PICCIONI ed.] Giuseppe UNGARETTI. *Vita d'un uomo.* **Tutte le poesie** a cura di L. P., Milano (Arnoldo Mondadori Editore) [1]**1969**, CI + 905 Seiten, I Meridiani. Collezione diretta da Giansiro Ferrata, ohne Bd.Nr., 17,3 × 10,6 × 3,7 cm, in dunkelblaues Kunstleder gebunden [Diese damals von einem Schüler U.s angefertigte Gesamtausgabe seiner Gedichte ist bis heute die wich-tigste sowie allgemein benutzte Textgrundlage seines lyrischen Schaffens. Der römisch bezifferte Einleitungsteil (= 'Prefazione') besteht aus einer Einführung von L. P. in U.s Werk (S. XIII-LV), einer 'Cronologia' (= Zusammenfassung wichtigster Lebensstationen = S. LVII-LXIII) sowie einem poetologischen Selbstbekenntnis des Dichters ('Ragioni d'una poesia' = S. LXVII-CI); nun folgen die Gedichte aus 12 Bänden bzw. Abteilungen (nämlich von *L'Allegria* bis *Altre poesie ritrovate* = S. 3-402). Den Abschluss bildet ein Anhang mit Studien zu G. U., Anmerkungen, ei-nem kritischen Variantenapparat, einer Bibliographie und einem Register. Diese Ausgabe wurde bis heute vielfach nachgedruckt; sie blieb dabei substanziell unverändert, nur dass sie 1992 mit der Aufnahme in die 'Oscar'-Reihe des Mondadori-Verlags (= 'Grandi classici') den gebundenen Charakter verlor und mehr zum Taschenbuch mutierte; dabei änderte sich das äußere Erschei-nungsbild. Hinweise auf vorangegangene Ausgaben (= vor 1969), gekürzte Bände mit gleichem Titel sowie auf Editionen anderer Werke U.s (z. B. Prosa) erscheinen uns hier für unsere Zwecke nicht notwendig.].

Übersetzungen der Gedichte von Giuseppe Ungaretti

[Ingeborg BACHMANN (1926-73)] Giuseppe UNGARETTI. *Gedichte.* Italienisch und deutsch. Übertragung und Nachwort von I. B., Frankfurt am Main (Suhrkamp Verlag) [1]**1961**, 156 Seiten, Bibliothek Suhrkamp, Bd. 70, 18,2 × 11,4 × 1,6 cm, Hardcover (beige) [Diese Anthologie enthält 43 Gedichte, 38 davon aus dem frühesten Band *L'Allegria*; die ganze Ausgabe eröffnet die große Dichterin mit *M'illumino / d'immenso.* Nachwort = S. 151-7. Der Band blieb bis zur 9. Aufl. = 1995 (jeweils identisch mit der ersten) bei Suhrkamp, wurde dann weiterhin in München vom Piper-Verlag herausgebracht (154 Seiten, Serie Piper, Bd. 2189)].

[Michael Marschall **von BIEBERSTEIN**] Giuseppe UNGARETTI. *Ich suche ein unschuldiges Land. Gesammelte Gedichte.* Italienisch / Deutsch. Übertragen und Nachwort von M. M. v. B., München (R. Piper GmbH & Co. KG) **1988**, 316 Seiten, ISBN 3-492-03200-1, 20,9 × 12,8 × 2,5 cm, in hellblaues Leinen gebunden (ist nicht mehr auf dem Markt) [Dieser zweisprachige Band bietet eine große Auswahl aus allen Gedichtbänden U.s; Nachwort = S. 283-310].

[Hanno **HELBLING**] Giuseppe UNGARETTI. *Die Heiterkeit. L'Allegria. Gedichte 1914-1919.* Italienisch – Deutsch. Übertragen von H. H., München (Carl Hanser Verlag) **1990**, 181 Seiten, Edition Akzente. Herausgegeben von Michael Krüger, ohne Bd.Nr., ISBN 3-446-16043-4, 19,7 × 9,9 × 2,0 cm, € 19,90 [Es ist eine vollständige Übersetzung aller Texte des im Titel angegebenen Zeitraums; der Band enthält ein kurzes, aber gutes 'Nachwort' = S. 181-8.].

[Michael **von KILLISCH-HORN** [und] Angelika **BAADER**] Giuseppe UNGARETTI. *L'Allegria. Die Freude-Derniers jours. Letzte Tage-Poesie disperse. Verstreute Gedichte-Altre poesie ritrovate. Weitere wiedergefundene Gedichte: Gedichte 1914-1934.* Italienisch und deutsch. Herausgegeben und übersetzt von M. v. K.-H. unter Mitarbeit von A. B., München (P. Kirchheim Verlag) **1993**, 544 Seiten, Giuseppe Ungaretti. *Vita d'un uomo. Ein Menschenleben.* Werke in 6 Bänden, Bd. 1 (es gibt aber nur 4 Bde), ISBN 3-87410-047-2, 20,7 × 12,1 × 3,0 cm, in graubraunes Leinen gebunden, € 50,- [Es ist eine bestens dokumentierte Ausgabe bzw. Übers. der Gedichte der besagten Periode; S. 7-43: *Grundzüge einer Dichtung* (= dt. Übers. der wichtigen Selbsteinführung U.s, nämlich *'Ragioni d'una poesia'*, die in dem Editionsband *Vita d'un uomo. Tutte le poesie* im Einleitungsteil aller Auflagen erscheint (siehe oben); S. 47-388: Texte; S. 389-542: wertvolle Anhänge (Dokumentationen, Bibliographisches etc.)].

Sekundärwerke (zu Giuseppe Ungaretti)

Michael Marschall **von BIEBERSTEIN**, *Giuseppe Ungaretti*, in: *Italienische Literatur der Gegenwart in Einzeldarstellungen*. Herausgegeben von Johannes HÖSLE und Wolfgang EITEL, Stuttgart (Alfred Kröner Verlag) **1974**, XLII + 488 Seiten, S. 1-30, Kröners Taschenausgabe, Bd. 436, ISBN 3-520-43601-9, 17,6 × 11,1 × 2,8 cm, in taubenblaues Leinen gebunden (das Buch ist nicht mehr auf dem Markt, muss also ausgeliehen werden) [Der Band stellt 22 Autoren vor; zu G. U. wird – wie zu den anderen Autoren auch – ein umfassendes Gesamtbild entworfen; am Schluss: Biographie, Werkverzeichnis u. Bibliographie].

Frederic J. **JONES**, *Giuseppe Ungaretti. Poetic and Critic*, Edinburgh (Edinburgh University Press) **1977**, XI + 229 Seiten, Writers of Italy Series. General Editor C. P. Brand, Bd. 5, ISBN 0-85224-299-9, 21,8 × 13,4 × 1,6 cm, in braunes Leinen gebunden [Das Buch ist eine empfehlenswerte Einführung, weil die Darstellung nicht im Fahrwasser der ital. Lit.kritik schwimmt (obwohl diese auch berücksichtigt wird), sondern eigene Akzente setzt; es entsteht ein vielseitiges u. ganzheitliches Bild von U.s Dichtung; die Sprache ist überwiegend klar u. griffig. Aufbau: Preface; 1. U.'s Life and Cultural Background; 2. Personal Aesthetics and Cultural Perspectives; 3. *Allegria* and Associated Collections of Early Poetry; 4. *Sentimento del tempo*; 5. *Il dolore*; 6. *La terra promessa*; 7. The Final Collections; Notes – Selected Bibliography – Index.].

[Paola **MONTEFOSCHI** ed.] *Album Ungaretti. Iconografia ordinata e commentata da P. M. con un saggio biografico di Leone Piccioni*, Milano (Arnoldo Mondadori Editore) [novembre] **1989**, XVI + 312 Seiten, I Meridiani. Collezione diretta da Luciano De Maria, ohne Bd.Nr., ISBN 88-04-32767-7, 17,4 × 10,5 × 2,6 cm, in Kunstleder gebunden, € 32,- [Es ist eine besonders attraktive Biographie; die chronologische Darstellung begleiten nämlich 333 historische s/w-Fotos; im Anhang: Dokumente, Lebenslauf, Bibliographie, Quellennachweis, Register.].

Hans **HINTERHÄUSER** [1919-2006, Prof. für Romanistik an der Univ. Wien], *Italienische Lyrik im 20. Jahrhundert. Essays*, München-Zürich (R. Piper GmbH & Co. KG) **1990**, 251 Seiten, Serie Piper, Bd. 967, ISBN 3-492-10967-5, 18,9 × 11,8 × 1,5 cm, Taschenbuch, Paperback (sandfarben) [Es ist v. a. eine themat. Einführ. in die mod. ital. Lyrik; man findet 8 Studien mit vielen Textbeispielen über herausrag. Dichter des 20. Jh.s vor: I. Die Wende zur Modernität; II. G. Ungaretti (= S. 35-64); III. Eugenio Montale; IV. Salvatore Quasimodo; V. Umberto Saba; VI. Cesare Pavese; VII. Andrea Zanzotto; VIII. Fabio Doplicher (der jedoch kaum bekannt ist).].

Walter **MAURO** [*1925], *Vita di Giuseppe Ungaretti*, Milano (Camunia editrice srl) [1]**1990**, IX + 160 Seiten, Storia & Storie, ohne Bd.Nr., ISBN 88-7767-066-5, 22,4 × 13,9 × 1,1 cm, Paperback (nur ²2006 ist noch zu kaufen, s. unten) [W. M. hatte bei G. U. in Rom das Examen mit einer Arbeit über den Romantiker Giacomo Leopardi gemacht. Die Biographie ist chronologisch aufgebaut u. umfasst 11 Kapitel. ²2006: Gleicher Titel, Albano (bei Rom) (Anemone Purpurea editrice), 183 Seiten, Pagine in controluce, Bd. 3, ISBN 88-89788-10-0, 20,9 × 14,3 × 1,4 cm, € 13,-; beide Ausgaben Paperback (mit unterschiedlichem U.-Porträt auf dem Cover); leider ohne bibliographische Hinweise.].

Angelika **BAADER**, *'Unschuld' und 'Gedächtnis'. Bewußtsein und Zeiterfahrung in Giuseppe Ungarettis Poetik und Lyrik*. *Mit einem Anhang von Texten des Autors*, München (P. Kirchheim Verlag) **1997**, 331 Seiten, ISBN 3-87410-076-6, 22,3 × 13,5 × 2,9 cm, € 49,90 [Die ehemalige Dissertation (= Heidelberg 1994) der späteren Herausgeberin u. Übersetzerin des Gesamtwerks U.s (in 4 Bänden, s. oben) ist eine Darstellung seines ganzen lyrischen u. poetologischen Schaffens; es ist eine in die Tiefe gehende u. geistreiche Analyse anhand zentraler Themen.].

Sonstige Medien (zu Giuseppe Ungaretti)

Omaggio a Ungaretti. *Lettura di Giuseppe Ungaretti, Alberto Lupo, Giancarlo Sbragia, Leone Piccioni*, ohne Ort (Nuova Fonit Cetra S. p. A.) **1996**, Antologia Sonora. La voce del poeta. Collana diretta da Folco Portinari. Letture, Nr. 17: Giuseppe Ungaretti [ADD – Mono DP/S. I. A. E. CDLE 1017, Nr. 8 003927 186736] [Spieldauer ungenannt] [„Compact disc digital audio"] [Die in der Qualität sehr klare CD besteht aus 46 'Teilen'; es werden v. a. Gedichte rezitiert, welche man auch kommentiert. Die Partien 2 bis 10 enthalten beeindruckende Statements von U. selbst (und zwar liest er die Gedichte *Sono una creatura, Inno alla morte, La madre, Caino, La morte meditata: Canto V, Senza più peso* und *Defunti su montagne*). Die CD bietet einen Überblick von U.s Gesamtwerk. Das Begleitheft hat 20 Seiten; am Anfang liest man eine Einführung von Leone Piccioni (2-7); darauf folgen alle Texte der von den o. g. vier Personen gelesenen Gedichte. Die CD scheint nur in der UB Augsburg zu sein (Signatur 139 IV 48920 054 996), von wo man sie sich per Fernleihe bestellen kann, wenn man sie nicht käuflich erwirbt.].

Ungaretti racconta Ungaretti. *Di Gabriella Sica*. *Regia di Gianni Barcelloni*, Torino (RAI Educational) **2000**, Einaudi Tascabili. Saggi, Nr. 763 [Videokassette VHS; Spielzeit 42 Minuten. Nur s/w-Aufnahmen] [In ca. 33 Szenen/Sequenzen wird eine chronologische Biographie des Dichters entworfen. Im Mittelpunkt steht G. U., der entweder – in seiner eindrucksvollen Art – Gedichte liest oder von sich erzählt (z. B. über sein Leben oder seine Dichtung); dazwischen werden Szenen aus alten Filmen oder Fotos eingeblendet. Angeblich gibt es zu diesem Video ein Begleitbuch, das ich aber nicht finden konnte. Auf der Hülle sieht man ein U.-Porträt (Zeichnung von Tullio Pericoli). Die sehr interessante Dokumentation befindet sich z. B. in den UBs von Bamberg, Erlangen u. Passau.].

Literaturtheorie (zur Lyrik)

Hans-Werner **LUDWIG** [emeritierter Prof. für Anglistik an der Univ. Tübingen], *Arbeitsbuch Lyrikanalyse*, Tübingen (Gunter Narr Verlag) [1]**1979**, 272 Seiten, Literaturwissenschaft im Grundstudium, herausgegeben von Werner Faulstich und H.-W. L., Bd. 3, ISBN 3-87808-923-6, 21,0 × 14,8 × 1,5 cm, Paperback (Cover: grün u. weiß) [Es ist ein Kurs oder Lehrgang, eine Anleitung zum Selbsterlernen all dessen, was mit der Bestimmung des Wesens u. der Struktur eines lyrischen Textes zu tun hat. Dies geschieht auf der Basis moderner literarischer, linguistischer u. kulturwissenschaftlicher Theorien. Der Autor führt seine Leser systematisch und behutsam – anhand von Statements bedeutender WissenschaftlerInnen u. von ausdrucksstarken Textbeispielen – durch essentielle Strukturbereiche, die er 'Problemfelder' nennt, nämlich: I. Grundlagen; II. Vers; III. Klangbeziehungen; IV. Figuren der Wortwiederholung; V. Poetische Syntax; VI. Bildlichkeit in der Dichtung; VII. Lyrik u. Gesellschaft; VIII. Interpretation. Die Auflagen 1 bis 4 erschienen im o. g. Verlag (²1981 = durchgesehene Ausg., ³1990 sowie ⁴1994 = jeweils 272 Seiten u. im Prinzip unverändert); danach jedoch: ⁵2005 = 5. erw. u. aktualisierte Aufl., Tübingen (Francke), XIII + 305

Seiten, UTB, Bd. 2727 (Literaturwissenschaft), ISBN 3-7720-3384-9, geändertes Format (21,4 × 15,0 × 2,0 cm; Cover: oben rot, unten blau); diese Aufl. wurde erweitert um das Kap. 'Zu Strophen- und Gedichtformen' = S. 64-99, das nun an dritter Stelle steht; € 16,90].

Angelo **MARCHESE** [*1937], *L'officina della poesia. Principi di poesia*, Milano (Arnoldo Mondadori Editore S. p. A.) [I edizione maggio] [1]1985, 328 Seiten, [Collezione] Studio, Bd. 119, 20,0 × 13,1 × 2,3 cm, 'Nr. 0026572-8' (Auf dem Cover das Gemälde *'Paesaggio con S. Gerolamo'* von Joachim Patinir, Prado in Madrid) [Dieses Taschenbuch ist eine moderne, d. h. auf strukturaler bzw. semiotischer sowie literatursoziologischer Basis erstellte, systematisch synchrone Einführ. in die Gattung Lyrik, welche grosso modo deutschsprachigen Werken (mit vergleichbarer Funktion) wie denen von H.-W. Ludwig, D. Lamping oder D. Burdorf entspricht, wobei eben die Terminologie in Italienisch erfolgt und die Beispiele der Lit. Italiens entnommen sind; außerdem ist noch eine allgemeine Lit.theorie in das Werk integriert. Aufbau (= Hauptkapitel, mehrfach untergliedert): Introduzione. PARTE PRIMA. IL TESTO. PROPOSTE METODOLOGICHE. I. Lo studio della letteratura; II. Il linguaggio letterario; III. La comunicazione poetica; IV. Il segno poetico; V. La poesia come immanenza; VI. Le dimensioni dell'ipersegno poetico; VII. Il laboratorio del poeta; VIII. Metrica e musica; IX. Poesia e narratività; X. I livelli di lettura della poesia. PARTE SECONDA. IL CONTESTO. MODELLI CULTURALI E FORME LETTERARIE. I. Il sistema della cultura; II. Il folclore e l'immaginario nella creazione poetica; III. Modi e generi letterari; IV. La diacronia del sistema letterario; V. Creazione e interpretazione della poesia. Conclusioni. Note. Indice dei nomi. Es gab zwei in der Substanz unveränderte Nachdrucke, nämlich [2]1997: ebend., Oscar saggi, Bd. 536 sowie [3]2000: ebend., jeweils gleiche Seitenzahl, ISBN 88-04-43479-1, € 8,40.].

Dieter **LAMPING** [*1954, Prof. für Allgemeine u. Vergleichende Lit.wiss. an der Univ. Mainz], *Das lyrische Gedicht. Definitionen zu Theorie und Geschichte der Gattung*, Göttingen (Vandenhoeck & Ruprecht) [1]1989, 282 Seiten, ISBN 3-525-20778-6, 23,1 × 15,5 × 1,7 cm, Paperback (dunkelblau) [Dieses Standardwerk zerfällt in 2 Hauptblöcke. Zuerst wird eine universelle Lyriktheorie (sozusagen 'ab ovo') erarbeitet (= 1. Teil: Definitionen des lyrischen Textes: S. 19-97); hiernach werden die gewonnenen Erkenntnisse an Werken/Autoren überprüft (= 2. Teil: Erprobung der Definition: S. 99-265); das Lyrikspektrum dieses Anwendungsteils ist vielfältig, bezieht sich aber auf deutschsprach. Poesie (etwa 1890-1980). Den Schluss bildet eine wertvolle Fachbibliographie. [2]1993: „2., durchgesehene Aufl.", 283 Seiten, gleiche ISBN; [3]2000: „3. Aufl." (= unverändert, Einband aber jetzt schwarz), 283 Seiten, gleiche ISBN, € 46,-].

Horst Joachim **FRANK** [*1928, em. Prof. für die Didaktik des Deutschen an der PH in Flensburg], *Wie interpretiere ich ein Gedicht? Eine methodische Anleitung*, Tübingen (Francke Verlag) [1]1991, 131 Seiten, Uni-Taschenbücher, Bd. 1639, 18,4 × 11,9 × 1,0 cm, Paperback (rot) [Der schmale Band ist ein sehr lernwirksames, weil leicht verständliches Einführungswerk zum Selbststudium für alle diejenigen, die meinen, Schwierigkeiten mit Gedichten zu haben. Aufbau: 1. Thematik; 2. Entstehung; 3. Metrik; 4. Wortwahl; 5. Satzbau; 6. Klang; 7. Bildlichkeit; 8. Perspektive; 9. Zeit; 10. Raum; 11. Aufbau; 12. Zus.fassung; Die häufigsten Versmaße (= ein Mikrolexikon). Das Buch ist modern, d. h. wissenschaftlich nach neuzeitigen Erkenntnissen aufgebaut, gibt sich aber nicht akademisch, sondern studentenfreundlich. Da es nicht vom Zitieren von Sekundärlit. lebt, konnte es im Laufe der Jahre nahezu unverändert nachgedruckt werden: [2]1993; [3]1995; [4]1998; [5]2000; [6]2003: ISBN 978-3-8252-1639-9, € 11,90. Später kam als Verlagsort Basel dazu sowie auch der Gunter Narr-Verlag, und die UTB-Reihe erhielt den Zusatz 'Literaturwissenschaft', aber das Werk bestand immer aus 126 Seiten.].

Dieter **BURDORF** [*1960, Prof. für Germanistik an der Univ. Leipzig], *Einführung in die Gedichtanalyse*, Stuttgart-Weimar (J. B. Metzlersche Verlagsbuchhandlung und Carl Ernst Poeschel Verlag GmbH) [1]1995, 274 Seiten, Sammlung Metzler, Bd. 284, ISBN 3-476-10284-X, 18,4 × 11,9 × 1,7 cm, Paperback (blau) [Dieses Taschenbuch stellt Lyrik als Textsorte schlechthin vor u. bezieht dabei die Beispiele aus der dt. Literatur. Es ist eine wissenschaftl. Darstellung, deren didakt. Tendenz weniger stark ausfällt als die Bücher von H.-W. Ludwig oder H. J. Frank; das Werk ist in seiner theoret. Haltung mit dem von D. Lamping vergleichbar, geht aber auch andere

Fragestellungen an: „D. B. stellt die Methoden des lit.wissenschaftl. Umgangs mit Gedichten vor u. veranschaulicht sie an zahlreichen Beispielen aus der deutschsprach. Lyrik vom Barock bis zur Gegenwart." (Klappentext) Aufbau (= Hauptkapitel, alles mehrfach untergliedert): 1. Was ist ein Gedicht? 2. Der Ort des Gedichts in der Sprache; 3. Die Form des Gedichts; 4. Wort, Bild u. Bedeut. im Gedicht; 5. Wirklichkeitsbezug u. Perspektive des Gedichts; 6. Das Gedicht in der Geschichte – die Geschichte im Gedicht; Lit.verzeichnis. [2]1997: überarb. u. aktualis. Aufl., ebend., X + 276 Seiten, ISBN 3-476-12284-0, € 12,90].

Hans-Dieter **GELFERT** [*1937, em. Prof. für Anglistik an der FU in Berlin], *Einführung in die Verslehre*, Stuttgart (Philipp Reclam jun. GmbH & Co.) [1]**1998**, 192 Seiten, Reclams Universal-Bibliothek, Nr. 15037, Reihe 'Literaturwissenschaft für Schüler', ISBN 3-15-015037-X, 14,7 × 9,6 × 1,0 cm, broschiert (petrolfarben), € 4,80 [Der Autor hat mehrere ähnliche Einführungen für Schüler bei Reclam verfasst. Mit dem Fachgebiet Verslehre macht er durchaus 'intellektuell' u. auf bewährtem wissenschaftlichen Level bekannt, ohne aber zu gelehrt zu schreiben. Alle Probleme werden an Gedichtauszügen konkretisiert, wobei er ein breites historisches Spektrum berücksichtigt. Das kleine u. preiswerte Werk schlägt – wie Gelferts andere Titel auch – eine gute Brücke von der Schule zur Hochschule. Auf der Rückseite liest man: „Der Autor des erfolgreichen Bandes *Wie interpretiert man ein Gedicht?* legt hier eine lebendig geschriebene, mit zahlreichen Beispielen versehene Einführ. in die Metrik, in Vers u. Reim, Vers-, Strophen- u. Gedichtformen, von der Antike bis zur Gegenwart vor. Eine kleine Verslehre für Schüler u. der Schule entwachsene Freunde der Dichtung." Unveränd. Nachdrucke: 2005 u. 2009].

Literaturgeschichten

[Wir haben in unsere BA-Einführung sukzessive sämtliche jemals in deutscher Sprache veröffentlichten Literaturgeschichten zu Italien eingearbeitet, und zwar deswegen 'alle', weil es ein Irrtum ist zu glauben, dass neuere Werke wirklich besser seien als ältere. Im Gegenteil: Früher besaßen Romanisten ein viel umfangreicheres Wissen zu Ihrem Fach und sie konnten sich auch mehr Zeit nehmen, ihre Urteile zu formulieren. Der Weg zu den zahlreichen (mehr- bzw. vielbändigen) italienischsprachigen Lit.geschichten (die es in jedem Romanistischen Institut sowie in den Universitätsbibliotheken gibt) sollte erst während des Masterstudiums eingeschlagen werden, weil es für beginnende ItalianistInnen deprimierend sein könnte, wenn sie sich z. B. mit einem zehnbändigen (und zentnerschweren) Unternehmen auseinandersetzen müssten.]

Heinz Willi **WITTSCHIER** [*1942, em. Prof. für Romanistik an der Univ. Hamburg], *Die italienische Literatur. Einführung und Studienführer – Von den Anfängen bis zur Gegenwart.* 3., ergänzte Auflage, Tübingen (Max Niemeyer Verlag) [3]**1985**, 350 Seiten, ISBN 3-484-50123-5, 20,3 × 12,4 × 1,9 cm, Paperback (blaugrau) (nicht mehr auf dem Markt, aber in allen Romanistik-Instituten u. Univ.bibliotheken in dieser oder einer früheren Aufl. ausleihbar sowie durch das Internet antiquarisch erhältlich; siehe z. B. ZVAB) [Das Werk besteht aus 2 Teilen: Auf eine Lit.geschichte, die bis ca. Mitte des 20. Jh.s alles gerafft darstellt (= S. 24-189) folgt ein umfangreicher Studienführer (= S. 193-342). [1]1977 (gleicher Titel): München (Wilhelm Goldmann Verlag), 356 Seiten, Reihe 'Das Wissenschaftliche Taschenbuch. Abteilung Geisteswissenschaften', ohne Bd.Nr.; [2]1979 (gleicher Titel, '2., unveränd. Aufl.'): Tübingen (Max Niemeyer Verlag), dieselbe Seitenzahl, in keiner Reihe.].

[Volker **KAPP** ed. (*1940, em. Prof. für franz. u. ital. Lit.wiss. an der Univ. Kiel)] *Italienische Literaturgeschichte.* Unter Mitarbeit von Hans FELTEN, Frank-Rutger HAUSMANN, Thomas STAUDER [= ab [3]2007], Franca JANOWSKI, V. K., Rainer STILLERS, Heinz THOMA, Hermann H. WETZEL herausgegeben von V. K., Stuttgart-Weimar (J. B. Metzlersche Verlagsbuchhandlung und Carl Ernst Poeschel Verlag GmbH) [1]**1992**, X + 427 Seiten, ISBN 3-476-00843-6, 24,3 × 17,1 × 2,9 cm, Hardcover (hellgrün, mit hellgrünem Schutzumschlag; auf dem Cover kleines Porträt von Dante) [Diese von 7 bzw. später 8 Romanisten verfasste (u. daher in den Einzelteilen sprachlich u. methodisch unterschiedlich ausfallende) Lit.gesch. begleiten zahlreiche (z. T. sehr kleine) s/w-

Abbildungen, so wie Sie das später bei vielen in Italien publizierten Werken dieser Gattung kennen lernen werden. [2]1994 (= 'Zweite, verbesserte Aufl.', auch X + 427 Seiten, gleiches Format, ISBN 3-476-01277-8); [3]2007 (= 'Dritte, erweit. Aufl. mit 216 Abbildungen', XI + 444 Seiten, gleiches Format, nur etwas dicker: 3,2 cm; neu ist hier der Beitrag von Th. STAUDER: 'Neueste Tendenzen' = S. 403-18, ISBN 978-3-476-02064-2, € 29,95).].

Sonstige Werke zur Literaturwissenschaft

W[ilhelm] Theodor ELWERT [1906-97, Prof. für Romanistik an der Univ. Mainz], *Italienische Metrik.* 2., vom Verfasser durchgesehene und erweiterte Auflage, Wiesbaden (Franz Steiner Verlag) [2]1984, 196 Seiten, ISBN 978-3-515-04204-8, 22,6 × 15,5 × 1,2 cm, kartoniert (rot), € 27,- [Es gibt zwar etwa ein Dutzend verschiedene 'Verslehren' in ital. Sprache, aber nur diese eine auf Deutsch, welche auch heute noch wegen ihrer klaren Darstellung, Vollständigkeit u. Präzision geschätzt wird. Sie sollte daher anfänglich – d. h. vor dem Zugriff auf ital. Lernwerke zur Metrik – gründlich studiert werden. Inhalt (alles mehrfach untergliedert): A. Versbau; B. Der Reim; C. Die Strophe; D. Die Nachbildung antiker Metren. [1]1968: München (Hueber), 198 Seiten; diese ältere, im Format kleinere Ausg. sollte man zugunsten der zweiten eher nicht verwenden.].

Gero von WILPERT [1933-2009, Prof. für Dt. Lit.wiss. in Sydney], *Sachwörterbuch der Literatur.* 7., verbesserte und erweiterte Auflage, Stuttgart (Alfred Kröner Verlag) [7]1989, XI + 1054 Seiten, Kröners Taschenausgabe, Bd. 231, ISBN 3-520-23107-7, 17,6 × 11,0 × 4,4 cm, in taubenblaues Leinen gebunden [Dieses erste nach dem Zweiten Weltkrieg herausgebrachte Lexikon für Lit.begriffe ist auch heute noch nützlich: Es bietet zu zentralen Termini die wichtigsten Grundinformationen sowie, jeweils zum Schluss eines Eintrags, weiterführende bibliograph. Hinweise. Wir nennen dieses bekannte Handbuch gemäß der Jahrzehnte lang verwendeten Taschen(buch)ausg., wovon es folgende Auflagen gab: [1]1955, [2]1959, [3]1961, [4]1964, [5]1969, [6]1979; nach [7]1989 erschien eine äußerlich größere (augenblicklich letzte) Edition: G. v. W., *Sachw.buch der Lit.*, 8., verbess. u. erweit. Aufl., ebendort, [8]2001, IX + 925 Seiten, in keiner Reihe, ISBN 3-520-23108-5, 21,5 × 15,2 × 5,5 cm, € 29,90.].

Jonathan CULLER [*1944, em. Prof. für Anglistik u. Komparatistik an der Cornell University von New York], *Literaturtheorie. Eine kurze Einführung.* Aus dem Englischen übersetzt von Andreas Mahler, Stuttgart (Philipp Reclam GmbH & Co.) [1]2002, 200 Seiten, Universal-Bibliothek, Nr. 18166, ISBN 3-15-018166-6, 14,9 × 9,5 × 1,7 cm, broschiert (grün; auf dem Cover die Lithographie *Zeichnen* von dem niederländ. Künstler Maurits Cornelis Escher, 1898-1972, aus dem Jahr 1948 = zeichnende Hand, die von einer zeichnenden Hand gezeichnet wird, womit auf die vertrackte Verbindung zwischen einem Werk u. seinem Schöpfer angespielt wird.), € 5,60 [Der kleine Band ist mittlerweile ein beliebter Einstieg in das Themengebiet auf den Hochschulen geworden. Der Buchrückentext lautet: „Der amerik. Lit.wissenschaftler J. C. legt hier eine geradezu vergnügliche Einführ. in die Lit.theorie vor: Was ist u. will Theorie? Was ist überhaupt ein Text? Was ist ein Autor? Was ist Rhetorik? Was unterscheidet Lyrik von Prosa? Ebenso werden verschied. Theorieströmungen vorgestellt: Von der Hermeneutik u. anderen klassischen Richtungen über Dekonstruktion, Gender- u. Queer-Studies bis hin zur postkolonialen Lit.betrachtung." Die Kapitel lauten: 1. Was ist Theorie? 2. Was ist Lit. u. ist sie wichtig? 3. Lit. u. Kulturwissenschaft; 4. Sprache, Bedeutung u. Interpretation; 5. Rhetorik, Poetik u. Lyrik; 6. Erzählen; 7. Performative Sprache; 8. Identität, Identifikation u. das Subjekt. Anhang: Theoretische Schulen u. Strömungen. Lit.hinweise. Personen- u. Sachregister. Die engl. Originalfass. lautet: *Literary Theory. A Very Short Introduction*, Oxford-New York (Oxf. Univ. Press) 1997, 145 Seiten; weitere Aufl.: ebend. 2000.].

Otto KNÖRRICH [*1931], *Lexikon lyrischer Formen.* 2., durchgesehene Auflage, Stuttgart (Alfred Kröner Verlag) [2]2005, LX + 274 Seiten, Kröners Taschenausgabe, Bd. 479, ISBN 3-520-47901-X, 17,6 × 11,0 × 2,1 cm, in graublaues Leinen gebunden (mit Schutzumschlag: das Cover schmückt eine antike Leier), € 21,50 [Dem Nachschlagewerk des ehemaligen Studiendirektors u.

50

Seminarleiters in Bayern ist als Einleitung ein langer Essay über die Gattung Lyrik zur Begriffsbestimmung vorangestellt. Das Lexikon reicht von *Abecedarium* bis *Zwischenreim*. Manche (aber nicht alle) Artikel sind mit bibliograph. Angaben versehen; in vielen werden die Sachverhalte an Texten erläutert. Auf dem Buchrücken heißt es zu dem Buch: „Mit rund 500 Stichwörtern u. zahlreichen Beispielen aus der deutschsprach. Lyrik erschließt dieses Lex. die Vielfalt lyrischer Formen. Über die formale Bestimmung hinaus erläutern die Artikel die besonderen Ausdrucksqualitäten der einzelnen Formen u. orientieren über ihre Geschichte u. Verbreitung." [1]1992: gleiche Seitenzahl u. mit der jüngeren Ausg. identisch.].

Ivo **BRAAK** [1906-91] [bzw. später bearbeitet und herausgegeben von Martin **NEUBAUER** (*1958)], *Poetik in Stichworten. Literaturwissenschaftliche Grundbegriffe. Eine Einführung* von I. B., unveränderter Nachdruck der 8., überarb. und erweit. Aufl. von M. N., Berlin-Stuttgart (Gebrüder Borntraeger Verlagsbuchhandlung) [8 bzw. 9] **2007** [= Nachdruck von [8]2001], 347 Seiten, Hirt[s] Stichwortbücher, ohne Bd.Nr., ISBN 3-443-03109-9, 18,0 × 12,6 × 1,8 cm, broschiert (auf dem weißen Cover: vor rotem Grund eine stilisierte blaue Leier), € 19,- [Es ist dieses eines der erfolgreichsten Handbücher der Nachkriegszeit zur lit.wissensch. Einführ. mit Nachschlagewerkcharakter; Johannes Edmund 'Ivo' Braak war ein deutscher Autor, Rezitator u. Hochschullehrer (= Prof. zuerst an der PH in Flensburg, dann Kiel), u. zwar v. a. für niederdeutsche Lit.; er betreute sein Werk von der 1. bis zur 6. Aufl. (1966-1980); der Germanist Dr. M. N. gab die 8. u. 9. Aufl. heraus (1990-2001); letztere wurde 2007 nachgedruckt. Wir geben Anlage u. Grundform nach dem Inhaltsverz. der 1. Aufl. an, die im Prinzip bis heute gleich blieb (obschon sich in Wirklichkeit sukzessive alles viel detaillierter u. mehr untergliedert ausnimmt): I. GESAMTBEZEICHNUNGEN (1. Dichtung, 2. Literatur, 3. Lit.wissenschaft, 4. Lit.geschichte, 5. Dichtungswissenschaft, 6. Poetik); II. STILFORM (7. Stil, 8. Stilmittel, 9. Bilder, 10. Figuren); III. SCHALLFORM (11. Schallform, 12. Rhythmus, 13. Melodie u. Lautgebung, 14. Vers, 15. Reim); IV. GATTUNGSFORM (16. Gattung, 17. Lyrik, 18. Didaktik, 19. Epik, 20. Dramatik). Der Buchrückentext des bislang letzten Nachdrucks kennzeichnet das Werk so: „Mit zahlreichen Textbeispielen u. Lit.hinweisen versehen, liefert der Band eine ebenso knappe wie systematische Einführ. in die Welt der Dichtung. Er informiert über die verschied. Ansätze der Lit.theorie u. -wissenschaft, behandelt Stilfiguren u. Strophenformen u. gibt einen leicht fasslichen Überblick über die Kennzeichen von Lyrik, Epik u. Dramatik – ein Handbuch, das für Lehrende wie Lernende gleichermaßen unentbehrlich geworden ist." Hier die einzelnen Auflagen des im Format stets gleich u. in derselben Reihe des Verlags gebliebenen Studienbuches: [1]1965 = 147 Seiten; [2]1966 (gleich); [3]1969 = 276 S. (neu bearb. u. erw.); [4]1972 (gleich); [5]1974 (gleich bzw. 'durchgesehene' Ausg.); [6]1980 = 324 S. (überarb. u. erw.; bis hier erschienen in Kiel, Verlag Ferdinand Hirt); [7]1990 = 350 S. (überarb. u. erweit, von M. N.); [8]2001 = 351 S. (überarb. u. erweit. von M. N.; ab jetzt Berlin-Stuttgart, Borntraeger)].

1.2 Problemfeld II: Lyrik in fester Formung. Das Sonett *L'ellera* (1602) von Giambattista Marino (1559–1625) [Seicento: Barock (17. Jh.)].

Dem kürzesten und 'einfachsten' Gedicht der italienischen Nationalliteratur stellen wir nun ein schwieriges und komplexes gegenüber. Das nicht so leicht Verständliche und etwas Sperrige soll uns helfen, eine besonders 'vertrackte' Epoche der Weltkultur zu verstehen: das 'Barock', welches sich aus der Renaissance (bzw. dem 'Manierismus') des 16. Jh.s entwickelte; barocke Formen standen während des 17. Jh.s hoch im Kurs und liefen erst im 18. Jh. aus. Es handelt sich um ein ganz Europa betreffendes Phänomen des Ästhetischen – des Geschmacks und der Mode –, sodass es sich lohnt, die Mühsal der folgenden Analyse auf sich zu nehmen. Unsere mutige Wegbeschreitung ist dabei eigentlich schon das angestrebte Ziel. Barocke (und überwiegend geistreiche) Texte zu verstehen, ist harte Arbeit; krempeln wir darum die Ärmel hoch! Denn wir wollen ja etwas lernen.

Zwei Gefühlsbereiche beherrschen die Lyrik aller Länder und Zeiten: einerseits die sinnsuchende (ontologische) Auslotung der eigenen menschlichen Existenz in einem bestimmten Lebenskontext – wie wir das ansatzweise in dem Ungaretti-Gedicht erleben – und andererseits die wichtigste und stärkste Emotion des Menschen: die Liebe. Die italienische Literatur ist voll von Liebe und Liebenden! Daher müssen wir dieses Thema hier unbedingt zur Sprache bringen. In der Liebe gibt es meistens zwei Grundsituationen: Entweder man befindet sich in der Werbephase, sodass man jemanden begehrt und diese(n) erobern möchte, oder die 'Sache' ist vorbei bzw. vergeblich, und man leidet entsetzlich. Das eigentliche Lieben – also das Verliebt- und Glücklichsein – erscheint eher selten als Gegenstand der Poesie, was verständlich ist; denn wer sich im Zustand der Seligkeit wähnt, hat für anderes kaum Zeit, wie etwa darüber zu schreiben, dass man nur noch an seine zauberhaft verlaufende Gegenwart denkt.

Für unseren Interpretationsgegenstand gilt folgende Situation: Jemand – ein Er – liebt eine Sie (Elpinia ist ihr Name) und jener bemüht sich um diese. Das geschieht – wie immer in solchen Fällen – unter Anwendung von durchdachten Überzeugungs- bzw. Überredungstechniken. Dabei weist er sie – die sich, wie es sich gehört, sträubt – auf ein Phänomen der Botanik, also etwas Augenfälliges, eindeutig Sichtbares, und zwar ganz 'Natürliches' hin: einen Baum (und zwar eine Esche; ital. *orno*, also maskulin), um dessen Stamm sich ein Efeu windet. E r möchte nun gern der Baum sein, und es wäre doch so schön, wenn s i e ihn wie jenes Rankengewächs umschlingen würde. Soweit der leicht nachvollziehbare Sachverhalt eines mit allen rhetorischen Raffinessen vorgetragenen Liebesangebots.

Der Autor unseres Gedichts heißt **Giambattista M**ARINO (auch MARINI genannt: **1569–1625**). Er war in seiner Zeit nahezu der berühmteste Dichter Europas, sodass man seine vielfach imitierte Art Verse zu verfassen etikettierend als 'Marinismus' bezeichnet(e). Aus Neapel stammte er, wo man ja 'automatisch' zu einem von der Phantasie beflügelten Menschen wird (wie man oft hört). In der Stadt am Fuße des Vesuvs starb er auch, war jedoch viel durch Italien gereist und sogar nach Paris gekommen, wo er Gunst und Bewunderung des königlichen Hofes erlangte. Er hatte nicht Jura studieren wollen, wie sein Vater es wünschte, sondern er zog einen locker leichtsinnigen Lebenswandel vor, verbüßte daher mehrfach Gefängnisstrafen. Immer wieder fand er jedoch hoch stehende Persönlichkeiten, die ihn aufnahmen und als 'Sekretär' anstellten, wie zuerst ein römischer Kardinal. Ein einfallsreiches Genie war Marino, ein geistvoller Unterhalter, weswegen man ihn überall einlud und 'herumreichte'; für unser heutiges Fernsehmanagement wäre er die ideale Vorzeigegestalt gewesen, denn er präsentierte sich gerne publikumswirksam: Wie heute das Inerscheinungtreten von Menschen auf dem Bildschirm effektvoll (und künstlich) arrangiert wird, so sicherte sich der Neapolitaner Marino mit seiner überraschungsgeladenen Wortzauberei in Salons und zu Tisch die uneingeschränkte Aufmerksamkeit von Gastgebern und Gästen.

[**Wie ist Marino einzuschätzen?** Der Regensburger Romanistik-Professor Johannes HÖSLE (*1929) hebt in seiner italienischen Literaturgeschichte – es ist die vom Format her 'kleinste' dieser Art der zweiten Hälfte des 20. Jh.s in deutscher Sprache – auch jenes in den Vordergrund drängende Gebaren unseres Vorzeigedichters heraus:

„**Marino überstrahlte** mit seinem vorübergehend weit über die italienischen Sprachgrenzen hinausreichenden Ruhm **alle dichtenden Zeitgenossen.** Nach den zum Teil abenteuerlichen Anfängen seiner Laufbahn, die ihn wiederholt mit der Justiz in Konflikt brachten, war er von 1608 bis 1611 am Hof des Herzogs Carlo Emanuele I. in Turin, fiel dort in Ungnade, erlangte dann aber in Paris, wo er sich seit 1615 aufhielt, die Gunst von Maria de' Medici, der Witwe Heinrichs IV. Die französische Hauptstadt war für den Neapolitaner die ideale Plattform, um seinem Werk die notwendige Resonanz zu verschaffen und sich selbst wirkungsvoll in Szene zu setzen. Berühmt sind jene programmatischen Verse, in denen er dem Dichter (und zwar dem herausragenden, nicht dem ungeschickten) die Aufgabe zuweist, Verblüffung zu erzeugen, und demjenigen, der kein Erstaunen zu provozieren vermag, nahe legt, er solle Pferde striegeln." (J. H., *Kleine Geschichte der italienischen Literatur*, 1995: 102)]

Marino veranstaltete Happenings der Sprache durch Texturakrobatik. Er war ein Pyrotechniker des stilistisch Einmaligen, formal absolut Innovativen. Bei einem Feuerwerk rufen wir ja entzückt 'oh'! und 'ah'! aus. Denn wir sehen tatsächlich – für Augenblicke – etwas Wunderschönes, scheinbar Konkretes; aber es bleibt leider nichts Substantielles zurück: Auf die ausgebrannten Hülsen will eben anschließend niemand mehr blicken. Die Texte dieses Italieners hingegen sind testamentarische Wortzauberwerke geblieben, für die sich auch heute noch alle diejenigen begeistern, die kommunikativ Ungewöhnliches schätzen.

[**Eine weitere Charakterisierung Marinos.** Das Wesen der extrovertierten Persönlichkeit, dieser 'Lichtgestalt', soll uns Hugo FRIEDRICH (1904-78) beschreiben; der einstige Romanistik-Professor an der Universität Freiburg war einer der kompetentesten deutschen Kenner italienischer Lyrik und er befasste sich eingehend mit unserem Dichter und der von ihm geprägten Strömung:

„**Als Modellfall barocken Dichtens galt und gilt Giambattista Marino.** Er selbst hat dafür gesorgt, dass die Zeitgenossen in ihm eine Art literarischen Potentaten bestaunten. Er selber hat Regie geführt bei der Inszenierung seines Ruhmes und Nachruhmes. Der

Umfang seines Gesamtwerkes, mehr aber noch die Entschiedenheit, mit der er aus den vorbarocken Ansätzen des 16. Jh.s eine gewagte und waghalsige Konsequenz gezogen und die neue Dichtungsart in die Höhe, in die Hitze, in die Selbstübertrumpfung getrieben hat, bildet die Ursache dafür, dass er noch jetzt die Augen auf sich zieht, wenn von italienischer Barockdichtung die Rede ist. Doch endet diese nicht mit ihm, so wenig wie er auch zu seinen Lebzeiten der einzige war, der den Pomp und den Scherz, die beide im barocken Prinzip angelegt sind, zu perfektionieren wusste. Obgleich er nicht alle Möglichkeiten dieses Prinzips entwickelt hat, so war er doch unter seinen literarischen Verwandten des Seicento der Begabteste." (H. F., *Epochen der italienischen Lyrik*, 1964: 543-4)]

Marinos Hauptwerk ist das mythologische Epos *Adone* über die Liebesgeschichte von Adonis und Venus, also zweier 'schöner' Menschen; mit seinen circa 45.000 Versen ist es mehr als drei mal so umfangreich wie Dantes *Göttliche Komödie*, Italiens gefeierte Nationaldichtung, besitzt aber gewiss weniger als ein Prozent von deren Inhalts- und Handlungsreichtum. Als Dichter des Barock hält sich Marino nämlich unentwegt bei der Sprache selbst auf, welche er nach allen Regeln der Kunst inszeniert. Nicht das Darzustellende oder Besagte spielt eben in jener Zeit die Hauptrolle, sondern das Sagen selbst, das in die Länge und Breite gezogen und auf den Ausdruckswegen gewaltig angereichert und ausgepolstert wird: durch alle möglichen rhetorischen Figuren, mit Bildlichkeiten oder Vergleichen, wobei es immer das erstrebte Ziel ist, neu, anders und jeweil diffizil aufzutreten. Wir kennen heute die immense Kraft der Mode: Alles Neue hebt sie in den Himmel, um es schnell wieder zu den Akten des Alten zu legen und um frischen Novitäten (für kurze Zeit) die Siegespalme zu verleihen. Daher müssten besonders wir gut ermessen können, worin der Kern der Ästhetik des Barock liegt, das uns im 21. Jahrhundert nur auf den ersten Blick ein wenig fremd vorkommt.

[**Was ist 'barock'? Wie war die Epoche des 'Barock'?** Da alles, was wir in diesem 'Problemfeld II' behandeln, als Ausdruck des Barock zu verstehen ist, blenden wir eine erste (recht wissenschaftliche und theoretisch angelegte) Zusammenstellung von Definitionen ein; sie stammt von einer namhaften Düsseldorfer Romanistin und ist in einem bekannten Lexikon zu den Theorie-Grundlagen unseres Faches nachzulesen:

„**Barock, Literaturtheorien des** (port. *barroco*: unregelmäßig, schiefrund; Bezeichnung für Form von Perlen). Als Epochenbegriff bezeichnet B. die europ. Kunst und Lit. des 17. Jh.s, die im Kontext der Gegenreformation nach dem Tridentinischen Konzil (1545-63) beginnt. Ausgehend vom klassischen ↑ Kanon benutzt zunächst J. J. Winkelmann den Begriff des B. abwertend. Erst J. Burckhardt versteht B. als kunsthistorischen Begriff, bezogen auf die ital. Architektur des 'Seicento'. Der Schweizer Kunsthistoriker H. Wölfflin (1915) übernimmt B. als Opposition zur ↑ Renaissance und legt mit einem phaseologischen Ansatz den Grundstein für ein transepochales Verständnis des B. Nach Wölfflin ist B. eine dem Höhepunkt einer jeweiligen Kunstphase (Klassik) folgende, degenerative Stufe der Kunst. Dementsprechend gelten klassische Formen als 'klar' (Wölfflin) und 'endlich' (F. Strich), barocke dagegen als 'unklar' bzw. 'unendlich' (↑ offene vs. geschlossene Form). Da sich im phaseologischen Ansatz ideologiekritische (↑ Ideologiekritik) und ästhetische Argumente vermengen, differenziert E. R. ↑ Curtius (1948) wieder zwischen literar. ↑ Epoche und phaseologischem Stilbegriff (↑ Stil). Für letzteren benutzt er 'Manierismus'." (Vittoria BORSÒ, in: *Metzler Lexikon Literatur- und Kulturtheorie. Ansätze – Personen – Grundbegriffe*, [4]2008: 50; [1]1998: 33-4; [2]2001: 43; [3]2004: 43-4.)

Die von Ihnen soeben zur Kenntnis genommene Beschreibung des Barocks aus der Sicht von Fachleuten ist wissenschaftlich sehr kompetent und anspruchsvoll, aber für beginnende Studierende bestimmt wenig ansprechend, weswegen wir dies alles ergänzen wollen, um eine anschaulichere und etwas 'verdaulichere' Gesamteinschätzung des Schreibens zu jener Zeit zu ermöglichen. Diese stammt von einem einstigen Ordinarius (= Lehrstuhlinhaber) für Romanistik der Universität Graz (seit 1943), der damals sehr geschätzt war, aber heute kaum mehr bekannt ist: Prof. Dr. Rudolf Palgen (1895-1975, geboren allerdings im luxemburgischen Echternach). Dasselbe gilt für seine regelrecht vergessene (kleine) Gesamtdarstellung der Literatur Italiens, welche die erste Publikation dieser Art nach dem Zweiten Weltkrieg war, sodass sie eigentlich noch per se eine gewisse Beachtung verdient hätte. Wenn sein folgender Kommentar generell auf eine ziemlich negative Beurteilung jener (= barocken) Strömung hinausläuft, so ist darauf hinzuweisen, dass man diese Wertungen jetzt nicht mehr so akzeptiert, weil man historische Stile und Intentionen neutraler sieht; aber dennoch treffen manche Charakterisierungen von Phänomenen und Merkmalen durchaus zu und erleichtern sogar das Verständnis jener Periode des verästelten, ja umständlichen und gekünstelten Dichtens (das immerhin die ganze damalige literarische Kultur prägte):

„Der [sic] italienische Barock, worunter wir die Stiltendenzen des ausgehenden 16. u. 17. Jh.s zusammenfassen, ist charakterisiert durch ein Streben nach dem Wunderbaren, Seltsamen, Verblüffenden, das mit dem Poetischen verwechselt wird. Man will die antiken Vorbilder u. besonders die antiken Gattungen auffrischen, indem man die Alten übertrumpft. Die antike Schönheit, die wie eine Offenbarung die Männer der Renaissance überwältigt hatte, wird immer mehr rein formal u. sinnlich aufgefaßt. Man verliert sich ins Dekorative, in den äußerlichen Prunk u. geistreiche Künstelei. Die neuplatonisch-christliche Schau einer Schönheit, die ganz innerlich als Abglanz Gottes genossen wird (Castiglione), weicht einer Verwechslung des Schönen mit dem sinnlich Schönen, dem Wollüstigen. [...]. In Marinos *Adone* singt u. klingt ein Sinnenrausch, dem keine innerlich-geistigen Kräfte mehr entgegenwirken. – Das Absinken des Geschmacks wird begleitet von einer Steigerung des Elements der Reflexion und des Bewußtseins. Die Technik des Dichters feiert Triumpfe, wo die menschlich-seelische Substanz verkümmert." (R. P., *Geschichte der italienischen Literatur*, 1949: 67-8)]

Bekanntes (und Bewährtes) oder Altes (auch Antikes) galt es um jeden Preis irgendwie anders und effektvoll – eben 'barock' – neu bzw. verwandelt zu sagen. Somit müssen wir an allen Stellen unseres Gedichts über ein erotisches (und damit für Marino typisches) Liebeswerben überprüfen, ob sich unter befremdenden ('preziösen') Strukturen nicht etwas Herkömmliches und Einfaches verbirgt. Werden wir also zu Sprach- und Stildetektiven! Entlarven wir den Meister – oder sagen wir 'Hochstapler'? – der raffiniert verdeckenden und versteckenden Vertextung! Marino ist nämlich eine hochgradige Spielernatur. Spielen wir also mit!

Zuvor denken wir noch einmal an Giuseppe Ungaretti, den wir in dem vorausgehenden Kapitel kennenlernten. Er war ein Dichter des Essentiellen; um jedes Wort kämpfte er, rang mit ihm. So findet denn das Gesamtschaffen seines langen Lebens in einem schmalen Band Platz. Giambattista Marino schrieb hingegen immerzu, viel und über alles; Verzicht oder Beschränkung waren ihm fremd.

[**Eine weitere Gesamteinschätzung von Marinos literarischem Werk** – die als Hintergrund für unsere Interpretationsarbeit dienen möge – soll uns der ehemalige Duisburger Italianist Manfred HARDT (1936-2001) geben, der die bislang letzte und kompakteste Literaturgeschichte Italiens in deutscher Sprache hinterließ:

„Erstaunlich und nahezu enzyklopädisch ist die thematische Vielfalt seiner Dichtungen: Idyllische Szenen, Motive aus der Natur wie Wälder, Quellen, Bäume und Blumen, Berglandschaften und Meeresgestade mischen sich mit erotischen und sentimentalen Themen aller nur erdenklichen Gefühlslagen, mit heroischen, enkomiastischen [= lobpreisenden] und frommen Texten, mit dem Ausdruck der Trauer oder mit Bildern des frechen oder launischen Lebensgenusses. Überdeutlich ist der Ehrgeiz des Dichters, alle Themen, die Mensch und Natur bieten, zu besingen und dies kunstvoller zu tun als jeder andere vor ihm. Alle diese Dichtungen verfolgen in erster Linie das Ziel, zu blenden (»stupire«), die zentrale Maxime seiner Poetik [...]. Seine spontane, impulsive Sinnlichkeit und sein extremes sprachkünstlerisches und metrisches Geschick ermöglichen Marino in dieser Perspektive ungewöhnliche Texte von einzigartiger formaler Eleganz und blendendem rhetorischen Faltenwurf, in denen alle konzeptistischen [= beziehungsreich zugespitzten], stilistischen und metrischen Möglichkeiten mit der für ihn und seine Epoche typischen Überbetonung und Häufung effekthaschend durchgespielt werden." (M. H., *Geschichte der italienischen Literatur. Von den Anfängen bis zur Gegenwart*, [1]1996, [2]2003: 379)]

Zunächst befassen wir uns mit der äußeren Form unseres Textes: **Es liegt ein Sonett vor; dies ist die am meisten verbreitete Gedichtform der gesamten europäischen Literatur.** So wäre es möglich, alleine anhand von Sonetten die Geschichte einer ganzen Nationalliteratur zu entwerfen. Wir haben es also in diesem 'Problemfeld' keineswegs mit einer literarischen Randerscheinung zu tun.

[**Ist das Gedicht in Strophen oder Abschnitte gegliedert?** In diesem Augenblick, wo wir versuchen, die historische und künstlerische Bedeutung eines lyrischen Textes über seine äußere Form und das strukturelle Erscheinungsbild zu erschließen, lassen wir uns Wichtigkeit und allgemeine Gültigkeit dieses Arbeitsschrittes von einem Philologen beschreiben, der eine außerordentlich klare, vereinfachende, ja geradezu minimalistische Einführung in unsere Textsorte (= Gedichte) geschrieben hat; es ist ein Taschenbuch, welches dem Interpretieren von Lyrik sämtliche 'Geheimnisse' (und alle Hürden) nimmt:

„Entsprechend den Absätzen und Abschnitten eines Prosatextes zeigt sich auch bei einem Gedicht die äußere Gliederung im Druckbild. Wird eine solche Gliederung erkennbar, so ist zunächst zu prüfen, ob deren Teile Strophen sind. Echte Strophen haben nicht nur dieselbe Zeilenzahl, sie stimmen auch – von Ausnahmen abgesehen – im metrischen Schema, also Vers für Vers in der Anzahl der Hebungen, im Verseingang, in der Versfüllung und Kadenzfolge [Kadenz = Versschluss] sowie in der Reimordnung überein. Der Interpret hat diese Strophenform zu verdeutlichen und ihre Relevanz für das Gedicht – Tradition und besondere Ausdruckmöglichkeiten der Form – zu erhellen." (Horst J. FRANK, *Wie interpretiere ich ein Gedicht?*, [1]1991: 36)

Alle von Frank genannten Kriterien sind bei einem Sonett von ganz besonderer 'Relevanz', weswegen wir uns vorab mit diesem 'internationalen' Dichtungsgefäß auseinandersetzen müssen.]

Das **Sonett** (ital. *sonetto*) ist ein typisches 'Produkt' Italiens, womit das 'Design', das formal Auffällige, aber auch das ästhetisch Hörbare gemeint ist. Die Bezeichnung kommt von lat. *sonus* (= Klang) und *sonare* (= klingen) bzw. von entsprechenden provenzalischen und altfranzösischen Ableitungen davon. 'Erfunden' wurde das Sonett im 13. Jahrhundert – also im 'Duecento' – in Sizilien, am Hofe des Stauferkaisers Friedrichs II. (1194–1250; er regierte ab 1220), wo Italiens erste Dichterschule – die 'Scuola siciliana' – entstand. Somit führt uns besagte Textsorte zu den Uranfängen der italienischen Dichtungs- und Literaturgeschichte, die im Zusammenhang mit eben jener Form sehr früh einen (Ihnen bestimmt nicht unbekannten) Klassiker der Weltliteratur hervorbrachte (was in einem gern zu Rate gezogenen Taschenbuch über die Sonettentwicklung in Europa folgendermaßen skizziert wird): „Als Francesco Petrarca (1304-74) zur Mitte des 14. Jh.s seinen über dreihundert Sonette enthaltenden *Canzoniere* verfaßte, um damit den ersten Höhepunkt in der europäischen Sonettdichtung zu markieren und das Fundament für eine später viele Länder ergreifende und lange anhaltende Nachahmung seiner Dichtungsart zu legen, hatte die kunstvolle und vielleicht typischste Gedichtform Italiens bereits eine mehr als hundertjährige Tradition hinter sich, welche die Bedingung für sein lyrisches Schaffen und dessen Weiterentwicklung darstellte." (Heinz Willi WITTSCHIER, in: *Sonett*, 1979: 23) Dieser Gedichttypus hat einerseits eine ausgesprochen historische Dimension, ist aber ebenso zeitunabhängig bzw. zeitlos; in jeder Epoche der italienischen Literaturgeschichte – und diese umschliesst nun schon 800 Jahre – wurden nämlich auch Sonette gedichtet, sogar im 20. Jahrhundert. Demnach muss das Sonett eine hervorragende poetische Gestaltungspotenz an sich haben. Da prinzipiell alle Gedichte vor Ungaretti, den wir als Italiens ersten Dichter freier Verse kennenlernten, in bestimmten Versmaßen entworfen sind, sollte auch das auf uns wartende Marino-Sonett in einem bestimmten Metrum geschrieben sein. Wir haben Glück, denn es handelt sich um das häufigste der gesamten italienischen Poesie: den Elfsilber (*endecasillabo*). In sämtlichen Literaturepochen sind bei allen Dichtern viele Gedichte in Versen aus elf Silben anzutreffen. Das lässt sich nicht durch Imitationsdrang erklären; vielmehr handelt es sich um ein natürliches Phänomen: So wie das Italienische lautlich beschaffen ist, erreicht es im Verlauf von circa 11 Silben seine beste Klanglichkeit und Rhythmik, die dann mit den inhaltlichen Ausdrucksintentionen mühelos konform geht. Das zweithäufigste Metrum der italienischen Dichtung ist übrigens der Siebensilber (*settenario*). Aber kommen wir zurück zum Sonett. Dieses besteht immer aus zwei Vierzeilerstrophen (bezeichnet als Quartette oder Quartinen, ital. *quartina* bzw. *quartine*) und zwei darauf folgenden 'Dreizeilern' (Terzette oder Terzinen, ital. *terzina* bzw. *terzine*); zwei etwas längere Texteinheiten werden also mit zwei ein wenig kürzeren kombiniert und abgeschlossen. Das bewirkt per se eine Beschleunigung der Gedanken- und Sprachführung; denn der Sprecher des Textes will – wie im wahren Leben – zu einem Ziel gelangen, welches in einem Fazit, einer Synthese oder Quintessenz besteht. Das Ich eines Sonetts steht in der Welt und konstatiert etwas, beobachtet dies, beklagt jenes und hinterfragt dann das, was man zu Beginn ruhig und klar beschrieben und damit in den Raum gestellt hat. Aus dieser Situation – mit der das Ich in der Regel keineswegs zufrieden ist – werden Schlüsse gezogen, oder man wirft Fragen auf. Sonettdichtung dient also der Lebensdefinition bzw. der Deskription entscheidender Fakten in unserem Dasein. Aus dieser allzeit dynamischen Grundsituation resultiert auch die Dialektik des Sonetts, seine starke innere Spannung. Es wird z. B. nie nur die Schönheit einer Blume beschrieben, sodass mit der Huldigung an die Schönheit das Sonett sein Ende und Ziel fände. Sondern 'der Dichter' bemerkt schnell, dass sich hinter der Pracht einer Rose deren baldiges Verblühen verbirgt, welches in ihm Gedanken an die Vergänglichkeit alles Irdischen oder gar an den Tod aufkommen lässt. Dasselbe geschieht bei vielen anderen Themen oder Motiven, vor allem auch, wenn es um die Liebe geht, deren Leidenschaft nur selten bis ans Ende eines Lebens währt, nie allein auf eine gleiche Person gerichtet bleibt.

Das Sonett ist ein ideales Gefäß für Gedankendichtung, und das Wesen des Menschen besteht nun einmal in der permanenten Reflexion über sich selbst und die ihn beherbergende Welt. Diese Tatsache erklärt, warum gerade diese Gedichtform ununterbrochen Konjunktur hatte und haben wird; sie bietet nämlich überhaupt die beste Darstellungsmöglichkeit menschlicher Phänomenologie, denn unser aller Leben findet immer im Kraftfeld oppositioneller Koordinaten oder Pole statt: gut-böse, oben-unten, vorn-hinten, rechts-links, heute-morgen, arm-reich, geliebt-ungeliebt etc. Die Spannungen zwischen solchen uns tagtäglich berührenden Alternativen und Gegensätzen bilden auch das Themenspektrum der Sonettliteratur; sie verarbeitet seit Jahrhunderten die Widersprüchlichkeit unseres Daseins, für das sie in disziplinierter und kunstvoller Sprachgestaltung Erklärungen oder Lösungen anstrebt. Demnach sollten wir – als uns permanent über unsere Existenz Gedanken machende Individuen – ohne Sonette gar nicht mehr auskommen wollen!

Um einen ersten Eindruck von dem Charakter unseres italienischen Interpretationsobjekts aus dem beginnenden 17. Jh. zu bekommen, lesen Sie bitte das Gedicht langsam (und zwar mehrmals) durch und versuchen Sie, ansatzweise, Teile des Sinns und schon etwas von dem konstruktiven Verlauf der Syntax zu erfassen; dabei hilft Ihnen das 'fett' gedruckte Wortmaterial. Sie merken sofort, dass die übliche Satzführung oft unterbrochen wird und dass Sie ohne eine gewisse Unterstützung die wichtigsten Satzteile sehr mühsam zusammensuchen müssten. Und auch dann würden wohl noch bei den übrigen Syntagmen – d. h. zusammenhängenden Wortgruppen – z. T. erhebliche Unklarheiten bestehen bleiben:

L'ELLERA

Questa, che 'l busto in mille groppi a l'orno

avinciglia e circonda, **edra** serpente,

e sí molle dal crin si scote intorno,

lusinghiera del sonno, ombra cadente,

amar t'insegna, e con altrui sovente

coglier di tue bellezze il fior adorno,

pria ch'egli caggia e de l'età ridente,

o bella Elpinia mia, tramonti il giorno.

Perché dunque **son io da te negletto,**

misero amante, **e non,** con pari amore,

tu da me sostenuta, io **da te stretto?**

Mira come l'abbraccia, e come fore

gli mostra, in segno de l'interno affetto,

anco fin ne le foglie espresso **il core.**

[Text nach der Ausgabe von Benedetto CROCE (1913), S. 101; Hervorhebungen von H. W. W.]

Sie haben beim ersten Lesen bestimmt festgestellt, dass da einige Ihnen recht vertraute Begriffe sind, andererseits aber Worte auftauchen, die irgendwie 'anders', nämlich verstellt oder verfremdet wirken oder Ihnen unbekannt vorkommen. Damit Sie nachher Ihr Augenmerk ganz auf den Verlauf der Gedanken und den Inhalt richten können, verschaffen Sie sich bitte zunächst ein absolut sicheres grammatisches Textverständnis, indem Sie das Sonett mit dem folgenden Mikrolexikon Zeile für Zeile ins Deutsche übertragen. Offenbar gibt es noch keine Übersetzung dieses Marino-Gedichtes, sodass wir ganz auf uns selbst gestellt sind (was aber in einem Studium nichts Ungewöhnliches ist).

busto	Oberkörper, Brust, Rumpf, Leib, Mieder, Korsett
groppo	Knoten, Verschlingung
orno	Blüten-, Manna-, Zwergesche (von lat. [*fraxinus*] *ornus*)
av(v)incigliare	umschnüren, umwickeln (von *vinciglio* = Weidenzweig)
circondare	umgeben, umschließen, umringen
edra (= edera)	Efeu (von lat. *hedera*), dasselbe wie *ellera*
serpente	Schlange (von lat. *serpens*)
molle	weich, schlaff, nass (= Adjektiv)
crin (= crine)	Haupthaar, Mähne
scote (= scuote)	(von *scuotere*) schütteln, rütteln
intorno	umher, ringsherum (= Adverb)
lusinghiero	schmeichelhaft, verführerisch (= Adj.)
sonno	Schlaf, Schlummer
ombra	Schatten
cadente	(von *cadere*) fallend (= Partizip Präsens)
insegnare	lehren, unterrichten
altrui	(ein) andere(r) (= indefinites Pronomen)
sovente	(von lat. *subinde*) oft, häufig (= Adv.), dasselbe wie *spesso*
coglier (= cogliere)	pflücken, (er)greifen, ausnutzen
fior (= fiore)	Blume, Blüte, das Beste (= superlativisch gebraucht)
adorno	geschmückt, hübsch, lieblich (= Adj.)
pria (= prima) **che**	bevor dass (= Konjunktion)
caggia (= cada)	(von *cadere*, fallen) 3. Pers. Präsens Konjunktiv, ältere Form
età	Alter, Zeitalter
ridente	lachend, fröhlich, jung (= Adj. bzw. Part. Präs.)
Elpinia	Frauenname (an keine bestimmte Gestalt gebunden)

tramonti	(von *tramontare*) untergehen (= 3. Pers. Sing. Präs. Konj.)
negletto	(von *neglegere*) vernachlässigt (= Part. Passiv, mask.)
misero	unglücklich, bemitleidenswert (= Adj.)
amante	Liebender, Geliebter, Liebhaber
pari	gleich (von lat. *par* = Adj.)
sostenuta	(von *sostenere*) gestützt, gehalten (= Part. Passiv, fem.)
stretto	(von *stringere*) fest gedrückt (= Part. Passiv, mask.)
mira	(von *mirare*) schau an, betrachte (= Imperativ 2. Pers. Sing., von lat. *mirari* = Deponens, dasselbe wie *guardare*)
abbracciare	umarmen, umschlingen
fòre	außerhalb, außen (ältere Form für *fuori*, von lat. *foris* = Adv.)
segno	Zeichen, Abbild, Merkmal
interno	inner(er), innerlich (= Adj.)
affetto	Zuneigung, Liebe
anco	auch (= *anche*, ältere Form)
fin (= fino) (in, a)	bis zu, bis nach, bis in (= Präpos.) bzw. sogar (= Adv.)
foglia	Blatt
espresso	(von *esprimere*) ausgedrückt, dargestellt (= Part. Passiv, mask.)
core (= cuore)	Herz

Dieses Gedicht mit betont erotischem Inhalt schrieb Marino, als er gerade etwas über dreißig Jahre alt war: Er stand somit (noch) 'in der Blüte' des Lebens. Kultur- bzw. epochengeschichtlich kann man zu jenem Zeitpunkt nicht mehr von Renaissance sprechen; denn der sogenannte 'Manierismus' war dabei, das Barock anzubahnen, was sich hier ziemlich deutlich manifestiert. Das Sonett *L'ellera* erschien erstmals 1602 in einer Sammelausgabe von lyrischen Texten unseres Autors; jene alte Edition mit dem Titel *Rime* ist sehr selten; in diesem Arbeitsbuch finden Sie daraus Abbildungen des Titelblatts sowie der Seite mit dem Gedicht, wobei es sich um ein Exemplar der bedeutenden 'Biblioteca Estense' in Modena handelt. Ein Blick darauf zeigt Ihnen, wie damals Bücher und gedruckte Texte aussahen.

Übersetzen Sie bitte zunächst die ersten drei Strophen, worin das 'sprechende Ich' die Begehrte darauf hinweist, dass die Efeuranke ihrerseits den Baum eng umschlingt, weswegen Elpinia doch die Lehre (und Haltung) der Natur annehmen möge, nämlich in jugendlichem Alter und zwar oft (!) die Früchte ihrer Schönheit zu ernten. Die 'fett' gedruckten Worte deuten Ihnen – wie erwähnt – den elementaren Syntaxverlauf sowie die hauptsächliche Sinnbildung an. Zu unserer Erschwernis hat der Autor die eigentlich einfachen Satzgerüste durch zusätzliche 'Elemente' ausgestopft, hat gewisse 'Blockaden' eingebaut, und das Ganze nimmt sich auf diese Weise zerdehnt, in die Länge gezogen aus. Diese Anreicherungen und Verschachtelungen sind, von der Oberfläche aus betrachtet, das Typische an dem hier in Rede stehenden 'barocken' Stil.– Die Abschlussterzine weist auch einige solcher sperrigen Satzbauzergliederungen auf, wirkt aber dennoch flüssiger. Wir werden noch sehen, warum das so ist.

Nachdem wir uns durch die 14 Zeilen übersetzerisch so einigermaßen hindurchgearbeitet haben, untersuchen wir jetzt die **Lexik**, also das Wortmaterial, aus dem man dieses Sonett gemacht hat. Alle Worte einer benutzten Sprache besitzen ja eine grammatische Kategorie und sie weisen damit auf spezifische funktionale Aufgaben hin. Außerdem zeigen sie bestimmte semantische Felder an, d. h. sie nehmen am Bedeutungsaufbau teil. Häuser bzw. Gebäude werden bekanntlich aus exakt definierten Stoffen – gemäß einer geplanten Beschaffenheit (Substanz, Größe, Farbe usw.) – gestaltet, und entsprechend der Auswahl und Verwendung der Baumaterialien erhält die Konstruktion ihr unverwechselbares Aussehen: Ein anmutiges Holzhaus in einem idyllischen Schwarzwalddorf wirkt beispielsweise anders auf uns als ein pragmatischer Bürokomplex aus Beton und Glas in einer von Ökonomie und Rationalität geprägten City. Das textliche Bauen mit Begriffen nach den Gesetzen der Syntax geht nach durchaus vergleichbaren Prinzipien vonstatten.

Wenn man Ihnen sagt, dass das Barock eigentlich eine sehr gelehrte, erlesene und abstrakte Sprache pflegt, dann sind Sie mit dem Vokabular jener Epoche in diesem Fall schon gut klar gekommen; viele Begriffe sind Ihnen nämlich geläufig: *questa, mille, serpente, intorno, sonno, ombra, amar(e), bellezze, età, bella, giorno, amante, amore, abbraccia, mostra, segno, interno, affetto, foglie, espresso, core...* Genau diese relativ gängigen Wörter bilden das lexikalische Hauptnetzwerk der 'Ansprache' an die Dame: Sie sei schön und solle sich doch ('gefälligst') erobern lassen. Der Verliebte richtet sich in einer für ihn bedeutsamen Angelegenheit an eine begehrte Frau, und wie unklug wäre es da, wenn er ihr mit Gelehrsamkeit und Akademikertum daher käme! Der Zweck macht adäquate Mittel notwendig, weswegen sich das Ich mit seinen Überzeugungsbausteinen nicht vergreifen und gar verheben darf: Sonst wird's nämlich nichts mit der Liebe! In seinem Überredungsunternehmen sind zwar einige Formulierungen oder Wortformen untergebracht, welche etwas ungewöhnlich erscheinen, die sich aber im Kontext leicht erschließen lassen: *edra* für *edera, scote* für *scuote, coglier* für *cogliere, fior* für *fiore, pria* für *prima, pari* für *uguale, mira* für *guarda, fore* für *fuori, anco* für *anche* oder *core* für *cuore.* Auch diese Ausdrücke kann Elpinia ohne weiteres aufschlüsseln, was auch wichtig ist, weil diese allesamt bedeutenden Anteil an dem strategischen Projekt des Werbens haben. Etwas entlegener kommen ihr möglicherweise die in der ersten Quartine fallenden Begriffe *groppi, orno, avincinglia* oder *lusinghiera* vor; sie beziehen sich auf den Umschlingungsprozess, und zwar zunächst auf das Efeugewächs und den kräftigen Baum sowie in zweiter Hinsicht auf ihn und sie, also die beiden jungen Menschen. Diese Termini machen neugierig, regen an, lassen sie doch schon zu Beginn das Erotische durchscheinen.

Unser Dichter/Liebender (bzw. das 'Ich') schlägt also 'stante pede' sein Thema an; dadurch wird sie angelockt: Sie wendet sich vielleicht ein wenig verschämt ab, hört aber weiter zu; was sie nun zu seinen Absichten gesagt bekommt, ist leicht begreifbar, wenn auch die kommunikative Darbietung indirekt angelegt ist. Das Ich sagt quasi 'durch die Blume' (bzw. durch das Efeu), was es will, kommt auf Umwegen mit der Sprache heraus. Aber wer verkündet auch schon einer Schönen (beim ersten Anblick oder kurz nach dem Kennenlernen): „Du, ich will Dich. Umarme mich doch mal!"

Die mit Hindernissen bestückte Satzordnung des ersten Sonetthauptteils (= Verse 1-11) steht in ziemlichem Gegensatz zum Wortschatz, mit dem der 'Beziehungsvorschlag' gemacht wird. Schauen wir uns daher die Schlussstrophe mit ihrer Kernaussage genauer an:

> **Mira come** l'abbraccia, e come fore
> gli **mostra**, in segno de l'interno affetto,
> anco fin **ne le foglie** espresso **il core**.

„Sieh', wie sie (= die Efeuranke) in den (= ihren) Blättern ihr Herz zeigt." So lautet also das syntaktische Grundgerüst der Terzine. Das ist ein Hinweis auf die Form der Blätter jener Pflanze, welche Sie sich bitte bei nächster Gelegenheit in der Natur anschauen, um festzustellen, ob Giambattista Marino korrekte Botanik-Kenntnisse besaß. Die Satzordnung ist hier deutlich weniger komplex als in den vorangehenden drei Strophen: Das hat sachliche, thematische und inhaltliche Gründe, aber auch eine strukturgeschichtliche Bewandtnis.

Das Sonett leistet seit jeher etwas gedanklich-strategisch Interessantes: Es führt auf der Basis einer Beobachtung oder Feststellung und der davon abgeleiteten Argumentation – meist ein Für und Wider bzw. Hin und Her – zu einem 'Ergebnis'. Dieses kann bloß aus einer Frage bestehen, welche ein Problem exakt ausformuliert. Oder es wird aus dem dialektischen Vorgang der Gegenüberstellung von These und Antithese eine Synthese gezogen, wie das hier mehr oder weniger der Fall ist. Denn aus der Analyse des Verhaltens von Efeu und Baum, also weiblichem und männlichem Part wird die Konsequenz nahe gelegt, dass auch das 'sprechende Ich' und Elpinia zusammenkommen sollen bzw. sogar müssen. Das Sonett mündet i m m e r in ein Fazit, eine Konklusion, ein Resultat oder etwas Subsummierendes. Damit ist diese Gedichtart die dem räsonnierenden Menschen adäquateste Poesieform. Seit seiner Erschaffung tritt das Subjekt der Welt ob seiner widersprüchlichen Befindlichkeit mit tausend Fragen gegenüber: Es wird geboren, muss schließlich sterben, möchte glücklich sein, erfährt jedoch Leid, will Liebe schenken, wird aber verstoßen etc. Unsere besondere Fähigkeit besteht nun darin, solche Fragen argumentativ auf den Punkt zu bringen, um damit unsere 'Conditio humana' sprachlich und philosophisch exakt zu fixieren. Die permanente Gültigkeit jener existentiellen Umstände und Tatsachen erklärt auch die universelle Verwendbarkeit des Sonetts, wenn es darum geht, Facetten des Seins, des Lebens und damit gleichfalls der so (ge)wichtigen Liebe zu formulieren und situationsgebunden oder sogar ontologisch zu präzisieren.

Obwohl man im Barock das Gewundene und Komplexe liebte, erscheint die letzte Strophe ziemlich klar gestaltet. Deutlichkeit garantiert die raffiniert angelegte **Bildlichkeit**. Die imperativische Aufforderung, genau auf die Beispiel gebende Natur zu schauen, wird durch zwei kleine Einschübe verstärkt, d. h. nicht allzu sehr unterbrochen; dies wirkt nicht besonders gespreizt, wie man das sonst in

Texten jener Epoche erlebt. Im letzten Vers – der in der Sonettdichtung immer eine Klimax (= einen Höhepunkt) darstellt und eine Sentenz (= weisheitliche Kurzaussage) sein kann – versteckte Marino eine Pointe, die man rational zu begreifen hat, indem man hinter die gemeinte Verbildlichung blickt. Denn das Barock ist extrem intellektuell ausgerichtet, bis zur Spitzfindigkeit sogar. Dabei peilt man stets auch Visuelles an und gewinnt diesem überraschende Erkenntnisse ab.

[**Wie lässt sich Bildlichkeit in Gedichten erklären?** Es gibt in Kunst und Architektur Stile, die man nicht unbedingt sehen muss, um sie nachvollziehen und verstehen zu können, weil sie von transparenter Geistigkeit durchdrungen und Ausdruck von Gedachtem sind. Daher könnte man einem Blinden – das behaupte ich einmal – Struktur und Raumwirkung eines Kirchenschiffes mittelalterlicher Romanik so schildern, dass dieser die Gesamterscheinung innerlich ziemlich exakt erfasst: Die übersichtliche, erdverbundene Konstruktion ruht auf schweren und glatten Wänden sowie Pfeilern, welche einfach geformte Rundbögen auflockern. Auch kann sich ein Nichtsehender – so vermute ich – noch relativ genau das Konzept einer gotischen Kathedrale vorstellen, wenn man ihm sagt, dass alles in die Höhe strebt, sogar die zahlreichen dekorativen Elemente an Wänden, Säulen, Bögen, Gewölben. Wiewohl romanische und gotische Bauwerke etwas Anfassbares und Sichtbares darstellen, besteht ihre wahre Bedeutung in der verarbeiteten Idee, nämlich einer besonderen Beziehung zu Irdischem sowie zu Gott. Die Ausgestaltung einer Apsis (= Altarraum) des Barock wiederum scheint nur für das Auge konzipiert zu sein: Da sind zahllose Linien, Ornamente, Details und sonstige Formungen, die alle studiert und bestaunt werden wollen. So ist denn Barockes vordergründig intensivster Ausdruck von Visuellem; aber auch hier kann man das eigentlich Gemeinte hinter dem mit den Augen Wahrnehmbaren erkennen: Die barocke Ästhetik will nämlich die tiefe Verwurzelung des Menschen mit allem Irdischen andeuten. Und dafür steht die augenfällige Pracht alles Äußerlichen als Symbolspektrum. Literatur allgemein und Poesie (= Lyrik) ganz besonders besitzen gleichfalls die Macht, etwas anzudeuten, was sich hinter den Worten verbirgt, welche man als Leser in Form eines Textes (z. B. Gedichtes) aufnimmt. Dieses Prinzip kennzeichnet eben das ureigene Wesen alles Dichterischen. Eigenart und Kraft lyrischen (bzw. poetischen) Darstellens lassen wir uns von dem Verfasser einer Interpretationseinweisung zu Gedichten für SchülerInnen erläutern; es ist ein Bändchen, welches einst vielleicht auch Ihnen hilfreich war:

„**Phanopoeia:** das Wort als Bild. Jeder sprachliche Text, der etwas Konkretes beschreibt, ruft in uns eine Vorstellung des Beschriebenen wach. Das bedeutet, daß der Dichter mit Worten Bilder und Bildsequenzen malen kann. Während aber der Maler auf die visuellen Sinneswahrnehmungen und die zweidimensionale Fläche seiner Leinwand eingeschränkt ist, hat der Dichter die Freiheit, eine dreidimensionale Vorstellung mit den Wahrnehmungen aller fünf Sinne zu evozieren und dies obendrein noch so zu verdichten, daß sie an Intensität der sinnlichen Präsenz jede reale Wirklichkeit übertrifft. Da aber in unserem Bewußtsein hinter der Vorstellung einer Sache immer schon deren Begriff steht, hat auch die in einem Gedicht evozierte Bilderwelt eine natürliche Affinität zum Begrifflichen. Je nachdem, ob ein Bild mehr Bild oder mehr Zeichen für eine Bedeutung sein will, lassen sich verschiedene Arten von Bildlichkeit unterscheiden." (Hans-Dieter GELFERT, *Wie interpretiert man ein Gedicht?*, [1]1990: 40; Nachdruck 2007)]

Die Angebetete soll unbedingt einsehen, dass die Beweisführung ihres Verehrers unwiderlegbar ist; denn sogar die pflanzliche Natur sorge dafür, dass Weibliches liebesbereit sei, was man eben daran ablesen könne, dass das Efeu herzförmige Blätter habe. Liebe – ein Gefühl – wird also optisch signalisiert und dokumentiert. Da gemäß der Barocktheorien jede Form(ung) erlaubt, ja sogar förmliche Vielfalt

gefordert ist, um das Auge zu verblüffen (und dann den Geist zu 'erfrischen'),
tauchen hier – wie auf einem Gemälde oder Fresko der Zeit – Ranken mit Herzen,
also Gebilde auf, welche allgemein vertraut sind. Marino lässt damit die orna-
mentale 'Manier' der Barockdekoration zu Tage treten, welche vom Betrachter
verlangt, aufmerksamst die sich ihm bietenden, verschlungenen Linien als solche
zu entdecken und zu verfolgen. Wie anders ist da doch die äußere Beschaffenheit
einer Villa des an der Antike ausgerichteten Baumeisters Andrea Palladio (1508-
80), also eines herrschaftlichen Wohngebäudes des 'Rinascimento' im Veneto!
Mit einem an lapidarer Geometrie geschulten Blick erfasst man die sparsamst
realisierte Architekturkomposition: Sie sehen sofort, dass jenes Bauwerk – wie
etwa die Villa Emo oder die Villa Maser – mit Horizontalen, Vertikalen, Diagonalen und wenigen Rundungen auskommt. Etwas anderes käme der sich aus antiker Klassik entwickelnden Renaissance, auf welche das Barock folgt, völlig un-
gelegen, entspräche nicht dem dominanten Stil oder der 'angesagten' Mode (wie
wir heute sagen würden).

Kommen wir noch einmal auf das Vokabular (= die Lexik) des Sonetts zurück,
dessen **grammati(kali)sche Beschaffenheit** noch nicht beschrieben wurde. Da
uns jetzt Aufbau und Strategie des Gedichtes bekannt sind, wird uns auch die
textuelle Funktion bestimmter einzelner Wortarten oder -klassen klar werden. Das
Gedicht ist auffallend reich an Verbformen, und zwar sind es überwiegend
Begriffe, die eine Bewegung beinhalten. Wir stellen sie hier als Infinitive zusammen (in der Reihenfolge ihres Auftretens): umwickeln, umgeben, (sich) schlän-
geln, schütteln, fallen, lieben, lehren, pflücken, fallen, lachen, untergehen, stützen,
umarmen, zeigen, ausdrücken. Diese Tätigkeiten weisen – zusammen genommen –
auf keine bestimmte Orientierung hin, sondern es geht in alle möglichen 'Richtungen', und es sind recht mannigfaltige Varianten von Motorik. Einerseits wird
damit das nicht genau verfolgbare Windungswesen des Efeus beschrieben bzw.
die Weise, wie sich der Baum einnehmen lässt und zum anderen die Art, wie der
Eschenstamm verschiedentlich seine Stützaufgaben erfüllt. Darüber hinaus lassen
die Verben das eigentlich 'Gemeinte' durchscheinen. Denn der Hinweis auf ein
Vereinigtsein von Baum und Ranke will zur aktiven Liebe des in Rede stehenden
Paares auffordern. Das Sonett zeigt unmissverständlich, dass keine bloß platoni-
schen 'Regungen' gemeint sind. Man soll – so will es das Ich zweifelsfrei – zur
'Sache' kommen, d. h. die erotische Symbiose ist nach allen Regeln der Liebes-
kunst zu praktizieren. Angespielt wird damit – wie wir alle wissen – auf ein Auf
und Ab, Hin und Her, Hierhin und Dorthin und so weiter... Bei dem Verb *in-
segnare* (= lehren, unterrichten) könnte man an eine Person denken, die mit ein-
dringlichen Gebärden auf SchülerInnen einredet, womöglich mit den Armen
herumfuchtelnd, ganz so, wie der Baum dies mit seinen Ästen in der Luft bzw.
das Efeu mit den Spiralen seiner Ranken tut, sodass sogar die 'didaktischen' Bewegungen auf die sexuelle Ebene übertragbar sind. Die als Simulation des Lie-
bens inszenierte Dynamik des Verbenfundus ist auch typisch für die botanische
Eigenart eines Efeugewächses, welches überdies idealer Ausdruck barocker Flä-

chengestaltungskunst ist. Das lässt sich am besten an einem völlig 'anti-barocken' Architekturexempel verdeutlichen: Der klassischste, erhaltene Göttertempel der Antike in Rom – das Pantheon meinen wir, aber das Folgende trifft auch auf die nachrömisch antikisierende Baukunst in der Renaissance zu – besitzt eine in sich ruhende und ruhige Ästhetik; die sparsam und klar verwendeten Konstitutionsmittel bzw. Bauelemente ergänzen sich dialektisch, sind sich selbst und einander genug, bilden dabei ein in sich geschlossenes Ganzes. In der Barockkunst jedoch reicht nichts wirklich aus: Es wird nach allen möglichen Stilkomponenten gegriffen (Windungen, Schleifen, Kreisen, Muscheln und vielen Varianten davon), um Üppigkeit zu erzeugen, zu strotzen und nicht selten zu protzen.

Wir verlassen jetzt die lexikalisch-grammatische Ebene des Sonetts – Sie können diesen strukturellen Aspekt anhand der angebotenen Aufgaben selbst noch vertiefen –, um einen genaueren Blick auf seine **Syntax** zu werfen. Dabei konzentrieren wir uns wieder auf Hauptaspekte. Eröffnet wird das Gedicht mit dem Demonstrativpronomen *Questa*, das ostentativ – wie ein Reklameträger (z. B. ein Plakat) – auf etwas hinweist und dezidiert konzentrierte Aufmerksamkeit verlangt. Dieses 'etwas' folgt aber keineswegs im Anschluss an das Zeigewort, obwohl es (d. h. das angenommene weibliche Substantiv) nach den Gepflogenheiten der Satzlehre sofort genannt werden müsste. Statt dessen wird ein ganzer Relativsatz eingeschoben, dessen Bezug man zunächst noch gar nicht erahnen kann. Erst am Ende der zweiten Zeile trägt man mit *edra serpente* das für das Demonstrativpronomen erforderliche Attribut nach. Der 'natürliche' Zusammenhalt des Syntagmas *'questa ed(e)ra'* wird also mutwillig auseinander gerissen; und damit haben wir es hier mit einem sogenannten 'Hyperbaton' zu tun (griech. 'Übersteigendes'; gemeint ist eine Abweichung von der üblichen Wortstellung, nämlich künstliche Trennung einer syntaktisch eigentlich zusammengehörenden Wortgruppe). Diese 'Verwerfung' der erwarteten Ordnung von Satzteilen ist (als Stilfigur) typisch für das Barock. Denn diese Epoche liebt Effekte wie Verwunderung, Erstaunen, Überraschung… Ein 'harmonisch' gebauter Satz könnte so etwas schwerlich bieten; es gäbe dann keine Hindernisse oder Klippen, welche der in jener Zeit vornehmlich 'gebildet' geartete oder so gewünschte Leser zerebral-intellektuell überwinden könnte, um ein 'Aha-Erlebnis' zu haben.

[**Besonderheiten des Satzbaus in der Lyrik.** Wir wollen an dieser Stelle, wo es um die Syntax in Gedichten geht, eine grundsätzliche Beobachtung zur Kenntnis nehmen. Diese stammt aus einem Buch, das Sie möglicherweise bereits während der Vorbereitung auf Ihr Abitur in den Händen hielten. Der sehr sparsame Text des Ungaretti-Gedichts in unserer ersten Lektion hatte ja zu wenig syntaktische Untersuchungsfläche geboten, als dass wir in dieser Hinsicht zu allgemeinen Erkenntnissen hätten gelangen können:

„Der Satzbau weicht in Gedichten oft von der Norm ab. Durch auffällige Wiederholungen und ungewöhnliche Satzstellungen entstehen zusätzliche Strukturen im Gedicht – man spricht von Überstrukturiertheit –, welche den Text nicht nur gliedern, sondern auch die Bedeutung unterstreichen und erweitern. Solche Abweichungen vom alltäglichen Sprachgebrauch erschweren manchmal aber auch das Textverständnis." (Reinhard MARQUASS, *Gedichte analysieren. Grundbegriffe und Verfahren,* [1]2000: 16; [2]2003, [3]2007: ebend.)

Auch bei der Flächengestaltung der (sakralen) Barockkunst treffen wir jene erwähnten Hyperbaton-Phänomene an, nämlich als optische Verzerrungen oder windungsreiche Verrenkungen. In der vorausgehenden Renaissance-Architektur des 16. Jh.s fanden hingegen – wie schon erwähnt – Vertikale, Horizontale und wenige Rundungen fließend und unwidersprüchlich zusammen; jene klaren Linien bieten sich noch heute dem Auge als klare Einheiten und einheitliche Klarheiten dar. Der Barockbetrachter muss allerdings mit seinem Blick gehörig arbeiten: Er hat akribisch zu prüfen, wie die Linien – welche immer wieder durchbrochen, überlagert oder angereichert werden – des weiteren verlaufen und wohin schließlich alles führt. Das Aufdecken ornamentaler Zusammenhänge im barocken Kunstlabyrinth wird so zu einer beträchtlichen 'Leistung' des Rezipienten, welche man mit der anstrengenden Überprüfung der Satzverläufe in Texten derselben Epoche vergleichen kann. Die eigentliche Botschaft unseres Gedichtes – *Quest' edra amar t'insegna* (Dieses Efeu zeigt Dir, wie Lieben 'geht') – erreicht Elpinia erst nach dem Anhören von vier ganzen Versen – in denen von Schmeichelei und Schlafen gesprochen wird! –, sodass ihre Aufmerksamkeit gespannt zu bleiben hat. Wir erleben an dieser (wie eine Handarbeit aus geklöppelter Spitze durchbrochenen) Syntax, dass Satzbau kein dekorativer Selbstzweck ist: Im Barock verwendet man eine besonders psychologisch und pragmatisch ausgerichtete, mithin funktionale Stilistik; so ist denn das Erobern zu Liebeszwecken eine vorwiegend strategische Angelegenheit; Verstand und Gefühl müssen hier gut agieren und korrespondieren. Jedenfalls gelingt es dem Werbenden – hoffentlich –, die Umworbene zu fesseln, d. h. sie als Zuhörerin solange bei sich zu halten, bis dass der letzte Ton seiner Ansprache verklungen ist.

Das **Thema** des Sonetts ist also (die) Liebe. Sie ist in allen Literaturen der Welt häufig anzutreffen, weil sich nun einmal alles im Leben – wenn's nicht um Politik, Macht oder Geld geht – um sie dreht. Dennoch steht dieses Thema gerade im Mittelpunkt der Literatur Italiens: Würde man die Strömungen, Autoren und Werke weglassen, die ausschließlich oder vorwiegend Liebe darstellen, so bliebe wenig vom Schrifttum dieser romanischen Nation übrig. Daher muss man Marinos Efeu-Sonett auch unter diesem themengeschichtlichen Gesichtspunkt sehen. Das ist insofern von Bedeutung, als italienische Dichter mit ihren Werken über Liebe ganz Europa beeinflussten, und zwar zu unterschiedlichen Zeiten. Dazu Folgendes im Einzelnen: Sieht man von dem *Cantico di frate sole* (1224) des Franz von Assisi (1181/82-1226) ab – dieser 'Sonnengesang' ist der erste Text des italienischen Nationalschrifttums überhaupt, ein inbrünstiges Lobgedicht auf die Schöpfung, in dem letztlich die Liebe zu Gott das zentrale Anliegen ist –, so beginnt Italiens literarische Produktion poetisch-lyrisch mit einer bereits erwähnten Dichterschule (der 'Scuola siciliana'), die von 1230 bis 1250 im südlichen Herrschaftsgebiet Kaiser Friedrichs II. Sonette und Kanzonen schrieb. Man ist damals noch in einer teilweise höfischen Gesellschaft und Epoche, welche von der Minnedichtung der Provenzalen beherrscht ist. Die Dichter loben – in sehr erlesener Sprache – Schönheit und Exzellenz einer sozial meist höher stehenden, nicht so ohne weiteres erreichbaren Dame, indem sie anstandsvoll und mit großer Verskunst ihre Zuneigung und Verehrung zum Ausdruck bringen. In der zweiten Hälfte des 'Duecento' kommt es – vor allem in der Toskana, also nach den 'Sizilianern' – zur Ausbildung eines nun mehr 'bürgerlich-städtischen', sogenannten 'Süßen neuen Stils' ('Dolce stil novo'); auch die ihn praktizierende Poetenschar – zu welcher der unübertreffliche Dante Alighieri (1265-1321) gehört – preist Schöne und Angebetete, wobei sie die Liebe als eine moralische Kraft versteht, welche zur Tugend führt. Im 14. Jh. setzt der berühmte Gelehrte und Schriftsteller Francesco Petrarca (1304-74) – sein Name fiel bereits – mit seinem *Canzoniere* 'idealistisches' Thematisieren von Liebe zu einer unerreichbaren Frau sehr bedeutsam fort. Sein zur höchsten Weltliteratur gezählter Gedichtband enthält 366 Texte, überwiegend Sonette (aber auch Kanzonen, Sestinen und Madrigale), in denen er kunstvollst intensive und mannigfaltige Gefühle für seine Laura versprachlicht. Von jenem Petrarca sagt man, dass seine poetische Leistung gerade auch in der 'modernen' Darstellung der psychischen Wirkung der Liebe besteht. Das Dichten gemäß der Art eines Francesco Petrarca wird im 'Cinquecento' – wir sind dann bekanntlich in der Renaissance – zu einer Mode in ganz Europa; man spricht von einem (übernationalen) 'Petrarkismus', wie auch im Jahrhundert danach ein ebenso grenzüberschreitender 'Marinismus' einsetzt, den eben der in diesem Kapitel behandelte Giambattista Marino 'verursacht'. Eine Beschäftigung mit ihm ist deswegen eine geradezu europäische Kulturangelegenheit.

Bis hierhin hat man es ausschließlich mit unerotischer Liebe zu tun. Unser Sonett ist aber eindeutig 'körperlich' orientiert: Mit platonischer Liebe hat Marino, zumindest hier, nichts im Sinn. Das Efeu klammert sich an den Baum, hält sich daran fest, kommt also für Platons 'idealistische' **Philosophie** – und um diese geht es nun – über das Reich der Ideen nicht infrage. Die herbe Schöne soll vielmehr der sprichwörtlichen Aufforderung *'Carpe diem'* gehorchen (Pflücke den Tag! Ergreife die Gelegenheit! Nutze die Situation!), die der römische Dichter Horaz (65–8 v. Chr.) all denjenigen auf den Weg gibt, die morgens nicht genau wissen, was sie mit ihrem Tag anfangen sollen. Leben wird in unserem Gedicht als Lieben verstanden, und diese ist als hedonistischer (= im Zeichen der Sinneslust stehender) Akt gemeint; das Dasein hat man gemäß der Lehre des antiken Philosophen Epikur (gest. um 270/271 v. Chr.) 'epikuräisch' zu genießen, und mit Liebe geht das am besten. In unserem Marino-Sonett ist nämlich nichts von physischer Abstinenz, psychischer Entrückung, sozialer Unnahbarkeit zu spüren. Allein Irdisches zählt für das 'sprechende Ich'. Und dies passt exakt zur philosophisch-ästhetischen Ausprägung der Barockkunst: Sie ist reichlich mit Gold verziert und prachtvoll, weil sie 'Göttliches' bereits auf Erden materiell sichtbar machen will. Der Barockmensch sieht vornehmlich das 'hic et nunc' (= hier und jetzt). Im Mittelalter fühlte sich das Individuum jedoch verloren in gotischen Kathedralen und richtete den Blick nach oben, weit in die Höhe, angsterfüllt, höchstens darauf hoffend, später vielleicht doch in den Himmel aufgenommen zu werden; seinen Blick hatte das mittelalterliche Subjekt längst von der Erde, auf der es stand, abgewendet. Das Formenfeuerwerk der Kunst im Barock hingegen ist darauf angelegt, dass das Auge an ihm verweilt und damit zunächst schon einmal eine (optische) Erfüllung im Diesseits erreicht. Das Efeu symbolisiert deswegen auch die bejahende Einstellung des Menschen zu Erdennähe und Lebensgenuss. Dahinter steht allerdings das quälende Wissen in jener Epoche, dass alles vergänglich und letztlich hinfällig ist. Somit ist im Barock das eigentliche zentrale Thema der Tod, der auch hier anklingt, wenn es weniger aufmunternd als drohend heißt: „...*pria ch[e] ... tramonti il giorno.*" (Verse 7-8)

In einer alten zwar, aber immer noch umfassend informierenden und daher nützlichen Monographie (= Gesamtdarstellung eines Autors oder Themas) wird Marinos erotische Schreibweise als Konstante und typische Eigenart herausgestellt, die dieser Dichter jedoch stets künstlerisch und zurückhaltend handhabt: „Giovan Battista Marino, come altri del suo tempo, e per il suo tempo, scrisse poesie lascive e poesie oscene, e cosí le une come le altre son sempre l'opera di eccellente poeta, per cui né la lascivia, né l'oscenità è ostentata o volgare." (Angelo BORZELLI, *Storia della vita e delle opere di G. B. M.*, 1927: 285; Vokabelhilfen: *lascivo* = lasziv; *osceno* = obszön; *lascivia* und *oscenità* sind die entsprechenden Substantive; *ostentare* = offen darbieten.) In der italienischen Literatur thematisierte man die Liebe also nicht immer nur enthaltsam steril und abstrakt idealisierend. Das Gefallen an Nacktheit und überhaupt die sexuelle Komponente des Lebens sind Fakten, die uns Menschen der 'Postmoderne' – und damit Beobachter einer permanenten Zurschaustellung des Körpers in den Medien – das Barock weniger fern erscheinen lassen. Diesen Eindruck verstärkt Marinos sogenannte *Galleria* (bzw. 'La galeria', 1619). Hierin beschreibt er mehrere berühmte Bilder (z. B. von Caravaggio oder Guido Reni) sowie Skulpturen antiker, italienischer oder auch imaginärer Künstler, die gerade die jeweilige Körperlichkeit betonen und in auffälliger Weise stilistische Verwandschaften zwischen darstellender und literarischer Kunst verraten.

Das Liebesthema ist innerhalb der Geschichte der italienischen Lyrik in engster Weise mit der **Form** des Sonetts verbunden. Jene zuvor erwähnten Schulen und Strömungen sowie die dazu entstandenen Meisterwerke finden überwiegend ihren typischen Ausdruck in eben dieser Gedichtart aus 14 Versen. Hierin hatten sich alle Poeten zu bewähren, welche sich irgendwie zur Liebe äußern wollten. Und um Bewährung geht es in der Tat bei diesem lyrischen Gefäß, das wie ein genormtes Behältnis für Hochbegabte wirkt: 14 Verse muss die poetische Äußerung haben, keine Zeile mehr und keine weniger (was jedenfalls für ein 'normales' Sonett gilt)! Und nur der Elfsilber kommt in Frage, ein anderes Metrum ist lange Zeit undenkbar. In zwei Hauptblöcke hat ein Sonett zu zerfallen. Zuerst ist da ein Gebilde aus 8 Zeilen, die man in zwei Vierzeiler zu disponieren hat; dieser erste Teil führt ein gewisses gedankliches und künstlerisches Eigenleben; er besitzt zwei Arten von Reimen (also Klängen), welche je viermal erscheinen bzw. hörbar werden. Auch der zweite Teil – eine Formation aus 6 Zeilen, in zwei Terzette zerlegbar – hat eine eigene Akustik, denn hier haben wir es mit zwei (jetzt anderen) Reimen zu tun, welche nur einmal, d. h. als Paar auftreten. (Allerdings können die beiden letzten Strophen auch mit drei Reimen gebildet werden). Das Sonett besteht somit aus zwei unterschiedlichen Klanggebäuden, zwei jeweils anders gearteten Laut- und Rhythmuskonstrukten: einem zuerst gemächlicheren und langsameren sowie einem rascheren und beschwingteren Gébilde. Es liegt ihm dadurch das Prinzip einer finalen Akzeleration (= Beschleunigung) zugrunde.

[**Das 'Geheimnis' der Reime.** Dass auch das Ungaretti-Gedicht *Mattina* seine Ausdruckskraft und Bedeutsamkeit großteils durch Klanglichkeit erhält, stellten wir fest. Lautliche Harmonie oder Musikalität entsteht in Texten vor allem durch Gleichklänge oder Anklänge. Erstere sind uns als 'Reime' bekannt. Lyrische Zeugnisse erkannten wir früher – in der Schule – schon rein äußerlich an solchen Reimen, die uns manchmal befremdeten, weil sie vom Gefühl her nicht in unseren Alltag passten. Das Marino-Sonett ist besonders klangvoll, weil sein Verfasser die traditionellen Reimvorschriften nicht nur gut beachtete, sondern auch erfinderisch erfüllte, und zwar so: Die 8 Verse der beiden Quartette haben 2 verschiedene Endreime (*-orno* und *-ente*), während die 6 Elfsilber der Terzette anders reimen (auf *-ore* und *-etto*); das ist einmal nichts Außergewöhnliches, denn in einem Sonett herrscht Reimzwang. Eigentlich möchte man dieses Reimphänomen als eine Banalität oder Selbstverständlichkeit übergehen, weil Gedichte ja immer 'irgendwie' gereimt sind... Allerdings schwebt über diesem poetischen Phänomen ein 'Geheimnis' sowie etwas Erstaunliches, worauf uns der didaktisch geschickte Autor einer neuen 'Versschule' hinweist, der sich in seinem Lyriklehrwerk ausführlich und spannend mit den geschichtlichen Ursprüngen von Reimen auseinandersetzt. Hieraus einige Passagen, welche Sie gewiss auch bemerkenswert finden:

„**Der Reim**, der für uns Heutige eigentlich mehr oder weniger selbstverständlich zur Poesie gehört, war der gesamten altorientalischen und antiken griechisch-römischen Verskunst unbekannt [...]. Den Ursprung des Reims zu suchen, das ist so eine Sache, wie die einst aussichtslose Suche nach der Quelle des Nils [...]. Woher kommt die mächtige Strömung der Reim-Poesie? [...]. Der Koran, das früheste Prosawerk und zugleich das Hauptwerk der arabischen Literatur ist in Reimprosa verfasst. Seine Sprache gilt als so vollendet, dass sie als Wunder und Erweis der Prophetengabe Muhammads betrachtet wird." (Christoph HÖNIG, *Neue Versschule*, 2008: 138, 141)

Abgesehen von der sakralen, magischen oder künstlerischen Untermalung, die 'Klänge' einem Gedicht vermitteln, lassen sich noch weitere Funktionen ausmachen. So geschieht bei der Reimbildung etwas strukturell und kommunikativ sehr Natürliches, Organisches und Praktisches: Zwei (oder auch mehrere) Wörter bzw. Begriffe werden gezielt zusammengeführt, auf eine Ebene gebracht, zu einer semantischen (= Bedeutung tragenden) Symbiose verschmolzen, was dann Neues und Erstaunliches ergeben kann. Und Lyrik lebt als Textsorte besonders davon, sinnstiftend zu sein.]

Die Gedichtform des Sonetts ist damit alles andere als 'frei'; äußerst fest ist sie gefügt und legt dem Dichter Fesseln an. Dessen Meisterschaft besteht jedes Mal darin, innerhalb der auferlegten Einengung nach Freiheiten, d. h. originellen Gestaltungsideen und natürlich wirkenden Lösungen zu suchen. Und dies gelingt – seit vielen Jahrhunderten – zahlreichen Dichtern durchaus und so auch unserem Giambattista Marino in seinem Sonett über ein sich dicht an einen Baum anschmiegendes Efeu. Wie der damals als genial und sogar 'göttlich' gefeierte barocke Textkünstler aus dem strukturellen Zwang eine poetische Tugend machte, wollen wir uns nun näher anschauen.

Zwischen der formalen Eigenart des Sonetts und seiner poetischen Handhabung durch den Autor gibt es in unserem Fall bemerkenswerte Korrespondenzen: Das eng anliegende 'Gewand' dieser Gedichtform unterstreicht das zentrale Thema des Textes. Es geht nämlich um das Gefangensein in (der) Liebe. Das weibliche Efeu umschließt – scheinbar gewaltsam – den männlichen Baum, und jeder Dichter muss sich ebenfalls – greift er zur Sonettform – zunächst unter einem Zwang stehend vorkommen; aber aus dieser Umklammerung entsteht dann die mit Worten kreierte Befreiung; die restriktive Einengung ermöglicht somit einen wunderbaren Schöpfungsakt.

Wie gesagt, stellt das Sonett – von den Reimen her gesehen – zwei unterschiedliche Klanggebilde dar, die aber schließlich immer ein konzertantes Ganzes ergeben. Auch die differierenden Eigenschaften eines männlichen sowie eines weiblichen Individuums finden im Liebesakt zu einer kontrastfreien Einheit zusammen.

Äußerlich und materiell setzt sich ein Sonett aus zwei unterschiedlichen 'Körpern' zusammen: einem ersten, Thema und Ton angebenden größeren Textkorpus und einem ihm folgenden kleineren (aber alles entscheidenden) Volumen; trotz ihrer Andersartigkeit und Differenz können nur beide Partien zusammen eine gelungene Harmonie erzeugen. Im 'wahren Leben' ist dies – was die Sexualität betrifft – recht ähnlich.

Die erotische Liebe ist im Idealfall ein Akt der Erfüllung, weil sie zu einem Höhepunkt führt und damit ein Ziel erreicht. Dies ist auch der kompositorische Sinn des Sonetts, welches aus langsameren Syntaxbewegungen heraus seinen Anfang nimmt, um dann – schneller werdend – ganz zum Ende seine orgasmushafte Pointe zu offenbaren und damit seinen Verlauf abzuschließen.

Liebe lässt sich nur in einträchtiger Verbindung verwirklichen. Eine solche Situation kann, gleichfalls in Vollendung, das vierzehn Zeilen einnehmende Sonett darstellen: Denn dieses besteht aus einer einheitlichen Sequenz von wohlklingenden Elfsilbern, welche zwei Mikrokonzerte bilden, die sich als Paar zu einem 'musikalischen' Gesamtevent zusammenfügen, d. h. vereinigen.

Die von den ästhetischen Vorstellungen des Barocks geformte syntaktische Gestaltung – welche bei Marino durch Unterbrechungen und Retardierungen (= Verzögerungen) gekennzeichnet ist – mimetisiert (= bildet nach) den Verlauf des erotischen Spiels eines Paares, das (trotz gemeinsamer Zielsetzung und Anstrengungen) so manche unruhige, abrupte, überraschende Temperamentsäußerung hervorbringt!

Fassen wir unsere Beobachtungen zu dem Natur- und Liebesgedicht des Giambattista Marino aus der Ära des frühen Barocks zusammen:

Die italienische Literatur ist sehr reich an genialen Künstlern des poetischen Wortes. Unser Marino gilt jedoch als ein in seiner Art unübertroffener Virtuose. Für seine Glanzverbreitung benötigt er allerdings genügend Platz, auf den ein Giuseppe Ungaretti später verzichten kann. Marino braucht eine 'Bühne', nämlich effektvolle Gedichtformen als 'Raum' für den umfangreichen Kosmos seiner üppigen Sprache. Nur so kann er sein 'marinistisches' Rhetorik- und Stilfeuerwerk sicht- und hörbar entfesseln und das lesende oder lauschende Gegenüber in seinen Bann ziehen: „The Marinesque style is first and foremost a highly rhetorical style […]. For those who enjoy the company of a master craftsman, a genius in the artful deployment of words and images, and, above all, a thoroughly delightful imagination, there is more than enough to savor in the Marinesque style." (James V. MIROLLO, *The Poet of the Marvelous. Giambattista Marino*, 1963: 132, 208)

[Vokabelhilfen zu dem englischen Zitat: *Marinesque* = marinistisch, in der Art des Marino konzipiert; *first and foremost* = zu allererst; *craftsman* = (Kunst)Handwerker; *artful* = schlau, listig; *deployment* = Entfaltung; *thorough(ly)* = gründlich, eingehend; *delightful* = herrlich, wunderbar, entzückend; *to savo(u)r* = genießen; *marvel(l)ous* = wunderbar, erstaunlich]

****

Italianistische Einführungswerke der 'Konkurrenz' I

[Am Ende dieser Lerneinheit möchte ich mit Ihnen unseren Unterweisungsvorgang reflektieren. Sie wurden – als Leserinnen und Leser – von einem Autor (in diesem Fall ist es ein Romanist) in ein Gebiet der Literaturwissenschaft eingeführt. Sie erwarten, dass der Sie Einweisende Kompetenz besitzt und Ihnen die 'Wahrheit' über das zu behandelnde Fachgebiet sagt. Was das 'Wahre' in der Wissenschaftspraxis betrifft, so ist sehr leicht eine Täuschung möglich, und zwar dann, wenn man nicht 'alles' über einen Sachverhalt mitteilt. Ich bin nämlich nicht der einzige, der Sie über das Fachgebiet in Form eines Buches aufklären möchte. Meine Ehrlichkeit Ihnen gegenüber soll nun darin bestehen, dass ich Sie auf gewisse Konkurrenzunternehmen hinweise. Dies ist ungewöhnlich. Denn bei einem Wettbewerb verschweigt man sich sonst lieber gegenseitig, was leider auch für mein Fach, die Romanistik bzw. Italianistik, gilt. Das wäre aber für Sie fatal, weil Sie als Lernende unbedingt Kenntnisse von guten (oder schlechten) Lehrmitteln des Büchermarkts vermittelt bekommen müssen. Daher werde ich am Ende eines jeden Gattungsschwerpunktes – also zum Abschluss der Lyrik, der Narrativik und der Dramatik – eine 'Einführung in die italienische Literaturwissenschaft' nennen, insgesamt drei Stück: Ich werde sie knapp vorstellen, indem etwas Zentrales daraus zitiert wird. Bei Gelegenheit können Sie dann in der jeweiligen Publikation blättern und überlegen, ob Sie das eine oder andere Kapitel zur Festigung Ihrer Kenntnisse durcharbeiten möchten.

Ich beginne mit der Bochumer Romanistin Dr. Elisabeth SCHULZE-WITZENRATH, von der alle Fachleute wissen, dass sie seit rund 20 Jahren erfolgreich an einem Konzept für eine Einführung in die italienische Literaturwissenschaft arbeitet und dieses in mehreren aktualisierten Fassungen publizierte.

An einer Stelle ihres Buches *Literaturwissenschaft für Italianisten. Eine Einführung* ([1]1998, [2]2003, [3]2006; aber bereits 1990 und 1991 in einer bescheideneren Vorform erschienen) muss(te) die geschätzte Kollegin eine präzise Definition von 'Lyrik' vorlegen, mit der sie die Studierenden auf den wissenschaftlichen Lebensweg bringen kann. Sie macht das geschickt, indem sie vergleichend auf Erzähltexte blickt, welche uns bei den nächsten zwei 'Problemfeldern' III und IV beschäftigen werden:

Lyrische Textkonstitution

[Konstitution = Beschaffenheit, Zusammensetzung, Eigentümlichkeit (eines Textes)]

„**'Lyrik'** (zu griech. λύρα, 'Leier') war bei den Griechen gesungene Dichtung, einzeln oder im Chor; auch in den europäischen Literaturen ist sie zunächst wieder gesungene Dichtung gewesen (Troubadourlyrik, Minne'sang').

Lyrische Texte
Es gibt in der Literaturwissenschaft bislang kein explizites lyrisches Textmodell. Doch lässt sich die Konstitution lyrischer Texte kontrastiv zum narrativen Textmodell verdeutlichen.

Lyrischer Text
- hat in der Regel nur eine einzige Situation (des Sprechenden, einer anderen Person, eines Gegenstandes), jedenfalls keine diachrone Abfolge von Situationen und also keine 'Geschichte'.

- ein Ich nimmt die vorgegebene Situation zum Anlass, seine Eindrücke, Reflexionen und Gefühle zu äußern.

- die 'sprachliche Manifestation' ist in der Lyrik ungleich differenzierter und komplexer als in narrativen Texten." ([3]2006: 97)

Die Autorin spielt hier auf ein 'modernes' Erzählmodell an, nach dem ein 'narrativer' (= erzählender) Text aus zwei Schichten oder Ebenen besteht: der 'Geschichte' einerseits und andererseits dem 'Diskurs' bzw. (zwei) Facetten des 'Diskurses', womit die für das jeweilige literarische Werk charakteristischen, formalen und gestalterischen Aspekte der Darbringung der Inhalte einer 'Geschichte' gemeint sind.]

Aufgaben

zu „1.2 Problemfeld II: **Lyrik in fester Formung.** Das Sonett *L'ellera* (1602) von Giambattista **Marino** (1559-1625) [Seicento: Barock (17. Jh.)]"

1. Um dem Textzauberer Marino 'auf die Schliche' zu kommen (d. h. seine Aufsehen erregende Stilkunst zu ergründen) – und daran ist Ihnen gewiss gelegen – schreiben Sie bitte das ganze Sonett syntaktisch um, d. h. bringen Sie alle Sätze und die Satzteile darin in Positionen, wie sie in heutigem, 'normalem' Alltagsitalienisch erscheinen würden. Markieren Sie sämtliche Rückbauvorgänge (z. B. farblich). Versuchen Sie, bestimmte Arten der Abweichung ('Deviation') von der üblichen Syntaxgrammatik auszumachen und geben Sie diesen die adäquaten linguistischen bzw. rhetorischen Bezeichnungen. Formulieren Sie schließlich Ihren Gesamteindruck von Marinos 'Stellungstechnik'.

2. Während Ungaretti in seinem Zweizeiler mit nur zwei Worten operiert und dabei ein kosmisches Tableau entwirft, breitet Marino in den vierzehn Versen seines Sonetts ein kleines Wortuniversum aus. Dieses bildet die dekorative Fläche, auf der eine erotische Szene ablaufen soll. Wir wollen uns die verbale Bühnenarchitektur genauer anschauen und überprüfen, inwieweit hier barocke Prinzipien realisiert wurden. Deshalb fassen Sie bitte alle Verbformen, Substantive, Adjektive, Adverbien, Konjunktionen, Präpositionen, Pronomina, Artikel und sonstiges Wortmaterial (Partikel) des Sonetts in einzelnen Listen zusammen und versuchen Sie, Gemeinsamkeiten bzw.

Merkmale herauszuarbeiten. Lassen sich bestimmte, von uns bereits gemachte Feststellungen (z. B. zur Lexik) vertiefen oder erweitern? Können Sie Ihre Beobachtungen tatsächlich mit den Prinzipien einer barocken Ästhetik in Einklang bringen?

3. Das Efeu-Sonett ist ein strategischer Text: Es werden verschiedene Mittel der Persuasion (d. h. der Überredung) benutzt. Der entwickelte Diskussionsvorgang ist typisch für die barocke Argumentationskultur, welche oft auf dialektischen Prinzipien aufgebaut ist. In unserem Fall bestimmen die erotischen Kategorien 'männlich' und 'weiblich' das aus These(n) und Antithese(n) bestehende Liebeswerben, das natürlich zu einer 'Synthese' führen soll. Stellen Sie deshalb bitte erstens alle Eigenschaften des männlichen Parts (d. h. des sprechenden Ichs bzw. des Baumes = *orno*) zusammen und machen Sie danach dasselbe mit der Umworbenen (Elpinia bzw. dem Efeu = *ellera*). Lassen sich bestimmte Kriterien bei der Charakterisierung beider Partner sowie in der Beziehung herauskristallisieren?

4. Wie ist eigentlich der Kurs aufgebaut – ich meine das von mir verfasste Buch –, dem Sie sich anvertraut haben? Diese kritische Frage interessiert Sie doch zweifellos. Nun, die beiden Lyrikkapitel 1.1 und 1.2 sind methodisch ähnlich, aber dennoch unterschiedlich angelegt. Schauen Sie sich noch einmal den Aufbau beider 'Problemfelder' genau an und definieren Sie die jeweiligen Vorgehensweisen. Wie könnte die Analyse des Marino-Sonetts aufgebaut sein, wenn man für Kap. 1.2 dasselbe Prinzip wie das in Kap. 1.1 anwendete? Entwerfen Sie bitte eine entsprechende Gliederung und stellen Sie wenigstens einen Aspekt aus dem Barockgedicht heraus, der etwas Konstitutives (= Textbildendes) darstellt und somit ein aufschlussreiches Element für eine 'strukturbestimmte' Interpretation wäre (was Sie dann auch ausarbeiten würden). Schließen Sie hiernach Ihre Ausführungen mit der Beantwortung folgender Fragen ab (= zu den 'Problemfeldern' I und II): 1. Was halten Sie generell für methodisch und analytisch gelungen oder akzeptabel? 2. Was müsste (unbedingt) geändert oder ergänzt werden?

5. Gehören Sie zu denjenigen, die sich in besonderer Weise für Architektur interessieren und später eventuell auf jenem Gebiet arbeiten wollen? Dann ist es für Sie attraktiv nachzuweisen, wie literarische Stile oft einen Zusammenhang mit baulichen Formen der gleichen Zeit erkennen lassen. Sie können bei dieser Gelegenheit auch zeigen, wie sich Stile aus etwas Vorangehendem 'entwickeln'. Besorgen Sie sich dazu einen Bildband über die berühmten und prächtigen Villen im Veneto von Andrea Palladio (1508-80) sowie einen weiteren zu italienischen Barockkirchen. Wählen Sie daraus wenigstens zwei Bauwerke aus: Zum Beispiel die Villa Emo in Fanzolo bei Treviso zum einen und die Kirche 'Il Gesù' in Rom andererseits. Es gibt aber noch ausgeprägtere sakrale Barockbauten. Sie sollten sich allerdings zuerst Abbildungen hiervon im Internet anschauen, damit Sie wissen, um welche Objekte es geht. Beschreiben Sie die Fassaden sowie Teilbereiche des Inneren der Bauwerke, indem Sie die entscheidenden Gestaltungselemente (Formen, Linien, Figuren etc.) heraus- und gegenüberstellen. Diese Vergleiche bieten Ihnen die Möglichkeit, Renaissance und Barock optisch (und strukturell) zu definieren. Anhand der barocken Architekturbeispiele stellen Sie auch Parallelen zu unserem Efeu-Sonett her.

6. Sie sind doch bestimmt auch froh darüber, dass man auf das Internet immer und überall als prompte Informationsquelle rekurrieren kann! Nun, am Beispiel unseres Barockautors Giambattista Marino könnten Sie einmal überprüfen, wie zuverlässig und nützlich für ein literaturwissenschaftliches bzw. literaturgeschichtliches Studium (hier der Italianistik) das Konsultieren von Internetseiten tatsächlich ist. Sie wählen dazu bestimmte Online-'Enzyklopädien' aus, welche man Ihrer Meinung nach gerne benutzt. Verschaffen Sie sich aber bitte vorher einigermaßen solide (d. h. wissenschaftlich verbürgte) Kenntnisse zu Grundfakten von Marinos Biographie und seinem Werk. Das erreichen Sie leicht anhand von Literaturwörterbüchern, gedruckten Enzyklopädien sowie deutschsprachigen Literaturgeschichten zu Italien (welche – letzere – allesamt in unseren bibliographischen Listen genannt werden). Überprüfen Sie hiernach die Online-Artikel über Marino: Wort für Wort und Satz für Satz. Sammeln Sie Fehler, Ungenauigkeiten sowie Informationslücken, d. h. nicht erwähnte (wichtige) Tatsachen; gewiss sollen Sie auch positive Aspekte herausstellen. Fassen Sie alle Ergebnisse zusammen und geben Sie Ratschläge für eine generelle

Benutzung solcher und ähnlicher Quellen während des Studiums. Haben Sie im Internet zu Marino sonstige (aufschlussreiche) Webseiten gefunden, die Informationen zu dem Autor bieten, wie man sie in Büchern n i c h t findet?

7. Im Anfangsteil dieses 'Problemfeldes II' haben wir im Rahmen der Lebensbeschreibung Marinos eine Definition des Begriffs 'Barock' (Substantiv) bzw. 'barock' (Adjektiv) eingeblendet, weil kaum etwas an diesem Dichter und Menschen ohne jene Epochenbezeichnung zu verstehen wäre. Besagter Text stammt zwar aus einem aktuellen und geschätzten Lexikon der Literatur- und Kulturtheorie, ist aber überhaupt nicht leicht zu verstehen, weil dort viele Namen von Fachleuten und intellektuelle Begriffe als bekannt vorausgesetzt werden. Ihre Aufgabe soll nun darin bestehen, Licht in jene 'Unbekannten' zu bringen. Grundsätzlich geht es der Verfasserin des Artikels darum zu erklären, dass der Barockterminus nicht immer den gleichen Inhalt besaß, dass man z. B. anfänglich etwas Negatives darunter verstand, wohingegen man ihn später neutralisierte bzw. versachlichte. Schlagen Sie also bitte die dort fallenden Namen und Begriffe nach, und zwar zuerst in dem Lexikon selbst, danach in Enzyklopädien, Handbüchern oder auch im Internet (wobei Sie sich in jedem Fall durch mehrere Quellen absichern). Es geht um: *Winkelmann, Burckhardt, Wölfflin, Strich, Curtius* und *Borsò* (soweit die 'Fachleute'), dann *Literaturtheorie, Gegenreformation, Tridentinisches Konzil, Klassik, Manierismus* (dies sind historische oder kulturelle Benennungen) sowie *phaseologisch, transepochal, degenerativ* und *ideologiekritisch* (d. h. gewisse kategorisierende Bezeichnungen). Das Produkt Ihrer Recherchen wäre ein Kurzreferat, bei dem Sie den gleichen Artikelausschnitt vortragen, jedoch zwischendurch alle Namen und Begriffe näher erläutern und so die Definitionsabsichten der Romanistik-Professorin Vittoria Borsò klarer hervortreten lassen.

8. Sie sind doch bestimmt auch der Ansicht, dass unsere Art der Interpretation des Marino-Sonetts – methodisch gesehen – erst dann sinnvoll erscheint, wenn eine solche Vorgehensweise im Prinzip auch auf andere Gedichte anwendbar ist! Dies könnten Sie jetzt ziemlich genau überprüfen. Besorgen Sie sich dazu die zweisprachige Gedichtsammlung "*Gian Battista Marino. Sonette und Madrigale*" aus dem Jahr 1964 (eventuell per Fernleihe); sie enthält u. a. 26 Sonette (ital. u. deutsch). Suchen Sie sich ein Ihnen zusagendes Sonett aus – am besten mit mythologischem oder historischem Inhalt – und untersuchen Sie bitte erstens die Anordnung des Inhaltes im Zusammenhang mit der Strophenfolge des Textes sowie zweitens den gesamten Verlauf der Syntax. Lässt sich feststellen, dass Form und Syntax in einer bestimmten Weise das Thema begleiten oder gar unterstützen? Erkennen Sie in dem von Ihnen ausgewählten Text Parallelen zu den Beobachtungen, welche wir bezüglich des Efeu-Sonetts machten? Zu welchen Schlüssen kommen Sie hinsichtlich unserer Eingangsfrage? Übrigens werden in jener Anthologie folgende Gestalten mit einem Gedicht bedacht: Kolumbus, Luther, Erasmus von Rotterdam, Elisabeth I., Philipp II., Pius V., Judas und Christus; und als Städte thematisiert Marino Neapel, Rom, Florenz und Venedig. Das müsste Sie doch interessieren!

9. In den beiden ersten 'Problemfeldern' befassen wir uns ja mit italienischer Lyrik. Da wir aus einem Zeitraum von vielen Jahrhunderten nur zwei Dichter nehmen, wäre es für das Studium schon nützlich, wenn man ein Buch hätte, das einen Einblick in größere Zeiträume und mehrere Epochen böte. So etwas gibt es, und zwar sogar von einem Italianisten, der in Deutschland als der bedeutendste seines Faches in der zweiten Hälfte des 20. Jh.s angesehen wird. Diesen sollten Sie unbedingt kennenlernen. Besorgen Sie sich daher bitte das in der Fachwelt sehr bekannte Werk von Hugo FRIEDRICH (*Epochen der italienischen Lyrik*, 1964), welches sich in jeder Instituts- und Universitätsbibliothek befindet. Auf den Seiten 533-731 beschreibt der namhafte Freiburger Romanist die 'Barocke Lyrik' (= Kapitel IX). Ihre Aufgabe besteht darin, einige zentrale (von Friedrich erwähnte) Stilphänomene bzw. rhetorische Figuren herauszusuchen (wie Hyperbaton, Antithese, Korrelation, Metapher oder Hyperbel) und diese erstens in ihrem Wesen zu erklären (= zu definieren) – wobei Ihnen z. B. Literaturwörterbücher helfen – und zweitens diese an lyrischen Beispielen zu belegen. Von den Gedichten wählen Sie vor allem solche aus, welche eine mythologische oder (irgendwie) historische Dimension aufweisen (welche Sie dann auch erläutern).

10. Wir wollen uns in diesem 'Arbeitsbuch' bekanntlich (auch) mit Italiens 'Literaturgeschichte', also dem Verlauf der Entwicklungen innerhalb der Literaturproduktion vertraut machen. Nun gibt es Werke, die genau dies in ihrem Titel ankündigen bzw. zu leisten versprechen (was bereits erwähnt wurde). Sie können sich nun mit dem kompaktesten Buch dieser Art in deutscher Sprache der letzten Jahrzehnte auseinandersetzen. Es stammt von einem sehr profilierten Vertreter des Faches, welches Sie studieren. Leihen Sie sich also eine der beiden Erstausgaben der *Geschichte der italienischen Literatur* (1996) von Manfred HARDT aus. Der ehemalige Romanistik-Professor in Duisburg verfasste damit eine Gesamtdarstellung *Von den Anfängen bis zur Gegenwart*. Auf den Seiten 377 bis 383 stellt er auch Person und Werk unseres Giambattista Marino dar. Jene circa 6 Seiten lesen Sie bitte zuerst ganz genau. Herauszuarbeiten sind dann folgende Gesichtspunkte: 1. Auf welche Begriffe stoßen Sie, die Sie nicht so ohne Weiteres verstehen? Notieren Sie diese! 2. Wie sind die Sätze gestaltet: lang oder kurz und wie? 3. Was für ein Vokabular bzw. welche Ausdrucksweise verwendet der Autor? 4. Wie ist der Marino-Teil aufgebaut? 5. Wenn es sich um eine Literaturgeschichte handelt, welche Fakten würden Sie eindeutig als historische Feststellungen ausmachen? 6. Werfen Sie zum Schluss einen Blick auf das Inhaltsverzeichnis des Bandes: Wie ist das Werk grundsätzlich aufgebaut? Erkennen Sie gewisse Grundprinzipien? 7. Für welche Studienphase würden Sie diese 'Literaturgeschichte' empfehlen?

11. Wir – Sie und ich – verbringen einen beträchtlichen Teil unseres Tages vor dem PC; deshalb wollen wir einmal klären, wie man heutzutage in einem medial 'anders' gearteten Studienwerk liest, d. h. wie man sich ein 'Briefing' zu bestimmten Autoren oder Fachgebieten am Bildschirm zusammenstellt. Dazu leihen Sie sich die Literaturgeschichte von Manfred HARDT aus, und zwar einmal in der Printfassung von 1996 (für dieses Experiment nicht die im Format kleinere Taschenbuchfassung von 2003) sowie als CD-ROM von 2004. Als Zielobjekt nehmen Sie sich bitte das Einleitungskapitel zum Barockzeitalter vor (S. 372-5: *Das Siebzehnte Jahrhundert: 'Seicento'*). Ihr Arbeitsprojekt soll in der Zusammenstellung wichtigster Fakten bestehen, welche Sie dann in einem Kurzreferat vortragen. Fangen Sie aber nicht mit der Printfassung an! Holen Sie sich zuerst nur (!) die CD-Fassung auf Ihren Bildschirm und versuchen Sie, so Ihre Aufgabe zu bewältigen. Beschreiben Sie später, welche 'Techniken' Sie angewendet haben, um Ihre Daten und Fakten gut und sicher in Ihre 'Kladde' zu bekommen. Kommen Sie mit einer solchen Art von Informationsdarbietung gut zurecht? Stellen Sie sich vor, Sie müssten das ganze Kapitel zum 17. Jahrhundert lesen, exzerpieren, aufbereiten, um das Wichtigste in einem Referat vorzutragen (= S. 372-423). Ab wievielen Seiten würden Sie doch lieber auf die Printfassung ausweichen? Oder vielleicht gar nicht (?). Dazu machen Sie an einem anderen Buchausschnitt (= eine Seite) die Gegenprobe: Wie haben Sie sich sonst die Fachinformationen aus einem gedruckten Buch gemerkt? Die ganze Aufgabe soll in der Beantwortung von zumindest zwei Fragen münden: Wie liest man eigentlich in einer Literaturgeschichte und kann man bei einem solchen Buchtyp seine Lernabsichten überhaupt durch eine Bildschirmlektüre erreichen?

12. Da Sie im BA-Studiengang alle Kenntnisse stringent und rationell erwerben müssen, sollen Sie überprüfen, was eine sogenannte 'kleine' 'Literaturgeschichte' für Ihr Studium leistet. Dazu besorgen Sie sich die *Kleine Geschichte der ital. Lit.* (1995) des namhaften Regensburger Romanistik-Professors Johannes HÖSLE. An dieser Stelle unseres Kurses haben Sie bereits zwei 'Problemfelder' bearbeitet und damit verschiedene Autoren/Werke bzw. Gattungen/Epochen kennen gelernt, d. h. Sie besitzen schon einige literarhistorische Grundkenntnisse. Lesen Sie bitte Hösles Ausführungen zu Giuseppe Ungaretti (194-5) und zu Giambattista Marino (102-4). Wie schreibt der Verfasser? Erkennen Sie einen bestimmten Stil? Welche Art von Fakten teilt er uns mit, um das entsprechende Thema/Gebiet darzustellen? Vermissen Sie gewisse Informationen? Reicht das gebotene Spektrum für die ersten 6 Semester eines Italienisch-Studiums aus? Was würden Sie für ein mehr in die Tiefe gehendes Studium – z. B. den Master – sonst noch erwarten?

13. Wir haben bei diesem zweiten 'Problemfeld' versucht, Wesenszüge der Barockliteratur an einem Sonett von Marino zu verdeutlichen. Unser Gedicht ist allerdings relativ kurz. Nun hat Marino außer vielen weiteren lyrischen Texten noch ein geradezu 'riesenhaftes' Einzelwerk geschrieben: das einst in ganz Europa bewunderte Epos *Adone* (1623 in Paris erschienen), einen mythologischen 'Versroman' in 20 Gesängen. Darin geht es um die Liebe zwischen Adonis und Venus, die der eifersüchtige Mars stört. An dieser langgezogenen und verzweigten Geschichte kann man gut erläutern, wie verästelte Barockliteratur textlich organisiert ist. Nun sollen Sie jenes Buch keinesfalls ganz lesen, aber doch ein wenig darin blättern und sich einen gewissen Eindruck davon verschaffen. Besorgen Sie sich also eine Ausgabe des *Adone*. Anhand der in unseren Bibliographien erwähnten deutschsprachigen Literaturgeschichten stellen Sie dann bitte erstens eine Beschreibung jener großräumigen Dichtung sowie zweitens einen Katalog mit Merkmalen zusammen, welche für eine Charakterisierung barocker Literatur dienlich sind. Kommen Sie schließlich auf unsere Beobachtungen zu dem Efeu-Sonett zurück: Was lässt sich bestätigen? Was trifft weniger zu? Welche Erweiterungen oder Vertiefungen sind möglich? Runden Sie Ihre Aufgabe mit einer Definition des Gattungsbegriffes 'Epos' ab, wobei Sie auch einige epische Beispiele der Weltliteratur (aus der Zeit vor Marino) erwähnen.

14. Zur Geschichte der italienischen Literatur – welche Sie ja studieren – gehört auch die Geschichte der Bücher, in welchen die Werke gedruckt erschienen. Der Buchdruck war im Jahre 1454 in Mainz von Johannes Gutenberg (1400-68) 'erfunden' worden. Die Veröffentlichungen von 1454 bis 1500 nennt man übrigens Inkunabeln (= Wiegendrucke). Vor 1454 war alles mit der Hand geschrieben worden; jene Bände heißen Kodizes oder Manuskripte. In Italien gab es vom 15. Jh. an berühmte Buchdrucker und Druckereien (vor allem in Venedig und Florenz). Früher – auch im Barock – sahen gedruckte Bücher ganz anders aus als heute, was Sie bestimmt interessiert. In diesem Arbeitsbuch finden Sie zu der sehr seltenen Ausgabe der Gedichte von Marino aus dem Jahr 1602 zwei Fotoseiten: eine zu dem Titelblatt sowie eine zweite zu der Seite, auf welcher unser *Ellera*-Sonett erscheint. Schauen Sie sich bitte das Erscheinungsbild des Gedichts an: Was ist anders als in einer heutigen Ausgabe? Dann betrachten Sie das Titelblatt und beschreiben lückenlos und in einer sinnvollen Reihenfolge alles, was Sie darauf entdecken. Versuchen Sie auch, gewisse Phänomene zu erklären. Vielleicht gelingt es Ihnen, per Fernleihe die Mikrofiche-Fassung der ganzen Edition jener *Rime* von 1602 aus Berlin zu besorgen. Eventuell kommen Sie sogar bei einer Ihrer Italien-Reisen in eine Bibliothek, welche eines der seltenen Exemplare besitzt (z. B. in Modena), sodass Sie dieses in die Hände nehmen und näher beschreiben können. Wenn das nicht klappt, dann beraten Sie sich in Ihrer Hochschulbibliothek mit einer helfenden Person der Bibliographie-Abteilung (Auskunft): Sie würden gerne einmal ein Buch aus den ersten Jahren des 17. Jh.s zu Gesicht bekommen. Beide Titelblätter vergleichen Sie dann miteinander. Viel Glück! Übrigens sollten Sie im Internet ein wenig um das Begriffsspektrum "Italienische Druckkunst (des Barock)" (oder so ähnlich) herum surfen, wobei Sie auf gewisse (für jenes Gebiet bedeutende) Namen und Termini stoßen. Die Aufgabe braucht nicht allzu 'wissenschaftlich' auszufallen, sondern die 'alte Materie' soll Ihnen in erster Linie Freude bereiten!

15. Bei der Analyse von Marinos Efeu-Sonett sahen wir, dass die Erfassung des Barockstils keine leichte Sache ist. Klar wurde auch, dass dieses ästhetische Phänomen eine europäische Angelegenheit darstellt. Daher wäre es nützlich, wenn man genaue, und zwar systematische Kenntnisse von der Stilistik jener Epoche hätte. Als Ausgangsbasis kann man hierfür die deutsche Barockliteratur und ihre entsprechende Beschreibung nehmen. Dazu würden Sie sich das Taschenbuch von Volker MEID (*Barocklyrik*, [1]1986, [2]2008) besorgen, der ein anerkannter Barockfachmann innerhalb der Germanistik ist. In dem zweiten Hauptkapitel ('Poetik' = S. 19-73 bzw. 24-82) wird dort in 5 Abschnitten eine ziemlich vollständige und substanzreiche Bestandsaufnahme barocker Lyrik erarbeitet. Diese ist zwar primär an deutschen Texten ausgerichtet (Martin Opitz u. a.) – obwohl auch Verbindungen zu Italien hergestellt werden –, aber viele Feststellungen haben einen allgemeinen Charakter und lassen sich auf Marinos 'Technik' übertragen. Fassen Sie bitte die wichtigsten Fakten des ca. 50 Seiten umfassenden Buchteils zusammen, wobei Sie sich vor allem auf die Stilphänomene an sich (sowie deren Bezeichnungen) und auf alle Bezüge zu Italien konzentrieren. Geschichtliche Entwicklungen der deutschen Barockliteratur haben in unserem Fall verständlicherweise eine untergeordnete Bedeutung.

16. Sie interessieren sich doch zweifellos für 'verborgene Schätze'. In unserem Fall sind damit Bücher gemeint, welche in absolute Vergessenheit geraten sind, die aber doch einen nicht unbeträchtlichen Wert haben könnten. Es gibt nämlich eine knappe Darstellung der ganzen Literatur Italiens aus der Feder eines einst recht bedeutenden Italianistik-Professors, die in vielen Hochschulbibliotheken zu finden ist, weil sie das erste Werk dieser Art nach dem Zweiten Weltkrieg war. Wie das nun mal im Leben so ist: Die Zeit schreitet voran, es wird immer weiter geschrieben und veröffentlicht, das Zurückliegende erscheint nicht mehr so aktuell (und auch nicht mehr 'wichtig') und wird schließlich vergessen. Besorgen Sie sich also von Rudolf PALGEN die *Geschichte der italienischen Literatur* (1949), welche ja offenbar vom Titel her für Ihr Fach nicht ohne Belang zu sein scheint. Beschreiben Sie bitte die Anlage, d. h. die einzelnen Teile des Buches. Schauen Sie sich dann näher die Einleitung sowie eines der 9 Hauptkapitel an, und zwar dasjenige, welches Sie vom Thema bzw. von der behandelten Zeit her am meisten anspricht. Was lässt sich der Einleitung für die Begründung und Gestaltung dieser Literaturgeschichte entnehmen? Wie stellt der Verfasser Autoren und Werke vor? Legt er auf irgendwelche Aspekte besonderen Wert? Wie ist seine Sprache? Kommt sie Ihnen alt und unkommunikativ vor oder entdecken Sie doch gewisse Qualitäten? Hätte das ganze Unternehmen für Studierende heute noch einen Informationswert? Versuchen Sie schließlich, das kleine und bescheidene, aber nicht unschöne Buch in das Jahr 1949 zu setzen: Wie sah es damals wirtschaftlich und intellektuell in 'Deutschland' aus? Hierbei könnten Ihnen Erzählungen Ihrer Eltern oder Großeltern bestimmt helfen.

STUDIENMATERIAL

zu „1.2 Problemfeld II: **Lyrik in fester Formung.** Das Sonett *L'ellera* (1602)
von Giambattista **Marino** (1559-1625) [Seicento: Barock (17. Jh.)]"

Ausgaben der Gedichte von Giambattista Marino

RIME / DI / GIO. BATTISTA / **MARINO**, / Amorose, Lugubri / Marittime, Morali / Boscherecce, Sacre, & / Heroiche, Varie / PARTE PRIMA / ALL'ILLUSTRISSIMO / & Riuerendis. Monsig. / MELCHIOR CRESCENTIO / Cherico d. Camera. / Con Priuilegio, & Licen- / tia de' Superiori. / In Venetia / Presso Gio. Bat. Ciotti **MDCII** [In dieser Ausgabe aus dem Jahr 1602 befindet sich unser Efeu-Sonett auf S. 72, innerhalb der Rubrik 'Rime boscherecce'. Die Schrägstriche sollen die Zeilenstruktur auf jener Titelseite andeuten. Ein Originalexemplar ist in deutschen Bibliotheken offenbar leider nicht nachzuweisen; allerdings gibt es in Berlin (FU) eine Mikrofiche-Fassung (Signatur: 62 / 99 / 620-2 bzw. BSB P. O. it. 600, Code Nr. 1287840/188). In diesem 'Arbeitsbuch' finden Sie ein Foto des Titelblattes sowie der Seite mit dem Gedicht aus dieser sehr seltenen Originalausgabe, von der es allerdings ein Exemplar in der bedeutenden 'Biblioteca Estense' zu Modena gibt.].

[Benedetto **CROCE** (1866-1952) ed.] Giambattista MARINO, *Poesie varie* a cura di B. C., Bari (Giuseppe Laterza & Figli Tipografi-Editori-Librai) **1913**, 429 Seiten, Scrittori d'Italia, Bd. 51, 20,8 × 13,4 × 2,5 cm, broschiert (sandfarben) [Diese ältere Ausgabe des berühmtesten ital. Literaturkritikers des 20. Jh.s enthält in 9 verschiedenen Abteilungen insgesamt 305 (unkommentierte) Gedichte Marinos. *L'ellera* steht dort in der 2. Rubrik (= I sonetti amorosi) als Nr. 52 auf S. 101. Da neuere Marino-Ausgaben unser Sonett nicht enthalten, verweisen wir auf diese Edition, welche einen großen Teil des lyrischen Gesamtwerks unseres Dichters bietet. Bei den 'Scrittori d'Italia' handelt es sich übrigens um eine der umfangreichsten und vollständigsten 'Reihen' mit Werken ital. Autoren, welche es je gab.].

Übersetzung(en) der Gedichte von Giambattista Marino

[Edward **JAIME**] Gian Battista MARINO, *Sonette und Madrigale.* Übertragen und herausgegeben von E. J., Berlin (Karl H. Henssel Verlag bzw. Saladruck) **1964**, 94 Seiten, 22,1 × 13,8 × 0,9 cm, in gelbes Leinen gebunden, mit Schutzumschlag (weiße Titelei auf schwarzem Grund mit lila) [Dieser seinerzeit in 1800 Exemplaren gedruckte zweisprachige Band umfasst 41 Gedichte (26 Sonette u. 15 Madrigale; das Inhaltsverz. mit nur 30 Titeln ist fehlerhaft). Er enthält zwar nicht das von uns behandelte Efeu-Sonett, bietet aber StudienanfängerInnen eine gute Möglichkeit, sich in Marinos Gedichtkunst exemplarisch einzulesen. Das Nachwort von E. J. (= S. 87-94) ist klar geschrieben u. inhaltsreich.].

Sekundärwerke (zu Giambattista Marino)

Angelo **BORZELLI**, *Storia della vita e delle opere di Giovan Battista Marino. Edizione riveduta con molte illustrazioni nel testo e fuori testo*, Napoli (Tipografia degli Artigianelli – S. Raffaele, 18) **1927**, 336 Seiten, 25,0 × 17,7 × 2,2 cm, broschiert (rostbraun) [Eine ältere, aber ausführl. u. gut dokumentierte Lebensbeschreibung in 7 Abschnitten nebst Exkurs über die sogenannte Legendenbildung M.s, Bibliographie der alten Ausgaben sowie Textanthologie; eine angeblich vorangegangene Ausg. lässt sich bibliographisch nicht ausmachen.].

James V. **MIROLLO**, *The Poet of the Marvelous. Giambattista Marino*, New York and London (Columbia University Press) **1963**, VIII + 339 Seiten, 23,4 × 15,4 × 3,0 cm, in Leinen gebunden (sandfarben) [Eine in New York entstandene Gesamtdarstell. des Lebens, Schaffens, marinistischen Stils sowie dessen Einflusses in Europa in 15 Einzelkapiteln, die in folg. Hauptsektionen gegliedert sind: I. The Life and Works of G. M.; II. The Marinesque Style; III. The Influence of Marinism and its Relationship to the Problem of the Baroque; zum Schluss eine ältere, aber sehr ausführl. Bibliographie.].

Literaturtheorie (zur Lyrik)

Hans-Dieter **GELFERT** [*1937, bis 2000 Prof. für Anglistik an der FU Berlin], *Wie interpretiert man ein Gedicht?*, Stuttgart (Philipp Reclam jun. GmbH & Co.) [1]**1990**, 192 Seiten, Reclams Universal-Bibliothek, Nr. 15018, Reihe 'Literaturwissenschaft für Schüler', ISBN 3-15-015018-3, 14,7 × 9,6 × 1,0 cm, broschiert (petrolfarben), € 4,80 [Der Autor hat mehrere ähnliche Einführungen für Schüler bei Reclam verfasst. Mit der Gattung Lyrik macht er dabei durchaus 'intellektuell' u. wissenschaftlich bekannt. Alle Probleme werden an Beispielen konkretisiert, die v. a. der deutschen Lit. entnommen sind, aber man findet auch englische, franz. u. span. Texte. Das kleine u. preiswerte Werk schlägt – wie Gelferts andere Titel auch – eine gute Brücke von der Schule zur Hochschule. Auf der Rückseite liest man: „Eine Einführung in die Kunst der Gedichtinterpretation, die vor allem auch Lust am Umgang mit Lyrik wecken will. Aus dem Inhalt: Wozu überhaupt Interpretation? – Was ist ein Gedicht? – Prinzipien sprachlicher Formalisierung – Ausdrucksmittel – Gedichtformen – Sprachliche Komik – Was man wissen muß, um ein Gedicht interpretieren zu können – Über die Schwierigkeit, dichterische Qualität zu erkennen – Über den Grund des Vergnügens beim Lesen eines Gedichts." Nach der Erstausgabe (1990) u. Nachdrucken (1991, 1993 mit 191 Seiten) wurde 1994 die Bibliographie erweitert (jetzt 192 Seiten); hiernach gab es folg. Nachdrucke: 1996, 1998, 2000, 2004 u. 2007.].

Reinhard **MARQUASS**, *Gedichte analysieren. Grundbegriffe und Verfahren, Beispiele und Übungen*, Mannheim-Leipzig-Wien-Zürich (Dudenverlag) [1]**2000**, 109 Seiten, Duden Abiturhilfen: Deutsch 11. bis 13. Klasse, ISBN 3-411-70141-2, 22,0 × 14,8 × 0,7 cm, Paperback; 2., aktualisierte Aufl. (ebend.): [2]2003, ISBN 3-411-70142-0; 3. Aufl. (ebend.): [3]2007, ISBN 3-411-70143-9 (jeweils 109 Seiten), € 9,95 [Der Verfasser schrieb in dieser Reihe des Duden-Verlags noch andere Titel für die Vorbereitung auf das Abitur. Wir nennen diese Publikation ausdrücklich, weil Sie das Gefühl haben sollen, dass das auf der Schule Gelernte in der Tat 'richtig' war u. dass nun in der

Universität alles erweitert und vertieft wird. Das Werk ist in 4 Arbeitskapitel gegliedert (1. Schriftbild u. Satzbau; 2. Rhythmus u. Klang; 3. Sprecher u. Inhalt; 4. Wörter u. Bilder) u. behandelt dann fünftens didaktisch den Bereich 'Klausur'; in einem Anhang werden noch Versmaße, Strophenformen u. Gedichtarten zus.getragen.].

Christoph **HÖNIG** [Dr. phil.], *Neue Versschule. Versrhythmus und Reim*, Paderborn (Wilhelm Fink GmbH & Co. Verlag KG) **2008**, 264 Seiten, UTB, Bd. 2980 ('Literaturwissenschaft' bzw. 'utb.de-Bachelor Bibliothek'), ISBN 3-8252-2980-7, 21,4 × 14,9 × 1,2 cm, broschiert (Cover: rot/blau, Abbildung einer Versskandierung), € 7,90 [Auf dem Buchrückentext liest man: „Die *Neue Versschule* geht von der Frage aus: Welche Kenntnisse brauchen Studierende und Schüler wirklich, um Verse analysieren u. interpretieren zu können? Dieses Buch liefert das Werkzeug dazu. Ein kurzer Intensivkurs vermittelt zunächst die wichtigsten Elemente der Verslehre. 12 Lektionen erweitern Kenntnisse u. Analysefähigkeiten. 8 Essays sorgen für vertieftes Wissen. Tests u. eine Probeklausur ermöglichen es, den Lernerfolg selbständig zu überprüfen. Alle Lektionen wurden in Lehrveranstaltungen vielfach erprobt u. funktionieren fast von selbst, da alles einfach u. klar formuliert ist." Die 12 'Lektionen' sind folgende: 1. Wozu Versrhythmus u. Reim? 2. Funktionen von Zeilenzäsuren; 3. Im Versmaß – Hebungen u. Senkungen; 4. Wirkungsweisen von Versen; 5. Vers- u. Strophenformen im Überblick; 6. Metrum u. Rhythmus; 7. Mündl. Poesie mit Melodie; 8. Die Erfind. der Freien Rhythmen; 9. Moderne Freie Rhythmen; 10. Der Reim – seine Anfänge; 11. Der Reim – seine Geschichte; 12. Der Reim – seine Vielfalt. Die 8 'Essays' tragen folg. Titel: 1. Lyrik lesen, Lyrik verstehen; 2. Der Vers braucht Stille. Die Leerstellen u. die Aura von Versen; 3. Rhythmen aus Herzschlag u. Atem; 4. Reimklang, Einklang, Wohlklang; 5. Zur Wirkungsweise mündl. Poesie; 6. Drei Paradigmen der Verskunst; 7. Vorlauf. Die mündl. Vorgeschichte früher Texte; 8. Anfänge, Zusammenhänge. Der Verf. war in der gymnasialen Schüler- u. Lehrerausbildung sowie als Lehrbeauftragter an der FU in Berlin tätig; seine Dissertation schrieb er über den Romancier Robert Musil.].

Literaturgeschichten

Rudolf **PALGEN** [1895-1975, seit 1943 Prof. für Romanistik an der Univ. Graz], *Geschichte der italienischen Literatur*, Bonn (Athenäum-Verlag Gerhard von Reutern) **1949**, 178 Seiten, 19,4 × 12,8 × 1,5 cm, Einband aus dickem bunten Karton (Cover: vertikale Streifen, braun u. beige) [Dieses im heutigen Lehrbetrieb völlig unberücksichtigte (= vergessene), aber in jeder Hochschulbibliothek vorhandene Einführungswerk war das erste (in deutscher Sprache) dieser Art nach dem Zweiten Weltkrieg. Aufbau: Einleitung; 1. Das 13. Jh.; 2. Dante; 3. Petrarca u. Boccaccio; 4. Humanismus u. Renaissance; 5. Barock u. Aufklärung; 6. Von der Auklärung zur Romantik; 7. Die ital. Romantik u. ihre Ausläufer; 8. Die ital. Lit. in der zweiten Hälfte des 19. Jh.s; 9. Das zwanzigste Jh.; Biographische Daten; Register].

Johannes **HÖSLE** [*1929, em. Prof. für Romanistik an der Univ. Regensburg], *Kleine Geschichte der italienischen Literatur*, München (C. H. Beck'sche Verlagsbuchhandlung) **1995**, 259 Seiten, Beck'sche Reihe. BsR, Bd. 1080, ISBN 3-406-37470-0, 18,0 × 11,7 × 1,8 cm, Paperback (gelb mit Schrift in lila, auf dem Cover das Bild *'Turin im Frühling 1914'* von Giorgio de Chirico), € 9,90 [Es ist die (vom Umfang her) 'kleinste' Lit.geschichte Italiens in dt. Sprache der 2. Hälfte des 20. Jh.s. Hösle verfasste mehrere Einführungswerke zu verschied. Gebieten der Italianistik.].

Manfred **HARDT** [1936-2001, Prof. für Italianistik an der Univ. Duisburg], *Geschichte der italienischen Literatur. Von den Anfängen bis zur Gegenwart*, Düsseldorf-Zürich (Artemis & Winkler Verlag) [1]**1996**, 960 Seiten, ISBN 3-538-07040-7, 24,0 × 16,5 × 4,5 cm, rotes Leinen, mit Schutzumschlag (auf dem Markt ist nur noch die Taschenbuchausgabe sowie die CD-ROM, s. u.) [Es ist die kompakteste ital. Lit.gesch. in dt. Sprache des 20. Jh.s; ebenfalls 1996 erschien die gleiche Fass. in demselben Format mit etwas anderer Aufmachung als Lizenzausgabe (= 2. Variante zu [1]1996): Darmstadt (Wissenschaftliche Buchgesellschaft, gleicher Titel, Bestellnr. 13328-5, nur für Mitglieder erhältlich, rotes Leinen, Schutzumschlag mit Dante-Darstell. aus einer alten

Handschrift der *Divina Commedia*). Hiernach [2]2003: Frankfurt am Main (Suhrkamp Taschenbuch Verlag), suhrkamp taschenbuch, Bd. 3461 (Gleicher Titel, 'aktualisierter' Nachdruck von [1]1996, aber prinzipiell unverändert, nur in kleinerem Format, also mit gleichem Satz- u. Seitenspiegel, 20,9 × 13,9 × 4,4 cm, Paperback (schwarz; auf dem Cover: Ausschnitt des Gemäldes '*Verabschiedung der englischen Gesandten*' 1490/95, von Vittore Carpaccio), ISBN 3-518-39961-6, € 20,-). Es gibt auch eine CD-Version (mit gleichem Titel, in einer Plastikhülle: 19,0 × 13,4 × 1,8 cm, mit Beilage = 4 Seiten: Allgemeine Anleitung zur Benutzung der Datenträger des Verlags): Berlin (Directmedia Publishing GmbH. Näheres siehe unter www.digitale-bibliothek.de) (23. Okt.) 2004, Digitale Bibliothek, ISBN 3-89853-068-X, € 14,90; die Hülle hat auf dem Cover außer der Titelei ein unspektakuläres s/w-Foto: Blick auf eine nichtssagende ital. Wohngegend von oben; Rückseite: Probeeinstellungen u. Andeutung der Arbeitsmöglichkeiten = Lesen u. Orientieren, Suchen u. Zitieren, Markieren u. Kommentieren sowie Drucken u. Exportieren; ferner Inhaltsangabe des Buches u. Kontaktadressen. Systemvoraussetzungen: „PC ab 486; 32 MB RAM; Grafikkarte ab 640 × 480 Pixel, 256 Farben; CD-ROM-Laufwerk; MS Windows (95, 98, ME, NT, 2000 oder XP); Mac ab MacOs 10.2; 128 MB RAM; CD-ROM-Laufwerk."].

Gattungsgeschichten (zur Lyrik)

Hugo **FRIEDRICH** [1904-78, Prof. für Romanistik an der Univ. Freiburg i. B.], *Epochen der italienischen Lyrik*, Frankfurt am Main (Vittorio Klostermann) **1964**, XVI + 784 Seiten, 24,4 × 16,4 × 5,5 cm, blaues Leinen [Diese Gesamtdarstellung der ital. Lyrik von den Anfängen im 13. Jh. bis zum Barockzeitalter (= Marino, Seicento) des berühmten u. immer noch hochgeschätzten Romanisten ist nach wie vor ein oft konsultiertes Standardwerk. Es zeichnet die Entwicklungen der einzelnen Epochen nach, stellt herausragende Lyriker vor u. bietet Analysen zahlreicher Gedichte (mit vielen Übersetzungen ins Deutsche).].

Hans-Jürgen **SCHLÜTTER** [lehrte Germanistik in Kanada], *Sonett.* Mit Beiträgen von Raimund **BORGMEIER** [*1940, em. Prof. für Anglistik an der Univ. Gießen] und Heinz Willi **WITTSCHIER** [*1942, em. Prof. für Romanistik an der Univ. Hamburg], Stuttgart (J. B. Metzlersche Verlagsbuchhandl.) **1979**, 159 Seiten, Sammlung Metzler, Bd. 177 (Realien zur Lit., Abt. E: Poetik), ISBN 3-476-10177-0, 18,9 × 11,5 × 1,2 cm, Paperback (weiss mit grüner Umrandung) [Das kleine, immer noch viel benutzte Taschenbuch bietet eine ebenso systematische wie geschichtliche Einführung in die wichtigsten Strömungen u. Zeugnisse der Sonettkunst Europas. Aufbau: I. Theorie des Sonetts; II. Das Son. als kontroverse Form; III. Europäische Sonettklassik (hier: 1. Die romanischen Literaturen, von H. W. W. = S. 23-73; 2. Shakespeare, von R. B.); IV. Das Son. in der deutschen Dichtung, von H.-J. S.].

Volker **MEID** [*1940, lehrte in den USA, Freiburg u. Bielefeld Dt. Lit.wiss.], *Barocklyrik.* 2., aktualis. u. erweit. Aufl. [= zu [1]1986], Stuttgart-Weimar (J. B. Metzler'sche Verlagsbuchhandlung und Carl Ernst Poeschel Verlag) [2]2008, IX + 170 Seiten, Sammlung Metzler, Bd. 227, ISBN 978-3-476-12227-8, 18,7 × 11,4 × 1,4 cm, kartoniert (dunkelblau, mit hellblauer Schrift), € 14,95 [Das Taschenbuch gilt zwar der Gesch. der dt. Lyrik des Barock, ist aber als Paradigma (= Beispielkomplex) für die Dichtung jener Epoche (v. a. geht es ja um das 17. Jh.) generell aufschlussreich, zumal auch Bezüge zu Italien hergestellt werden. Aufbau (alles vielfach unterglied.): I. Lit.- u. sozialgeschichtl. Voraussetzungen; II. Poetik; III. Geschichte. Diese Hauptteile werden durch umfassende u. aktuelle Listen mit Sekundärlit. abgeschlossen. Man bekommt viele Textbeispiele geboten. Auf der Rückseite heißt es: „Diese Einführ. in die dt. Lyrik des 17. Jh.s gibt zunächst einen Abriss der sozial- u. lit.geschichtl. Situation u. stellt dann das barocke Regelsystem vor. Im Mittelpunkt steht ein Überblick über die Entwickl. der dt. Lyrik von Martin Opitz über Paul Fleming, Andreas Gryphius u. Hoffmannswaldau bis hin zu Christian Günther." Zu [1]1986: Gleich sind Titel, Format, Reihe, Bd.Nr., allgemeiner Aufbau, aber VII + 158 Seiten; zusätzlich gab es noch das Kap. IV: 'Zur Wirkungs- u. Forsch.gesch.' (= vom 18.-20. Jh.); man brauchte offensichtlich den Platz, um die Bibliographien zu erweitern.].

Nachschlagewerk zur Literatur- und Kulturtheorie

[Ansgar (F.) NÜNNING (*1959, seit 1996 Prof. für engl. u. amerik. Literatur- u. Kulturwiss. an der Univ. Giessen) ed.] *Metzler Lexikon Literatur- und Kulturtheorie. Ansätze – Personen – Grundbegriffe.* Herausg. von A. N., Stuttgart-Weimar (Verlag J. B. Metzler) [1]1998, VII + 593 Seiten, ISBN 3-476-01524-6, 23,6 × 15,8 × 4,1 cm, gebunden (mit Schutzumschlag u. jeweils verändertem Cover) [Dem Herausgeber gelang mit diesem von vielen Philologien akzeptierten u. daher immer wieder erweitert aufgelegten Handbuch ein großer u. nützlicher Wurf zur Lit.- u. Kulturwissenschaft. Es werden nicht nur Standardbegriffe genannt u. erklärt (wie bei dem Werk von Gero v. Wilpert), sondern Fachleute führen in diejenigen Gelehrten ein, welche ältere, jüngere u. jüngste Strömungen, Tendenzen u. Theorien hervorbrachten (wie Auerbach, Bourdieu, Derrida, Foucault, Genette, Greenblatt, Greimas, Jakobson, Lacan oder Todorov); die dargelegten Denksysteme oder Methoden sind diejenigen, welche das heutige geistige Leben an den Hochschulen prägen (wie Dekonstruktivismus, Feminismus, Gender Studies, New Historicism, Strukturalismus, Rezeptionsästhetik oder Poststrukturalismus) u. die diskutierten Lit.begriffe bestimmen jede moderne Lehre u. Forschung (wie Diskurs, Epochen, Hermeneutik, Isotopie, Leser, Paratext, Stilistik usw.); auf den neuesten Stand werden außerdem 'klassische' Begriffe gebracht, ohne die methodisches bzw. literarisches Arbeiten unmöglich ist (so Antike, Mittelalter, Renaissance oder Rhetorik). 2. überarb. u. erw. Aufl.: (ebend.) [2]2001, IX + 706 Seiten, ISBN 3-476-01692-7; 3. aktualis. u. erw. Aufl.: (ebend.) [3]2004, X + 742 S., ISBN 3-476-01889-X; 4. aktualis. u. erw. Aufl.: (ebend.) [4]2008, XII + 808 S., auch gebunden (Cover grün u. gelb), ISBN 978-3-476-02241-7, 23,5 × 15,7 × 5,0 cm, € 29,95].

Studienführer bzw. 'Einführung' (zur italienischen Literaturwissenschaft)

Elisabeth SCHULZE-WITZENRATH, *Literaturwissenschaft für Italianisten. Eine Einführung.* 3., durchges. Aufl., Tübingen (Gunter Narr Verlag) [3]2006, 238 Seiten, narr studienbücher, ohne Bd.Nr., ISBN 3-8233-6273-9, 24,0 × 16,9 × 1,5 cm, kartoniert (schwarz mit weisser u. gelber Schrift), € 19,90 [Die Bochumer Romanistin ist zweifellos auf ihrem Sachgebiet – hier ist das Einführen von Studierenden in die lit.wissenschaftl. Italianistik gemeint – die erfahrenste aller (!) Verfasser solcher Werke in Deutschland. Diese 'durchgesehene' Aufl. geht zurück auf die '2., überarbeit.' Aufl. von 2003, welche wiederum eine Erweiterung der ersten von 1998 (= 214 Seiten) war; allerdings gab es davor bereits eine allererste Fass.: *Einf. in die Lit.wiss. für Italianisten*, Bochum (Universitätsverlag Dr. N. Brockmeyer) 1990 u. 1991 (= 147 Seiten); die hier beschriebene letzte Ausg. ist also die insgesamt fünfte. Auf der Rückseite des Umschlags liest man: „Das Buch bietet eine auf Italianisten zugeschnittene Einführ. in Grundfragen u. Grundbegriffe der allgem. Lit.wissenschaft u. -theorie. Die wichtigsten lit.wissenschaftl. Theorien u. Methoden werden erläutert u. es wird ein umfangreiches Begriffsinstrumentarium zur Beschreib. erzählender, lyrischer u. dramat. Texte einschließlich der rhetor. Verfahren u. der ital. metrischen Formen zur Verfüg. gestellt. Die eingeführten Begriffe werden mit Hilfe von Musterfragen u. -antworten an Texten kanonischer ital. Autoren vom Mittelalter bis zur Gegenw. veranschaulicht. Mit einer ergänzenden Zus.stellung der Arbeitsmittel von Lit.geschichten bis zu Bibliographien u. nützl. Internetadressen, einem Abriss der Gesch. der ital. Lit. u. der ital. Lit.wissenschaft sowie einer Anleitung zur Redaktion schriftl. Seminararbeiten empfiehlt sich das Buch als hilfreicher Begleiter beim Studium der ital. Lit." Aufbau/Inhalt:
I. HILFSMITTEL (1. Nachschlagewerke; 2. Lit.geschichten; 3. Anthologien u. Verlagsreihen; 4. Zeitschriften zur Lit.wissenschaft; 5. Bibliographien; 6. Internet. Alle diese Abteilungen sind zutreffend ausgewählt u. gut ausgestattet – v. a. auch mit ital. Publikationen –, jedoch ist es für BA-Studierende schwer, sich in solchen 'Schätzen' zurecht zu finden; zwei Aufgabenkomplexe, zu Lit.geschichten u. zum Bibliographieren, stellen jedoch in dem ganzen 'Info-Paket' sinnvolle Übungen dar.).
II. THEORETISCHER TEIL (1. Was ist Literatur? 2. Wissenschaft, Wissenschaftssprache, Theoriebildung; 3. Was ist Lit.wissenschaft? 4. Was ist ein Text? 5. Theorien zur Textkonstitution:

Strukturmodell narrat. Texte; 6. Narrat. Textkonst.: Die Ebene der 'Geschichte'; 7. Narrat. Textkonst.: Der 'Diskurs I' oder 'Erzählerdiskurs'; 8. 'Diskurs II' oder 'elocutio': Verfahren auf Satz- u. Wortebene, Vers u. Reim; 9. 'Diskurs II' oder 'elocutio': Verfahren im semant. Bereich, Metapher u. a.; 10. Lyrische Textkonstit.; 11. Dramatische Textkonst.; 12. Literar. Gattungen. Diese ganze Abteilung ist unbedingt denjenigen zu empfehlen, die das Gefühl haben, in Bezug auf allgemeine Phänomene der Lit., der Theoriebildung u. ihrer Texte noch nicht gut informiert zu sein).

III. HISTORISCHER TEIL (1. Überblick über die ital. Lit.: Diese 20 Seiten umfassende 'Kurzgeschichte' reicht von den Anfängen im 13. Jh. bis zu den GegenwartsautorInnen; es werden wichtigste Schriftsteller, Werke u. Strömungen genannt; dieser Teil ist für BA-Studierende sehr zu empfehlen. 2. Historischer Abriss der ital. Lit.kritik u. Lit.wissenschaft; in dieser 10 Seiten einnehmenden Skizze werden gleichfalls chronologisch, bei Dante beginnend, bedeutende philologische Entwicklungen bis zur internationalen Gegenwart genannt; auch wenn AnfängerInnen vieles hiervon komplex u. diffizil vorkommen mag, ist es sehr wichtig, jene Fakten erst einmal zur Kenntnis zu nehmen).

IV. TEXTE (1. Literarische Texte: Insgesamt 16 Beispiele – v. a. Gedichte bzw. Dichtung, aber auch Prosa sowie 1 Theaterstück von Goldoni – werden chronologisch, von Giacomo da Lentini bis zu Italo Calvino, zur Interpretation angeboten; es wird zu den Texten zunächst geschichtlich bzw. sachlich hingeführt, die Texte werden mit Vokabelhilfen begleitet, woran sich jeweils ein Katalog von Fragen/Aufgaben anschließt; wer den Eindruck hat, im Studium nicht eng genug mit Texten selbst in Berührung gebracht worden zu sein, sollte sich hier das eine oder andere anschauen u. bearbeiten. 2. Lit.wissenschaftl. Texte: Hier werden auf 11 Seiten Auszüge aus 3 längeren Aufsätzen bedeutender Lit.theoretiker – nämlich Roman Jakobson, Karlheinz Stierle u. Klaus Koch – zur Lektüre bzw. Diskussion vorgeschlagen; es schließt sich ein Satz von Aufgaben an.).

V. LÖSUNGEN (Zu den insgesamt 31 Aufgabenkomplexen des ganzen Buches folgen nun auf etwa 20 Seiten die entsprechenden Antworten).

VI. ANHANG (1. Arbeistechniken für Studenten der Lit.wissenschaft – Lit.hinweise. 2. Zur äußeren Form schriftlicher Arbeiten).

Das Werk bietet also eine große Bandbreite u. Fülle von Informationen; es ist ebenso theoretisch wie praktisch ausgerichtet. Daher kann es Italianistik-Studierende über einen langen Zeitraum begleiten; früher konnte man ja das Fach (im Magisterstudiengang) gemütlich über ein halbes Jahrzehnt hinweg studieren. Da Bachelor-ItalianistInnen nunmehr streng, gezielt, u. in rasanter Knappheit ausgebildet werden müssen, sollten diese sich auf bestimmte Kapitel u. Gebiete konzentrieren, bei welchen sie Erfahrungs- u. Wissenslücken zu haben glauben. Das Buch ist als Unterlage für ein Lit.seminar zu verwenden, wobei sich eine Vielfalt von Gestaltungsmöglichkeiten ergäbe. Es ist auf jeden Fall als Selbstlernwerk geeignet, u. zwar gerade als Ergänzung zu unserem Kurs- u. Arbeitsbuch, welches ja keine abstrakt systematische Einführung darstellt, sondern die zahlreichen Fragen u. Aspekte der Italianistik en passant tangiert, wobei wir uns immer an der konkreten Textrealität orientieren.].

2.1 Problemfeld III: Ältere Narrativik. Das anonyme *Novellino* [Duecento: (ausgehendes) Mittelalter (13. Jh.)].

Nachdem wir uns mit der Lyrik Italiens beschäftigt haben, gehen wir nun zur Erzählprosa, d. h. einer ganz anderen Gattung über. Bekanntlich gibt es dazu Romane (ital. 'romanzi') – also längere erzählende (= narrative) Texte – sowie weniger lange oder kurze Geschichten, welche man meist als 'novelle' oder 'racconti' bezeichnet. Am Anfang eines fremdsprachlichen Studiums ist es schwer, einen mehrere hundert Seiten umfassenden Roman wissenschaftlich 'in den Griff' zu bekommen. Viel leichter ist es, sich einen durchaus akkuraten Eindruck von der inhaltlichen, sprachlichen, strukturellen oder auch theoretischen Beschaffenheit einer nur wenige Seiten einnehmenden (fiktionalen) 'Geschichte' zu verschaffen. Für ItalianistInnen trifft sich das sogar sehr gut, weil sich die italienische Literatur gerade durch eine fruchtbare Novellenproduktion auszeichnet: Sammlungen von kürzeren Erzähltexten begegnet man hier in allen Jahrhunderten, während eindeutig herausragende oder nachhaltig wirksame Romane (in Prosa) erst im 19. und 20. Jahrhundert geschrieben wurden. So lassen wir den Einstieg in diese Gattung lieber für das Masterstudium! Texttheoretisch und methodologisch bedeutet das kein Defizit für unsere Arbeit. Denn jede Erzählung – auch die kürzeste – erfüllt im Prinzip alle elementaren narrativen Kriterien, wie sie auch ein Roman aufweist. Eine Erzählung ist sozusagen eine Art 'Roman' im Mikroformat. Dies wollen wir nun an Beispielen überprüfen.

Innerhalb dieses zweiten zentralen Themenspektrums (über narrative Literatur) betrachten wir zunächst einen ungewöhnlich kurzen Text aus dem mittelalterlichen 'Duecento', d. h. Italiens erstem Literaturjahrhundert: An der kleinen Geschichte wird uns sofort eine weit zurückliegende, historische Gebundenheit auffallen, aber auch eine bemerkenswerte Zeitlosigkeit und menschliche Universalität überraschen. Hiernach wollen wir an einer ganz anderen, längeren und komplexeren Erzählung des berühmten Autors Dino Buzzati aus dem 20. Jh. eine gewisse (zu erwartende) 'Modernität' aufspüren, welche uns ihrerseits erstaunlicherweise in geschichtliche Tiefen und zwar in uralte, faszinierende Epochen führt. An diesen beiden literarischen Beispielen werden wir Folgendes sehen: Vergangenheit, Gegenwart und Zukunft bilden – ebenso wie im realen Leben – ein faszinierend geknüpftes Netz aus temporalen Dimensionen, die dynamische Imaginationskräfte frei setzen.

Etwas für die italienische Kurzerzählkunst Typisches ist das Phänomen, dass die Geschichten nicht einzeln oder unverbunden im Schaffen eines Autors zu finden, sondern dass sie vielmehr in kunstvoller Weise versammelt sind: Wir treffen oft umfangreiche Novellenbände an, die im Zeichen einer übergeordneten Aussage stehen. Die meisten Verfasser solcher Textsequenzen beabsichtigen damit eine Weltinterpretation; sie bieten Erkenntnisse über ihre Zeit sowie Kultur und Gesellschaft. So erfüllen solche narrativen Zyklen ähnliche Funktionen wie anderswo die Romane, die in der Regel maßgebliche Ausschnitte einer historischen und sozialen Wirklichkeit und spezifische geistige Lebenserfahrungen übermitteln. Wir bewegen uns also mit dem Studium der 'Novellistik' automatisch in Richtung auf das Wesen und die Bedeutung der Romanliteratur zu. Wie nämlich Romane eine durchdachte Mitteilungsstruktur aufweisen, so ist auch die Novellenproduktion aussagekräftig organisiert. Das berühmteste Beispiel dieser Art ist das einhundert Geschichten umschließende *Decameron* von Giovanni Boccaccio (1313-75), der diesem weltliterarischen Meisterwerk eine geniale ästhetische Architektur verlieh, und dessen gehaltliche Substanz jeden Roman an philosophischer Tiefe überragt.

Zum Einstieg in die Novellenkunst nehmen wir das allererste Zeugnis dieser Gattung: das *Novellino*. Es ist ein schmaler Band mit 100 kurzen Texten (= 1 Vorwort + 99 Geschichten), deren 'Altitalienisch' Sie sofort verstehen; außerdem gibt es davon eine besonders leicht erreichbare deutsche Übersetzung. Das bescheiden daherkommende Werk stammt von einem uns nicht bekannten Verfasser oder Kompilator (Bearbeiter, Herausgeber), ist also 'anonym' überliefert. Es entstand im mittleren bzw. nördlichen Bereich der Apenninhalbinsel gegen Ende des 13. Jh.s, d. h. zu einer Zeit, als Italiens Literatur erst etwa ein halbes Jahrhundert jung war. Ihren Anfang datiert man nämlich um 1225. Denn um jenes Jahr herum dichtete Franz von Assisi – Begründer des mit seinem Namen verbundenen Ordens – den *Sonnengesang* (= *Cantico di frate Sole*), ein Gebet und Lobpreis auf Natur und Schöpfung; dieser franziskanische Hymnus ist das erste (dialektal umbrisch gefärbte) Gedicht in 'italienischer' Sprache, die man damals noch 'volgare' (= Volkssprache) nannte (im Gegensatz zum Lateinischen). Mit dem *Novellino* (ungefähr übersetzbar als '*Novellenbüchlein*') befinden wir uns somit ziemlich dicht an den Wurzeln jenes 'romanischen' Schrifttums, welches wir ja studieren.

Bevor wir mit der Bearbeitung des kleinen Erzähltextes beginnen, lassen wir uns Anlage, Charakteristik und Bedeutung des ganzen Bandes von einem der berühmtesten Romanisten unseres Landes umreißen: Karl VOSSLER (1872-1949) – zuletzt (= seit 1911) Professor in München – hinterließ mehrere Bücher über wichtige Zusammenhänge der romanischen Literaturen in Europa und so auch eine italienische Literaturgeschichte. Diese blieb zwar bis heute die vom Umfang her 'kleinste' Darstellung in deutscher Sprache, aber sie ist auch die philologische und geistige Hinterlassenschaft eines der bedeutendsten Kenner der Kulturen der 'Romania' während der ersten Hälfte des 20. Jh.s:

„Auch die Anfänge der italienischen Novellistik fallen noch in das 13. Jahrhundert. Die toskanische Sammlung von "20 Erzählungen alter Ritter" (*Conti d'antichi cavalieri*) nimmt die Stoffe zu ihren knappen Anekdoten aus allen möglichen Sagenkreisen. Nicht weniger mannigfaltig sind die Quellen des sogenannten *Novellino* (auch *Cento novelle* genannt), einer Sammlung von 100 kurzen Novellen, deren Verfasser ebenfalls ein Anonymus aus Toscana (Florenz) zu sein scheint. Anekdotische Ereignisse aus der Heiligen Geschichte, aus den mittelalterlich-antiken Sagen und aus der romantischen [sic!] Literatur Frankreichs werden hier in

schmuckloser, gedrängter und oft schon scharf charakterisierender Form erzählt."
(K. V., *Italienische Literaturgeschichte*, [4]1927: 22-3)

Vosslers geraffte Hinweise auf die Beschaffenheit unseres 'Büchleins' sollen einige Fakten ergänzen, welche in einer neuen Geschichte der älteren Literatur Italiens zu lesen sind; diese befasst sich nur mit dem Jahrhundert, in dem man das *Novellino* schrieb oder zusammenstellte:

„Den Beginn der erzählenden bzw. fiktionalen Prosa markiert das sogenannte *Novellino* eines Anonymus, eine kleine Sammlung von kurzen Erzählungen. [...]. Sie ist in Italiens Literaturgeschichte sehr wichtig, weil sie erstmals italienischsprachige 'novelle' bzw. 'racconti' enthält, und gerade diese Kurzerzählformen werden die Prosatextkunst des Landes berühmt machen. Es umschließt seit dem 16. Jh. eine 'sprechende' Anzahl von Texten, nämlich 100 Stück, und bietet die Idee von einer äußerlich symbolisch Relevanz und Maßgeblichkeit ausstrahlenden Versammeltheit von Aussagen. [...]. Den Titel ('Novellenbüchlein') erhält das Werk aufgrund einer Formulierung von Carlo Gualteruzzi da Fano im Vorwort seiner Erstausgabe des Jahres 1525, zu einem Zeitpunkt also, als in Europa schon viele 'größere' Novellenbände vorlagen [...]. Da die Textgesamtzahl 100 verblüffend 'rund' ist, hat man vermutet, dass bezüglich des Umfangs nachträglich Korrektureingriffe vorgenommen worden waren und dass das Werk als Kompendium ursprünglich eine weniger harmonisch wirkende Struktur hatte. Es könnte aus 120 bis 130 Geschichten bestanden haben, denn die Handschriften variieren hinsichtlich des Quantums der Beiträge dementsprechend [...]. Die numerische Begrenzung italienischer Novellenbücher wird jedenfalls mit dem *Novellino* kanonisch, was auf die Ästhetikprinzipien Bildender Kunst verweist. Die 100 empfand auch Boccaccio als vollkommene Zahl; denn sie ergibt sich aus dem Quadrat der 10, welche ihrerseits ein abgerundetes Ganzes anzeigt." (Heinz Willi WITTSCHIER, *Die italienische Literatur des Duecento. Geschichte der Anfänge einer Nationalliteratur*, 2000: 34-5)

Das *Novellino* beginnt mit einer Einleitung (*Proemio*), worin man das Werk und seine Absichten erläutert. Vereinfachend kann man hiernach sagen, dass es in den folgenden Geschichten um das richtige Wort zur rechten Zeit oder auch um eine passende Verhaltensweise in bestimmten Situationen gehen wird. Die Erzählungen enthalten also Ratschläge, sind pädagogisch oder gar philosophisch angelegt. Die Lebenslektionen sind bisweilen ein wenig im Text versteckt, für uns heutige Leser zumindest, sodass man über den einen oder anderen Sachverhalt erst nachdenken muss, aber LiteraturwissenschaftlerInnen stehen sowieso permanent in der Pflicht, etwas zu deuten und zu interpretieren, also gewissermaßen hermeneutisch tätig zu sein.

Die kürzeste Geschichte der ganzen Novellenfibel ist – wenn mich meine Erfahrung nicht trügt – gleichzeitig einer der kürzesten, bündigsten, gerafftesten, stringentesten und sparsamsten Erzähltexte der gesamten italienischen Nationaliteratur; sie 'geht' folgendermaßen:

DELLA GRANDE LIMOSINA CHE FECE
UNO TAVOLIERE PER DIO.

Piero tavoliere fu grande uomo d'avere, e venne tanto misericordioso che 'mprima tutto l'avere dispese a' poveri per Dio, e
poi, quando tutto ebbe dato, ed elli si fece vendere, e 'l prezzo
diede a' poveri tutto.

[Text nach der Ausgabe von Alberto CONTE (2001), S. 35 (= 'testo vulgato')]

Um diese vor über 700 Jahren entstandene 'Minigeschichte' klippenlos verstehen
zu können, erhalten Sie ein paar Worterklärungen:

limosina	Almosen, Gabe, Spende (lat. *elemosina*)
tavoliere	Bankier (von *tavolo*, da das Geld auf einem Tisch lag)
venne	er wurde (= *divenne*, von *divenire* = *diventare*)
'mprima	zuerst (= *imprima*, heute *dapprima*)
dispese	er gab aus, verteilte (= *spese*, von *dispendere*)
elli	er (= *egli*)
prezzo	Preis, Erlös.

Wir werden diesen Text aus dem Duecento unter literaturhistorischen Aspekten
betrachten. Vorher soll jedoch geklärt werden, ob und wenn ja, weshalb es sich
tatsächlich um einen Erzähltext handelt. In den beiden Lyrikkapiteln waren wir
eigentlich ähnlich vorgegangen: Wir hatten an dem Zweizeiler von Ungaretti sowie an dem Marino-Sonett herausgearbeitet, was überhaupt ein Gedicht ist. Solche Grundsatzfragen muss dieses Arbeitsbuch stellen. Denn zu Beginn eines
Italienisch-Studiums im Bachelor-System kann es vorkommen, dass man litera-
turtheoretische Kenntnisse erst kurz vor dem Erwerb literaturgeschichtlichen
Elementarwissens vermittelt bekommt. Oder beide Disziplinen laufen gerade parallel, sodass das theoretische Knowhow erst frisch erworben wurde und nun
richtig eingeübt werden muss. Auch wenn Ihnen ein Einführungskurs bereits
Grundfakten zur 'Narratologie' (= Wissenschaft vom Erzählen) verschafft hat,
kann es nicht schaden, wenn man sich jene Kriterien, die einen narrativen Text
'konstituieren', noch einmal in Erinnerung ruft. Gerade 'Geschichten' und deren
innere Organisation beschäftigen Sie nämlich ganz gewiss bis zum Ende des Studiums. Außerdem ist davon auszugehen, dass sich die im Fokus dieses Arbeitsbuches stehende historische Patina gerade an spezifischen Elementen des Erzähltext-
gewebes ausmachen lässt. Was also ist es, das einen narrativen Text unzweifelhaft
als solchen ausmacht, ihn prinzipiell bedingt und formt?

[An dieser 'Schaltstelle' unseres wissenschaftlichen Diskurses (= Fachgesprächs) sei
darauf hingewiesen, dass es auf dem deutschen Markt zahlreiche Bücher gibt, die den
Studierenden der philologischen Fächer (Germanistik, Anglistik, Romanistik, Slawistik
etc.) in einführender oder kursartiger Form Grundkenntnisse vom Wesen der Literatur an
sich sowie generell von ihrer Wissenschaft vermitteln. Zielgruppen sind meist die Ger-
manistInnen, aber das Elementare und Fundamentale literarischer Texte ist international

vergleichbar und weitgehend identisch, sodass solche Publikationen gerade auch für Studierende der Italianistik einen beträchtlichen Wert als Lernwerke haben. Alle jene Studienbücher müssen nämlich z. B. erklären, was überhaupt ein narrativer Text 'ist'. Das musste auch Stefan NEUHAUS, jetzt Germanistik-Professor in Innsbruck, dessen (z. T. anschaulich illustrierter) 'Grundriss' besonders studentenfreundlich konzipiert ist und bezüglich der Gattungsanordnung – Lyrik, Narrativik, Dramatik – mit unserem Kurs und Arbeitsbuch übereinstimmt (der aber überdies noch viele andere Aspekte behandelt). Zu unserer Kernfrage heisst es dort:

„Erzählend verständigen sich Menschen über die Welt. Die Perspektive, aus der fiktionale Geschichten erzählt werden, ist die des Erzählers, der sich in einem schriftlich verfassten Text deutlich zu Wort melden oder mit seinen Bewertungen zurückhalten kann. Der Erzähler ist, das wird immer wieder gern vergessen, nicht mit dem Autor identisch. Die verschiedenen Erzählertypen können sich zu dem, was sie erzählen, unterschiedlich verhalten – etwa zustimmend oder ironisch. Für die Analyse von Erzähltexten gibt es spezielle Begriffe, die den Möglichkeiten der Gestaltung von Prosatexten Rechnung tragen. Eine Interpretation, die nicht zuerst die Struktur eines Prosatextes erfasst, stochert im Nebel. Daher sollen die wichtigsten Begriffe und Strukturmerkmale an Beispielen erklärt werden." (S. N., *Grundriss der Literaturwissenschaft*, [3]2009: 34; [1]2003, [2]2005)

Diese bei Neuhaus das ganze Großraumkapitel "Erzähltexte" einleitenden Erläuterungen wollen statementhaft und grundsätzlich verstanden werden, weswegen sie dort fett gedruckt sind. Es lässt sich Folgendes herauskristallisieren: Erstens wird dem Phänomen 'Erzähler' eine entscheidende Bedeutung beigemessen (was den aktuellen Forschungstendenzen entspricht); zweitens hält Neuhaus eine terminologisch abgesicherte, gut strukturierte sowie fundierte Vorgehensweise für unabdingbar. Es bleibt aber hier noch ungesagt, was denn nun eigentlich eine erzählte Geschichte, also ein narratives Produkt substanziell und unverwechselbar (im Vergleich zu anderen Texten) ist.]

Nun, ein Stück erzählende Literatur – behaupten wir unsererseits – muss einige Grundbedingungen erfüllen. Und zwar gelten diese für alle Beispiele besagter Gattung in sämtlichen Sprachen der Welt, nämlich:

1. Handlung ist für jeden Erzähltext unverzichtbar und ausschlaggebend. Denn man kann nicht von etwas 'erzählen', wenn absolut nichts passiert(e).

2. Handelnde 'Gestalten' prägen sehr oft das Erzählte: Sie führen etwas durch oder sind passiv Erleidende. Nichts kann jedoch geschildert werden, wenn keine 'Akteure' (weder Personen noch Tiere noch andere Wesen noch märchenhaft sprechende Gegenstände) vorhanden sind, die etwas in Bewegung bringen oder 'bewegt' werden. Im Gegensatz zu Menschen aus Fleisch und Blut sprechen wir in der Literatur dabei von **Figuren**. Zur Verdeutlichung: Gemeint ist in unserem Fall tatsächliches Erzählen, also nicht etwa blosses Beschreiben z. B. einer Blume, eines Baumes, einer Landschaft, von Tieren, eines Gesichtes, eines Bildes u.s.w.

3. Eine Erzählung lässt immer Örtlichkeiten durchscheinen. Eine Handlung kann nicht nirgendwo stattfinden, und Figuren können nicht im Nichts agieren; sie benötigen einen existentiellen **Raum**, um 'erzählt' zu werden.

4. Ohne zeitliche Phasen und Strukturen kommt kein Erzählen aus. Eine Handlung vollzieht sich immer in einem temporalen Ablauf, der von einer Chronologie lebt. Figuren handeln irgendwann, zu einem Zeitpunkt und in Zeitspannen. Jedes

Erleben eines Raumes ist an eine **Zeit** gebunden. Kein Raum kann ohne Dimensionen des Dauerns durchschritten oder bewältigt werden.

5. Jeder Erzähltext muss überhaupt erst einmal produziert werden. Da ist der Autor, der schreibt und ein Literaturzeugnis hinterlässt. Dabei entwirft er ein sprachliches Arrangement, das sozusagen dirigistisch vermittelt wird. Die entstandene Erzählung ist ein Konstrukt aus Sprache, das den Textschöpfer überlebt. Es gibt verschiedene Möglichkeiten (Instanzen, Perspektiven etc.), etwas zu erzählen. Jedenfalls hat der historisch festlegbare (= 'textexterne') Verfasser mit seinem Erzähldokument noch einen 'Organisator' als lenkendes und koordinierendes Prinzip zu erfinden und zu realisieren. Damit wird nun eine gewisse Handlung geschildert, bei der es um bestimmte Figuren geht, welche irgendwo und irgendwann agieren. Gemeint ist also der mit dem narrativen Text geschaffene (= 'textinterne') **Erzähler**, der in mannigfaltiger Form mit den dargestellten Geschehnissen zu tun haben kann (oder auch nicht).

Anhand dieser fundamenthaften Bauelemente (oder 'Parameter') – wir haben deren fünf ausgemacht – wollen wir nun kontrollieren, ob unser an ein Telegramm erinnernder Minitext aus dem *Novellino* tatsächlich ein narratives Zeugnis ist, und außerdem soll an eben jenen Bestandteilen die historische Substanz unseres textlichen Gebildes aus dem Mittelalter herausgefiltert werden. Auf diese Weise erarbeiten wir uns systematisch generelle 'narratologische' sowie spezielle (literatur)geschichtliche Erkenntnisse zu unserer 'Erzählung' (wenn sie denn eine ist).

| In diesem und dem nächsten 'Problemfeld' (III und IV) werden wir die einzelnen Schritte der Analyse unserer Beispiele durch markante Passagen aus erzählwissenschaftlichen Publikationen (vor allem in deutscher Sprache) methodisch stützen. In allen Fällen handelt es sich um bewährte Standardwerke des Hochschulbetriebs (z. T. auch des Gymnasialunterrichts). Zusammen genommen, ergeben diese Kompendien (= Handbücher) eine sehr solide Plattform für jede eingehende (und wissenschaftliche) Beschäftigung mit Erzählungen und Romanen im BA-Studium sowie gerade später in der Masterphase. Wir lassen uns von dem international bedeutendsten Narratologen des 20. Jh.s eine Art Grundsatzerklärung mit auf den analytischen Weg geben. Gemeint ist der Pariser Gelehrte Gérard GENETTE (*1930), und gesucht ist eine Bezeichnung und Bedeutungseinschätzung dessen, was wir vor uns haben, wenn es sich um einen narrativen Text handelt. In seinem (auch ins Deutsche übertragenen) Hauptwerk geht es um den sogenannten 'récit' (franz. 'Erzählung'), was funktional (und nicht sosehr gattungsbezogen) gemeint ist. Darunter versteht Genette, der mit *À la recherche du temps perdu* von Marcel Proust (1871-1922) einen der umfangreichsten Romane aller Zeiten zur Grundlage seiner Definitionsarbeit nahm, einen (von der Länge unabhängigen) Text, in dem mit Sprache oder 'Rede', d. h. einem Diskurssystem, eine 'Erzählung' generiert (= hervorgebracht) wird. So ist denn Basis seines und unseres narratologischen Vorgehens der *Discours du récit* (so der franz. Originaltitel), was bedeutet, dass wir uns mit der Versprachlichung von etwas Erzähltem auseinanderzusetzen haben. Im Einleitungsteil seines viel zitierten Werks heisst es zu unserem Arbeitsgegenstand:

„In einem zweiten, weniger verbreiteten Sinn, der heute aber bei den Analytikern und Theoretikern des narrativen Inhalts üblich geworden ist, bezeichnet Erzählung die Abfolge der realen oder fiktiven Ereignisse, die den Gegenstand dieser Rede ausmachen, und ihre unterschiedlichen Beziehungen zueinander – solche des Zusammenhangs, des

Gegensatzes, der Wiederholung usw. 'Analyse der Erzählung' bedeutet dann, daß man einen Komplex von Handlungen und Situationen untersucht, die für sich selbst betrachtet werden, ohne Rücksicht auf das sprachliche oder sonstige Medium, das uns über sie unterrichtet [...]." (G. G., *Die Erzählung*, [2]1998: 15; [1]1994, [3]2010)

Beginnen wir aber nun unsere Textinterpretation! Diese wirkt vielleicht anfänglich ein wenig abstrakt, aber letztlich wird sie uns in konkrete 'texttechnische' und geschichtliche Dimensionen führen.]

Zur Handlung (von '*Piero tavoliere*'). Der Text spricht von einem gewaltigen Entschluss, der auch in erstaunlicher Weise in die Tat umgesetzt wird. Da hat jemand ein Vermögen erworben, ist 'groß' geworden, besitzt zweifellos Macht. Er ging offenbar sehr erfolgreich jenen ökonomischen Weg, den sich gerade heute nicht wenige Leute erträumen: in einem Beruf viel Geld zu verdienen, um sich 'alles' leisten zu können. Wenn man dies erreicht hat, dann gibt es höchstens das Ziel, noch reicher zu werden bzw. auch etwas für die Armen zu tun (wenn es denn sein muss). Dass man alles weggibt und absichtlich arm wird, ist ungewöhnlich, unverständlich sowie unsinnig, zumindest aus heutiger wirtschaftlicher Sicht. Denn wir 'moderne' Menschen leben nun einmal in ökonomisch geprägten Kontexten. Allerdings hat man schon gehört, dass in fernöstlichen Ländern die Menschen nicht sosehr an Materiellem hängen. Das Tun des 'tavoliere' zwingt uns jedenfalls, über Manches gehörig nachzudenken. Seine Verhaltensweise wird dadurch noch rätselhafter, dass dieser Geldfachmann das Kaufmännische ad absurdum führt, indem er sich selbst zur Ware macht, sich als Sklave verkauft und den Erlös verwertet, und zwar nicht für sich, sondern für andere. Die kleine Episode aus dem *Novellino* bietet uns also eine ungewöhnliche, geballte, spannende Handlung. – *„Das allgemeine Autorenprinzip, das die Erzählkunst mit jeder Sprachkundgebung zunächst teilt, ist das Prinzip des Sukzessiven, in der sie allein dargeboten und auch aufgenommen werden kann." „Erzählkunst hat ihre Energiequelle in einer Welt der Begebenheiten, die sie erbaut und zu einer Handlung zusammenzieht." „[...] als allgemeinste Grundlage des Erzählten [hat] das Vorhandensein einer Handlung oder, noch vorsichtiger gesagt, eines Geschehensablaufs zu gelten."* (Eberhard LÄMMERT, *Bauformen des Erzählens*, [7]1980: 18, 20, 24; [1]1955, [9]2004. Mit diesem 'konservativen' Standardwerk hatte man – und so auch ich – viele Jahre nach dem Zweiten Weltkrieg Erzählwissenschaft betrieben. Es ist wohl 'alt', aber nicht 'schlecht'; Erzähltes wird dort nämlich durchaus sachgerecht und generell 'richtig' dargestellt. Man ahnte aber damals noch nicht den Umfang des narratologischen 'Forschungskosmos', der sich bald etablieren und ganz andere, dynamische und viel differenziertere Sichtweisen sowie wesentlich eindeutigere und zuverlässigere Terminologien hervorbringen sollte.)

Zu den Figuren. Das 'Personal' des 'Kurzberichtes' besteht aus einem äußerst entschlusskräftigen und mutigen Protagonisten und einer nicht näher bestimmten, aber im Hintergrund existierenden Schar von Bedürftigen. Der Mann trägt einen Namen und hat einen Beruf; er ragt heraus, stellt ein Individuum dar. Die Armen sind einfach nur da. Irgendwo und namenlos. Die 'Figurenkonstellation' bringt die Spannung der Handlung hervor, motiviert sie: Piero erträgt seine Privilegiertheit nicht mehr, oder es ist die Not der Mitmenschen, die ihn zu einer Umkehr veranlasst. Interessante Geschichten brauchen 'Helden', und hier haben wir einen. Denn was für ein Mut gehört doch dazu, als ein an Geld gewöhnter Mensch plötzlich ein Leben ohne pekuniäre Mittel zu führen, und dazu noch aus eigenem Antrieb! – *„Figur. Damit aus der sprachlich-mimetischen* [mimetisch = 'nachahmend'] *Darstellung erfundener oder fingierter Wirklichkeit eine epische* (= erzählte) *werden kann, muß das Erzählte auf ein Subjekt bezogen sein."* „*Eine fiktionale Wirklichkeit konstituiert sich in dem Augenblick, in dem in den Erzählfluß ein Subjekt eintritt, das der Leser als solches wahrnimmt. Dazu ist noch nicht erforderlich, dass das Innere dieses Subjekts für den Leser bereits zugänglich ist."* „*Das Subjekt einer Erzählung bezeichnen wir gewöhnlich als Charakter. Allerdings ist mit diesem Terminus meist die Vorstellung von einer gewissen Differenzierung und Komplexität verbunden. Es gibt aber zahlreiche Romanfiguren, die jeglicher Komplexität entbehren und dennoch mit großer Lebendigkeit in der Erzählung präsent sind."* (Hans-Dieter GELFERT, *Wie interpretiert man einen Roman?*, [1]1993: 29, 30, 31; verschied. Nachdrucke bis 2006. Dieses 'Reclam-Bändchen' des sehr erfolgreichen Literaturdidaktikers Gelfert wird gerne in der Sekundarstufe verwendet; hatten Sie es damals auch in Ihrer Schule kennengelernt?)

Zur Räumlichkeit. Das über jenen Piero Gesagte lässt sich nur in einem urbanen Milieu ansiedeln. Eine Stadt nennt man uns nicht ausdrücklich, die Umstände lassen aber keinen anderen Schluss zu; denn ein Bankier kann seinen Geschäften nicht auf dem Lande nachgehen, und auch Märkte – es wird ja ein (öffentlicher) Sklavenverkauf angedeutet – fanden damals ebenfalls weniger in ländlichem Umfeld statt. Der Hinweis auf die (offenbar bedrückende) Armut lässt auch nicht an agrarwirtschaftlich genutzte Gebiete denken: Almosen gibt man in der Kirche oder im kirchlichen Bereich, und Sakralbauten (mit Bettelnden davor) trifft man – wenn man von abseits gelegenen Klöstern absieht – in den Städten an. Wie wir das Stück über den wunderbaren Sänger Orpheus von Angelo Poliziano (aus dem 15. Jh.) ohne zu Zögern in ein ländliches Naturambiente legen werden (siehe dazu das 'Problemfeld' V), weil dort von Bäumen, Blumen, Quellen und Vieh die Rede ist, so siedeln wir den zuerst allen Besitz und dann sich selbst verkaufenden Kaufmann in einer Stadtkultur an, wo 'Banken', Geld, Kredite, Waren und Kunden eine wichtige Rolle spielen (was aus dem Text alles jedoch nur indirekt herauszulesen ist). – *„Der Raum der Geschichte (Schauplatz, 'setting') ist ein Ausschnitt von Welt, und zwar als mehr oder weniger vertraute Lebensrealität oder als utopische Wirklichkeit. Er wird im narrativen Text zum Bestandteil eines Wirklichkeitsmodells und damit funktional. Der Leser kann entsprechend der Menge und Ausführlichkeit der ihm angebotenen Anschauungsdaten und aufgrund der ihn selber bestimmenden Disposition beim Lesen einen in der Geschichte nur schematisch repräsentierten Raum mit Gegenständen 'mitdenken'."* (Hans-Wilhelm SCHWARZE, *Problemfeld VI: Ereignisse, Zeit, Raum, Sprechsituationen in narrativen Texten*, in: *Arbeitsbuch Romananalyse*, herausg. von Hans-Werner LUDWIG, [1]1982: 170; weitere Nachdrucke. Dieses im Hochschulbetrieb seinerzeit

90

überaus häufig verwendete Lernwerk führt in die wichtigsten Erzähltextparameter ein und zeichnet die methodologische Entwicklung des Verständnisses einzelner narrativer Elemente nach; dabei kommen jeweils namhafte Theoretiker mit Kernaussagen zu Wort.)

Zu den Zeitelementen. Das Leben ist für jeden Menschen die maßgeblichste Zeiteinheit. Wir haben nur ein einziges Leben (auf Erden), welches mit der Geburt beginnt und dem Tod endet. Auf dieses alles entscheidende temporale Quantum wird im *Novellino*-Text angespielt. Der Geldverleiher modifiziert nicht irgendein Detail seines Daseins, sondern seine Existenz schlechthin: Er polt die Vergangenheit um, schneidet das Gewesene dezidiert ab, gibt der Zukunft eine völlig andere Richtung. Abrupter und totaler lässt sich – das Eingreifen des Todes ausgenommen – ein Curriculum Vitae (= Lebenslauf) nicht ändern. Soviel zur symbolischen bzw. philosophischen 'Zeitspanne' des Geschehens des Textes.

Wann könnte – historisch gesehen – diese radikale Lebenswegumorientierung geschehen sein? Und damit schauen wir auf den zeitlichen Hintergrund des Erwähnten. Nun, sein Leben kann man eigentlich jeden beliebigen Tag in andere Bahnen lenken. Aber in dem vorliegenden Fall muss es Banken und Bankkaufleute gegeben haben. Und die hat Italien nicht immer gehabt! Geldinstitute entstanden justament auf der Apenninhalbinsel, und zwar als Kapital in größerem Umfang gebraucht wurde. Städte gründete man in Ober- und Mittelitalien vor allem während des 13. Jh.s. Ganz 'Italien' stand damals im Zeichen der Streitigkeiten zwischen Päpsten und Monarchen (Kaisern, Königen). Die italienischen Stadtstaaten (= Kommunen) schlugen sich auf die eine oder andere Seite, befehdeten sich, führten Kriege; für sie war Geld erforderlich, das man sich von den 'Banken' lieh. Unser 'tavoliere' gehörte möglicherweise zu denjenigen, die erlebten, wie man mit Hilfe seines Standes oft auch blutige Geschäfte machte, die nicht zu Frieden und Glück führten, sondern Leid bewirkten.

Dann sind da noch zwei weitere wichtige Zeitkriterien. Der Entschluss, alle materiellen Güter und sich selbst zu veräußern, wird nicht langatmig oder gewunden vorgetragen: Nach etwa 60 Sekunden wissen wir 'bescheid'. Die 'Erzählzeit' ist so kurz, dass keine Zweifel bei uns aufkommen können: Der Protagonist war sich offenbar völlig im Klaren. Was die 'erzählte Zeit', also die effektive Dauer des Verlaufs der erwähnten Handlung betrifft, so können wir zwar nicht sagen, ob das ganze Prozedere nur einige Tage oder mehrere Wochen in Anspruch nahm, aber durch den linearen Satzbau, also syntaktisch, wird verdeutlicht, dass es bei der Durchführung von Pieros Plänen kein Zögern gab, dass alles sehr schnell ging. Alles passiert (für uns) in einem einzigen Satz, der die einzelnen Etappen parataktisch (= nebengeordnet, in gleicher Reihenfolge) darstellt, aber auch das effektive Erreichen der Zielsetzungen mitteilt; in drei bis vier Druckzeilen wird hier jemand vom 'Banker' zum Sklaven, wobei man diese Entwicklung ebenso umgekehrt sehen kann: Einem Sklaven des Geldes gelingt in kürzester Zeit der Weg in die Freiheit. – „*Wie jedes Geschehen ist auch der Akt des Erzählens selbst ein zeitliches Phänomen.*" (Matias MARTINEZ-Michael SCHEFFEL, *Einführung in die Er-*

zähltheorie, [1]1999: 30; weitere Auflagen bis [8]2009. An diese lapidare Feststellung schließt sich in dem im gesamten neuphilologischen Hochschulunterricht sehr gerne verwendeten Studienwerk der beiden Narratologen eine detaillierte Diskussion über die mannigfaltigen zeitlichen Gesichtspunkte an, unter denen man einen Erzähltext betrachten kann.)

Zum Erzähler. Der Text lässt zwei 'Erzählinstanzen' erkennen, die miteinander in Verbindung stehen. Erstens weist eine textexterne (= 'paratextliche') Überschrift bzw. deren 'Urheber' auf eine im Folgenden geschilderte Begebenheit hin. Damit wird angedeutet, dass man nun eine gehörte oder gelesene Angelegenheit weitergibt, wie das auch bei anderen Texten des *Novellino* der Fall ist, denn der Organisator des Buches ist ein 'Sammler' von 'Neuigkeiten'; diese wird bei seinen anderen 'Novellen' noch deutlicher, wo die Titel mit „*Qui parla...*" oder „*Qui* (rac)*conta...*" beginnen. Die Episode selbst wird 'auktorial' dargeboten. Kein 'Ich-Erzähler' berichtet uns etwa 'privat' und persönlich von einem extraordinären Entschluss. Und es wird auch nicht 'personal' und individualisierend in Jemanden hineingeblickt, sondern ein außen stehender 'Vermittler' setzt uns in Kenntnis von etwas 'Faktischem', was (angeblich) 'passiert' ist. Dieser Erzähler artikuliert sich gerade heraus, ohne Verzögerung, Umwege oder Pathos vermeidend. Einige Elemente könnten emotional wirken, sind aber eher funktional zu werten: Der Hinweis „*venne tanto misericordioso*" will wohl nicht sagen, dass Piero sosehr von Mitleid ergriffen war, sondern dass er sich vielmehr seiner karitativen Pflichten und sozialen Verantwortung in außergewöhnlichem Umfang bewusst wurde. Und die Erwähnung, dass sein Handeln „*per Dio*" geschah, könnte darauf hinweisen, dass der Bankier Ursprung und Ziel allen Tuns erkannt zu haben glaubte: Gott eben, der nach mittelalterlichem Verständnis den Kosmos schuf, diesen lenkt und das Maß aller Dinge ist. Geld, wieviel auch immer, kann Göttliches und Geistiges nicht ersetzen. – „*Wo eine Nachricht übermittelt, wo berichtet oder erzählt wird, begegnen wir einem Mittler, wird die Stimme eines Erzählers hörbar. Das hat bereits die ältere Romantheorie als Gattungsmerkmal, das erzählende Dichtung vor allem von dramatischer unterscheidet, erkannt.*" (Franz K. STANZEL, *Theorie des Erzählens,* [3]1985: 15; [1]1979 bis [8]2008. So begann der österreichische, jetzt emeritierte Grazer Anglistik-Professor seine viel beachtete, wohl auch kritisierte, jedenfalls heute noch grundlegende Gesamtdarstellung des narratologischen Komplexes 'Erzähler' in narrativen Texten; sein immer wieder aufgelegtes 'rotes Taschenbuch' war die erste moderne deutschsprachige Erfassung erzählerischer Vorgänge und Phänomene; sie gilt dem Erzählen in jedweder Sprache oder Literatur, hat also einen universellen Charakter.)

Unser bescheidener Text erfüllt also alle narrativen Voraussetzungen und stellt somit tatsächlich eine 'Erzählung' dar. Er steht in einem spezifischen geistesgeschichtlichen Kontext: Zu allen Zeiten und in sämtlichen Gesellschaften gab es Strömungen und Orte des spirituellen Rückzugs aus der geschäftigen Welt; diese dienen dazu, dem Geist eine Entsagung zu ermöglichen. In Italien war das – während des Spätmittelalters – die Epoche bedeutender Ordensgründungen. Hier sei vor allem der Franziskanismus erwähnt: San Francesco d'Assisi (um 1182-1226) war Mönch und Dichter; mit dem schon erwähnten *Sonnengesang* (*Cantico di frate Sole*) schuf er das erste Gedicht der italienischen Nationalliteratur. Darin preist das Ich gebetartig Schönheit und Würde der von Gott erschaffenen Welt. Diese strahlt mit ihrer herrlichen Natur Erhabenheit und Respekt aus, und in ihr ist für materielle Besitztümer eigentlich kein Platz, weil der Tod sowieso allem und allen ein Ende setzt. Unser 'tavoliere' muss an diese Zusammenhänge gedacht haben, als er sich von irdischem Ballast befreite und ein bedürfnisloses Leben wählte, das dem des umbrischen Heiligen offenbar ähnlich werden sollte.

Mittelalterlicher Glauben lässt sich leicht an der sakralen Architektur ablesen. Romanik und Gotik brachten berühmte Dome und Kathedralen hervor, in allen romanische Idiome sprechenden Ländern und auch anderswo. Der Gläubige bekommt, wenn er das Bauwerk an der Hauptfassade durch das große Portal betritt, sofort das damals gültige Weltbild vermittelt. Es ist als Tympanon detailliert und koordiniert über dem Kopf des Christen gut sichtbar und verständlich gestaltet: Szenen aus der Heiligen Schrift und Reihungen von Propheten, Beispiel gebenden Heiligen oder Aposteln ranken sich um ein Zentrum, das meist der gekreuzigte oder auferstandene Christus und/oder die Mutter Maria bilden. Wenn der Gläubige in das Innere der Kirche gelangt ist, empfindet er sofort die eigene Kleinheit, welche die schöne und kraftvolle (romanische) Wucht bzw. die elegante und mitreißende (gotische) Vertikalität des Gebäudes erzeugt. Vor allem die hoch aufragende Baukunst der Gotik zeigt ihm an, dass sein wahrer Platz nicht hier auf der Erde, sondern 'oben' bei seinem Schöpfer im Himmel sein soll.

Soviel zum geistig-historischen Hintergrund unserer minimalistischen Geschichte. Versuchen wir nun, einige strukturelle bzw. literarische Eigenschaften der Schilderung jener Begebenheit herauszuarbeiten.

Erstens. In unserer kleinen Erzählung bietet jemand gewissermaßen ein 'gutes Beispiel', d. h. er handelt beispielhaft. Man könnte auch sagen: Er statuiert ein Exempel. Und in der Tat ist der Text ein Beitrag zur sogenannten 'Exempel-Literatur', die eine alte und lange Tradition hat.

Zweitens. Die Geschichte berichtet ja von einer Art 'Vorfall'. Es geht um ein bestimmtes Ereignis. Irgendwo ist etwas passiert, und zwar etwas Besonderes. Wir haben es also mit einer 'Neuigkeit' zu tun, die uns nahe gelegt wird. Diese schriftliche Neuigkeitsübermittlung stellt nun interessanterweise eine ganze, für Italiens Literatur typische Erzählgattung dar. Mit ihr wollen wir uns in diesem Arbeitskapitel befassen. Es liegt nämlich eine 'Novelle' bzw. ein Beispiel der Novellistik (italienischer Prägung) vor, welche das *Novellino* in diesem Teil der Romania markant eröffnet. In einer italienischen 'novella', zu deren Gattung in allen Epochen – selbst im 20. Jahrhundert – bedeutende Textsammlungen hervorgebracht wurden, berichtet man uns oft von etwas Geschehenem, das vom Anschein des Neu-Seins lebt. Dies macht den Leser 'neu-gierig': Er nimmt die 'Novität' der Begebenheit zur Kenntnis und wird so dazu gebracht, sich mit ihrem Inhalt auseinanderzusetzen. An einer 'alten' Angelegenheit hätte verständlicherweise kaum jemand ein gleich großes Interesse.

Drittens. Außerordentliches Handeln eines Mannes (bzw. eines Menschen) kennzeichnet diese Geschichte: Der Protagonist trifft sehr entschlossen eine äußerst wichtige Entscheidung. Dies geschieht in einem spezifischen gesellschaftlichen Kontext. Seiner Meinung nach verhält sich Piero offenbar absolut klug. Seine karitativen Bemühungen wird wohl ein geeignetes kommunikatives Agieren begleitet haben (welches hier ungeschildert bleibt, weil es gewiss in Bescheidenheit geschah). Seine dezidierte, selbst gewollte, definitive Mittellosigkeit war bestimmt Ergebnis eines intensiven Nachdenkens und 'Verhandelns'. Genau so etwas will das *Novellino* anhand seiner Exempel zeigen: 'richtiges' Tun, das immer in enger Verbindung mit kompatiblem Sprechen steht. Angemessenes Sagen und erfolgreiches Handeln bilden einen wohlgefälligen, 'schönen' Akt. Damit haben wir letztlich das Fundament eines Sozialisationstyps vor uns, bei dem großer Wert auf solche Dinge gelegt wird. Obwohl jedes Sagen und Tun individuell bedingt und anders ist, darf man doch sagen, dass hiermit Charakterzüge der romanischen Völker nicht unwesentlich getroffen sind.

Jene drei 'novellistischen' Aspekte oder Kriterien – vorbildliche Exempelhaftigkeit, 'Neuheit' und korrektes bzw. erfolgreiches Kommunizieren oder Agieren – lassen sich noch deutlicher an einer anderen, gleichfalls unauffällig präsentierten Episode des kleinen Erzählbandes ausmachen; diese scheint ins griechische (und zwar hellenistische) Altertum zu weisen, zeigt jedoch in Wirklichkeit etwas für Italiens Kultur damals (aber auch heute) Typisches, nämlich den geschickten Umgang mit dem Wort.

[Es folgt nun der Text im italienischen Original, diesmal allerdings ohne sprachliche Einhilfen. Stattdessen bekommen Sie die deutsche Übersetzung aus einer Ausgabe geboten, welche Sie sich bitte demnächst (sehr preiswert) käuflich erwerben. So können Sie nämlich alle bemerkenswerten oder gar amüsanten Geschichten des Büchleins lesen und von sich sagen, dass Sie ein ganzes Werk der älteren und sozusagen 'klassischen' Literatur Italiens gelesen haben, z. T. sogar im altitalienischen Original (weil dieses nämlich jeweils daneben steht):]

LXVI (5)

QUI PARLA D'UNO FILOSAFO LO QUAL ERA CHIAMATO DIOGENE.

Fue uno filosafo molto savio, lo quale avea nome Diogene. Questo filosafo era un giorno bagnato in una troscia d'acqua, e stavasi in una grotta al sole. Alessandro di Macedonia passava con grande cavalleria. Vide questo filosafo; parlò e disse: – Deh, uomo di misera vita, chiedimi, e darotti ciò che tu vorrai –. E 'l filosafo rispose: – Priègoti che mi ti levi dal sole –.

[Text nach der Ausgabe von Alberto CONTE (2001), S. 114-5]

VON EINEM PHILOSOPHEN MIT NAMEN DIOGENES.

Es war einmal ein sehr weiser Philosoph mit Namen Diogenes.
Dieser Philosoph hatte sich eines Tages in einer Wassergrube ge-
badet. Zum Trocknen setzte er sich vor seine Höhle in die Sonne.
Alexander von Mazedonien ritt mit seinen Rittern vorbei. Als er
den Philosophen sah, redete er ihn an und sprach: *„Ihr da, armer
Mann, bittet mich um etwas, und es soll Euch gewährt werden."*
Und der Philosoph antwortete: *„Geht mir aus der Sonne."*

[Text nach der Übersetzung von János RIESZ (1988), S. 153]

Der Text schildert die flüchtige Begegnung eines der mächtigsten (früh verstorbenen) Männer der Antike – denn Alexander der Große (356-323 v. Chr.) be-
herrschte (für kurze Zeit) ein Weltreich – mit Diogenes von Sinope (413-323), der
eines der (freiwillig) ärmsten Genies aller Zeiten war; der griechische Philosoph
– er gehörte der Schule der Kyniker an – soll nämlich in einer Tonne (bzw. einer
Höhle) gelebt haben, um unabhängig von allen irdischen Gütern, Instanzen und
Mächten seinen Geist vorurteilsfrei benutzen zu können. Da dieses Zusammen-
treffen gar nichts mit Italien und Italienern zu tun zu haben scheint, erkundigen
wir uns doch einmal, von welchen Menschen, Ländern und Kulturen im *Novellino*
überhaupt die Rede ist. Auskunft über seine Themen und Quellen lassen wir uns
von dem bedeutenden Mainzer Romanisten Wilhelm Theodor ELWERT (1906-97)
geben, der vor über drei Jahrzehnten die bislang einzige nur dem Mittelalter gewidmete Literaturgeschichte Italiens in deutscher Sprache schrieb: „Der Inhalt ist
sehr mannigfaltig. Der Verfasser folgt keinem bereits bestehenden Repertoire. Als
Quellen verwendet er vorzugsweise französische Werke: Alexanderroman, Pro-
salancelot, Prosatristan, Fuchsroman, Fabliaux; Exempelsammlungen wie *La vie
des anciens Pères* und eine französische Fassung der *Disciplina clericalis*; bibli-
sche Stoffe entnimmt er den *Quatre livres des Rois*; Ovid benutzt er in französi-
scher Übersetzung. Ferner schöpft er aus den provenzalischen Minnesängerbio-
graphien, den 'vidas' und den Kommentaren zu ihren Gedichten, den 'razos'. Von
lateinischen Quellen zieht er weniger die klassischen Autoren heran (Valerius
Maximus, Aulus Gellius) als vielmehr die mittelalterlichen, das *Liber septem Sa-
pientium*, die Predigtsammlung Jakobs von Vitry. An italienischen Quellen
schlachtet er das erst kurz vorher veröffentlichte *Fiori di filosofi* aus. Was ihn von
anderen Kompilatoren vor ihm unterscheidet, ist aber, daß er aus dem Anekdoten-
schatz seiner unmittelbaren Umgebung schöpft: viele seiner Helden sind Florentiner, und der Ort der Handlung ist Florenz." (W. Th. E., *Die italienische Literatur
des Mittelalters. Dante, Petrarca, Boccaccio*, 1980: 81-2) Das kleine, bescheiden
daher kommende *Novellino* bietet also thematisch ein breites, international medi-
terranes Spektrum; es deckt u. a. wichtige Gebiete dessen ab, was man philologisch als (frühe) 'Romania' bezeichnet. Dass Sie beinahe keine der von Elwert
genannten 'Inspirationsquellen' kennen, soll Sie nicht beunruhigen: Das ist immer

95

so, wenn man in neue und anfänglich noch unbekannte Bereiche eindringt! Es tut sich uns jedenfalls der faszinierend bunte, frische und geistreiche Kosmos des Mittelalters auf (wenn wir uns mit solchen 'alt' anmutenden Texten befassen).

Die zweite von uns ins Auge gefasste Geschichte des *Novellino* ist eindeutig um einen Wortwechsel zentriert. Auf ein geradezu märchenhaftes Angebot des unendlich reichen Monarchen antwortet der sich nach dem Bad in einer primitiven Wasserstelle nur mit Hilfe der Sonne trocknende Geistesmensch ablehnend schroff. Dies geschieht in einer dezidierten Weise, welche die ganze Herrschaft seines Gegenübers ad absurdum führt; denn das eventuelle 'Geschenk' ist eine den König entwürdigende Banalität, deren Herkunft oder Ursprung – die Sonne eben – noch nicht einmal im Machtbereich des Potentaten liegt. Diogenes begegnet der glanzvollen Präsenz des Weltbeherrschers simpel, aber weitreichend. Seinem Imperium setzt er einen lapidaren Satz des Verzichtes entgegen. Die Geschichte lebt also von der Dynamik und Konsequenz des äußerst knappen, aber rasanten Dialogs. Der Sieger des Wortduells oder Schlagabtauschs vertritt dabei den Stand der Nichtadligen und Besitzlosen. Der Philosoph überwindet verbal die Instanzen der Macht und die Versuchungen des materiellen Reichtums.

Eine geistesgegenwärtige Äußerung – effektvolles Sprechen oder Antworten – kann alles wett machen, vermag in entscheidenden Momenten Vorteile zu verschaffen, z. B. in Situationen, wo der scharfe Verstand soziale Benachteiligung oder pekuniären Besitz ersetzen muss. Im 13. Jh. verliert nämlich das Rittertum und mit ihm der vermögende Adel die absolute Dominanz und Privilegiertheit. Das in Städten lebende Bürgertum gewinnt jetzt an Bedeutung, vor allem durch den Handel mit Waren und Geldgeschäfte. Beim kaufmännischen Verhandeln ist bekanntlich Wortgewandtheit von größter Wichtigkeit. Es deutet sich da eine Fertigkeit an, welche wir mit Interesse an den 'Romanen' – und so auch an 'den Italienern' – beobachten: Sie reden gern, geschickt und nur selten ohne Erfolg.

An dieser Stelle wollen wir den eigentlichen Titel unseres Novellenbuches ins Spiel bringen. Als '*Novellino*' kursiert dieses zwar allgemein und knapp im literaturgeschichtlichen 'Diskurs', aber die (handschriftliche) Überlieferung betitelt es viel länger, was sich für uns nun konstruktiv verdeutlichend ausnimmt:

> ***Questo libro tratta d'alquanti fiori di parlare, di belle cortesie e di be' risposi e di belle valentie e doni, secondo che per lo tempo passato ànno fatti molti valenti uomini.*** [nach A. CONTE (2001), S. 3]

> *Dieses Buch enthält eine Blütenlese von schönen Reden, Beispiele für höfisches Benehmen und geziemende Antworten, von ruhmreichen Taten und vortrefflichen Geschenken, wie sie unsere Vorfahren von vielen trefflichen Menschen überliefert haben.* [nach J. RIESZ (1988), S. 15]

Die Episode um Alexander und Diogenes handelt in der Tat von einer bemerkenswerten 'Unterredung', einem beachtlich zurückhaltenden 'Benehmen', einer erstaunlichen 'Antwort', einer verblüffenden 'Tat' und zurückgewiesenen 'Geschenken'; sie zeigt uns dabei die reale Substanz der 'Neuheit' einer italienischen 'Novelle'. Das Präsentierte ist letztlich uralt (schon die 'Vorfahren' hatten davon gehört und berichtet): Die 'Sache' selbst muss – wenn sie denn überhaupt 'wahr' ist – im 4. Jh. vor Christus vorgefallen sein, und zahllose Generationen könnten davon gehört und wiederum anderen diesbezüglich Kenntnis gegeben haben. Eine 'novella' lebt demnach nicht von absoluter Einmaligkeit, sondern von einem 'frisch' erzählten Vorfall, der – relativ gesehen – neu anmutet oder als ungekannt hingestellt wird, sodass man die Aufmerksamkeit des Zuhörers oder Lesers weckt.

Eigentlich vermag auch niemand etwas wirklich Neues, also noch nie so oder ähnlich Geschehenes zu berichten, weil alles doch schon einmal da gewesen ist. Selbst wenn eine 'novella' scheinbar punktuell und historisch eingekleidet erscheint, handelt es sich prinzipiell um Standardsituationen des menschlichen Zusammenlebens, die einem – sind sie literarisch vorgetragen – aus kommunikationsstrategischen Gründen als 'unerhört' – will sagen: ungehört – aufgetischt werden.

[Die hier angesprochene Textgattung ist für mehrere romanische Nationalliteraturen typisch und bedeutsam. Daher lassen wir uns darüber kompetent informieren, und zwar anhand eines seit über drei Jahrzehnten auf dem Markt befindlichen Romanistik-Literaturwörterbuches:

„**Novelle.** fr. *nouvelle*, sp. *cuento, novela corta*, pg. *novela, conto*, kat. *conte*, it. *novella*.

1. Grundwort ist it. *novella*, seinerseits abgeleitet von aokz. [= altokzitanisch] *novela* zu lat. *novellus* von *novus*, neu, jung. Der ursprüngliche Sinn ist also: 'frische' Begebenheit, Neuigkeit, Neuheit, heute noch erhalten in fr. *nouvelle*, die (aktuelle) Nachricht [...].

2. Die N. ist so schwer, wenn überhaupt, definierbar wie der Roman, dem sie gern gegenübergestellt wird. Oft unmöglich ist die Abgrenzung gegen so verwandte Formen wie →Exempel, →Fabel, →fabliau, →Facetie, →Lai, →Legende, →Märchen, →vida. Auch die zahlreichen ästhetischen Theorien zur N. reichen zur Begriffsbestimmung nicht aus und widersprechen oft genug der Sache, wie W[alter] Pabst nachgewiesen hat. Indes lässt sich eine Reihe von Merkmalen zusammenstellen, die freilich auf die einzelne N. nicht immer vollzählig zutreffen müssen: relative Kürze, gemessen am Roman, doch weniger des äußeren Umfangs – es gibt kurze Romane und lange Novellen – denn als verbleibender Eindruck beim Leser, der daher rührt, dass die N. die erzählten Ereignisse zeitlich und sachlich rafft. Sie bevorzugt die deutliche Markierung einer Haupthandlung, den 'Einzelfall' und die Konzentration auf zwei, drei, selten mehr Hauptpersonen. Die rasch geführte Handlung erhält Spannung durch Andeutung und Ausführung eines, auch mehrerer Höhepunkte [...]." (Rainer HESS – Gustav SIEBENMANN – Tilbert STEGMANN, *Literaturwissenschaftliches Wörterbuch für Romanisten* (LWR), [4]2003: 223-4; [1]1971, [2]1972, [3]1983)

Die 3. Auflage dieses Kompendiums enthielt noch einen historischen Kurzabriss über italienische Beiträge zu dieser Gattung, der jedoch in der jüngsten Fassung fehlt; jene in unserem Zusammenhang aufschlussreiche Passage lautet(e):

„**3.** Beispiele romanischer Novellistik. – Italien: *Il Novellino* oder *Cento novelle antiche* (Ende des 13. Jh.s), erste N.sammlung in einer romanischen Sprache. Bereits vollendete Kunstform der N. bei Boccaccio, *Il Decamerone*, das für die europäische Novellistik bedeutsamste Werk. Danach vor allem Matteo Bandello, *Novelle* (verfaßt zwischen 1510/1560), und Giambattista Basile, *Lo cunto de li cunti* oder *Il Pentamerone* (*Das*

Fünftagewerk, 1634) in altnapolitanischer Mundart (→Märchen). Aus der modernen Lit. ist zu nennen Luigi Pirandello, *Novelle per un anno* (1937-1938), eine Sammlung von 240 statt geplanter 365 Novellen." (R. H. – G. S. – Mireille FRAUENRATH – T. S., *Lit.wiss. Wörterb. für Roman.* (LWR), [3]1989: 293)]

Das (scheinbar) 'Neue' an einer (literarischen) Novelle italienischer Prägung liegt demnach vor allem bzw. oft – wie schon angedeutet – in dem ewig Gleichen, allzeit Gültigen und/oder Wiederholbaren begründet. So ist denn das in diesen Texten Hervorgehobene und Herausragende ausgerechnet das Typische und Beispielhafte, welches es eben – sozusagen stets 'aufs neue' – in Erinnerung zu rufen gilt. Die Geschichten des *Novellino* haben damit einen tiefgründig exemplarischen Charakter, was jedoch für Werke der Literatur an sich insofern generell kennzeichnend ist, als sie i m m e r das Leben einfangen. Etwas im Menschen Verankertes und daher für unser Dasein Altbekanntes wird in unserem Fall knapp und bündig 'zitiert'. Man ermahnt uns, Folgendes nicht zu vergessen: Erstens: Geld (oder Besitz) ist nicht alles! Zweitens: Jede Macht ist begrenzt! Drittens: Die in der Sprache zum Ausdruck gebrachte Intelligenz bzw. Humanität ist einer der größten und wirklichen Schätze des Menschen!

[Wir sind auf die Gattung des Exempels gestoßen, von dem wir annehmen müssen, dass es sich um eine herausragende Literaturform des Mittelalters handelt. Deswegen lassen wir uns eine genaue Bestandsaufnahme dazu von dem Herausgeber einer mediävistischen (= auf das Mittelalter bezogenen; von lat. *medium aevum* = 'mittleres Zeitalter') Enzyklopädie geben, welche Ihnen künftig erste wichtige Informationen für alle Begriffe (und Belange) jenes großen Zeit-, Geschichts- und Kulturraums geben kann:

„**Exemplum** (lat. = Muster, Vorbild, Beispiel; griech. *paradeigma*), umfangreicher, vielfältig verwendeter Begriff. **1.** Selbständige kurze Erzählung, hist. E., knapper Bericht von Taten u. Leistungen (*e. factum*), auch Aussprüchen (*e. dictum*), in denen eine Eigenschaft oder ein Charakterzug zum Zwecke d. Beleges, Vorbildes oder d. Warnung herausgestellt wird; als hist. oder pseudo-hist. (z. B. myth.) Denkwürdigkeit tradiert und seit der Antike häufig in Exempelsammlungen aufgenommen. **2.** Anderer Name für →Parabel. **3.** Jede Beispielerzählung, die einen moralischen bzw. relig. Lehrsatz durch ein konkretes zwischenmenschl. Geschehen belegen soll [...]." (Peter DINZELBACHER (Hg.), *Sachwörterbuch der Mediävistik*, 1992: 229)

Wir wollen diese Erläuterungen um die Definition eines Romanisten ergänzen, der sich mit der ganzen Geschichte der Novellenkunst in seinem breiten Fach auseinandersetzte. Dieser weist darauf hin, dass solche 'Berichte' über exemplarisches Geschehen eine tiefe Verwurzelung mit der Tradition abendländisch-christlicher Kultur bekunden:

„**Das Exemplum.** Die Gattung des Exemplums stammt aus der Spätantike; die Beispielgeschichte tritt mit dem Beginn der frühchristlichen Predigt auf, auch wenn es als Beispiel erzählte Geschichten bei der Erklärung theoretischer Erörterungen schon vorher gegeben hat. Das Exemplum wird regelmäßig verwandt in den Schriften des hl. Ambrosius, des hl. Augustinus, bei Gregor dem Großen." (Wolfram KRÖMER, *Kurzerzählungen und Novellen in den romanischen Literaturen bis 1700*, 1973: 22)]

Zusammenfassung unseres Einblicks in Kurzformen der Erzählkunst und Ausblick auf das 'Wesen' des Romans. Nach der Einführung in die lyrische Literatur (und deren Präsenz in Italien = 'Problemfelder' I und II) wollten wir Grundsätzliches über (italienische) Erzähltexte erfahren.

98

Den Einstieg in die wissenschaftlich sehr diskutierte und facettenreiche Textsorte 'Narrativik' haben wir über eine kleinere Erzählform vorgenommen, welche in der italienischen Literaturgeschichte allerdings besonders relevant ist: die sogenannte 'novella'. Diese erfüllt als (wenig umfangreiches) Textsystem alle entscheidenden Basiskriterien eines narrativen Textes, wie sie auch bei einem Roman auftreten. So gelang uns eine (knappe) Einführung in die 'Narratologie'. Als Kern einer solchen 'Kurzgeschichte' erkannten wir etwas thematisch angeblich 'Neues', was sich aber als etwas allzeit Gültiges, generell Menschliches (oder Gesellschaftliches), Exemplarisches und damit Exempelhaftes enthüllte.

Die zentrale Substanz der 'novella' könnte andererseits auch Ausgangspunkt für einen großen Roman sein. Der lapidar stringente Plot des 'tavoliere'-Exempels ließe sich beispielsweise leicht zu einem historischen Erzählgemälde ausweiten. Die Handlung würde ein Autor in allen Details schildern. Piero hatte ja wohl auch ein brisantes Vorleben gehabt; der von ihm dann eingeschlagene Weg war bestimmt komplex und hindernisreich gewesen; viele Personen waren gewiss an dem Geschehen beteiligt, das ein sonderbarer Entschluss ins Rollen brachte: die Familie, Freunde, Nachbarn, die Mitarbeiter des 'Geldinstituts', die Bürger der Stadt und die Armen – Frauen, Männer, Kinder –, denen schließlich dieses und jenes zu Gute kam. Alles dies ereignete sich in einer (italienischen) Stadt – Arezzo, Florenz, Mailand, Padua, Pisa oder wo auch immer –, deren Eigenarten und Schönheiten uns aus manchen Kunstwerken und Schilderungen jener Epoche bekannt sind, und die man entweder malerisch oder auch weniger angenehm und kritisch aufleben lassen könnte. Was die damalige Zeit selbst betrifft, so ließen sich die religiösen, politischen, wirtschaftlichen und kulturellen Strömungen und Verhältnisse spannend und farbig darstellen. Der Verfasser unseres neuen Romans hätte überdies eine Grundsatzentscheidung zu treffen: Soll er permanent oder (nur) in gewissen Augenblicken in Pieros Bewusstsein blicken? Oder wäre eine 'neutrale' und nüchterne Aussensicht angebrachter? Geht er also personal oder auktorial vor? Eine 'subjektive' Ich-Erzählweise wäre auch nicht ausgeschlossen: Dann könnte man etwas über die bestimmt interessanten Beweggründe dieses einflussreichen Mannes erfahren. Sollte man vielleicht Urkunden, Briefe und andere Dokumente in die Erzählung einbauen, um Pieros Umkehr absolut glaubwürdig erscheinen zu lassen? Und somit hätte unser Literaturschöpfer noch manche weitere Überlegungen zur Gestaltung seines narrativen Kunstwerks anzustellen, das sich übrigens – nach seiner Fertigstellung – in eine Vielzahl ähnlicher Romane der Unterhaltungsbranche eingliedern ließe. Denn es gibt heute viele Bücher über mittelalterliche Stoffe von Bestsellerautoren, von denen nicht wenige auch verfilmt wurden.

Unsere spekulativen Überlegungen bezüglich einer erzählerisch-künstlerischen Ausweitung jenes Mikrotextes aus dem *Novellino* haben uns also in die Nähe aktueller Diskussionen über Strukturen und Theorien des Romans gebracht! Dass unsere Mutmaßungen gar nicht wirklichkeitsfremd sind, mag der Hinweis auf zwei tatsächlich existierende Romane andeuten, welche es über beinahe dieselbe Zeit, und zwar einen großen Italiener gibt. Gemeint ist der Nationaldichter Dante

Alighieri (1265-1321); in dessen Leben gab es eine sehr lange Phase, über die wir leider zu wenig Genaues wissen; es geht um den Zeitraum von 1302 bis 1321, als der Autor an verschiedenen Orten Italiens im Exil weilte. Bis zu seinem Tod war es ihm nicht vergönnt, ehrenvoll in seine Heimatstadt Florenz zurückgeholt zu werden. In jenen 'dunklen' zwanzig Jahren entstanden außer seinem Meisterwerk verschiedene andere wichtige Arbeiten. Diese ungewöhnlichen Umstände forderten jedenfalls die Phantasie von Schriftstellern heraus, die unglückliche (wiewohl begnadet fruchtbare) Zeit seiner Verbannung fiktional auszufüllen. So schrieb denn Richard WEISSER den Roman *Feuer und Schwert über Dante* (1940), und von Gertrud BÄUMER gibt es *Die Macht der Liebe. Der Weg des Dante Alighieri* (1941). Im Aufgabenteil zu diesem Problemfeld III kommen wir auf die beiden (kuriosen) Bücher zurück, sodass Sie sich damit näher auseinandersetzen können.

Zur langen Geschichte der Novellistik Italiens selbst sei abschließend nur soviel gesagt: Unsere zum *Novellino* gemachten Beobachtungen hinsichtlich der Bedeutung der strukturellen Versammlung der Texte und ihrer gemeinsamen Aussageziele behalten ihre Gültigkeit. Jeder Autor versuchte aber natürlich, in seinen Erzählungen das Menschen- und Weltbild zum Tragen zu bringen, das ihn selbst geprägt hatte, wobei immer auch die zur jeweiligen Zeit dominierende Ästhetik eine gestaltende Rolle spielte. So fügen sich die hundert, meist komplexen Geschichten des *Decameron* von Giovanni Boccaccio (1313-75) zu einem Kolossalgemälde der italienischen Frührenaissance, ihres sprühenden Geistes sowie einer vehementen Lebenslust zusammen. Sehr viel später präsentieren die *Novelle per un anno* des Nobelpreisträgers Luigi Pirandello (1867-1936) ihrerseits Menschen, die mit ihrer verstrickten Psyche in einer haltlosen 'Moderne' zurecht kommen müssen. Dazwischen liegt über ein halbes Jahrtausend italienischer Literaturgeschichte, in der die Novellenkunst fest verankert blieb: Es entstanden geschickt organisierte Textsammlungen, die immer auch als geistreiche und kunstvolle Spiegelbilder ihrer Epoche verstanden werden können.

Aufgaben

zu „2.1 Problemfeld III: **Ältere Narrativik. Das anonyme *Novellino***
[Duecento: (ausgehendes) Mittelalter (13. Jh.)]"

1. Wer Literaturwissenschaft studiert, muss viel lesen. Man sollte in beträchtlichem Umfang Primärliteratur kennenlernen, also Gedichtbände, Erzählungen, Romane und Theaterstücke. Aber woher soll man die Zeit nehmen? Auf jeden Fall müsste man wissen, worum es inhaltlich und philologisch bei einem bestimmten literarischen Werk geht, von dem gerade die Rede ist und das vielleicht demnächst im Studium (z. B. in einer Lehrveranstaltung) eine zentrale Rolle spielen wird. Wir wollen in dieser Situation nicht aufs Internet ausweichen, sondern uns einmal mit einem immer wieder erwähnten (und z. T. auch 'verpönten') Hilfsmittel auseinandersetzen: dem 'KINDLER'! Es ist dies ein vielbändiges Lexikon mit Inhaltsangaben aller wichtigen Werke sämtlicher Literaturen der Welt. Erstmals erschien das Unternehmen in den sechziger Jahren, und die letzte Fassung gab es 2009. In Ihrem Institut bzw. im Lesesaal Ihrer Universitätsbibliothek machen Sie bitte die Orte ausfindig, wo die drei Auflagen stehen (bzw. zunächst eine davon). Zielobjekt ist unser *Novellino* (über das Sie augenblicklich schon einiges wissen). Was wird im KINDLER über unser Werk aus dem 13. Jh. an Informationen geboten? Wie ist der Artikel aufgebaut? Entwickelt sich die darstellerische Substanz im Laufe der Jahrzehnte (d. h. entsprechend der jeweils neuen Auflagen)? Was wird über die (literatur)geschichtliche Bedeutung gesagt? Erfüllt der Artikel Ihre Erwartungen? Was vermissen Sie? Machen Sie hiernach eine Art Gegenprobe: Es gibt doch bestimmt ein Werk, das Sie (leider) nie lesen konnten, über das Sie jedoch immer schon etwas Grundsätzliches wissen wollten. Schauen Sie nach, ob und (wenn ja) wie Sie das Nachschlagewerk darüber informiert? Welchen Eindruck haben Sie von dem besagten Artikel? Fazit: Für welche Situation würden Sie den KINDLER Ihren KommilitonInnen während des Studiums empfehlen? Achtung: Ein Artikel aus dem KINDLER wird niemals in einem Referat/in einer Hausarbeit zitiert (es sei denn, der/die Artikel ist/sind selbst – wie hier – Gegenstand einer wissenschaftlichen Untersuchung oder Besprechung)!

2. Wollten Sie nicht schon immer einen Roman schreiben? Nun hätten Sie die Möglichkeit dazu (zumindest ansatzweise oder theoretisch)! Grundlage oder Stoff wären die wenigen Zeilen über den Bankier Piero. Ihr Projekt soll zunächst aus der Erstellung von elementaren Skizzen sowie einer Probeseite Ihres Romans bestehen. Also: **Wo** genau soll Ihr Roman spielen (schreiben Sie bitte eine halbe Seite mit Angaben dazu; sind eventuell besondere Schilderungen vorgesehen)? **Wann** findet die Handlung statt (eine halbe Seite mit zeitstrukturellen Hinweisen, historischen Hintergründen etc.)? **Wer** spielt alles mit (eine ganze Seite mit der Zusammenstellung des Personals einschließlich Erwähnung typischer Merkmale der Figuren)? **Was** genau passiert in Ihrem Buch (eine halbe Seite zum groben Handlungsverlauf)? **Wie** wird das Ganze erzählt (eine bis zwei Seiten über dieses alles entscheidende Kriterium. Wägen Sie ab, was ein Ich-Roman, was eine auktoriale Sicht oder was eine Konzentration auf eine bestimmte Figur leistet und was nicht)? Der Roman soll wohl 'historisch' sein, aber es wäre schon gut, wenn Sie ihn nicht 'altmodisch' gestalten. Vielleicht sind Sie ja bereits mit modernen Romantechniken in Berührung gekommen; dann könnten Sie das hier ein wenig ausprobieren. Bestimmt bekommen Sie auch eine Probeseite hin: Sie wählen eine zentrale Passage Ihres Romansprojektes aus und fassen sie in Sprache. Die Anerkennung Ihrer KommilitonInnen wird Ihnen sicher sein. Und Ihnen macht das Ganze bestimmt viel Freude!

3. Haben Sie auch schon mal daran gedacht, später zum Fernsehen zu gehen, um dort beispielsweise 'textlich' tätig zu sein, also Skripte zu entwerfen? Nun könnten Sie einmal Ihre Fertigkeiten ausloten. Also: Man hat Sie gebeten, für eine etwa 25 Minuten umfassende Sendung ein halbes Dutzend Sketches zu schreiben. Alle Szenen sind historisch, und zwar aus unterschiedlichen Geschichtsepochen. Es können bekannte/berühmte oder auch wenig(er) bedeutende bzw. erfundene Figuren sein. Bei jeder Vorstellung/Begegnung kommt es entweder zu einem herausragenden Ereignis oder zu einem außergewöhnlichen Wortwechsel. Vor Augen halten Sie sich dabei bitte die Geschichte von dem Bankier Piero oder die Alexander-Diogenes-Episode. Es kann wohl auch ein komischer Effekt erreicht werden, aber es geht vor allem um das Sichtbarmachen einer menschlichen bzw. sozialen Verhaltensweise oder eines philosophischen Tatbestandes. Zu allen Szenen entwerfen Sie eine beschreibende Skizze. Eines Ihrer Beispiele kleiden Sie auch narrativ ein, sodass wir eine Kurzerzählung von Ihnen bekommen. An einer anderen Szene wiederum deuten Sie flüchtig an, wie Ihr 'Exempel' später einmal zu einem ganzen Roman ausgearbeitet werden könnte. Sinnvoll wäre es natürlich, wenn Sie auch zu einer Ihrer 'Geschichten' das Minidrehbuch schrieben, damit man Ihre Arbeit filmisch umsetzen könnte.

4. Wir wollen die *Italienische Literaturgeschichte* ([4]1927) des bedeutenden deutschen Romanisten Karl VOSSLER (1872-1949) näher kennenlernen; sie ist eine von insgesamt drei Unternehmungen dieser Art, welche es während der ersten Hälfte des 20. Jh.s gab (die beiden anderen sind von Leonardo OLSCHKI und Rudolf PALGEN). Alle drei gehören zu den sogenannten vergessenen (aber guten) Büchern. Vosslers Buch ist in der Tat klein, hat das Format eines heutigen 'Reclam-Hefts' und ist dennoch das Werk eines großen Meisters des Faches, welches Sie gerade studieren. Besorgen Sie ich das Büchlein am besten in der vierten Auflage. Um zu einem Urteil zu kommen, lesen Sie bitte die beiden ersten Kapitel und machen Sie Notizen, die dann zu einem kleinen Überblick = Kurzreferat zu den (ersten) Anfängen der Literatur Italiens werden sollen (gemeint sind: I. Kapitel. Einleitung; II. Kapitel. Anfänge der ital. Lit. = S. 7-24). Es soll dann um folgende Fragen gehen: 1. Welchen Aufbau hat Vosslers Darstellung? 2. Wie kommt Ihnen seine Sprache vor? 3. Wie bekommt er darstellerisch/methodisch das Geschichtliche an der Literatur in Griff? 4. Schauen Sie sich das *Novellino*-Zitat auf S. 23 an: Sind Ihnen alle Begriffe und Anspielungen klar? Wie geht er z. B. mit dem Terminus 'romantische Literatur' um? 5. Erarbeiten Sie eine Kurzbiographie von K. Vossler. 6. Leihen Sie schließlich ein anderes Buch Ihrer Wahl von ihm aus und bemühen Sie sich, etwas davon zu verstehen und die Grundideen zu skizzieren. Gefällt Ihnen eine solche Art der Darstellung von Literatur? Die hier in Rede stehende kleine Literaturgeschichte erschien in einer damals sehr berühmten und beliebten Wissenschaftsreihe (= Sammlung Göschen): Versuchen Sie, ein paar Informationen darüber zu erhalten.

5. Es geht um die Beurteilung von Aufbau und Anlage einer neueren deutschsprachigen Literaturgeschichte, welche sich nur mit dem 13. Jh. befasst (in das auch unser *Novellino* fällt). Besorgen Sie sich: Heinz Willi WITTSCHIER, *Die italienische Literatur des Duecento. Einführung und Studienführer* (2000). Lesen Sie bitte durch: das Vorwort (S. 9-10), Kap. 1 (Erzählende Prosa: S. 25), Kap. 1.1 (Der Bericht über eine Weltreise von Marco Polo: S. 26-34), Kap. 6 (Weltliche Kunstlyrik über Ideale: S. 121) sowie Kap. 6.1 Italiens erstes Textsystem: die 'Sizilianische Dichterschule' (S. 122-35). Fassen Sie die wichtigsten Fakten dieser vier Abschnitte zusammen (= 2 Einleitungen sowie 2 Hauptkapitel). Beurteilen Sie hiernach die Tatsache, dass der Verfasser die historische Entwicklung der Literatur chronologisch auf den Kopf gestellt hat. Denn Italiens Textproduktion beginnt lyrisch, und Prosa schreibt man erst viel später. Kann man Wittschiers 'didaktische' Begründung unterstützen oder halten Sie sein Vorgehen für bedenklich? Reflektieren Sie auch Ihren persönlichen Informationsverlauf bei der Lektüre: Wäre es für Sie auch in Ordnung gewesen, wenn man Sie zuerst mit der 'Sizilianischen Dichterschule' konfrontiert hätte?

6. Obwohl das Duecento (= 13. Jh.) die erste und älteste Epoche der italienischen Literatur darstellt, ist seine Verbindung mit dem jüngsten Medium – dem Internet – erstaunlich intensiv und vielfältig. Für Ihre Referate, Hausarbeiten und Examina müssen Sie sich zwar immer auf (kritische) Ausgaben (= Printmedien) stützen, jedoch sollte man wissen, von welcher Art die Texte sind, die man sich auf den PC-Bildschirm holen kann! Beschaffen Sie sich als Ausgangsbasis bitte die Literaturgeschichte von Heinz Willi WITTSCHIER (*Die italienische Literatur des Duecento*, 2000); in dem dortigen zweiten Teil (= 'Forschungsliteratur und Studienführer' = S. 177-242) wird jeweils gegen Ende der 20 Kapitel immer auch ein Hinweis auf 'E-Texte' (bzw. 'eTexte') gegeben. Stellen Sie diese Informationen zusammen und überprüfen Sie sie: Von welcher Art ist das Material? Sind die Angaben noch gültig? Gibt es heute andere und neue Quellen? Befassen Sie sich dann besonders mit dem *Novellino*. Wieviele Textfassungen gibt es davon online? Von welcher Art sind sie? Wie zuverlässig erscheinen sie Ihnen? Gibt es einen 'E-Text', der ziemlich dicht an eine kritische Ausgabe herankommt? Werfen Sie auch einen Blick auf das sogenannte 'Progetto Duecento' von Giuseppe BONGHI (welches die umfangreichste Sammlung von Online-Texten des 13. Jh.s überhaupt ist). Geben Sie einen Bericht sowie eine Einschätzung davon.

7. Es soll das Exempel – welches ja den Kern einer Novelle und damit einer bedeutenden italienischen Erzählform bilden kann – in einen größeren (geschichtlichen) Zusammenhang gestellt werden. Dazu besorgen Sie sich das Buch von Wolfram KRÖMER, *Kurzerzählungen und Novellen in den romanischen Literaturen bis 1700* (1973). Befassen Sie sich bitte mit dem Kapitel II.2 (= *Das Exemplum*: S. 22-31). Tragen Sie daraus die wichtigsten Fakten zusammen. Von drei dort erwähnten 'Textsammlungen' leihen Sie sich dann Ausgaben bzw. Übersetzungen aus, nämlich von der *Disciplina clericalis*, den *Gesta Romanorum* und dem *Conde Lucanor*. Stöbern Sie solange in den 3 Büchern, bis Sie jeweils eine kleine Geschichte gefunden haben, die Ihnen gefällt; diese lesen Sie Ihren KommilitonInnen vor, um sie anschließend zu kommentieren. Bei der Erläuterung stel-

102

len Sie fest, was 'exempelhaft' an jener Erzählung ist; blicken Sie außerdem auf unseren 'Piero tavoliere' sowie die Alexander-Diogenes-Episode, um die eine oder andere Parallele zu ziehen.

8. Wenn Sie ein Werk des 13. Jh.s mit absoluter Sicherheit interessiert, dann ist es das berühmte Reisebuch *Il Milione* des Venezianers Marco Polo, das dieser damals auf Französisch diktierte, wiewohl es zur Literatur Italiens zu rechnen ist. Fertigen Sie bitte ein Referat an, in dem Sie die wichtigsten Fakten zu diesem 'Asienreiseführer' zusammentragen: Entstehung, Sprache, Form, Überlieferung, philologische Einschätzung etc. Besorgen Sie sich zunächst eine deutsche Übersetzung und lesen Sie darin einige Kapitel. Grundlagen für Ihre Arbeit sollen dann zwei deutschsprachige Literaturgeschichten zu dem Zeitraum sein: W. Th. ELWERT (*Die ital. Lit. des Mittelalters*, 1980; Kap. II 8. c: 'Lehrhafte Prosa in franz. Sprache. Marco Polo' = S. 73-75) und H. W. WITTSCHIER (*Die ital. Lit. des Duecento*, 2000; Kap. 1. 1: 'Der Bericht über eine Weltreise von Marco Polo' = S. 25-34 u. 207-9). Da es sich um zwei wichtige Studienführer handelt, vergleichen Sie diese auch zum Schluss: Welche Position hat das jeweilige Kapitel im Gesamtzusammenhang? Wie ist der Aufbau jener Abschnitte gestaltet? Was für einen Schreibstil haben die beiden Romanisten? Charakterisieren Sie die wissenschaftliche Unterfütterung: Welche Textdokumentierung wird vorgenommen (= Einbau von Zitaten)? Können Sie bei den beiden Verfassern eine bestimmte literaturgeschichtliche Methodik/Einstellung erkennen? Wie sieht es mit dem Einbringen von Primär- und Sekundärliteratur aus? – Besorgen Sie sich auch eine Edition mit dem Originaltext (bzw. in italienischer Sprache) und beschreiben Sie diese kurz. Tragen Sie Ihren KommilitonInnen einige lebendige Episoden daraus vor (eventuell auch aus der Übersetzung), damit man sich Marco Polos Schreibweise und die von ihm beschriebene Welt vorstellen kann.

9. Wenn Sie sich für historische Romane interessieren, d. h. solche gerne lesen und sich dabei entspannen wollen, dann beschaffen Sie sich den folgenden deutschen 'Dante-Roman': Richard WEISSER, *Feuer und Schwert über Dante*, Leipzig (Hanns Horst Kreisel Verlagsbuchhandlung) 1940, 400 Seiten. Bevor Sie mit der Lektüre beginnen, stellen Sie bitte (aus den Literaturgeschichten und üblichen Handbüchern) eine Elementarbiographie zu dem Nationaldichter zusammen, welche die wichtigsten und absolut gesicherten Fakten enthält. Nachdem Sie das Buch gelesen haben, sollen folgende Fragen beantwortet werden: Wie sieht es bei dem Roman mit der Handlung, dem Figurenpersonal, der Zeitgestaltung, der Raumdarstellung und der Erzählerwahl aus? Wie wurde dies alles gelöst? Welche Partien behandelt der Autor (offenbar) besonders der Wirklichkeit entsprechend und wo schmückt er mehr aus? Kommen Sie auf unsere Mikrogeschichte von 'Piero tavoliere' zurück: Welche narrativen Verfahren ließen sich (in Anlehnung an die Dante-Fiktion) auch auf unseren *Novellino*-Text anwenden? Wie könnte also ein Roman über Piero aussehen?
Dieselben Übungen kann man an einem weiteren, kurz danach veröffentlichten Dante-Roman durchführen, der doppelt so umfangreich ist und von einer Frau geschrieben wurde: Gertrud BÄUMER, *Die Macht der Liebe. Der Weg des Dante Alighieri*, München (F. Bruckmann K. G.) 1941, 828 Seiten (^{2}1950). Dieses Buch wird von der ('professionellen') Dantistik ebenso wie das zuvor erwähnte nicht für ein weltbewegendes Meisterwerk gehalten, aber für unsere Zwecke sind beide Fiktionen überaus nützlich. Nachdem Sie die o. g. Fragestellungen behandelt haben, überlegen Sie Folgendes: Gibt es Anzeichen dafür, dass der erste Roman das Produkt eines männlichen Autors ist, während der zweite eine weibliche Gestaltungsweise erkennen lässt? Solche Probleme können Sie später exakter mit den Ansätzen feministischer Literaturwissenschaft oder den 'Gender Studies' bearbeiten, aber gehen Sie an diesen Sachkomplex doch einmal methodisch unvoreingenommen und spontan heran.

10. In den Literaturgeschichten ist zu lesen, dass das *Decamerone* von Giovanni Boccaccio (1313-75) das kunstvollste Novellenbuch Italiens, ja Europas sei. Wir wollen das einmal überprüfen. Erstellen Sie bitte zunächst ein Bild von dem Aufbau jenes berühmten Werks und der (äußeren und inneren) Organisation des Erzählens (weil dies die Forschung sehr beschäftigt). Wie sind die 100 Geschichten angeordnet? Wann und wo wird erzählt? Wer erzählt? Worüber wird erzählt? Mit was für Erzählern haben wir es zu tun? Diese Aspekte schälen Sie bitte aus den von uns erwähnten Literaturgeschichten und (sich in den Lesesälen befindenden) Handbüchern heraus. Sie besorgen sich auch eine deutsche Übersetzung des *Decameron* und lesen Sie ein paar Novellen. Wenn Sie auf eine Erzählung stoßen, die Sie beeindruckt und die prinzipiell mit der Piero-Geschichte oder der Alexander-Diogenes-Episode vergleichbar wäre, schildern Sie sie in kurzen Zügen, tragen die eine oder andere Passage daraus vor und stellen gewisse Parallelen zur Diskussion. Die Figuren des *Novellino* werden ja nicht ausführlich dargestellt, aber wie sieht das bei Boccaccio aus? Auch ist die Sprache des *Novellino* sehr einfach, wie reden jedoch die Figuren im *Decameron* und welchen Stil scheinen die ErzählerInnen Ihrer Meinung nach dort anzuwenden?

11. Die allererste Bedingung für die Geschichtlichkeit eines literarischen Werkes besteht darin, dass es überhaupt den Text davon gibt! Da in der Zeit vor 1454 – dem Jahr der Erfindung des Buchdrucks durch Johannes Gutenberg (1400-68) – die Bücher nicht gedruckt, sondern abgeschrieben, also handschriftlich überliefert wurden, gab es mannigfaltige Varianten eines Textes, weil keine Abschrift mit einer anderen vollkommen identisch war. Die Philologie lebt aber, als wissenschaftliche Disziplin, von Prinzipien wie Echtheit, Korrektheit und Zuverlässigkeit. So ist denn eine primäre Aufgabe und Voraussetzung für eine Wissenschaft von der Literatur die Erstellung eines Textes, der dem Willen des Verfassers und Urhebers so nahe wie möglich kommt. Das Resultat solcher Bemühungen ist eine sogenannte 'kritische' Edition, welche alle alten Textträger (= Manuskripte und frühe Editionen) vorher in Augenschein genommen, verglichen und bewertet hat. Erstmals ediert wurde unser *Novellino* im Jahre 1525; diese sehr seltene Veröffentlichung ist wichtig, aber sie ist nur ein 'Textlieferant' von mehreren anderen. Die erste im oben beschriebenen Sinn 'kritische' Textausgabe war die von Guido FAVATI (1970). Diese besorgen Sie sich bitte, um das Wesen einer solchen philologischen Leistung näher kennen zu lernen. Auf den Seiten 162 bzw. 281 finden Sie unsere beiden Mikrotexte (von Piero und Diogenes). Es steht aber auf diesen beiden Seiten noch viel mehr als die jeweilige Geschichte selbst. Vergleichen Sie zunächst unsere sozusagen 'nackten' Texte in diesem Arbeitsbuch mit den Favati-Fassungen und tragen Sie alle Unterschiede in einer Liste zusammen. Hiernach charakterisieren Sie die anderen Hinweise, welche sich über und unter dem Textkörper der beiden Geschichten befinden. Wenn wir es also im Falle Favatis mit zwei Beispielen einer 'kritischen' Texterstellung zu tun haben, worin besteht denn nun diese philologische Dienstleistung? Die verschiedenen Informationsabteilungen der Favati-Ausgabe – d. h. vor und nach der eigentlichen Novellensammlung – sind für Sie nicht leicht zu verstehen, versuchen Sie aber dennoch herauszufinden, worum es darin bzw. dabei geht (gemeint sind: Prefazione, Introduzione, Presentazione sowie Appendici). Sie wissen bereits, dass es auch die neuere Ausgabe von Alberto CONTE aus dem Jahr 2001 gibt, aber die anvisierte generelle Problemstellung ist bei dem älteren Buch von Favati leichter zu erfassen und zu lösen.

12. Wenn Sie sich für sehr alte Bücher interessieren, also 'bibliophile' Neigungen haben, dann befassen Sie sich mit der allerersten Druckausgabe des *Novellino* aus dem Jahr 1525. In Deutschland gibt es davon nur 2 Exemplare (der 'Karlsruher Virtuelle Katalog' sagt Ihnen, wo diese sich befinden). In Italien ist diese 'Cinquecentine' etwas häufiger anzutreffen. Wenn es Ihnen also gelingt, eines jener Exemplare ansichtig zu werden, dann beschreiben Sie bitte jene Rarität: Wie sieht ein solches Buch 'aus alten Zeiten' aus (Format, Papier, allgemeines Erscheinungsbild: Titel, Texte, Seitenzählung, Buchstaben bzw. Typen etc.)? Schauen Sie sich dort einmal unsere Geschichte von Piero dem Bankier an: Wie ist sie graphisch gestaltet? Vergleichen Sie jenen Text Wort für Wort und Buchstabe für Buchstabe: Was ist anders als heute? Welche Erkenntnisse lassen sich gewinnen, wenn man jenes Werk von 1525 Druckerzeugnissen unserer Zeit gegenüberstellt? Zwecks eines weiteren Arbeitsschrittes besorgen Sie sich die neue *Novellino*-Ausgabe aus dem Jahr 2007 von Marzio PIERI, welche justament die alte Edition von 1525 substantiell (nicht optisch!) wiedergibt. Das darin zu lesende Vorwort ist aufschlussreich, aber etwas schwer zu verstehen, weil Pieri gewisse Fakten ironisch oder anspielungsreich ausdrückt; fassen Sie die wichtigsten Inhalte jener 'Nota' zusammen. Was leistet letztlich eine solche (nicht kritische) Edition eines alten Textes? (Für diesen zweiten Aufgabenteil wären allerdings ziemlich solide Italienisch-Kenntnisse erforderlich.)

13. Die Literaturwissenschaft aller Philologien ist heute sehr von Literatur- bzw. Kulturtheorien berührt, welche weniger die elementare Textstruktur betreffen, sondern Werken einen zusätzlichen Sinn verleihen wollen. Die Welt dieser Theorien ist ein schwieriges (aber unumgängliches) Gebiet, wie wir dies schon im 'Problemfeld I' andeuteten. Der Innsbrucker Germanistik-Professor Stefan NEUHAUS stellt in seinem *Grundriss der Literaturwissenschaft* (¹2003, ²2005, ³2009) im 9. Kapitel solche 'Richtungen' – es sind bei ihm etwa zwei Dutzend – einigermaßen leicht verständlich dar. Lesen Sie bitte diese circa 40 Seiten durch. Fassen Sie die jeweiligen Theoriegefüge in maximal drei Begriffen zusammen. Wählen Sie drei 'Modelle' aus, welche Sie persönlich besonders attraktiv finden; diese erläutern Sie etwas ausführlicher. Denken Sie nun wieder an unsere beiden Texte aus dem *Novellino*: Gäbe es da eine Theorie, von der Sie vermuten, dass man sie mit Erfolg darauf anwenden könnte, nämlich so, dass der Hintergrund bzw. die Bedeutung der einen oder anderen 'Geschichte' klarer würde? Sie dürfen ruhig dabei 'spekulieren'; denn so etwas macht man ja mit Theorien.

14. Wir wollen uns einen (kleinen) Eindruck von der kosmopolitischen Breite und geschichtlichen Tiefgründigkeit mittelalterlicher (europäischer) Literatur verschaffen. Obwohl unsere beiden Mikrotexte recht simpel anmuten, sind sie eng mit dem Quellenkosmos der Literatur des Mittelalters verbunden. Das kommt hier nur ansatzweise, in anderen Geschichten des *Novellino* indes mannigfaltig zum Ausdruck. Moderne Leser (aber auch Autoren) haben heute kaum noch Kenntnisse von den antiken (griechischen und römischen) sowie spät- und nachantiken (christlichen, ritterlichen etc.) Büchern und Texten, die damals – etwa bis zum 13. oder 14. Jahrhundert – so geläufig waren, wie dies für uns heute gewisse alte oder neue Filme sind. Die zeitgenössischen Literaturen des Mittelalters – also z. B. die Frankreichs oder der Provenzalen – waren gleichfalls recht bekannt, d. h. bei denen, die sich literarisch betätigten oder Literatur zur Kenntnis nahmen. In dem (in diesem 'Problemkreis III' eingebrachten) Zitat von W. Th. ELWERT (s. o.) werden etwa 15 Werke genannt, welche in der einen oder anderen Weise in das *Novellino* einflossen. Sie sollen bitte versuchen, etwas Licht in jene Produktion zu bringen, die Ihnen augenblicklich (verständlicherweise) völlig fremd ist. Nachdem Sie sich eine Liste jener Titel erstellt haben, machen Sie sich zunächst über Ihre (Ihnen vertraute) Internetarbeit in elementarer Weise schlau, sodass Sie zumindest wissen, wann besagte Werke entstanden und um was es darin grosso modo geht. Dann gehen Sie aber unbedingt (!) in den Lesesaal Ihres Instituts oder Ihrer Uni-Bibliothek, um anhand von Autoren-, Literatur- oder Sachwörterbüchern Ihre Daten zu überprüfen und anzureichern. Sie benutzen auch den in Aufgabe 1 (s. o.) erwähnten 'KINDLER'. Drei Titel, bei denen sich für Sie ein ziemlich konkretes Bild geformt hat, stellen Sie etwas ausführlicher dar. Von einem der drei Werke wiederum, welches Sie ganz besonders interessiert, beschaffen Sie sich eine Ausgabe und lesen ein wenig darin sowie etwas daraus vor; es kann ruhig eine Übersetzung sein. Vergessen Sie nicht, Ihre Arbeit durch einen gewissen Gesamteindruck (Fazit, Synthese) zu jenen Texten (= Quellen des *Novellino*) abzurunden!

Studienmaterial

zu „2.1 Problemfeld III: Ältere Narrativik. Das anonyme Novellino
[Duecento: (ausgehendes) Mittelalter (13. Jh.)]"

Ausgaben des *Novellino*

[Guido **FAVATI** (1920-73, Literaturkritiker und Dichter) ed.] *Il Novellino.* Testo critico, introduzione e note a cura di G. F., Genova (Fratelli Bozzi) **1970**, XVI + 397 Seiten, Studi e testi romanzi e mediolatini, Bd. 1, 23,5 × 16,2 × 2,9 cm, Paperback (türkis-grau) [Dies ist die erste, moderne, kritische, d. h. alle bekannten Handschriften u. frühen Drucke für eine gültige Texterstellung in

Anspruch nehmende, gewissermaßen vollständige Edition, die sehr gut sowie ausführlich dokumentiert ist u. die Geschichten sprachlich u. sachlich kommentiert anbietet. Sie ging der jetzt moderneren, ebenfalls kritischen Ausg. von Alberto Conte voraus (s. unten), stellt aber noch heute eine wichtige philologische Leistung innerhalb der Erforschung des *Novellino* dar.].

[Alberto CONTE ed.] *Il Novellino.* A cura di A. C. Prefazione di Cesare Segre, Roma (Salerno Editrice S. r. l.) **2001**, XLVI + 499 Seiten, I Novellieri italiani. Collana diretta da Enrico Malato [Bd. 1], ISBN 88-8402-349-1, 23,8 × 16,0 × 4,1 cm, in blaues Leinen gebunden, € 55,- [Es ist dies die modernste kritische, kommentierte u. mit vielen philologischen Dokumentationen versehene, vollständ. Ausg. des *Novellino*; sie bietet u. a. 2 Fassungen der Novellensammlung: zuerst den 'testo vulgato' u. danach das sogen. 'Ur-*Novellino*'.].

[Marzio PIERI ed.] *Le Ciento Novelle Antike ('Il Novellino')* a cura di M. P., [38015] Lavis (TN) (La Finestra editrice, piazza Graziolo, 12; siehe www.La-Finestra.com; info@La-Finestra.com) **2007**, XVII + 155 Seiten, Archivio Medievale, Bd. 7, ISBN 88-88097-2, 21,9 × 14,9 × 1,0 cm, Paperback (anthrazit), € 28,- [Diese seltene Edition bietet ein 'substantielles' (= nicht optisches) Abbild der allerersten Druckfassung des *Novellino* von 1525 durch Carlo Gualteruzzi (welche auch überaus rar ist). Es handelt sich also nicht um eine 'kritische', aber philologisch durchaus interessante Ausg., die von den modernen Editionen in mehrfacher Hinsicht abweicht. Dem Buch ist eine Einleitung vorangestellt (= S. VII-XVIII); darauf folgen alle Teile bzw. Paratexte u. Erzählungen jener alten Ausg. (jeweils mit erklärenden Fußnoten versehen); zum Schluss der Widmungsbrief Gualteruzzis an den Bischof von Fano. Derzeit ist das Buch in der UB Bonn sowie in der Berliner Staatsbibl. nachgewiesen. Exemplare von dem Original aus dem Jahr 1525 gibt es (offenbar nur) in der UB Erlangen-Nürnberg sowie in der genannten Berliner Bibl.].

Übersetzung des *Novellino*

[János RIESZ (*1941, em. Prof. für Romanistik an der Univ. Bayreuth)] *Il Novellino. Das Buch mit den hundert alten Novellen.* Italienisch/Deutsch. Übersetzt und herausgegeben von J. R., Stuttgart (Philipp Reclam jun. GmbH & Co) **1988**, 342 Seiten, Universal-Bibliothek, Nr. 8511 [4], ISBN 3-15-008511-X, 15,2 × 9,6 × 1,5 cm, broschiert (orange), € 7,10 [Das kleine 'Heft' bietet alle 100 Geschichten, in beiden Sprachen (= nebeneinander). Obwohl J. R. keine neuere kritische Edition für seine Arbeit verwendete – also nicht die von G. Favati (1970), sondern eine ältere von 1959 –, ist dies für deutsche Studierende eine wertvolle Grundlage zum Kennenlernen des ganzen Novellenbüchleins; denn im Anhang findet man wichtige Informationen u. gute Hilfsmittel: 'Zur Geschichte des Textes' (S. 223-30), 'Kommentar' (231-87 = zu allen Geschichten), 'Bibliographie' (289-306, recht ausführlich) sowie ein 'Nachwort' (307-42), welches eine detailreiche Gesamteinführ. in das Werk darstellt. Der Band wird immer wieder, mit geringfügigen äußerlichen Änderungen, nachgedruckt.].

Literaturtheorie (zur Narrativik)

Franz K[arl] STANZEL [*1923, em. Prof. für Anglistik an der Univ. Graz], *Theorie des Erzählens*, Göttingen (Vandenhoeck & Ruprecht) [1]**1979**, 333 Seiten, UTB = Uni-Taschenbücher, Bd. 904, ISBN 3-525-03204-8, 18,5 × 11,9 × 1,8 cm, gebunden (rot), € 19,90 [= 82008] [Diese Einführung ist nach wie vor ein wichtiges, wiewohl in Teilen umstrittenes narratologisches Standardwerk. „Das Buch ist eine umfassende Analyse der Formen des Erzählens. Ausgangspunkt sind die *Typischen Erzählsituationen im Roman* [= ein früheres u. kleineres Werk Stanzels]; auf dieser Grundlage wird die Typologie der Erzählweisen weiterentwickelt u. differenziert. Über die idealtypische Klassifikation hinausgehend, werden die vielfältigen Zwischenformen u. Kombinationen von Erzählweisen beschrieben u. in einem Typenkreis erfasst [= als Faltblatt im Anhang] [...]. Das Ergebnis ist gleichsam eine Grammatik der Erzählkunst." (Text auf der Rückseite) Aufbau (alles jeweils untergliedert): 1. Mittelbarkeit als Gattungsmerkmal der Erzählung; 2. Nullstellen der Mittelbarkeit: Synopse, Kapitelüberschrift, Entwurf; 3. Die Neukonstituierung der typischen Erzählsituationen; 4. Die Opposition 'Person': Identität – Nichtidentität der Seinsbereiche des Erzählers u. der Charaktere (Ich-Bezug – Er-Bezug); 5. Die Opposition 'Perspektive': Innenperspektive – Außenperspektive; 6. Die Opposition 'Modus': Erzählerfigur – Reflektorfigur; 7. Der Typenkreis: Schema u. Funktion; Lit.verzeichnis; Sachregister; Reg. der Autoren u. Werke; Typenkreis (Diagramm). Weitere Auflagen: [2]1982 (= Neuaufl., 339 Seiten; ab hier unverändert), [3]1985, [4]1989, [5]1991, [6]1995, [7]2001, [8]2008].

Hans-Werner **LUDWIG** ed. [em. Prof. für Anglistik an der Univ. Tübingen], *Arbeitsbuch Romananalyse*, Tübingen (Gunter Narr Verlag) [1]*1982*, 260 Seiten, Literaturwissenschaft im Grundstudium, Bd. 12, ISBN 3-87808-932-5, 21,0 × 14,7 × 1,6 cm, Paperback (weiß und grün) [Ein narratologischer Selbstlernkurs als Einführ. in die Hauptparameter des Erzähltextes mit Hinblick auf die histor. Entwickl. der einzelnen Sachgebiete. Das Werk benutzte man nach seinem Erscheinen etwa 2 Jahrzehnte lang intensiv im neuphilologischen Hochschulbereich. Es werden deutsche, engl. u. franz. Texte u. Statements eingebracht. Aufbau: Problemfeld I: Vermittlung u. Rezeption (von Werner FAULSTICH); Problemf. II: Kommunikation (Rainer ZERBST); Problemf. III: Die Ebenen narrativer Texte: Geschehen, Geschichte, Diskurs (Hans-Wilhelm SCHWARZE); Problemf. IV: Erzähler (Gerhart v. GRAEVENITZ); Problemf. V: Figur u. Handlung (H.-W. L.); Problemf. VI: Ereignisse, Zeit, Raum, Sprechsituationen in narrat. Texten (H.-W. SCH.); Problemf. VII: Formtraditionen – Roman u. Geschichte: Dargestellt am Beispiel des Briefromans (Kurt KLOOCKE); Problemf. VIII: Roman u. Wirklichkeit (Hans Vilmar GEPPERT); Lit.verzeichnis u. Register. Dieses Lernwerk ist für Sie auch sehr profitabel, wenn Sie sich nur mit dem einen oder anderen Problemfeld daraus beschäftigen, weil es sich jeweils um in sich geschlossene Denk- und Arbeitsvorgänge handelt. Anschließend wurde das Arbeitsbuch unverändert nachgedruckt, nämlich: [2]1989, [3]1991, [4]1993, [5]1995, [6]1998 (= € 14,90).].

Hans-Dieter **GELFERT** [*1937, em. Prof. für Anglistik an der FU Berlin], *Wie interpretiert man einen Roman?*, Stuttgart (Philipp Reclam jun. GmbH & Co.) [1]*1993*, 200 Seiten, Reihe 'Literaturwissen für Schüler', Reclams Universal-Bibliothek, Nr. 15031, ISBN-13: 078-3-15-015031-3 und ISBN-10: 3-15-015031-0, 14,7 × 9,6 × 1,0 cm, broschiert (blau), € 4,60 [„Wie in seinen erfolgreichen Bänden zur Gedicht-, Dramen- u. Novellen- u. Kurzgeschichteninterpretation [...] erläutert der Verf. zunächst grundlegende Verständnisvoraussetzungen u. gibt allgemein gültige Hinweise u. Ratschläge zur Interpretation, bevor er das theoret. Wissen an neun bekannten Romanen in der interpretatorischen Praxis erprobt." (Text auf dem Buchrücken) Aufbau: ALLGEMEINER TEIL: Was ist ein Roman?, Erzählvorgang, Erzähler, Erzähleinstellung, Figur, Handlung (Plot), Schauplatz/Setting, Leitmotive, Erzählrhythmus u. Erzählmuster, Spannung, Darstellung der Innenwelt, Sechs Arten einen Roman anzufangen, Typologie des Romans, Kunst oder Kitsch? PRAKTISCHER TEIL: Leitfaden zur Romaninterpretation. – Es werden dann folg. Romane unter jeweils spezifischen Aspekten behandelt: *Die Wahlverwandtschaften* (Goethe), *Große Erwartungen* (Dickens), *Tess von den d'Urbervilles* (Hardy), *Effi Briest* (Fontane), *Auf der Suche nach der verlorenen Zeit* (Proust), *Ulysses* (Joyce), *Das Schloß* (Kafka), *Die Blechtrommel* (Grass) u. *Mein Name sei Gantenbein* (Frisch). Zum Schluss Quellenverzeichnisse u. Lit.empfehlungen. Weitere unveränd. Auflagen: 1994, 1996, 2002, 2004, 2006.].

Gérard **GENETTE** [*1930, seit 1967 Prof. für franz. Lit. an der Sorbonne in Paris], *Die Erzählung* [Aus dem Französischen von Andreas KNOP], München (W. Fink) [2]*1998*, 319 Seiten, UTB: Literatur- und Sprachwissenschaft, Bd. 8083, ISBN 3-7705-2923-5 (= Paperback), ISBN 3-8252-8083 (= Hardcover), 24,3 × 17,4 × 2,9 (bzw. 2,6) cm [Es handelt sich um eines der bedeutendsten erzähltheoretischen Werke des 20. Jh.s. Der Verlag stellt dieses im franz. Original über 20 Jahre zuvor publizierte Wissenschaftsgefüge so vor: „Genettes 'Diskurs der Erzählung' ist die theoretisch anspruchsvollste, ausgewogenste u. kohärenteste, zugleich aber auch eine hochgradig praktikable Theorie der literarischen Erzählung u. insofern ein 'Studienbuch' im besten Sinne des Wortes." (Text auf der Rückseite) Aufbau: I. DISKURS DER ERZÄHLUNG. EIN METHODOLOGISCHER VERSUCH: Vorwort; Einleitung; 1. Ordnung; 2. Dauer; 3. Frequenz; 4. Modus; 5. Stimme (alles mehrfach untergliedert = S. 11-192). II. NEUER DISKURS DER ERZÄHLUNG: 1. Vorbemerkung; 2.

Vorwort; 3. Einleitung; 4. bis 20. Kapitel: Ergänzungen zu einzelnen Aspekten von Teil I. [1]1994: ebend., auch 319 Seiten; [3]2010: Paderborn (Fink), 293 S. („3. durchges. u. korrig. Aufl.“, „Mit einem Nachw. von Jochen Vogt. Überprüft und berichtigt von Isabel Kranz.“), ISBN 987-3-82528083-3, € 30,90].

Matías **MARTÍNEZ** [*1960] – Michael **SCHEFFEL** [*1958], *Einführung in die Erzähltheorie*, München (Verlag C. H. Beck) [1]1999, 198 Seiten, C. H. Beck Studium, ohne Bd.Nr., ISBN 3-406-44052-5, 22,3 × 14,1 × 1,6 cm, kartoniert (weiss), € 16,90 [Beide Autoren sind Germanistik-Professoren in Wuppertal. Es ist dies eines der am häufigsten im lit.rwissenschaftl. Hochschulbetrieb verwendeten Einführungswerke zur modernen Erzähltheorie: „Der Band orientiert über den aktuellen Stand der intern. Erzählforschung u. stellt unter Verwendung von Beispielen aus verschied. Literaturen u. Epochen ein umfassendes, praktisch anwendbares Modell zur Analyse von Erzähltexten vor. Dabei finden etliche Aspekte des literar. Erzählens Berücksichtigung, die in älteren Einführungen vernachlässigt werden.“ (Text auf dem Buchrücken) Aufbau (alles z. T. weiter untergliedert): I. MERKMALE FIKTIONALEN ERZÄHLENS (1. Faktuales u. fiktionales Erzählen; 2. Das Erzählen u. das Erzählte). II. DAS 'WIE': DARSTELLUNG (1. Zeit; 2. Modus; 3. Stimme; 4. Franz K. Stanzels Typologie von 'Erzählsituationen'; 5. Unzuverlässiges Erzählen). III. DAS 'WAS': HANDLUNG U. ERZÄHLTE WELT (1. Elemente der Handlung; 2. Erzählte Welten; 3. Die Bedeut. von Erzählungen: Handlungs- u. Tiefenstrukturen; 4. Ausblick: Erzähltheoret. Handlungsmodelle außerhalb der Lit.wissenschaft). Hinweise zur Forschungslit.; Lit.verzeichnis; Lexikon u. Register erzähltheoret. Begriffe (von *Achronie, Affektstruktur, Anachronie...* bis *Zeit, Zeitpunkt des Erzählens, zitierte Rede*); Personen- u. Werkregister. Unveränd. Auflagen: [2]2000, [3]2002, [4]2003, [5]2003, [6]2005, [7]2007, [8]2009.].

Eberhard **LÄMMERT** [*1924, von 1977 bis 1992 Prof. für Allgemeine u. Vergleichende Lit.wiss an der FU in Berlin], *Bauformen des Erzählens*, Stuttgart (Metzler) [9]**2004**, 299 Seiten, ISBN 3-476-00097-4, 21,7 × 13,5 × 1,8 cm, broschiert (weiß u. orange), € 19,90 [[9]2004 ist 'unverändert' in Hinsicht auf [1]1955! Diese ein halbes Jahrhundert verwendete Einführ. ist zwar kein 'modernes', neue Erkenntnisse verwendendes, z. B. vom Strukturalismus unberührtes Werk; es handelt sich um ein eher traditionelles Bemühen, gängige u. wichtige Elemente des Erzählens plausibel u. praktikabel zusammenzustellen. Vieles an dem 'alten' Standardwerk ist durchaus 'richtig', weil die Sicht nicht mehr (wie zuvor) nur werkimmanent, sondern funktional angelegt ist. Aber die 'Narratologie' ist mittlerweile sehr weit fortgeschritten! Sie sieht Vieles spezifischer sowie fachwissenschaftlicher u. hat eine ganz andere, hochdifferenzierte Terminologie zur Verfügung. Inhalt: DER SUKZESSIVE AUFBAU DES ERZÄHLWERKS (A. Konturen des Gesamtvorgangs; B. Gliederung u. Verknüpfung mehrsträngiger Erzählungen; C. Formen des Erzählablaufs). DIE SPHÄRISCHE GESCHLOSSENHEIT DES ERZÄHLWERKS (A. Rückwendungen; B. Vorausdeutungen). DIE DIMENSIONEN DER REDE IM ERZÄHLVORGANG. Alles ist vielfach untergliedert. Auch wenn dieses Werk – methodisch und wissenschaftlich gesehen – älteren Datums ist, sollten Sie sich doch einmal das eine oder andere Kapitel durchlesen, weil Lämmert manche komplexe Literaturphänomene recht anregend und geistreich darstellt. Schließlich hat es mehreren Generationen von Studierenden geholfen].

Literaturgeschichten

[Prof. Dr. Karl **VOSSLER** (1872-1949)] *Italienische Literaturgeschichte.* Von Dr. K. V., o. ö. Prof. der roman. Philologie an der Univ. München. Vierte, durchges. und verbess. Aufl., Berlin und Leipzig (Walter de Gruyter & Co., vormals Göschen'sche Verlagsbuchhandlung) [4]**1927**, 148 Seiten, Sammlung Göschen, Bd. 125, 15,9 × 10,5 × 0,7 cm, Hardcover (beige) [Knappe, geistreiche, anregende, sprachlich elegant formulierte Gesamtdarstellung der ital. Lit. eines außerordentlich kompetenten Gelehrten der Romanistik, von den Anfängen bis zum Futurismus, in 10 Kapiteln. Das kleine Werk bietet die Möglichkeit, auf bescheidenem Raum einen wirklich großen Meister des Faches kennenzulernen, mit dem Sie sich befassen. [1]1900: Leipzig (Göschen) 160 S.; [2]1908: ebend., 147 S.; [3]1916: ebend., 157 S.].

Wilhelm Theodor **ELWERT** [1906-97, Prof. für Romanistik an der Univ. Mainz], *Die italienische Literatur des Mittelalters. Dante, Petrarca, Boccaccio*, München (A. Francke Verlag GmbH) **1980**, 292 Seiten, Uni-Taschenbücher, Bd. 1035, ISBN 3-7720-1297-5, 18,4 × 11,9 × 1,4 cm, Paperback (rot) [Es ist dies die einzige nur der ital. Lit. des Mittelalters gewidmete Geschichte in dt. Sprache. Auf der Rückseite heißt es zu dem bedeutenden Werk: „Dichtung u. Dichter in Italien vom Beginn des 13. bis zum Ende des 14. Jh.s liegen heutigem Empfinden u. Denken am fernsten. Darum ist das Anliegen der umfassenden Darstellung, dem Leser möglichst viele Hilfen für das Verständnis dieser Epoche zu geben, gehören ihr doch die drei Großen der ital. Lit. an: Dante, Petrarca u. Boccaccio. Diesem Verständnis soll die Einbeziehung der in Italien gleichzeitig in lateinischer, provenzalischer u. franz. Sprache verfassten Werke dienen. Der gleichen Absicht entspringt das Eingehen auf Formprobleme." Aufbau (alles sehr detailliert untergliedert): I. Anfänge; II. Die Lit. des Duecento vor Dante; III. Dante Alighieri; IV. Petrarca; V. Boccaccio; VI. Das Schrifttum des Trecento vom Tode Dantes bis zum Ende des 14. Jh.s.].

Heinz Willi **WITTSCHIER** [*1942, em. Prof. für Romanistik an der Univ. Hamburg], *Die italienische Literatur des Duecento. Einführung und Studienführer. Geschichte der Anfänge einer Nationalliteratur*, Frankfurt/M.-Berlin-Bern-Bruxelles-NY-Oxford-Wien (Peter Lang-Europäischer Verlag der Wissenschaften) **2000**, 256 Seiten, Grundlagen der Italianistik, Bd. 1, ISBN 3-631-35906-3, 21,0 × 14,7 × 1,9 cm, € 29,70 [Es ist dies die erste und einzige Lit.gesch. nur zum 13. Jh. in dt. Sprache. Sie besteht aus 8 Hauptkapiteln. In die Darstellung sind jeweils alle philologischen Entwicklungen expressis verbis, d. h. dokumentiert einbezogen. Zu sämtlichen Autoren, Werken, Ausgaben, Übersetzungen, Formen, Gattungen, Strömungen etc. wird ein außergewöhnlich hoher bibliographischer Anteil geboten. Aufbau: „Es wird zuerst in die plastische Erzähllit. eingeführt. Über die interessante Informationsprosa sowie sachkundliche Dichtungen wird der Leser dann zur kunstvollen Lyrik sowie schließlich zur *Vita Nuova* von Dante geleitet. Der zweite Teil ist ein kompakter Studienführer zur internationalen Italianistik des Duecento." (Verlagtext)].

Gattungsgeschichte (Novelle und angrenzende Formen)

Wolfram **KRÖMER** [*1935, em. Prof. für Romanistik an der Univ. Innsbruck], *Kurzerzählungen und Novellen in den romanischen Literaturen bis 1700*, Berlin (Erich Schmidt Verlag) **1973**, 226 Seiten, Grundlagen der Romanistik, Bd. 3, ISBN 3-503-00748-2, 23,3 × 14,2 × 1,5 cm [„Bei der Darstellung der Novelle wollen wir ihre Geschichte u. Entwicklung, aber auch andere mit ihr verbundene Probleme klären." (8) Es wird die italienische, aber auch die Entwickl. in Frankreich u. Spanien geschildert. Dabei zeigt sich, dass Italiens Novellistik die anderer Länder wesentlich beeinflusst hat. Aufbau: I. Einleitung; II. Die Kurzerzählung im Mittelalter; III. Boccaccio u. das Trecento; IV. Quattrocento; V. Cinquecento; VI. Die Renaissance-Novelle in Frankreich; VII. Die Entwickl. der Novelle in Spanien; VIII. Die Entwickl. der Nov. in Frankr. im 17. Jh.; IX. Der 'Conte'; X. Schluß; XI. Bibliographie; XII. Register. Das Buch bietet eine gute Möglichkeit, sich eine gewisse romanistische Sicht von der Prosaliteratur zu erarbeiten. Die Generationen vor Ihnen waren ja überhaupt nie ohne Grundkenntnisse der Romania – also mehrerer romanischer Literaturen – ausgekommen.].

Sonstige Werke zur Literaturwissenschaft

Rainer **HESS** [1936-2004, Prof. für Romanistik an der Univ. Freiburg] – Gustav **SIEBENMANN** [*1923, dito in St. Gallen] – Tilbert **STEGMANN** [*1941, dito in Frankfurt/Main], *Literaturwissenschaftliches Wörterbuch für Romanisten (LWR)*. 4. Überarb. u. erw. Aufl., Tübingen und Basel (Francke Verlag) **⁴2003**, XII + 365 Seiten, UTB, Bd. 1373 [Romanistik], ISBN 3-8252-1373-0, 21,1 × 14,4 × 2,5 cm, € 24,90 [Das Lexikon ist alphabetisch angelegt: Es reicht von *Absurdes Theater, Académie Française, Acte gratuit, Acutezza, Affaire Dreyfus* etc. bis … *Zensur, Zibaldone, Zürcher Literaturstreit, Zwischenspiel, Zyklusroman*. Alle Artikel werden mit einer Sekundärlit.liste abgeschlossen. Nicht nur die französische, ital. u. span., sondern auch die portug. u. katal. Lit. sind vertreten. An dem Werk arbeitete früher als Französistin auch Mireille FRAU-

ENRATH mit. Das Lex. sollte man nur in der dritten (^{3}1989: XIII + 490 S. = völlig neu bearb. u. erw. Aufl.) oder vierten Aufl. benutzen, weil die erste (^{1}1971: XII + 241 S.) und zweite (^{2}1972: dieselbe Seitenzahl = Fischer-Taschenb., Bd. 1972) nur die Hälfte des Umfangs hatten.].

Stefan **NEUHAUS** [*1965, Prof. für Neuere Dt. Lit.wiss. an der Univ. Innsbruck], *Grundriss der Literaturwissenschaft*, 3., überarb. u. erw. Aufl., Tübingen (Narr–Francke–Attempto Verlag) ^{3}**2009**, XIII + 319 Seiten, UTB (Lit.wissenschaft), Bd. 2477, ISBN 978-3-8252-2477-6, 21,5 × 15,0 × 2,4 cm, broschiert (rot/blau; auf dem Cover: karikatureske Zeichnung von Peter Feigl = Seiltänzer jongliert mit Büchern), € 19,90 [Es ist eine der zahlreichen neueren Einführungen in die Lit.wiss. als Ganzes, u. zwar aus germanistischer Sicht, was aber für RomanistInnen keinen Nachteil bedeutet. Aufbau (alles mehrfach untergliedert): 1. Einführung; 2. Lyr. Texte; 3. Erzähltexte; 4. Dramat. Texte; 5. Übergänge zur Medienwissenschaft; 6. Literar. Techniken; 7. Grundzüge der deutschsprach. Lit.gesch.; 8. Kanon u. literar. Wertung; 9. Lit.- u. Kulturtheorien; 10. Praktisches; 11. Statt eines Nachworts: Wozu Lit.wiss.? 12. Anhang. Auf dem Buchrücken liest man: „Der Band, der sich durch die neue Gliederung besonders als Grundlage für ein Basismodul Lit.wiss. eignet, durchmisst im Unterschied zu herkömmlichen Einführungsbüchern das gesamte lit.wissenschaftl. Arbeitsfeld u. wird durch ein ausführl. Kapitel zur Praxis des Studierens ergänzt. Neu hinzugekommen sind Kapitel zum Lit.begriff, zu Kulturtheorien u. Intermedialität. Am Schluss des Bandes steht eine Probeklausur [...]. Leicht verständlich u. zugleich anregend werden komplexe Sachverhalte erklärt u. mit zahlr. Beispielen illustriert [...].“ ^{1}2003: ebend. = XIII + 274 S.; ^{2}2005: ebend. = XIII + 282 S.].

Nachschlagewerk zum Mittelalter

[P(eter) **DINZELBACHER** ed. (*1948, Prof. für ältere Geschichte in Stuttgart u. Wien)] *Sachwörterbuch der Mediävistik.* Unter Mitarbeit zahlreicher Fachgelehrter und unter Verwendung der Vorarbeiten von Hans-Dieter Mück, Ulrich Müller, Franz Viktor Spechtler und Eugen Thurner herausgegeben von P. D., Stuttgart (Alfred Kröner Verlag) **1992**, XXII + 941 Seiten, Kröners Taschenausgabe, Bd. 477, ISBN 3-520-47701-7, 17,7 × 11,1 × 3,9 cm, in taubenblaues Leinen gebunden, mit Schutzumschlag, neu derzeit nicht lieferbar [„Dieses Lexikon orientiert mit etwa 3000 Stichwörtern über die Sachbegriffe u. die Fachsprache der Wissenschaft vom Mittelalter. Es bietet zu einer Fülle von Einzelfragen u. umfassenderen Themen prägnante Detailinformationen u. knappe Übersichtsartikel mit weiterführenden Lit.angaben. Im Zentrum steht die lit.wissenschaftl. Mediävistik. Darüber hinaus sind alle Bereiche miteinbezogen, die für Leben u. Kultur des Mittelalters von prägender Bedeut. waren.“ (Rückseite des Schutzumschlags) Das handliche alphabet. Lexikon reicht von *Ab(b)reviatio, Abbreviatur, Abecedarium, Abele Spelen, Abendland, Abendmahl, Abenteuerroman, Aberglaube, Abgaben...* bis *...Zoll, Zünfte, Zweigewaltenlehre, Zweikampf, Zweisprachigkeit, Zwerge, Zwölf alte Meister, Zyklus.*].

2.2 Problemfeld IV: Neuere Narrativik. Die Kurzerzählung *Le mura di Anagoor* (1958) von Dino Buzzati (1906-72) ['Moderne' (20. Jh.)].

Um das Wesen typischer Kurzerzählkunst der 'Moderne' anzudeuten, befassen wir uns nun mit einem mittlerweile zur Weltliteratur zählenden Autor Italiens, der die prekäre Existenz in der heutigen Gesellschaft anhand spannend organisierter Situationen vergegenwärtigt. Das sogenannte 'moderne', 'postmoderne' bzw. 'post-postmoderne' 'Individuum' oder 'Subjekt' ist grundsätzlich ein suchender, quälende Fragen in den Raum stellender Mensch, der in einer vorwiegend orientierungslosen Gemeinschaft und Umwelt zurechtkommen muss. Das trifft leider auf uns alle zu. Denn niemand von uns könnte behaupten, dass er sein Leben gemäß absolut verlässlicher Prinzipien und nach einem universell gültigen Konsens sicher zu führen in der Lage wäre. Auch wenn wir fest an unseren bzw. einen Gott glauben – seien wir Christ, Moslem oder Jude –, so verursachen in uns Nöte und Rückschläge unentwegt Zweifel und Sinnkrisen, was allerdings nie unseren Wunsch erlahmen lässt, 'glücklich' zu werden oder das 'Glück' zu finden.

Nach dem Zweiten Weltkrieg brachte Italien zahlreiche und bedeutende Prosaautoren hervor – es waren endlich auch viele Frauen darunter –, aber keines Verfassers Erzählungen wurden so häufig aufgelegt wie die von **Dino Buzzati** (1906–72) aus dem nordöstlichen Belluno. Dieser arbeitete viele Jahrzehnte als Journalist in Mailand für die renommierte Tageszeitung 'Corriere della Sera', hatte also einen engen Bezug zur Wirklichkeit des Alltags. Auch Maler und Bühnenbildner war er, weswegen man ebenfalls auf optische Kunstwerke dieses Literaten blicken sollte, um seine mysteriösen Texte besser zu verstehen. Buzzati interessierte sich sehr für den Radsport, galt außerdem als passionierter Bergsteiger und war somit – im wahren Leben – alles andere als ein Stubenhocker oder Geheimniskrämer (wie manche seiner Figuren). Weltbekannt wurde er durch seine spannend verrätselten Romane und seine vielen, handlungsreichen Kurzgeschichten, die der große Mailänder Mondadori-Verlag regelrecht 'unter die Leute' brachte. Darin konstruiert Buzzati Parabeln, die von plötzlich und seltsam getroffenen oder ergriffenen Menschen erzählen, welche eigentlich nicht anders als unsere Nachbarn sind. Man kann auch von (längeren) 'Exempeln' sprechen, nur dass wir es jetzt mit kurios verstrickten und aktuell wirkenden Lebenslagen zu tun haben, die dem Mittelalter in dieser 'fortschrittlichen' Art fremd gewesen waren.

In einem speziell der Geschichte der Gegenwartsliteratur Italiens gewidmeten Buch eines namhaften Romanisten aus Regensburg wird diese bemerkenswerte Eigenart von Buzzatis narrativer Kunst so formuliert: „Die zumeist männlichen Protagonisten befinden sich häufig in Grenzsituationen, oder es tut sich vor ihnen in vertrauter Umgebung unerwartet ein Abgrund auf. Nicht selten wird ihnen ein Auftrag erteilt, unter dessen erdrückender Last sie zusammenbrechen oder der ihnen ihre Vereinzelung und Einsamkeit erst bewusst macht." (Johannes Hösle,

Die italienische Literatur der Gegenwart, 1999: 171; Hösles andere 'kleine' Geschichte des ganzen Schrifttums Italiens hatten wir ja bei der Vorstellung des Dichters Giambattista Marino erwähnt.)

Dino Buzzati hat man – außer vielen Ausstellungen in seinem Heimatland – bis zum gegenwärtigen Zeitpunkt weit über ein Dutzend internationale Kongresse gewidmet, was eine ungebrochene Akzeptanz und besondere Relevanz signalisiert. In der kleinen, bei Belluno gelegenen Stadt Feltre gibt es seit 1988 das 'Centro Studi Buzzati', ein Forschungsinstitut, welches auch Studierenden ideale Arbeitsvoraussetzungen bietet. Und in der Tat sind bereits bei uns (sowie gerade natürlich in Italien) viele Examensarbeiten zu unserem Autor angefertigt worden (und zwar mehr als zweihundert); Exemplare davon sind dort in Feltre – wie alle Ausgaben, Übersetzungen (in sämtlichen Sprachen), größere und selbst kleinere Buzzati-Studien – mühelos zu konsultieren. Daher ist dieser Schriftsteller ein sehr geeigneter 'Gegenstand' für alle Arten von Untersuchungen.

Zahlreiche Publikationen mit journalistischen Artikeln hinterließ Buzzati, dann 6 Romane – von denen der am Rande einer imaginären Wüste spielende *Il deserto dei Tartari* (1940) der geistreichste und berühmteste ist – und fast ein Dutzend Bände mit 'racconti', also Kurzgeschichten. Nahezu alle seine narrativen Werke wurden ins Deutsche übersetzt, sodass man sich in diesen Erzähler besonders leicht und gründlich einlesen kann. Aus dem sehr umfangreichen Corpus seiner Erzählungen wählen wir eine aus, die Sie mit absoluter Sicherheit interessiert, ja fesselt; daher werden Sie auch gerne bereit sein, dieser Geschichte einen Sinn zu geben, d. h. sie zu hinterfragen und damit zu interpretieren. Die Arbeit lohnt sich bestimmt, denn „Dino Buzzati ist bekannt als Künstler der Inszenierung von Mysteriösem, Geheimnisvollem, Unerklärlichem." (Antonella WITTSCHIER, *Neue Wege zu Dino Buzzati*, 2010: 118)

Die kleine Erzählung **Le mura di Anagoor** („Die Mauern von Anagoor") wurde erstmals 1958 veröffentlicht. Sie nimmt in allen Editionen circa 4 Druckseiten ein. Die Geschichte spielt gewissermaßen in der 'heutigen' Zeit bzw. in einer modernen Epoche, was man sofort daran erkennt, dass jemand mit einem Geländewagen (Jeep) unterwegs ist.

Inhalt bzw. Handlungsverlauf des 'racconto' *Le mura di Anagoor*

[Sie werden nun in dieses spannende Wüstenabenteuer anhand von Paraphrasen bestimmter Textpassagen eingeführt, in welche Originalstellen integriert sind; letztere erschließen Sie sich bitte eventuell mit Ihrem Wörterbuch.]

Als Ausgangssituation stellen Sie sich Folgendes vor: Ein Mann hat in der afrikanischen Tibesti-Wüste zu tun. Er wird von einem Einheimischen – Magalon nennt er sich – gefragt, ob er denn nicht die Stadt Anagoor besichtigen möchte. Aber diese Stadt gebe es doch gar nicht, meint der Europäer; jedenfalls sei sie auf keiner Landkarte verzeichnet. Wie dem auch sei: Man bricht in der nächsten Nacht auf und am frühen Morgen sieht man tatsächlich, mitten in der Einöde, eine unerwartet riesige Stadt, von hohen Mauern umgeben, hier und da mit Toren versehen, die aber alle verschlossen sind. Es sind Menschen davor zu erkennen, die offenbar darauf warten, dass sich die Tore öffnen...

[Der 'racconto' führt uns sofort 'in medias res' (= mitten ins Geschehen):]

Nell'interno del Tibesti una guida indigena mi domandò se per caso volevo vedere le mura della città di Anagoor, lui mi avrebbe accompagnato. Guardai la carta ma la città di Anagoor non c'era. Neppure sulle guide turistiche, che sono così ricche di particolari, vi si faceva cenno. Io dissi: «*Che città è questa che sulle carte geografiche non è segnata?*». Egli rispose: «*È una città grande, ricchissima e potente ma sulle carte geografiche non è segnata perché il nostro Governo la ignora, o finge di ignorarla. Essa fa da sé e non obbedisce. Essa vive per conto suo e neppure i ministri del re possono entrarvi. Essa non ha commercio alcuno con altri paesi, prossimi o lontani. Essa è chiusa. Essa vive da secoli entro la cerchia delle sue solide mura. E il fatto che nessuno ne sia mai uscito non significa forse che vi si vive felici?*». (Text nach folgender Ausgabe: Dino BUZZATI, *Sessanta racconti*, [1]1958 (bzw. spätere Nachdrucke), S. 379-83, hier S. 379)

Der Fremde meint, dass es sich wohl um eine der zahlreichen Legenden jener Gegend oder um eine von der Wüste hervorgerufene Luftspiegelung handeln dürfte. Magalon, der einheimische Begleiter, nimmt von diesen Einwänden gar keine Notiz und teilt mit, dass man zwei Stunden vor der Morgendämmerung losfahren müsse, um bei der Leistung des Fahrzeuges gegen Mittag vor Anagoor anzukommen: «*Verrò a prenderti alle tre del mattino, mio signore.*» (S. 379) Der 'Besucher' setzt seine skeptischen Überlegungen fort, indem er betont, dass eine derartige Stadt auf den Karten ganz besonders auffällig markiert wäre und dass es sie demnach gar nicht geben könne. Aber dennoch sagt er abrupt und dezidiert zu (womit er sich selbst widerspricht): «*Alle tre sarò pronto, Magalon.*» (S. 380)

[Wir setzen ab hier die Inhaltsangabe bzw. Paraphrase teilweise in der dem Text entsprechenden Ich-Erzählhaltung fort, um die Geschichte authentischer wiederzugeben.]

Um 3 Uhr morgens fuhren wir los, in Richtung Süden. Ich rauchte eine Zigarette nach der anderen. Denn mir war kalt. Plötzlich ging links die Sonne auf. Ich sah Seen und Sümpfe, aber da war überhaupt kein Wasser. Der Wagen lief sehr gut. Um 11 Uhr 37 wies mich Magalon auf etwas hin. Tatsächlich: die Mauern einer Stadt, kilometerlang, zwischen 20 und 30 Meter hoch, von gelber Farbe, ohne Unterbrechungen, hier und da mit kleinen Türmen versehen. An verschiedenen Stellen, direkt unterhalb der Mauern, waren Lager: erbärmliche Zelte, aber auch ganz gute sowie solche von Reichen mit Bannern. *Was sind das für Leute?* Die warten hier um hineinzukommen. *Ach, da sind also Tore?!* Ja, viele sogar, große, kleine, vielleicht an die hundert. Die Stadt war so groß, dass es dazwischen einen ziemlichen Abstand gab. *Und wann werden die Tore geöffnet?* Fast nie. Aber es heißt, dass einige doch aufgemacht werden: heute Abend oder morgen, in 3 Monaten, in 50 Jahren. Man weiß es nicht, und das ist eben das große Geheimnis der Stadt Anagoor. Wir machten vor einem Tor halt, das offenbar aus massivem Eisen war. Es warteten dort viele Menschen:

Molta gente era là in attesa. Beduini sparuti, mendicanti, donne velate, monaci, guerrieri armati fino ai denti, perfino un principe con la sua piccola corte personale. (S. 381)

Ab und zu schlug jemand von ihnen gegen das Tor, das widerhallte. Magalon erklärte, dass man das tat, damit die da in Anagoor aufmachten. Mir kamen da Zweifel: Sollte denn da drinnen überhaupt jemand leben? Die Stadt müsste doch eigentlich ausgestorben sein! Magalon lächelte: Das würden alle meinen, er selbst hätte auch damals geglaubt, dass da niemand wäre. Aber es gäbe Gegenbeweise. An gewissen Abenden und bei besonderen Lichtverhältnissen könne man dünne Rauchfahnen hochsteigen sehen. Das deute auf Essenszubereitung hin. Und außerdem war schon mal ein Tor geöffnet worden. *Wann?* Das Datum sei, um ehrlich zu sein, ungewiss. Man sagt: vor einem Monat, vor anderthalb Monaten; oder auch vor längerer Zeit, wie manche meinen: vor zwei, drei oder sogar vier Jahren, ja möglicherweise sogar zu jener Zeit, als der Sultan Ahm-er-Ehrgun herrschte. *Und wann herrschte dieser?* Vor ungefähr drei Jahrhunderten!

> «Ma tu sei molto fortunato, mio signore... Guarda. Benché sia mezzodí e l'aria bruci, ecco là dei fumi.» (S. 381)

Da gab es plötzlich eine große Aufregung: Alle kamen aus ihren Zelten heraus und zeigten auf zwei dünne Rauchspiralen, die sich hinter den Mauern erhoben. Kein Wort verstand ich von dem aufgeregten Stimmengewirr. Aber der allgemeine Enthusiasmus war offensichtlich: Die beiden Rauchfäden waren wohl das Wunderbarste auf der ganzen Welt und sie bedeuteten baldiges Glück. Aus folgenden Gründen schien mir das jedoch alles übertrieben:

Erstens vergrößert das Erscheinen von Rauch keineswegs die Wahrscheinlichkeit, dass man ein Tor öffnet.

Zweitens wird soviel Lärm, wenn dieser denn von denen da drinnen gehört wird, jene eher davon abbringen, ein Öffnen vorzunehmen, als sie dazu ermutigen.

Drittens können jene Rauchspuren keineswegs belegen, dass Anagoor bewohnt ist, denn Rauch entsteht bei einer solchen Hitze auch auf andere Weise.

So fragte ich denn Magalon, wie viele Leute überhaupt damals, als man jenes Tor geöffnet hatte, Einlass erhielten, worauf er antwortete:

> «Un uomo solo» [...]. «Altri non c'erano. Si trattava di una delle porte piú piccole e trascurate dai pellegrini. Quel giorno non c'era nessuno ad aspettare. Verso sera giunse un viandante che bussò. Egli non sapeva che fosse la città di Anagoor, non si aspettava, entrando, niente di speciale, chiedeva solo un rifugio per la notte. Non sapeva niente di niente, era là per puro caso. Forse solo per questo gli hanno aperto.» (S. 382)

Mittlerweile sind fast 24 Jahre vergangen! Solange habe ich dort gewartet. Aber auf ging kein Tor. Aus diesem Grund will ich nun mein Lager abbrechen und in meine Heimat zurückkehren. Die anderen Pilger (*pellegrini*) sehen das, schütteln den Kopf und ermahnen mich, doch nicht so ungeduldig zu sein:

> «Eh, amico, quanta furia!» dicono. «Un minimo di pazienza, diamine! Tu pretendi troppo dalla vita.» (S. 383)

Wir wissen nicht, ob der Protagonist wirklich sein Warten aufgibt oder doch noch weiter vor Anagoor ausharrt, weil jene die letzten Worte der Geschichte sind.

Wenn jemals ein Stück Literatur anzeigte, dass Leser es deuten sollen, sodass man sieht, dass 'gute', d. h. einen Anspruch erhebende und Ansprüche befriedigende Texte interpretiert werden müssen, also Gegenstände der 'Hermeneutik' sind, so ist dies bei Dino Buzzatis *Le mura di Anagoor* der Fall. Welchen Grund sollte es sonst geben, von einem unvorbereiteten und dann Jahrzehnte währenden Warten vor einer nicht existenten Stadt zu erzählen? Alles ist nämlich 'übertragen' zu verstehen und hat auf andere Sinnebenen gebracht zu werden: die Wüste, das Stadtgebilde, der Protagonist, sein Begleiter, die Mitwartenden, die Rauchzeichen, das Hoffen oder Aufgebenwollen und Anderes mehr. Und diese 'Übertragung' oder Deutung haben w i r zu leisten.

Eine kleine, in der Reihe 'Uni-Wissen' erschienene italienische Literaturgeschichte zu den beiden letzten Jahrhunderten stellt uns Dino Buzzati stichwortartig als einen Autor mit folgenden typischen Merkmalen vor: „Allegorisierung. Buzzati verstand seine Epik (= Erzählliteratur) als Allegorie des menschlichen Lebens. Um jede konkrete Zuordnung zu verhindern, vermeidet er tunlichst, seine Handlungsorte zu präzisieren und seine Figuren mit festen Charaktermerkmalen auszustatten. [...]. Journalistische Sprache. Buzzati bedient sich einer klaren und eindeutigen Sprache, die die dargestellten Sachverhalte nüchtern und mit größtmöglicher Objektivität schildert. [...]. *I sette messageri* (1942), Erzählsammlung. In unterschiedlichen Anläufen versucht der Autor, Allegorien auf das menschliche Leben zu finden. Der pessimistische Grundton ist unabweisbar: Die Protagonisten werden ausnahmslos in bedrückende und ausweglose Situationen gestellt." (Frank WANNING, *Italienische Literatur des 19. und 20. Jahrhunderts*, 2005: 143)

Buzzatis im entlegenen Afrika angesiedelte Geschichte betrifft uns zweifellos 'hier' und 'jetzt', obwohl sie 'weit weg' geschieht und auf ein 'Damals' anzuspielen scheint. Die Erde ist mittlerweile viel zu klein geworden, als dass sie uns noch einen wirklich entfernten Ort bieten könnte; man kann überall (mit einem Reiseveranstalter) rasch und kurz hinfahren, um seine Neugier zu stillen. Der 'racconto' signalisiert in diesem Zusammenhang, dass das 'Moderne' an den sonderbaren Gesamtumständen das Altertümliche und Antiquierte ist. Das illustriert übrigens auch unser Medienalltag. Denn werden nicht gerade heute, vor allem für jüngere Leser, spannende Unterhaltungsprodukte – z. B. Fantasybücher oder Videospiele – in ein mittelalterliches oder antikes Outfit gekleidet? So produzierte man beispielsweise 2010 das Game *Dantes Inferno*. Die Zeit steht eben in mehrfacher Hinsicht nicht still. Man lebt nie nur in der Gegenwart: Permanent befasst man sich mit der Zukunft, um damit oft in weit zurück liegenden Epochen zu landen. Wir alle kennen die ebenso in die Vergangenheit wie auch in Zukünftiges transferierende 'Zeitmaschine' als ein fabulöses Thema – vornehmlich des Films – unserer angeblich so aufgeklärten Epoche.

An dem 'Wüstenmärchen' wollen wir zeigen, dass dieses das ewige Suchen, Streben und Warten, also uns und unser Tun meint und dass es somit ein Exempel besonderer Art ist. In seiner tiefen Substanz ist der Text nur zu erfassen, wenn wir sehen, wie seine Bestandteile auf sehr alte Schreibtraditionen zurückgehen, nahezu archäologische Wurzeln haben. Dies soll wieder systematisch geschehen. In der 'Schule' durften Sie damals den Sinn einer Erzählung gelegentlich auch 'an sich', 'mal so', 'ganz generell', 'vom Bauch her', 'spontan', 'nach dem Gefühl' äußern, um damit irgendwie 'Licht in die Sache' zu bringen. Die Aufgabe gehen wir aber wieder methodisch an und fokussieren jene Elemente, welche die Geschichte als Textur bilden, sie 'konstituieren': Wir überprüfen das erzählerische 'Gebäude', genau so wie dies Ingenieure oder Architekten in ihrem Bereich zu tun pflegen. Denn jedes Bauwerk – sagen wir ein Haus – wirkt bekanntlich ganz anders, je nachdem ob es primär aus Holz, Beton, Stahl, Ziegelsteinen oder Glas errichtet wurde. Dasselbe gilt für Form und Gestalt einer Konstruktion aus 'Erzählrede' (das ist der narrativ mit Sprache gestaltete Text). Wir befassen uns daher intensiv mit den erzählerischen Baumaterialien und deren Auswirkung gemäß ihrer Verwendung. Wie bei jener Geschichte von dem sich der Armut verschreibenden Bankier aus dem mittelalterlichen *Novellino*, gehen wir wieder 'narratologisch' vor, um danach in historische Dimensionen vorzudringen. Dabei wird die Reihenfolge der wissenschaftlichen 'Parameter' von der Eigenart der Erzählung bestimmt; jeder Text hat nämlich eine originelle Auffälligkeit, etwas ins Auge Fallendes und Charakteristisches, das man sinnvoller Weise als ein offenbar im Vordergrund stehendes Merkmal zuerst betrachtet und überdenkt. Bei unserer Analyse erweitern wir übrigens das Spektrum der erzähltheoretischen Forschung um Standardwerke, welche nun Einzelaspekte der 'Narratologie' ausleuchten.

Handlung: Suchen, reisen, warten. Die Geschichte vom Auffinden der entlegenen Stadt Anagoor ist die Schilderung einer spontan unternommenen Fahrt oder Reise, welche zielgerichtet ist und mit einem ungewöhnlich langen, nicht eingeplanten Warten (vorläufig) endet. Literatur behandelt immer e i n oder d a s Leben bzw. Ausschnitte daraus. Obwohl kein Tag wie der andere verläuft, alles ungeheuer mannigfaltig erscheint, sind die Grundabläufe nicht sehr zahlreich: Man lebt und arbeitet (ist irgendwie beschäftigt oder geschäftig), bewältigt den Tag und die weiteren Tage so gut es geht... bis zum Tod. Man handelt also immerzu, um dann möglicherweise festzustellen, dass einen bestimmte Ereignisse aus der Bahn werfen. Manchmal macht man sich auf den Weg, um seinem Dasein eventuell eine grundsätzliche Wendung zu geben. Letzteres passiert eher zufällig in der Geschichte von Dino Buzzati, der bei der Niederschrift dieser Erzählung epochale Werke mit ähnlicher Handlungsstruktur vor Augen gehabt haben könnte. Die *Odyssee* von Homer (2. Hälfte 8. Jh. v. Chr.) – des ersten Dichters des Griechentums – und die *Aeneis* des Vergil 70-19 v. Chr.) – des nationalen Poeten der Römer – schildern gleichfalls beeindruckende Entdeckungsfahrten. Reisen ist stets – auch heute noch – mit einer 'Suche' verbunden: Man hofft, etwas anderes zu sehen, eine Erfüllung zu erlangen, das Glück zu finden. Dieses Wunschdenken kann vielfältig umkleidet sein. Die mittelalterlichen Literaturen – vor allem die der Romania (d. h. der Länder mit romanischer Sprache) – erzählen uns fortwährend von Rittern, welche auf einer Suche waren und dabei gewisse Aufgaben zu erfüllen hatten. Man nennt das *'queste'* (= altfranz.) oder *'quête'* (= neufranz.) (von lat. *quaerere* = suchen); so war das Ziel Parzivals der heilige 'Graal', ein verehrtes sakrales Gefäß. Ritter realisierten ihre Ideale einst im Sattel auf dem Rücken von Pferden, während unser Protagonist seine Strecke auch mit Pferdestärken, aber eben in einem modernen Gefährt bewältigt. Das Ziel der Reise wird im Prinzip erreicht: Wir gelangen tatsächlich bis zu jener imposanten und geheimnisvollen Stadt, von der wir meinten, dass es sie nicht gebe, aber hinein kommen wir (offenbar) nicht. Obwohl wir 'moderne' Menschen mehr Kenntnisse von allem zu haben glauben als sämtliche Erdbewohner vor uns, bleibt uns hier

116

etwas ganz Entscheidendes ungeöffnet und somit in seinem Wesen verborgen. Ein neuzeitiges Bild – denn jenes urbane Konstrukt ist ja eine Verbildlichung unserer Lebensweise (wiewohl es auch schon im uralten Mesopotamien berühmte Kulturstädte gab) – weist uns eindeutig in die Schranken: Man verurteilt uns zum Warten, was wiederum eine ausdrucksstarke Metapher für unsere irdische Existenz schlechthin ist.

[Eine der umfassendsten und modernsten Gesamtdarstellungen des Novellenwerks Buzzatis in Buchform entstand in Frankreich, einem Land, das selbst mit üppigen und geistreichen Literaturschätzen über die 'Condition humaine' aufwarten kann, wo jedoch gerade unser Schriftsteller aus Belluno zu einem Schulautor geworden ist! Darin lesen wir, dass dieser Erzähler viele grundsätzliche Wahrheiten über den Menschen enthüllt:

„Buzzati se définit lui-même comme un auteur 'moral'. Il écrit pour plaire au lecteur mais aussi pour lui faire comprendre certaines vérités caractéristiques et de l'homme en général. Buzzati est un humaniste désabusé qui place l'homme devant ses contradictions." (Véronique ANGLARD, *Technique de la nouvelle chez Buzzati*, 1990: 77; désabusé = illusionslos, nüchtern, sachlich, 'realistisch')]

Bei aller Modernität in der Sinngebung haftet der Stadt Anagoor als imaginärem Ort und Phänomen gleichzeitig etwas Mittelalterliches oder noch Älteres an; man weist uns mit ihr darauf hin, dass unser Ausharrenmüssen eine Obliegenheit ist, die schon vor vielen Jahrhunderten so und unabänderlich war.

Ein Blick in mit Vergangenheit verbundenem, 'exotischem' Erzählen mag uns an Märchen erinnern, vor allem weil die Anagoor-Geschichte einen Umstand vor Augen führt, der nur in fabulösen Texten logisch wirkt. Buzzati präsentiert uns Jemanden, „der auszog, um eine sagenhafte Stadt kennen zu lernen". Der Fremde macht sich auf den Weg, zunächst scheinbar nach allen Regeln der Märchenkunst (wiewohl in psychisch modernem Kontext), aber seine Unternehmung gerät ins Stocken, es geht plötzlich nicht weiter, und sein Tun erweist sich als absurd. Damit wird auch die Erzählung als Beispiel für ein Märchen in bezug auf ihren Abschluss des erwarteten Sinnes und Zweckes beraubt.

Der Leser erhält allerdings schon zu Beginn ein Warnsignal: Märchen werden eigentlich auktorial ('allwissend'), d. h. mit deutlichem 'lebensweisheitlichen' Abstand erzählt, sodass die 'Wahrheit' des Inhalts entpersönlicht verbürgt erscheint. Ein heutiges Ich kann kein Märchen von sich erzählen, weil es dafür als modernes Subjekt zu sehr von Zweifeln, Unzulänglichkeiten und Inkompetenzen behaftet ist. Die seelische Unerfülltheit des Tibesti-Touristen zeigt sich also bereits 'erzählgrammatisch' an der Art der Geschehensschilderung.

[Damit ist methodologisch die Systematik von Handlungen in narrativen Texten gemeint, auf welche früh der russische Literaturwissenschaftler Vladimir PROPP (1895-1970) aufmerksam machte. Er zeigte in einer Untersuchung des Jahres 1928 über Strukturgesetze in Märchen seines Landes, dass in ihnen formelhafte Aktionsmuster und Geschehensetappen auszumachen sind, die gemeinsam eine mathematisch oder geometrisch wirkende Erzählsyntax ergeben. Dabei agieren Figuren wie Subjekte und Objekte, während Handlungen die Funktion von Prädikaten übernehmen. Ein Kernsatz aus Propps viel beachtetem 'Regelwerk' lautet:

117

„Die stabile Struktur der Zaubermärchen gestattet folgende Definition als Hypothese: Das Zaubermärchen ist eine Erzählung, die auf einer regelmäßigen Aufeinanderfolge der angeführten Funktionen in verschiedenen Formen beruht, wobei in einzelnen Fällen be- stimmte Funktionen fehlen, andere mehrmals wiederholt werden können." (V. P., *Mor- phologie des Märchens*, [1]1972: 98)

Nach Propps Verständnis wäre die 'syntaktische' Anlage der Handlung der Anagoor-Geschichte unvollständig bzw. defekt, was aber genau die Aussage dieses 'racconto' von Buzzati unterstreicht: Der Mensch findet eben n i c h t zu dem ersehnten Ziel oder Glück, wie das aber doch in einem 'richtigen' Märchen – etwa beim *Froschkönig* oder *Aschenputtel* – der Fall ist.]

Raum: Wüste und ein verschlossenes Areal der Sehnsucht. In unserer Ge-schichte erkennt man drei prägende und entscheidende Räume. Indirekt nur wird erstens angedeutet der Sozialisierungsbereich des Sahara-Reisenden: Er kommt wohl aus einer Großstadt mit moderner Zivilisation, denn er präsentiert sich als ein ausgesprochen räsonnierender und argumentierender Mensch; vom Lande stammen kann er nicht, weil man sich dort mehr von Natur, Gefühlen und Intui-tion leiten lässt (zumindest in der Literatur). Direkt geschildert wird zweitens die Wüste; es ist die Tibesti, welche es tatsächlich gibt; man schaue sich daher auf einer Landkarte jene mittlere bzw. östliche Gegend der Sahara an, die zwischen Libyen und dem Tschad liegt. Die 'wahrhaftige' Existenz jenes entlegenen Trockengebietes unterstützt beim Leser die Annahme, dass es ein Anagoor geben könnte. Übrigens hatte sich der textexterne Autor Dino Buzzati seinerzeit als Kriegsberichterstatter in Italiens afrikanischen Kolonialgebieten aufgehalten, was dem Erzählten weitere (geographische) Glaubwürdigkeit verleiht. Eine Wüste ist ein außergewöhnliches Areal: Es trennt die Menschen von allem anderen, schafft Grenzsituationen. Inmitten einer derart verlassenen Einöde, hunderte Kilometer von Gewohntem entfernt, verliert zuvor Gedachtes an Bedeutung: Ich kann hier zu den elementaren Themen der Welt und des Lebens sowie zu mir selbst finden. *Der kleine Prinz* in jener weltberühmten 'Fibel' von Antoine de Saint-Exupéry (1900–44) 'spielt' auch in der Sahara. Dort werden im Gespräch zwischen einem kindlich gebliebenen Erwachsenen und einem klugen Kind wichtige Fragen zur Freundschaft und zum Glück gestellt und ergebnisreich beantwortet. In einer Großstadt fände das kleine weise Wesen überhaupt kein Gehör, und der Erwach-sene hätte auch gar keine Zeit, sich mit dem unscheinbaren Königskind abzuge-ben. Der dritte Raum des 'racconto' ist die verschlossene und offenbar 'verbo-tene' Stadt. Sie heißt Anagoor. Es gibt sie nicht auf veröffentlichten Landkarten, aber trotzdem in unseren Köpfen. Denn unser aller Leben ist keineswegs auf ein Nichts ausgerichtet. Unser Ziel ist immer ein Etwas und ein Irgendwo, dem wir jeweils eine gewisse Räumlichkeit zuschreiben. Wir brauchen jedenfalls einen Platz, an dem es auch uns gibt, weil es uns schwer fällt, uns selbst ganz auszu-schließen. Uns bewegen permanent Gedanken an eine Erfüllung, die allerdings an einem bestimmten Ort stattfinden muss, und daher warten wir allesamt, eigentlich ein Leben lang. Unvorstellbar ist es, dass wir unser Hoffen aufgeben, d. h. unser Verweilen vor einem der Tore von Anagoor abbrechen. Allein schon die Tatsa-che, dass jene Stadt einen Namen hat, hilft uns dabei. Deshalb wird der Protagonist unserer Geschichte sich sehr gut überlegen, ob er sein geduldiges Ausharren tatsächlich beendet.

Ein Anagoor selbst mit eben jener Bezeichnung existiert wohl nicht. Aber Angkor Vat gibt es, d. h. eine Stadt mit einem ähnlich klingenden Namen, die man im kambodschanischen Urwald entdeckte und die uns ihrerseits weit in die Vergangenheit zurückführt, wenn wir uns mit ihr befassen. Dass Anagoor ein verbotener Ort mit verwehrtem Zugang ist, erinnert an das Phänomen des Tabus, das seinen sprachlichen und sachlichen Ursprung in der polynesischen Kultur hat, wo die Menschen sakrale Areale vorfinden, welche sie nicht betreten dürfen. Und sie richten sich auch danach, ohne dies zu beklagen, weil uns Erdbewohnern Grenzen gesetzt sein müssen; sonst werden wir übermütig und gehen an unserer Hybris zugrunde (wie uns die Dramen der griechischen Antike lehren).

Da Literatur in der Regel gezielt bestimmte Ideen oder Situationen zu bedenken geben will, suchen sich die Autoren spezifische Kontexte dazu aus, in denen sich entsprechende Darstellungsabsichten klar realisieren und nachvollziehbar demonstrieren lassen. In narrativen Texten findet man – ähnlich wie im wahren Leben – nicht unendlich zahlreiche verschiedene Räume vor, sondern gewisse standardisierte 'Ambientetypen', wo man sich eben generell aufhält: Stadt, Land, Wald, Gebirge, Meer usw. Es gibt aber auch Räumlichkeiten, die keineswegs alltäglich und besonders attraktiv sind, weil sie Neugier erregen und der Phantasie Vorschub leisten, wozu beispielsweise Inseln, Labyrinthe und Wüsten zählen; diese bringen die Protagonisten in ungewöhnliche Situationen, welche sie zu außerordentlichen Erfahrungen, Reaktionen oder Entscheidungen veranlassen. In solchen meistens spannend fiktionalisierten Räumen behandelt der Schriftsteller dann gerne relevante philosophische, politische oder soziale Probleme, wie dies ja auch in unserer Anagoor-Geschichte der Fall ist.

[Norbert REICHEL galt aufgrund eines Standardwerkes über solche Raummodelle in Fiktionen lange Zeit als ein Literaturwissenschaftler, der diese Phänomene und Gesetzmäßigkeiten an zahlreichen Werken der Weltliteratur maßgeblich untersuchte und zu aufschlussreichen Klassifizierungen gelangte. Zur literarischen Funktionalisierung des Wüstenraumes lesen wir bei ihm Beobachtungen, die tief in die Dissonanzen unseres Zusammenlebens eindringen und die Verirrungen unserer Psyche aufdecken:

„Die Wüstensehnsucht signalisiert die Ohnmacht vor der in der demokratischen Gesellschaft präsenten Nivellierungsgefahr, der sogar derjenige zum Opfer fällt, der die Nivellierung zu seinem Lebensprogramm erkoren hat, weil er seinem eigenen Zwang zur Verwüstung erliegt. Die Chance, die in der Demokratie aufgetaucht ist, erkennt er nicht: er verpasst die Möglichkeit, seinen eigenen Raum als seine Wahrheit zu etablieren, weil er immer auf die Annahme hin orientiert ist, der Raum eines anderen mit dem ihn jeweils konstituierenden Kapital eröffne einen 'wahreren', d. h. einen höheren Grad an Herrschaft garantierenden Horizont." (N. R., *Der erzählte Raum. Zur Verflechtung von sozialem und poetischem Raum in der erzählenden Literatur*, 1987: 165-6)]

Spätestens seit Friedrich Nietzsche (1844–1900) hat das Wüstenbewusstsein die Literaten nicht mehr losgelassen. Solche Räume der Einsamkeit wären eigentlich ideale Orte für einen Neuanfang aus dem Nichts, auf einer Tabula rasa sozusagen, oder zur Errichtung einer Utopie für ein 'anderes' Leben. Buzzati zeigt, dass man jedoch immer wieder der Versuchung erliegt, dieselben Denkfehler hinsichtlich seiner philosophischen Lebensplanung zu machen. Denn indem der Reisende in eine fremde Stadt Einlass zu erhalten begehrt, manifestiert er keine wirkliche Abkehr von alten 'Marotten' und Irrtümern. In jener anderen urbanen Gemeinschaft wäre ja ein gänzlich ungebundenes Leben in Freiheit – ohne die neuen Mitbewohner und deren Gesetze einer wie auch immer gearteten Zivilisation – letztlich auch wiederum gar nicht möglich. Gültigkeit hätte da eher die Botschaft an die Menschheit, welche man einst auf dem antiken Tempel zu Delphi las: *Erkenne Dich selbst!* (γνῶθι σεαυτόν = gnôthi seautón). Damit sollte u. a. ausgedrückt werden, dass man alles in sich selbst trägt und nur dort finden kann.

Figuren: Ungezählte Wartende und ein Auserwählter.

[„Eines der größten Vergnügen bei der Lektüre von Romanen ist für viele Leser, dass man einen detaillierten Einblick in die Persönlichkeit eines anderen Menschen erhält. Das Gefühl, den literarischen Figuren 'nahe zu sein' oder sogar eine 'Beziehung zu ihnen zu haben' verdankt sich dabei verschiedenen Faktoren. Dazu gehört, dass wir gemäß der literarischen Konvention in die Psyche der Figuren eindringen können und ihre innersten Gedanken erfahren: Wenn schon nicht direkt, wie etwa in einer homodiegetischen Erzählung, dann womöglich durch eine heterodiegetische Erzähldistanz, die alles weiß [...]." (Per Krogh HANSEN, *Figuren*, in: Silke LAHN-Jan Christoph MEISTER, *Einführung in die Erzähltextanalyse*, 2008: 232); die beiden zuletzt zur 'Diegese' genannten Termini meinen das teilnehmende Verhältnis des Erzählers zur von ihm erzählten Welt.]

Auch wenn ein mehrere hundert Seiten umfassender Roman mehr 'Vergnügen' und tiefere 'Einblicke' gewährt, so ist der (hier homodiegetisch gestaltete) Protagonist unserer kurzen Erzählung als Figur keineswegs uninteressant. Der Ich-Erzähler und seine Geschichte sind ein Beweis für die von den Verfassern des eben zitierten, sehr modernen Narratologiehandbuchs gemeinte Attraktivität fiktionaler Texte, insofern als man uns darin mit nachdenklich machenden Subjekten bekannt macht. Das Personal unserer Geschichte – also alle direkt oder indirekt eine Rolle spielenden Figuren – setzt sich aus zwei Gruppen zusammen. Zunächst haben wir – sozusagen im Vordergrund stehend – den 'Fremdenführer' Magalon und den von ihm geleiteten Ich-Erzähler. Zum anderen ist da die vor den Toren ausharrende Schar der Angereisten sowie ein unbekannter Mann, der einst tatsächlich in die Stadt hineingekommen sein soll. Magalon hat die Funktion eines 'Mentors'. Wer oder was ist das? Nun, Odysseus – Protagonist des großen homerischen Epos – hatte seinem Altersgenossen und Freund Mentor sein Hauswesen anvertraut, als er in den Krieg zog. Athene nahm seine Gestalt an, wenn sie Odysseus und seinen Sohn Telemach mit Rat und Tat beistand. (Informieren Sie sich bitte bei dieser Gelegenheit über die berühmte *Odyssee* des Homer in einem Nachschlagewerk). In vielen Werken der Weltliteratur taucht ein Mentor auf, der dann ein erfahrener sowie meist – wie auch hier – selbstloser Berater ist. Um den Fremden zu einem besonderen Ort zu führen, rekurriert Buzzati also auf eine 'klassische', d. h. in vielen Epochen auftretende literarische Gestalt. Sie trägt den Namen Magalon, der 'sprechend' ist: Er weist auf ähnlich klingende Bezeichnungen hin; in diesem Fall

120

kommt einem der Begriff 'magus' (lat. = Zauberer) in den Sinn; und in allen Ethnien ist ja der Magier, Schamane oder Priester ein zwischen Diesseits und Jenseits, aber auch anderen Sphären und Instanzen Vermittelnder. Magalon heißt übrigens auch ein Strategiespiel; und das Ludische ist ein universelles Gut aller
Kulturen: Spiele beinhalten nicht nur Dynamik, Risiko und Herausforderung,
sondern sie schaffen auch gesetzmäßige Parallelwirklichkeiten zu unserer tatsächlichen Realität, welche sich eventuell in oder hinter Anagoor verbergen könnten.
Der von Magalon sicher bis vor die Mauern Geführte ist ein Mann, dessen Namen
und Alter wir nicht mitgeteilt bekommen. Er steht offenbar für sämtliche Erdenbürger, die Suchende sind. Auch wir können mit ihm gemeint sein. Die vor Anagoor wartenden Leute sind Männer u n d Frauen, Arme u n d Reiche, Friedfertige u n d Krieger, Untergebene u n d Herrscher. Summa summarum ließe sich
sagen, dass sich dort 'alle' Menschen 'exemplarisch' versammelt haben. Der einst
irgendwann in die Stadt Hereingelassene war keine bestimmte Person, ein Mensch
eben, irgendjemand. Es könnte daher später ebenfalls ohne Weiteres einer von uns
sein, dem man Einlass gewährt, vorausgesetzt, wir gehören nicht zu denen, die etwas angestrengt und übertrieben zielstrebig suchen. Das Leben ist also vom Zufall
geprägt. Die Zukunft lässt sich nicht rational planen. Dies und noch anderes scheint
uns Buzzati anhand seiner Figuren mit auf den Weg geben zu wollen.

Zeitliches: In Vergangenheit führende Zukunft. Jeder Erzähltext verarbeitet
automatisch gewisse Zeitabläufe, weil er ja eine Handlung bzw. Handlungen zu
schildern hat, die ohne Inanspruchnahme von temporalen Quanten nicht von statten gehen können.

| Die Freiburger Anglistik-Professorin Monika FLUDERNIK charakterisiert in ihrer für
Studierende der Anfangssemester (prinzipiell aller 'großen' Literaturen Europas) konzipierten Narratologie-Anleitung die Kategorie 'Zeit' folgendermaßen:

„Neben dem Verhältnis der Kommunikationsebene zur Ebene der dargestellten Welt [F.
meint den Parameter 'Erzähler'] ist auch die zeitliche Gestaltung der Erzählung ein wesentliches Strukturelement. Einerseits ist hier die Chronologie der Ereignisse in der dargestellten Welt mit der Anordnung der Ereignisse auf der Darstellungsebene zu berücksichtigen, andererseits das Verhältnis der Zeitausdehnung zwischen Geschichte und narrativem Diskurs." (M. F., *Einführung in die Erzähltheorie*, [1]2006 bzw. [2]2008 bzw.
[3]2010: 44)]

In unserem Fall handelt es sich um eine fast neunstündige Reise sowie ein beinahe
24 Jahre dauerndes Warten. Die erste Zeitspanne reicht von der Nacht bis zum
Tageszenith. Man fährt in der Dunkelheit los, kommt in hellstem Licht an; es ist
nun „kurz vor zwölf", also höchste Zeit. Die neun Stunden der Reise haben auch
eine symbolische Bedeutung: Die 9 enthält drei mal die Zahl 3, was z. B. eine
dreifache Anspielung auf die Trinität, also Göttliches oder von Gott Bestimmtes
(im christlichen Sinn) bedeuten kann; die 9 beinhaltet eine Vollendung, weswegen
namhafte Komponisten ihre Symphonien möglicherweise auf diese Zahl begrenzten. Die fast 24 Jahre des Wartens umfassen in etwa das, was wir eine Generation nennen können: Einen sehr großen Teil seines Lebens hat der Ich-Erzähler
nun schon verbracht, ohne sein Ziel erreicht zu haben, denn man gewährte ihm

noch keinen Einlass. Die Zahl 24 signalisiert vor allem ein Grundmaß der Zeitrechnung. Denn soviele Stunden dauert jeder Tag und dies alle Tage (auf der Erde). Die 24 Jahre sind offenbar wie ein 24 Stunden einnehmender Tag vergangen. Buzzati veranschaulicht uns also das Verrinnen der Zeit. Hiermit greift er ein sehr altes Thema der Dichtung auf, welches man z. B. bei dem römischen Lyriker Horaz (65-8 v. Chr.) antrifft, der wegen des gnadenlosen Niestillstehens der Zeit dazu auffordert, dem Leben bewusst zu begegnen, es auszukosten, und zwar den Tag zu 'pflücken', wie er sagt: *Carpe diem* (so lautet die Schlusszeile seines berühmten *Carmen* 1, 11). Bei jedem Erzähltext bedarf es eines gewissen Zeitquantums (= Erzählzeit), um diesen zu lesen oder vorzulesen. Ein Italiener würde für unsere Geschichte wohl 10 bis 15 Minuten benötigen, ein Italienisch Lernender entsprechend mehr. Die textmateriell ziemlich kurze Erzählung berichtet uns von einer sehr, sehr langen Zeitspanne, die aber im Handumdrehen zu vergehen scheint. Mit der Zeit wird regelrecht gezaubert, was aber durchaus passieren kann, wenn ein Zauberer mit von der Partie ist. Denn auf jenen Beruf spielt ja der Name des Begleiters Magalon an. Dass an dem ganzen temporalen Erlebnis nicht zu zweifeln ist, deuten glasklare Zeitangaben an: Abfahrt 3.00 Uhr, Ankunft 11.37 Uhr. Das ist die Zahlensprache von Fahrplänen, für deren Korrektheit sich autorisierte Institutionen verbürgen müssen. Die dargestellte Zeit – und jede Geschichte spielt in irgendeiner zeitlichen Dimension – ist, ganz generell gesagt, jene Epoche, in der es Automobile gibt, also das 20. Jahrhundert, sodass das Erzählte für uns bestimmt ist. Die rätselhafte Historie von Anagoor selbst, die unglaublich lange Dauer des Besuchs des Fremden und die mythisch zurückliegende Aufnahme jenes einsamen Wanderers verweisen uns ganz deutlich in die Vergangenheit; das Geschilderte zwingt uns geradezu, auf (schon) Gewesenes zu schauen: Vor den Toren Anagoors auf Kommendes wartend, hält uns die Vergangenheit fest in ihrem Bann.– Buzzatis Wüstenerzählung ist eine nützliche Parabel über das innere, verdeckte Wesen literarischer Texte: Diese – selbst die jüngsten und allerneuesten – werden immer aus vorhandenen Substanzen gemacht; Geschichten entstehen auf alten Folien. Literatur hat stets historische Tiefen aufzuweisen, auch diejenige, welche als brandneu daherkommt und erst in unseren Tagen geschrieben zu sein scheint. Je jünger ein Text ist, desto mehr Zeit liegt nämlich hinter ihm, sodass unsere Sicht weit zurückgehen kann. Das ist eigentlich ein Trost, wo dem Menschen leider der allerkürzeste Blick auf Zukünftiges – wie unser Beispiel zeigt – versagt bleibt.

Barbara BAUMANN schrieb schon sehr früh ein ganzes Buch über das Gesamtwerk unseres Autors; darin trug sie u. a. grundlegende Beobachtungen zur Bedeutung der Zeit in seinen Erzähltexten zusammen; sie hilft uns damit, unseren 'racconto' in einer wesentlichen Hinsicht zu verstehen: „Buzzati geht es nicht um das Darstellen von Zeitgeschichte, sondern von Grenzsituationen, die im Leben jedes Menschen auftreten und die allgemeingültigen, von Zeitumständen weitgehend unabhängigen Charakter haben [...]. Im Werk von B. [ist] nicht die äußere, sondern eine innere Zeitrechnung vorherrschend [...]. Die Blindheit gegenüber der

Zeit ist allgemein kennzeichnend für den Menschen Buzzatischer Prägung [...].
Die Hoffnung ist d e r zentrale Bestandteil des menschlichen Lebens. Die Hoffnung auf eine bessere Zukunft lässt den Menschen die oft trübe Gegenwart ertragen und ihr Fehlen ist gleichbedeutend mit einem zumindest innerlichen Totsein
[...]. Die große Gefahr liegt jedoch darin, dass diese völlige Verlagerung auf das
Zukünftige den Menschen für die Gegenwart unzugänglich macht [...]. Die Menschen sind immer Wartende [...]. Wenn die meisten Menschen auch oft genug
während des Großteils ihres Lebens blind gegenüber den Machenschaften der Zeit
sind, so packt sie doch an einem bestimmten Punkt ein nicht genau definierbares
Unbehagen [...]. So weist die Behandlung der Zeit schon auf Buzzatis pessimistische Denkweise hin. Die Zeit wirkt zwar in jungen Jahren auf den Menschen wie
ein unerschöpflicher Vorrat, der aber durch seine vorwiegend passive Haltung
immer mehr zusammenschrumpft. Der Mensch lässt die Zeit an sich vorbeistreichen, ohne etwas Sinnvolles damit anzufangen." (B. B., *Dino Buzzati. Untersuchungen zur Thematik in seinem Erzählwerk*, 1980: 48-67)

Erzähler: Die kognitiven Grenzen des 'modernen' 'Subjekts'. Jede Geschichte
muss von einer 'Instanz' organisiert und dabei aus bzw. mit einer bestimmten
Sicht dargebracht werden. Keine Geschichte erzählt sich von selbst. Ein Film
dreht sich auch nicht von alleine: Da ist ein Regisseur sowie seine fachkundige
und hilfreiche Crew; zusammen sorgen sie dafür, dass man schließlich den Film
als komplexes Endprodukt zu sehen bekommt. In der Literatur hat man es hingegen mit einem Ein-Mann-Unternehmen zu tun, das für sämtliche darstellerischen
Vorgänge verantwortlich ist. Bei dem *Novellino*-Exempel ist es so, dass uns ein
auktorialer (allwissender) Erzähler über jenen Lebenswegwechsel informiert. Der
Entschluss jenes Kaufmanns oder Bankiers – Hab und Gut wegzugeben, um arm
zu werden – war wohl damals ein Stadtgespräch gewesen. Jeder wusste möglicherweise davon, die Sache war publik geworden, man konnte allgemein darüber
reden. Die Reise durch die Wüste hin zu einer geheimnisvollen Stadt schildert uns
gewissermaßen 'privat' ein Ich-Erzähler. Wir alle verstehen uns als Individuen,
und mit einem anderen 'persönlichen' Ich, das sich als 'Subjekt' fühlt und Erfüllung erstrebt, können wir uns leicht anfreunden bzw. sogar identifizieren. Ein Ich
in einer Geschichte hilft uns somit, rasch ein herausragendes Erlebnis oder besonderes Problem nachzuempfinden, vornehmlich wenn so etwas für uns von großer Relevanz ist, denn wir sind auch permanent, wie in Buzzatis Anagoor-Geschichte, auf der Suche nach schwer Erreichbarem, Unzugänglichem, Ersehntem.

[In dieser für den Leser selbst vielleicht eher zufällig wirkenden, subjektiven Textkonstruktion – d. h. in Buzzatis Abenteuerbericht – geschieht etwas für uns Menschen
(die/wenn wir die Geschichte in uns aufnehmen) Wichtiges und Entscheidendes hinsichtlich der Erweiterung oder auch Stabilisierung unserer Lebenserfahrung. Dieses allgemeine Lektürephänomen lassen wir uns von einem Professor für slawische Literaturen
erläutern, dessen empfehlenswertes Einführungswerk zur Erzähltheorie v. a. auf Literatur russischer Schriftsteller basiert (obwohl sich die theoretischen Erkenntnisse natürlich
mit denen zu Texten anderer Nationen decken):

„Der Leser kann aus sich heraustreten, nicht nur ein fremdes Leben führen, sondern auch in eine fremde Subjektivität schlüpfen, fremde Weltwahrnehmungen und Lebensentwürfe tentativ [= versuchsweise, probeweise, unter Vorbehalt] durchspielen. Kein Gespräch und kein psychologisches Dokument kann soviel Alterität gewähren. Erst das Eintauchen in die Innenwelt des fiktiven Andern gibt dem Menschen die Möglichkeit, sich eine Vorstellung von seiner eigenen Identität zu machen. Erkauft wird das Durchspielen fremder Subjektivität damit, dass alles ausgedacht ist und auf den fingierenden Autor, seine Weltkenntnis und Imaginationskraft, sein Fiktionsspiel bezogen bleibt." (Wolf SCHMID, *Elemente der Narratologie*, [1]2005: 42; [2]2008: 36-7; 'Alterität' ist übrigens ein Begriff aus der neueren Kulturtheorie, der auch innerhalb der Literaturwissenschaft verwendet wird; von lat. *alter = anders* gebildet, macht der damit verbundene Wissenschaftszweig Differenzen in Kulturen und Systemen zu einem produktiven Untersuchungsgegenstand.)]

Wir alle sind zudem ahnungslos Ausharrende im Wartesaal des Lebens. Dieser Umstand wird von Buzzati erzähltechnisch adäquat vermittelt: Die in einem narrativen Text verwendete Erzählinstanz hat nämlich immer auch eine 'realistische' Aufgabe. Der vom Autor entworfene Erzähler sollte bezüglich der darstellerischen Optik einigermaßen mit seinen Erkenntnismöglichkeiten übereinstimmen und diese zu erkennen geben. Das erzählende Ich entspricht wie auch das erzählte Ich in unserem Fall der Tatsächlichkeit des menschlichen Wissens. Was nämlich 'hinter den Mauern' liegt – gemeint ist ein Jenseits, das Paradies, das Ziel unserer Sehnsüchte etc. – kann niemand von uns sagen. Auch wenn wir als Leser das Stadtinnere von Anagoor weniger religiös, philosophisch oder gar eschatologisch verstehen, so kommt die hier literarisch gezeigte Ich-Kompetenz hinsichtlich jenes verschlossenen Raumes unbedingt der Wirklichkeit ähnlicher Situationen entgegen. Denn ein jeder von uns kann höchstens (gerade noch) sich selbst, aber kein zweites Wesen oder Gebilde von innen her kennen. Vor allem heute ist das kognitive (= auf das Wissen, Verstehen, Denken bezogen; erkenntnismäßig, auf Erkenntnis beruhend, das Denken betreffend) Wissen sehr beschränkt, weil es keine festen geistigen Orientierungspunkte mehr gibt: Der Mensch ist zum Spielball politischer Mächte und ökonomischer Kräfte geworden. Wir wissen nicht, was mit uns morgen oder möglicherweise noch heute geschieht. Anagoor ist somit ein Sinnbild unserer (unverschuldeten) dramatischen, ja tragischen Ignoranz inmitten unerhörten Fortschreitens der (sogenannten) Wissenschaften.

Die in Venedig lebende Philologin Ilaria CROTTI eröffnet ihre schöne Gesamtdarstellung des schriftstellerischen Schaffens von Buzzati mit einem Zitat, das aus der wenige Monate vor dem Tod entstandenen Autobiographie unseres Autors stammt; dieses stellt eine äußerst bittere Lebenserkenntnis dar, die uns in vergleichbar scharfer Weise nur noch bei dem Romantiker Giacomo Leopardi (1798-1837) begegnet: „L'uomo ha avuto un'immensa intelligenza, e la paga coll'infelicità [...]. È una creatura sbagliata. Semplicemente. È una creatura straordinaria, tanto straordinaria, ed un essere sbagliato perché infelice per definizione [...]." (I. C., *Buzzati*, 1977: 1) Buzzatis kleine Erzählung ist ja tatsächlich in erster Linie ein Exempel über die Unmöglichkeit, den (richtigen) Weg zum Glück zu finden. Dies passiert einem mit bemerkenswerter Intelligenz ausgestatteten Menschen. Wenn ein solches Individuum von sich selbst erzählt, so kann dies nur mit Hilfe einer Erzählweise geschehen, welche auch die Begrenztheit seines Wissens demonstriert; denn all dies signalisiert in unseren Zeiten ein 'Ich'!

Während unser Ich-Erzähler vor Anagoor ahnungslos, ohne Hilfe und bar jeder Orientierung wartet, ohne weiterzukommen, war es einem anderen, berühmten 'epischen' (= erzähltem) Ich – etwa 700 Jahre zuvor – gelungen, das Tor zur Unterwelt zu durchschreiten und alle jenseitigen Räume ganz genau kennenzulernen. Gemeint ist Dante Alighieri (1265-1321), der uns in seiner *Divina Commedia* schildert, wie er mit Vergil den Eingang zur Hölle bezwingt, das ganze Inferno durchwandert, den Läuterungsberg erklimmt, mit Beatrice durch die Sphären des Himmels gleitet und schließlich des Allerhöchsten ansichtig wird. Das Dante-Ich dringt ein, sieht, erfährt, erkennt und ist dann vollkommen wissend. Unser Wüstenbesucher hingegen schildert uns, wie es mit ihm nicht weiter ging. Damit ließe sich Buzzatis *Le mura di Anagoor* als eine 'intertextuelle' Anspielung auf den 'Versroman' des Nationaldichters der Italiener lesen: Der Erkenntnisgegenstand – die Stadt in der Tibesti-Wüste – ist alt und im Laufe der Jahrhunderte gleich geblieben; allerdings hat sich das um Erkenntnis bemühte 'Subjekt' verändert: Ihm fehlt offenbar der Glaube als Schlüssel zum Öffnen von Türen. (Mit 'Intertextualität' meint man eine sehr beliebte Forschungsrichtung, die nachweist, in welcher Weise Literatur durch Einarbeitung anderer, meist wesentlich älterer Texte als 'Folien' eine stützende Aussagekraft erhält.)

Wir haben Dino Buzzatis Erzählung bislang so behandelt, als hätten wir es mit einer prinzipiell 'normalen' Geschichte, also mit Geschehnissen zu tun, welche in unserer Erfahrungswelt durchaus passieren können und die dann von einem Autor fiktional ausgebreitet werden. Das ist aber nicht der Fall! Es ist überhaupt nicht möglich, dass man im 20. Jh. in der Sahara plötzlich auf eine (unbekannte) Stadt stößt und dort 24 Jahre lang vor verschlossenen Toren verweilt! Es passt da etwas nicht zur 'Wirklichkeit'. In unserem 'racconto' lassen sich die mitgeteilten Fakten nur bis zu einem bestimmten Punkt nachvollziehen, aber dann kommt es zu einem Bruch in der Logik des Handlungsverlaufs. Die Ereignisse werden mit einem Male unglaubhaft oder 'seltsam', so wie wir das von Märchen kennen. Der Text verlässt den Bereich der üblichen 'Empirie' (= Erfahrung bzw. Erfahrbarkeit, im Gegensatz zur Theorie), um sich auf einer anderen Ebene weiter zu entwickeln. In dieser nächsten Sphäre kann sich der Leser allerdings auch wieder zurecht finden, vorausgesetzt man bleibt beim 'Sagenhaften', 'Märchenartigen', 'Außerordentlichen'. Dino Buzzati ist ein Meister dieser Technik, die es als Strömung in der Erzählliteratur vieler Länder zu unterschiedlichen Zeiten gibt. Der uns vertrauten Realität gewinnt er immer eine ungewöhnliche Dimension ab, wie er andererseits auch gewissen Unglaublichkeiten ziemlich wirklichkeitsorientierte Züge zuzuordnen vermag.

Ute STEMPEL stellte dieses spannende Phänomen in den Mittelpunkt ihres Buches, das in Deutschland das allererste über Buzzati war. Auf das Anagoor-Syndrom trifft genau die folgende Feststellung zur Erzählkonstruktion zu: „Diesen Texten

[ist] nicht von vornherein die Projektion einer irrealen Welt eigen, so wie man sie bekanntlich im Märchen antrifft, wo schon nach wenigen Einleitungssätzen ein sprechender Frosch auftauchen kann. Im Gegensatz zum Märchen erscheint das Wunderbare bei dem italienischen Autor meist sehr viel später als Irritation, Infragestellung oder gar Zerstörung einer zunächst als real abgesicherten Welt." (U. S., *Realität des Phantastischen. Untersuchungen zu den Erzählungen Buzzatis*, 1977: 122)

[**Das Phantastische** – also die Durchbrechung des 'Herkömmlichen' bzw. sachlich Überprüfbaren – ist ein wichtiges Verfahren der Literatur, mit dem entscheidende Lebenserkenntnisse durch Heraufbeschwören von Zweifeln dargestellt werden. Deshalb lassen wir uns eine genauere Definition dieses Vorgangs vortragen, und zwar von einem französisch schreibenden Literaturtheoretiker, dem man universell bescheinigt, dass er einen wesentlichen Anteil an einer generellen Klärung dieses textlichen Themenkomplexes gehabt hat: Tzvetan TODOROV (*1939 in Sofia, Bulgarien):

„Wie wir gesehen haben, währt das Fantastische nur so lange wie die Unschlüssigkeit: die gemeinsame Unschlüssigkeit des Lesers und der handelnden Personen, die darüber zu befinden haben, ob das, was sie wahrnehmen, der 'Realität' entspricht, wie sie sich in der herrschenden Auffassung darstellt. Am Ende der Geschichte kommt, wo nicht die Person, immerhin der Leser zu einer Entscheidung; er wählt die eine oder die andere Lösung und tritt durch eben diesen Akt aus dem Fantastischen heraus. Wenn er sich dafür entscheidet, dass die Gesetze der Realität intakt bleiben und eine Erklärung der beschriebenen Phänomene zulassen, dann sagen wir, dass dieses Werk einer anderen Gattung zugehört: dem Unheimlichen. Wenn er sich im Gegenteil dafür entscheidet, dass man neue Naturgesetze anerkennen muß, aus denen das Phänomen dann erklärt werden kann, so treten wir in die Gattung des Wunderbaren ein. Das Fantastische ist daher stets bedroht; es kann sich jeden Augenblick verflüchtigen. Es scheint sich eher an der Grenze zwischen zwei Gattungen, nämlich zwischen dem Wunderbaren und dem Unheimlichen anzusiedeln, als daß es eine selbständige Gattung wäre." (T. T., *Einführung in die fantastische Literatur*, [1]1972, [2]1992: 40; es handelt sich um die dt. Übers. des franz. Originals von 1970)]

Gegen Ende unserer Überlegungen zu dem mittelalterlichen *Novellino*-Exempel über den alle Güter und dann noch sich selbst veräußernden Geldverleiher Piero hatten wir festgestellt (s. Kap. 2.1), dass jene extrem knapp erzählte 'Episode' aus dem Leben eines Menschen von einem geschickten Schriftsteller durchaus zu einem Roman ausgearbeitet werden könnte. Wäre so etwas wohl auch im Falle des merkwürdigen Erlebnisses in der Tibesti-Wüste möglich? Nun, der Anfangsteil des 'racconto' – also Anlass und Umstände der Beratung darüber, ob man jene Stadt aufsuchen soll oder nicht – fällt sehr stringent und wenig Zeit in Anspruch nehmend aus, und auch die anschauliche Fahrt durch die Wüste ließe sich kaum weiter, d. h. sinnstiftend ausdehnen, weil sie ja nur Mittel zum Zweck ist, nämlich eventuell an ein unbekanntes Ziel zu gelangen. Allerdings ließe sich das sich über ein Vierteljahrhundert erstreckende Warten vor den Mauern Anagoors durch die Schilderung des dort verbrachten Daseins regelrecht abenteuerlich ausschmücken; aber dadurch würde Dino Buzzatis Erzähltext seinen Sinn verlieren! Es geht nämlich darin um eine punktuell und plötzlich gemachte Lebenserfahrung, eine unvermutet erlangte Daseinsbelehrung, die in ungeahnter Weise alles bisher Gekannte in den Schatten stellt, funktionslos werden lässt. Und letztlich bzw. vor allem bietet die Geschichte in ihrer Gerafftheit einen Eindruck von der Geschwindigkeit des Verrinnens der Zeit sowie gleichzeitig eine Ahnung von dem Wesen der Ewigkeit. Und Plötzlichkeit, Schnelligkeit und Kürze kann man künstlerisch nicht (oder nur schwerlich) durch Länge, Breite und Detailliertheit realisieren.

Was wäre denn eigentlich der Unterschied zwischen einer italienischen 'novella' und einem Roman, wie lang (vom Papierumfang aus gesehen) jene oder dieser auch sein mögen? Nun, in einer (generell kürzeren) 'Erzählung' geht es meist um einen Moment, eine Situation oder e i n (bestimmtes) Ereignis, welches das an sich lange Leben eines Menschen essentiell beeinflusst und diesem sogar eine Wendung verleihen kann. Ein Roman bietet wohl seinerseits gleichfalls wesentliche Erkenntnisse über ein Leben, eine Gesellschaft, eine Epoche usw., wobei diese Aufschlüsse jedoch anhand einer gewissermaßen panoramahaften oder tableauartigen und damit Zeit und Raum einnehmenden Darstellung erschrieben und vermittelt werden.

Diese Erfahrung kann man überaus unterhaltsam an dem Roman eines weltberühmten und sehr beliebten Autors machen, den Sie bestimmt amüsant und lehrreich finden werden, sodass man ihn Ihnen vorbehaltlos empfehlen kann (u. a., weil man ihn, natürlich, auch ins Deutsche übersetzt hat). *Il barone rampante* (1957; dt. *Der Baron auf den Bäumen*, 1960) von Italo Calvino (1923–85) ist die je nach Ausgabe und Druck zwischen 200 und 300 Seiten umfassende Geschichte von einem jungen, sehr klugen Trotzkopf aus einem norditalienischen Adelsgeschlecht. Wir sind im 18. Jahrhundert ('Settecento'), dem Zeitalter der Aufklärung, welches mit seinen sozialen und politischen Entwicklungen – im europäischen Kontext gesehen – zur (bürgerlichen) Französischen Revolution von 1789 führen sollte. Es ist ungefähr jener Zeitraum, in welchem Giuseppe Parini (1729–99) im Rahmen seiner satirischen Dichtung *Il Giorno* ein Bild von einer überalterten, unfähigen, dekadenten Aristokratie entwarf. Cosimo di Rondò hat das ganze gekünstelte Dasein und antiquierte Getue seiner Adelsfamilie satt. Deshalb klettert er eines Tages auf einen der Bäume des Anwesens und bleibt dort oben – im Reiche der Äste und Zweige, der Natur und der Wolken –, ohne je wieder herabzusteigen! Cosimos Lebensgeschichte in der konventionslosen Baumwelt schildert in Tagebuchaufzeichnungen dessen Bruder, der viel Sympathie für den aussteigenden 'Aufsteiger' hat. Natürlich nicht punktuell, sondern erst im Laufe der Zeit, also im Vorüberziehen seines Lebens, wird Cosimo ein vollständiger und freier Mensch, der sich selbst verwirklicht und zu glücklich machender Sinnfindung in einer mit Überzeugung gewählten Existenz gelangt. Dieses Leben ist von Gedankenfreiheit und Phantasie geprägt und gehört einer neuen Epoche der Menschheitsgeschichte an. Neben solchen persönlichen Werten und Tugenden entwickelt sich bei ihm – trotz jener scheinbaren Einsamkeit – eine klar erkennbare Solidarität, ein humanistisches Sozialverständnis. In dem Protagonisten spiegelt sich somit der komplexe und viele Lebensbereiche betreffende Umbruch eines Jahrhunderte währenden, aber nun zerfallenden Gesellschafts- und Wissenschaftssystems wider, der zur 'Modernität', zu einem neuzeitig freiheitlichen Menschenbild Anlass geben wird. Solche gesamteuropäischen und allgemeinen, geschichtlichen Evolutionsphänomene lassen sich glaubwürdig und nachvollziehbar in keiner Kurzerzählung darstellen! Dazu benötigt man breitere, 'epische' Formen, wie im Falle Italo Calvinos den Prosaroman, der bei ihm den Habitus einer großräumigen, dabei märchenartigen, aber auch sehr politischen Parabel hat.

****

Italianistische Einführungswerke der 'Konkurrenz' II

[Zum Abschluss dieser zweiteiligen (die 'Problemfelder' III und IV umfassenden) Arbeitseinheit über Erzähltexte, also die 'Narrativik', blicken wir wieder auf ein 'Konkurrenzunternehmen' zu unserem Studienbuch, mit dem Sie gerade arbeiten. Am Ende der Einweisung in die Lyrik meinte ich ja, dass WissenschaftlerInnen in ihren Publikationen den Studierenden wohl alles Mögliche zu dem in Rede stehenden Gebiet miteilen, dass sie aber manchmal (gute) ähnliche Bücher verschweigen, um für sich selbst eine bessere Position am Markt zu erreichen. Das ist sehr schade, weil man aus vergleichbaren anderen Werken meist noch viel lernen kann.

Andrea GREWE (*1957) – Professorin für franz. u. ital. Lit.wiss. in Osnabrück – publizierte 2009 ein Buch mit dem Titel *Einführ. in die ital. Lit.wiss.*, das sich an BA-Studierende richtet. Im Vorwort sagt sie wohl, wie ihr Werk aufgebaut ist, aber an keiner Stelle der 318 Seiten weist sie darauf hin, dass es seit langem die im Prinzip gleiche Ziele verfolgende, sehr kompetente Einführung von Elisabeth SCHULZE-WITZENRATH gibt (*Lit.wiss. für Italianisten. Eine Einführ.*, 1. Fass. 1990, 3. Aufl. einer Neubearbeitung 2006). Das muss die Bochumer Romanistin sehr betrüben, weil sie doch eigentlich – zumindest aus meiner Sicht als Mann – mit einer gewissen Solidarität unter Frauen hätte rechnen dürfen. Jedenfalls beschreibe ich Ihnen meinerseits das Buch von Andrea Grewe ausführlich im bibliographischen Teil, damit Sie den Weg zu ihm finden und es zu dem einen oder anderen Sachkomplex konsultieren können. Sie sollen aber schon an dieser Stelle einen konkreten Eindruck von Grewes Darstellungsweise bekommen; deswegen blende ich jene Passage ein, in der sie die absoluten Basics zur Beschaffenheit narrativer Texte vorlegt, über die Sie ja nun gut Bescheid wissen:

Erzählende Texte
Geschichte vs. Darstellung – *storia* vs. *discorso*

„*Fiktionale erzählende Texte* sind durch zwei wesentliche Aspekte gekennzeichnet. Zum einen liegt ihnen eine **Geschichte** zugrunde, d. h. eine Abfolge von Ereignissen, die sich in Zeit u. Raum abspielen u. an denen handelnde Subjekte beteiligt sind. Zum anderen wird diese Geschichte **erzählt**. Der Leser – oder Zuhörer – erfährt von den Ereignissen also nicht unmittelbar, sondern nur mittelbar in der Brechung durch eine **Erzählstimme** (*voce narrante*) oder einen **Erzähler** (*narratore*). Die Erforschung der daraus folgenden Eigenarten erzählender Texte, die erstmals von Platon u. Aristoteles erfasst worden sind (s. Kap. 2.1), sind der Gegenstand der Erzähltheorie u. Erzählforschung bzw. Narratologie (*narratologia*). Diese wird im 20. Jh. von den Russischen Formalisten begründet, mit Untersuchungen zur Erzählperspektive u. zur Zeitgestaltung in Erzähltexten von Lit.wissenschaftlern wie Franz. K. Stanzel (geb. 1923) u. Eberhard Lämmert (geb. 1924) fortgesetzt u. erfährt schließlich im Rahmen des Französischen Strukturalismus eine besondere Intensivierung (vgl. Lahn/Meister 2008, 19-34). Bei der Analyse von Erzähltexten wird daher in der Erzählforschung zwischen zwei Ebenen unterschieden:

128

- der **Geschichte** (*storia*) und
- ihrer **Darstellung** (*discorso*).

Diese Unterscheidung geht auf den französ. Erzählforscher Tzvetan Todorov (geb. 1939) zurück, der in Anlehnung an die Erzähltheorie des Russ. Formalismus zwischen *histoire*, also der Geschichte, und *discours*, ihrer sprachlichen Gestaltung, differenziert (s. Kap. 1.2.3). In der Folge hat Gérard Genette den Begriff *discours* noch weiter untergliedert, und zwar in *récit* und *narration*. Mit *récit* (*racconto* oder *discorso narrativo*) ist dabei die konkrete Erzählung gemeint, der Text, den wir lesen können, mit *narration* (*narrazione*) dagegen die abstrakte Tatsache, dass es sich um eine bestimmte Art der erzählerischen Konstruktion der Geschichte handelt. Wir übernehmen in der folgenden Darstell. der Prinzipien der Erzähltextanalyse die Terminologie von Matias Martinez und Michael Scheffel (2000), die die verschied. narratologischen Ansätze systematisiert haben u. ihrerseits zunächst nur zwischen dem 'Was' u. dem 'Wie' der Erzählung unterscheiden. Mit 'Was' ist dabei die Handlung einschließlich ihres raumzeitlichen Rahmens gemeint, mit 'Wie' die Art ihrer Darstellung, also der Akt der Vermittlung bzw. der erzählerischen Konstruktion der Geschichte. Dies entspricht der Unterteilung Todorovs u. anderer in *histoire* u. *discours*." (A. G., *Einf. in die ital. Lit.wiss.*, 2009: 81)

Wir bekommen hier das bestätigt, was wir zum Ende unserer Arbeitseinheit über die Lyrik im Zusammenhang mit einer Definition von Elisabeth Schulze-Witzenrath betonten, dass nämlich Erzähltexte eine Geschichte vorweisen und dass diese immer eine Formung hat. Ich bin sicher, dass Sie das immer schon wussten oder zumindest geahnt haben. Jene narratologische Dichotomie betrachtet Andrea Grewe jedenfalls chronologisch von den alten Griechen über die im deutschen Sprachraum konsultierten Theoretiker bis hin zu den modernen Franzosen; dabei flechtet sie nützliche Fachtermini des italienischen bzw. internationalen Sprachgebrauchs ein.]

Aufgaben

zu „2.2 Problemfeld IV: **Neuere Narrativik.** Die Kurzerzählung *Le mura di Anagoor* (1958) von Dino **Buzzati** (1906-72) ['Moderne' (20. Jh.)]"

1. Zum Studium einer Nationalliteratur gehört der Erwerb von Kenntnissen der Geschichte des besagten Schrifttums. Um diese zu erlangen, liest man in der Regel 'Literaturgeschichten' in Buchform, wovon es etliche gibt. Nun gehört zum Bearbeiten einer solchen Publikation Mehreres: Einmal das Lesen und In-sich-aufnehmen von Fakten, dann die kritische Beurteilung des Aufbaus und der (methodischen bzw. ideologischen) Darstellung von Literatur sowie, nicht zuletzt, die Überprüfung der Richtigkeit (!) der dort gebotenen Informationen. Letzteres wollen wir an einer aus drei kleinen Bänden bestehenden Literaturgeschichte in deutscher Sprache leisten, welche von einem bedeutenden Literaturprofessor Italiens stammt: Giuseppe PETRONIO (*Geschichte der ital. Lit.*, Tübingen und Basel, Francke Verlag, 3 Bde, 1992-93; Näheres hierzu siehe in der Literaturliste zu diesem 'Problemfeld IV'). In Bd. III (= S. 255-6) wird dort auf einer knappen Seite Dino Buzzati abgehandelt. Jene 32 Zeilen sehen Sie sich bitte genau an, und zwar so, dass Sie jedes Wort, jeden Begriff, jede Äußerung mehrfach überlegen und überprüfen (anhand anderer Literaturgeschichten, Handbücher, aber auch Internetquellen). Sie werden feststellen, dass die Passage einige falsche Angaben enthält. Welche genau sind es? Darüber hinaus stoßen Sie auf ungenaue, pauschalierte oder fragwürdige Äußerungen. Welche sind gemeint? Stellen Sie eine Liste mit allen Mängeln und Fragen zusammen. Welche Schlüsse lassen sich aus Ihrer Überprüfung ziehen?

2. Dino Buzzati verstand sich in erster Linie als Maler – was überraschen mag –, weswegen es gewiss für Sie interessant ist, seine Bilder kennenzulernen. Erstellen Sie daher zunächst eine Übersicht zum Leben und Schaffen Buzzatis. Dokumentieren Sie bitte Ihre Fakten, indem Sie zu jedem Werk von ihm eine Abbildung des jeweiligen Covers einer Ausgabe einblenden. Solche Ausgaben sind leicht in Ihrer Institutsbibliothek sowie im Internet zu finden (z. B. unter der Homepage des Mondadori-Verlags). Sie werden feststellen, dass meist ein Gemälde oder eine Zeichnung unseres Autors auf dem Buchumschlag zu sehen ist, denn Buzzati war eben ein begabter Künstler, dem man zahlreiche Ausstellungen widmete. Versuchen Sie abschließend, Buzzatis Malerei zu charakterisieren und diese in den Zusammenhang mit unserer Anagoor-Geschichte zu stellen.

3. In sogenannten 'Literaturgeschichten' werden nicht nur historische Entwicklungen nachgezeichnet und erklärt, sondern auch Wertungen ausgesprochen, aus denen für die Literaten und ihre Werke Vor- oder Nachteile erwachsen können. Wir wollen diesem Problem nachgehen. 1990 veröffentlichte der namhafte Regensburger Romanistik-Professor Johannes HÖSLE (*1929) in deutscher Sprache eine kleine Literaturgeschichte, welche nur das 19. u. das 20. Jahrhundert behandelt; es war die „zweite, überarbeitete und erweiterte Auflage" eines Buches, das erstmals 1979 erschienen war. Der 18 bzw. 7 Jahre zuvor verstorbene Dino Buzzati wird darin – jeweils mit fast unverändertem Wortlaut – folgendermaßen dargestellt:

„Der Verfasser des meisterhaften Romans 'Il deserto dei Tartari' (Die Tatarenwüste, 1940), Dino Buzzati (1906 Belluno – 1972 Mailand), der mit diesem Werk den in Italien gelungensten Versuch unternahm, Thematik und Atmosphäre des erzählerischen Werks von Franz Kafka aufzugreifen, endete allzu oft bei einer surrealistischen Dutzendproduktion. Mit seinem Buch 'Un amore' (Eine Liebe, 1963) schwenkte er endgültig in die Unterhaltungsliteratur ein, zu der er sich auch mit der Comic-strip-Erzählung 'Orphi e Euro. Poema a fumetti' (1969) bekannte." (J. H., *Ital. Lit. des 19. und 20. Jahrhunderts in Grundzügen*, [2]1990: 123 bzw. [1]1979: 114)

Hösle erwähnt hier drei verschiedene Bücher Buzzatis. Wie fallen die Wertungen aus? Werden die Einschätzungen begründet? Welche Schaffensbereiche lässt Hösle unberücksichtigt? Sind alle Informationen zu den Titeln und Übersetzungen korrekt? Versuchen Sie bitte, die drei Werkbeurteilungen auf der Basis von umfassenderen (deutschsprachigen) Forschungen zu überprüfen und eventuell zu korrigieren. Dazu konsultieren Sie Buzzati-Forschungen (= Bücher) von Ute STEMPEL (1979), Barbara BAUMANN (1980) und Antonella WITTSCHIER (2010); die beiden ersteren untersuchten u. a. den Roman *Il deserto dei Tartari*; letztere befasst sich ausführlich mit *Un amore* sowie dem von Hösle erwähnten Comic-Band. Welches Fazit ziehen Sie nach Ihren Erkundigungen? Welche Aufgaben und Verantwortung hat Ihrer Meinung nach ein Autor, der Literatur geschichtlich erfassen will und damit auch Urteile über Schriftsteller und ihre Werke fällt?

4. Wenn Sie gerne weitere Geschichten von Buzzati lesen möchten, dann besorgen Sie sich eine der unter der Rubrik 'Studienmaterial' angegebenen deutschen Übersetzungen und lesen Sie darin solange, bis dass Sie einen 'racconto' gefunden haben, welcher Sie besonders interessiert und von dem Sie meinen, dass man ihn in einer gewissen Hinsicht mit *Le mura di Anagoor* vergleichen könnte. Führen Sie dann bitte auch den Vergleich durch, indem Sie dafür jene 5 Aspekte, nämlich die von uns herausgearbeiteten narratologischen 'Parameter' nehmen. Zu welchen Ergebnissen kommen Sie dabei? Wenn Buzzati ein Darsteller der 'modernen' Welt und ihrer Probleme ist, wie zeigt sich dieser Umstand an der von Ihnen ausgewählten Geschichte? Weiterhin gehen Sie der Frage nach, inwiefern Ihr Text der Definition einer 'novella' italienischer Prägung zu entsprechen scheint. Ließe sich Ihr Text andererseits auch irgendwie zu einem Roman ausweiten? Und wie ginge das? Leihen Sie sich schließlich auch das italienische Original Ihrer Geschichte aus und freunden Sie sich damit an. Wenn Sie Ihre Analyse vortragen, zitieren Sie die eine oder andere Stelle auf Italienisch.

5. Geschichte von Literatur ist immer auch Geschichte der Einschätzung von Texten innerhalb einer Epoche und deren Gesellschaft. So sah damals Gerolamo TIRABOSCHI (1731-94), erster Autor einer (viele Bände umfassenden) Literaturgeschichte Italiens, das Schrifttum des von uns be-

130

handelten Landes ganz anders als beispielsweise Manfred HARDT (1936-2001) in unserer Zeit. Wenn Sie sich für ideologische Fragestellungen interessieren, dann leihen Sie sich die beiden Übersetzungen aus, welche 1968 und 1987 in der DDR zum ausschließlichen dortigen Vertrieb erschienen waren. Beiden war/ist eine Einführung von Elisabeth ANTKOWIAK beigegeben; jene Texte sind ähnlich, aber keineswegs gleich; machen Sie bitte Unterschiede in den beiden Fassungen aus. Kann man erkennen, dass zwischen beiden Auflagen zwanzig Jahre (und damit irgendwelche Veränderungen) liegen? Wie passt überhaupt Buzzatis Weltbild zur sozialistischen 'Sendung'? Wurde Ihrer Meinung nach Buzzati in der DDR anders verstanden als im 'bürgerlichen' Westen? Versuchen Sie auch herauszubekommen, wie Buzzatis politische Einstellung zum Sozialismus/Kommunismus war: Er arbeitete ja sein Leben lang als Journalist und hatte stets mit Öffentlichkeit und den Entwicklungen der Welt zu tun.

6. Da Buzzatis Geschichten in bemerkenswerten Räumen angesiedelt sind, wie Sie in *Le mura di Anagoor* sahen, lohnt es sich, dass Sie sich einen Überblick über die in seinen Erzählungen und Romanen verwendeten Orte und Räumlichkeiten verschaffen. Dazu konsultieren Sie das Buch von Barbara BAUMANN (*Dino Buzzati. Untersuchungen zur Thematik in seinem Erzählwerk*, 1980). Lesen Sie bitte darin das dritte Kapitel ('Raum' = S. 68-92). Stellen Sie hiernach eine 'Raumsystematik' mit den entsprechenden Kriterien zusammen. Achten Sie darauf, ob gewisse Publikationen zur Räumlichkeit in dem Kapitel eine Rolle spielen. Überlegen Sie bei allen dort erarbeiteten Fakten, ob jene Räume gerade für 'moderne' Literatur und für Probleme von heute typisch sind. Setzen Sie die gewonnenen Raumergebnisse in den Zusammenhang mit der Anagoor-Geschichte. Bei der Lektüre des Baumann-Kapitels stoßen Sie sicher auf die eine oder andere Erzählung, welche Sie näher kennen lernen möchten. Diese lesen Sie (eventuell in einer Übersetzung); Sie stellen sie kurz vor und kommen dabei besonders auf die Räumlichkeit und deren sinnbildende Funktion zu sprechen.

7. Wenn Sie sich für 'Fantasy'-Literatur (bzw. -Filme) interessieren, dann stellen Sie dazu ein überblickartiges Feature zusammen. Sie können Internet-Quellen verwenden, müssen diese aber genau zitieren und die Webseiten exakt angeben. Ihre Recherchen ergänzen Sie jedoch auf jeden Fall durch ein Printmedium (= Buch oder Aufsatz). Nach einer allgemeinen Erklärung des Begriffs und der Gattung behandeln Sie Ihre Aufgabe bitte gemäß der narratologischen Parametereinteilung, wie Sie sie in diesem Buch kennen gelernt haben: Was für Räume werden gerne dargestellt? Um welche Epochen oder Zeiten geht es? Wie sehen die Helden oder Protagonisten aus? Gibt es spezielle Handlungsschemata? Wer 'erzählt' Ihrer Meinung nach eine Fantasy-Geschichte? Am besten ist es, wenn Sie von vorneherein Ihr 'Lieblingsbuch' einbeziehen, sodass Sie zu jedem Aspekt an einem Beispiel konkret werden können. Die Aufgabe soll in folgende Fragen münden: Hat Buzzatis *Le mura di Anagoor* Elemente einer Fantasy-Geschichte an sich? Ließe sich aus Buzzatis Erzählung eine Fantasy-Fassung konstruieren? Wie sähe diese dann eventuell aus?

8. Wenn Sie gerne phantastische Literatur lesen, dann leihen Sie das Buch von Ute STEMPEL aus (*Realität des Phantastischen*, 1977), die sich ausführlich mit diesem Komplex bei Buzzati befasst hat. Es soll nur um das dritte Kapitel gehen ('Die Doppelbödigkeit des Gesicherten' = S. 122-235). Zeichnen Sie bitte die Entwicklungslinien jener Seiten in groben Zügen nach, wobei Sie Ihr Augenmerk auf Definitionen des Phantastischen richten. Achten Sie besonders auf die Begriffe und Konzepte des Literaturtheoretikers T. Todorov. Es fallen dort die Namen nicht-italienischer Autoren, wie z. B. Edgar Allan Poe, dessen erwähnten Text Sie auch ein wenig zur Sprache bringen, sodass man die Geschichtlichkeit dieser theoretischen Fragestellungen erkennt. Bei Ihrer Lektüre stoßen Sie mit Sicherheit auf eine Erzählung von Buzzati, welche Sie neugierig macht. Versuchen Sie, den Text davon zu bekommen; lesen Sie diesen und wenden Sie darauf Kriterien des Phantastischen an, die Sie nun kennen gelernt haben.

9. Wenn Ihnen an didaktischen Problemen gelegen ist, dann besorgen Sie sich das kleine Buch von Frank WANNING (*Ital. Lit. des 19. und 20. Jh.s*, 2005). Diese Publikation beurteilen Sie bitte, und zwar ebenso hinsichtlich ihrer inhaltlichen Ausfüllung als auch bezüglich der rein äußerlichen Aufmachung. Nehmen Sie als Einstieg die Passage zu Dino Buzzati, der Ihnen jetzt bekannt ist (S.

142-3). Wie sind jene anderthalb Seiten gestaltet? Wählen Sie dann ein Kapitel des 19. sowie ein anderes des 20. Jh.s aus, worin es um Aspekte geht, worüber Sie nicht (!) Bescheid wissen, die Sie aber doch ansprechen. Tragen Sie die entsprechenden Informationen zusammen. Wie wurden die Stoffe gegliedert? Fühlen Sie sich gut unterrichtet? Haben Ihnen die optischen Markierungen wirklich geholfen? Oder hätten Sie darauf verzichten können? Was halten Sie überhaupt davon, dass man 'Uni-Wissen' erwachsenen Menschen mit Abitur auf diese etwas infantile Weise vorsetzt? Vergleichen Sie zum Schluss dieses Buch mit einer anderen Literaturgeschichte, welche sich nur bzw. gerade mit dem 19. und/oder 20. Jh. auseinandersetzt (siehe Johannes HÖSLE). Gibt es vielleicht lerntechnische Zwischenlösungen?

10. Da Ihr Studium der Literaturgeschichte gilt, haben Sie ununterbrochen mit Texten zu tun. Es reicht manchmal nicht aus, dass es die Werke von Autorinnen und Autoren 'im Prinzip' gibt, sondern Sie könnten in die Situation kommen, dass Sie diese effektiv in den Händen halten müssen, um sie zu lesen und damit zu arbeiten. Wenn es nun besagte Editionen nicht an Ihrem Wohnort – z. B. in Ihrer Uni-Bibliothek gibt –, muss das nicht heißen, dass nun alles 'zu Ende' ist. Die von Ihnen gesuchten Bücher gibt es ganz gewiss in mehreren anderen Städten Deutschlands. Aber wo? Und wie sehen diese Bücher aus, die Sie nicht kennen? Um solchen Grundsituationen begegnen zu können, sollen Sie den im Netz befindlichen KVK (= 'Karlsruher Virtueller Katalog') und seine Leistungen kennen lernen. Geben Sie eben jene Bezeichnung in die Suchmaschine ein. In die sofort erscheinende Suchleiste fügen Sie ein „Dino Buzzati Erzählungen". Sie erhalten anschließend von etwa 8 gebündelten 'Standorten' alle in bedeutenden Bibliotheken befindliche Übersetzungen mit Erzählungen unseres Autors. Versuchen Sie nun bitte, aus den Katalogdaten eine Gesamtliste der Titel aller deutschsprachigen Publikationen (= Anthologien, Textsammlungen) zu erstellen, welche 'racconti' von Buzzati enthalten. Einen Band davon finden Sie bestimmt in einer Bibliothek Ihrer Stadt. Sie sollen aber auch unbedingt per Fernleihe ein Werk bestellen, das es an Ihrem Ort n i c h t gibt. Lesen Sie dann in beiden Bänden solange, bis dass Sie eine Geschichte gefunden haben, welche Sie beeindruckt und von der Sie meinen, dass man sie mit *Le mura di Anagoor* vergleichen könnte, was Sie dann tun; allerdings soll in der von Ihnen ausgesuchten Geschichte auch eine historische Dimension und bzw. oder eine phantastische Eigenart erkennbar sein. Alle diese Erfahrungen – wie gerade der Umgang mit dem KVK – sind Themen Ihres Referates.

11. Der Hamburger Slawistik-Professor Wolf SCHMID versuchte in einem seiner erzähltheoretischen Einführungswerke (*Elemente der Narratologie*, ¹2005, ²2008) die in vielen Jahrzehnten entstandene Forschung zu jenem Wissenschaftsgebiet handbuchartig zusammenzufassen. Besorgen Sie sich das Buch und stzen Sie sich bitte mit dem Einleitungskapitel auseinander (I. Merkmale des Erzählens im fiktionalen Werk = S. 11-46 bzw. 1-42); es werden darin – bevor der Autor die einzelnen Kategorien eines Erzähltextes bespricht – die Grundsätzlichkeiten bzw. das Urphänomen des Fiktionalen diskutiert. Resümieren Sie die entsprechenden Kerngedanken. Achten Sie dabei auf historische Prozesse in der Theoriebildung. Lassen Sie sich – obwohl dies nicht zu Ihrem engeren Fachgebiet gehört – auf berühmte Werke russischer Provenienz ein, zu denen Sie sich ein wenig kundig machen, damit sich Ihre Bücherkenntnisse komparatistisch (= vergleichend) sowie Ihre literaturgeschichtliche Allgemeinbildung etwas erweitern.

12. Die Anagoor-Geschichte deutet an, dass sich Dino Buzzati als Schriftsteller offenbar nicht mit Nebensächlichkeiten des menschlichen Lebens auseinandersetzt. Es zeigt sich gleichzeitig seine Tendenz, menschliche Existenz immer auch in Form einer Verrätselung zu vergegenwärtigen. Dieses Markenzeichen lässt sich in vielen anderen Kurzgeschichten sowie in allen Romanen aufzeigen. In seinem letzten Roman – *Un amore* (1963) – geht er das brisanteste und komplizierteste Thema des menschlichen Zusammenlebens an: die Beziehung von Mann und Frau als Paar. Gerade in unserer heutigen Gesellschaft erweisen sich alle mit diesem Komplex verbundenen Fragen als höchst brisant. Besorgen Sie sich – wenn Sie sich für diese sozialen, psychischen und sexuellen Fragestellungen interessieren – das Werk von Antonella WITTSCHIER (*Neue Wege zu Dino Buzzati. Un amore (1963). Ein Buzzati-Handbuch*, 2010). Diese Publikation ist nach drei Jahrzehnten wieder eine deutschsprachige Untersuchung zu unserem Autor in Buchform; sie ist die erste Gesamtanalyse dieses Romans überhaupt und enthält gleichzeitig (= Teil II) eine Bibliographie der internationalen Buzzati-Forschung. Lesen Sie jene Seiten, welche den Roman als Erzählwerk aufschlüsseln und ihn als Beispiel für ein in einer 'Krise' befindliches 'Subjekt' in der 'Moderne' erklären. Es handelt sich scheinbar um einen 'Sonderfall' in der Gesellschaft; denn der etwa 50 Jahre alte Bühnenarchitekt Antonio Dorigo verliebt sich in die junge Tänzerin und Gelegenheitsprostituierte Laide, und zwar hoffnungslos. Aber lässt sich die Grundsituation – nämlich vor einem äußerst wichtigen, aber unlösbaren Problem zu stehen – nicht durchaus mit der Anagoor-Geschichte vergleichen? Betrachten Sie die Aufgabe als konkreten Einstieg in die (strukturell und stilistisch-technisch) neuzeitige, sprich: moderne Romanliteratur Italiens, mit der Sie sich im Masterstudiengang auf jeden Fall werden befassen müssen. Antonella Wittschier setzt den Roman aus dem Jahr 1963 in Verbindung mit einem sehr wichtigen Ereignis neuerer italienischer Literaturgeschichte: der Gründung des sogenannten 'Gruppe '63', deren reformerisch-innovativen Ziele Sie auch skizzieren.

13. Wenn Sie sich gerne alte Fotos anschauen, dann erstellen Sie eine Biographie von Dino Buzzati (1906-72) anhand des von Lorenzo VIGANÒ herausgegebenen *'Album Buzzati'* (2006, siehe unter 'Studienmaterial'). Diese Lebensdarstellung begleiten 305 Originalfotos. Auch wenn der Text auf Italienisch geschrieben ist, verstehen Sie bestimmt das Wichtigste der entsprechenden visuellen Dokumente. Sie würden also bitte die Hauptetappen im Dasein unseres Autors zusammenfügen (z. B. mit Hilfe von PowerPoint, Overhead oder Keynote). Wenn Sie die Fotos zeigen, bemühen Sie sich jedes Mal, die historische Substanz zu verdeutlichen, was Ihnen leichter gelingt, wenn Sie die einzelnen Bilder genau 'studieren' und sich in die damalige Zeit versetzen. Bei Fotos, welche eine literarische Bedeutung haben, skizzieren Sie ebenfalls die literaturgeschichtliche Patina des Dokuments. Da Sie am Ende einen recht umfassenden Eindruck von dem geographischen, sozialen und intellektuellen Lebensverlauf Buzzatis gewonnen haben werden, sollten Sie eine Beantwortung der Frage wagen, wieso der Autor gerade auf eine Geschichte kam, welche in der Wüste angesiedelt ist und die von einer geheimnisvollen und verschlossenen Stadt handelt.

14. Da Sie permanent Umgang mit dem Internet haben, wissen Sie sehr gut, dass man im Netz einerseits nützliche und z. T. auch wertvolle Informationen findet, welche einem helfen, sich schnell einen Weg durch das eigene Nichtwissen zu bahnen. Andererseits hat man auch mit viel Ballast und unnützem Zeug zu kämpfen. Gehen Sie doch einmal in das 'Mini-Film-Archiv' YOUTUBE und geben Sie „Dino Buzzati" in die Suchleiste ein. Sichten Sie bitte das gesamte Material und versuchen Sie, Clips zu entdecken, die ob ihrer historischen Substanz einen dokumentarischen Wert haben und die zu Buzzati etwas bieten, was man in Büchern nicht antrifft. Vielleicht gelingt es Ihnen auf diese Weise, ein belebtes bzw. lebendiges, zeit- und literaturgeschichtliches Feature von unserem Autor zu entwerfen.

15. Buzzati war nicht nur ein Maler, der zahlreiche ausdrucksstarke Bilder und von Bebilderung lebende Bücher schrieb, sondern er empfand sich sogar selbst weniger als Literat denn als visueller Künstler. Wer sich besonders für Malerei interessiert, wird gerne die folgende Aufgabe übernehmen. Sie besorgen sich Bände mit Abbildungen von Buzzatis Bildern oder Zeichnungen sowie gemalte Bücher. Zu letzteren zählen der Comic-Band *Poema a fumetti*, der Legendenzyklus *I Miracoli di Val Morel* und die Bärengeschichte für Kinder *La famosa invasione degli orsi in Sicilia*. Dazu informieren Sie sich am besten vorab in dem Buzzati-Handbuch von Antonella WITTSCHIER (2010); in den dortigen bibliographischen Abteilungen 8 ('Ausstellungskataloge und Programme zu Buzzati') sowie 13 ('Publikationen zu dem 'anderen' Buzzati: Malerei, Musik, Alpinismus, Radsport etc.') werden Sie schnell fündig. Erarbeiten Sie dann bitte zunächst eine kleine Charakteristik von Buzzatis Malkunst; machen Sie danach Bilder aus, welche von der allgemeinen Anlage her (Wüste, Stadt, geheimnisvolle Urbanität etc.) eine gewisse Verwandtschaft mit der Anagoor-Geschichte aufzuweisen scheinen. So gelangen Sie zu der Kernfrage, ob man das zentrale Thema unseres 'racconto' eventuell auch aus Buzzatis künstlerischen Arbeiten erschließen kann.

16. Da Sie sich mit Literatur der letzten Jahrzehnte befassen, wäre es gut, wenn Sie das Buch *Die italienische Literatur der Gegenwart. Von Cesare Pavese bis Dario Fo* (1999) des namhaften emeritierten Romanistik-Professors Johannes HÖSLE aus Regensburg kennenlernen würden. Gehen Sie bitte folgenden Fragen nach: 1. Was versteht Hösle unter 'Gegenwart'? (Was wäre denn Ihre eigene 'Gegenwart'? Wie weit reicht diese zurück?). 2. Wie ist das Buzzati-Kapitel (= S. 170-72) aufgebaut? Erkennen Sie darin strukturierende Prinzipien und methodische Wege? Inwiefern wäre denn Buzzati 'gegenwärtig'? 3. Hösle erwähnt, vor allem im letzten Teil seines Buches, verschiedene Schriftstellerinnen; aber in Wirklichkeit ist der Anteil der Frauen an der ital. Literatur nach dem Zweiten Weltkrieg noch größer! Korrigieren/erweitern/ergänzen Sie das Bild von der weiblichen Literaturproduktion anhand von Darstellungen anderer Verfasser (z. B. Hardt, Kapp oder Petronio) bzw. auf der Basis von Werken/Quellen Ihrer Wahl.

17. Sie sollen eine der spannendsten und faszinierendsten Geschichten Buzzatis kennenlernen, welche ebenfalls eine beeindruckende Parabel auf das Leben und seine Einbettung in die Macht des Schicksals darstellt. Wenn Sie diese gelesen haben, möchten Sie sie auch gewiss Ihren Mitstudierenden vorstellen und mit ihnen darüber sprechen. Gemeint ist *Sette piani*, eine Erzählung über ein Sanatorium oder Krankenhaus, welches sieben Etagen hat. Deshalb heißt die deutsche Übersetzung auch *Das Haus mit den sieben Stockwerken*. Giuseppe Corte ist eigentlich gar nicht krank, wird aber in diese Klinik eingewiesen, und zwar in das oberste Stockwerk, weil dort die leichtesten Fälle untergebracht sind. Je tiefer die Etagen liegen, desto schlimmer ist der Krankheitszustand der Patienten. Raten Sie mal, wie es mit unserem fast gesunden Protagonisten weitergeht! Besorgen Sie sich bitte das Hörbuch *Santi amici* aus dem Jahr 2007. Auf dieser Audio-CD bzw. CD-ROM wird – neben zwei anderen 'racconti' – auch *Sette piani* mit sehr klarer Stimme von einem 'Profi' vorgelesen. Es soll anfänglich darum gehen, dass Sie Ihre KommilitonInnen mit diesem Werk bekannt machen, indem Sie in den Text einführen und gewisse Passagen einspielen. Geben Sie auch die eine oder andere Vokabelhilfe. Zum Schluss muss ja über die 'Bedeutung' der Erzählung gesprochen werden. Machen Sie einen ersten Lösungsvorschlag: Wofür steht diese Geschichte in ihrer Systemhaftigkeit? Die anderen SeminarteilnehmerInnen mögen ihrerseits Interpretationsansätze vortragen. Zweitens versuchen Sie hiernach, ein Werk der Weltliteratur ausfindig zu machen, welches man mit *Sette piani* vergleichen könnte. Ihre KommilitonInnen sollen ebenso andere Werke zum Vergleich ins Spiel bringen. Versuchen Sie drittens, die Geschichte mit der Struktur einen altgriechischen Tragödie zu verbinden. Vergleichen Sie viertens *Le mura di Anagoor* mit *Sette piani*: Gibt es Ähnlichkeiten? Befassen Sie sich fünftens mit der Zahl Sieben: Welche (symbolische, numerologische, esoterische) Bedeutung hat diese Zahl in der Kultur- bzw. in der Literaturgeschichte? Gibt es ein literarisches Werk, in dem die Sieben auch eine tragende Funktion hat?

Studienmaterial

zu „2.2 Problemfeld IV: **Neuere Narrativik.** Die Kurzerzählung *Le mura di Anagoor* (1958)
von Dino **Buzzati** (1906-72) ['Moderne' (20. Jh.)]"

Ausgabe der (wichtigsten) Erzählungen von Dino Buzzati

[Dino **BUZZATI**] *Sessanta racconti di D. B.*, ohne Angabe des Verlagsortes [= Milano] (Arnoldo Mondadori Editore bzw. Nelle officine grafiche veronesi dell'editore) [I edizione: Marzo] [1]**1958**, 566 Seiten, Narratori italiani, Bd. 54, 19,3 × 11,5 × 2,6 cm [Dies ist die Erstausgabe (= Editio princeps) der bedeutenden Sammlung mit Erzählungen Buzzatis, wofür dieser im gleichen Jahr den sehr bedeutenden 'Premio Strega' erhielt. Von dieser Edition gibt es offenbar nur ein Ex. in Deutschland (München, Bayer. Staatsbibl., Sign. Z 54 / 442 / 54). Die Anthologie beginnt mit Nr. 1 = *I sette messaggeri* und endet mit: Nr. 60 = *La corazzata 'Tod'*. Sie enthält zum einen die Texte zuvor publizierter Sammlungen (wie die mit dem Titel *I sette messaggeri* und *Paura alla Scala*) sowie neue 'racconti'. Die '*Sessanta racconti*' darf man als die erfolgreichste Publikation von Kurzgeschichten eines ital. Autors der zweiten Hälfte des 20. Jh.s bezeichnen, denn sie wird bis heute immer wieder nachgedruckt und ist meist in jeder Buchhandlung Italiens vorrätig. Dabei blieb das Layout der Texte (mit Ausnahme der Seitenziffern) unverändert; jeweils Paperback, mit bebildertem Cover (z. B. B.s Bild '*La stanza*' von 1968); vorangestellt ist eine knapper Einführungsteil, bestehend aus Vita, Werkübersicht u. Bibliographie; das Taschenbuch hat man immer in einer der 'Oscar'-Reihen des Verlags untergebracht, und das Format ist (mit sehr geringfügigen Abweichungen) gleich. Ich verzichte darauf, alle Nachdrucke aufzuzählen; hier nur ein Beispiel, nämlich zu 2007: XXIV + 476 Seiten, 'Oscar classici moderni', Bd. 99, ISBN 9788804493037, € 9,40.].

Texte von Dino Buzzati auf Audio-CD bzw. CD-ROM

Santi amici. Dino BUZZATI. Das Hörbuch zum Sprachen lernen mit ausgewählten Kurzgeschichten, Interaktives Hörbuch (Italienisch), Nr. 20, München (dp = digital publishing AG) **2007**, Gesamtspielzeit ca. 65 Minuten, ISBN 978-3-89747-848-0, 18,5 × 13,3 × 1,5 cm [= Schachtel: silbern mit buntem Glasfensterschmuck auf dem Cover], € 19,80 [Auf der Audio-CD bzw. CD-ROM befinden sich 3 z. T. berühmte Geschichten: *Sette Piani*, *I topi* und *I Santi*. Sie werden in sehr klarer Diktion von dem Lehrer, Dolmetscher und Berufssprecher in München Marco Montemarano gelesen. In der Schachtel liegt ein Booklet mit dem italienischen Text der 3 'racconti', welche mit zahlreichen Vokabelhilfen versehen sind. Eine dt. Übersetzung der einzelnen Geschichten kann man sich relativ leicht in unseren Bibliotheken besorgen. Die Audio-CD bietet einen durchgehenden Originaltext an, während die CD-ROM Pausenmarkierungen enthält. Die Sprechgeschwindigkeit ist stufenlos. Näheres siehe unter www.digitalpublishing.de].

Übersetzungen einiger Erzählungen von Dino Buzzati

[Ingrid **PARIGI**] Dino BUZZATI, *Lascia o radoppia. Cinque racconti/Aufgeben oder Verdoppeln.* **Fünf Erzählungen.** Übersetzung von I. P. Illustrationen von Dietrich Kirsch, Ebenhausen bei München (Langewiesche-Brandt KG) [1]**1960**, 95 Seiten, Edition Langewiesche-Brandt, Bd. 48, 18,5 × 11,7 × 1,0 cm, Hardcover (weiß) [Der kleine Band enthält folg. 5 'racconti' zweisprachig: *L. o r./A. oder V.*, *I campionissimi/Die Fußballmeister*, *L'accelerazione/Die Beschleunigung*, *Sulla luna/Auf dem Mond* sowie *Le mura di A./Die Mauern von A.* (= S. 80/81-94/95); Begleittexte sind nicht enthalten; die 5 s/w-Zeichnungen sind sehr einfach u. kaum inspirierend. [2]1975: München (Dt. Taschenbuchverlag), 93 Seiten, dtv, Bd. 9102].

[Rita **SEUSS** (und Ingrid **PARIGI**)] Dino BUZZATI, *Lascia o radoppia.* **Racconti.** *Aufgeben oder Verdoppeln.* **Erzählungen.** Übersetzung von R. S., München (Deutscher Taschenbuch Verlag GmbH & Co KG) **2002**, 141 Seiten, dtv zweisprachig, Bd. 9421, ISBN 3-423-09421-4, 18,9 × 11,7 × 1,0 cm, Hardcover (weiß; auf dem Cover: Das Bild '*Natura morta*' von Giorgio Morandi), € 9,- [Diese Ausgabe ist keineswegs identisch mit der zuvor genannten. Sie enthält 10 statt 5 Geschichten; von den 5 Texten aus dem Jahr 1960 wurden nur 3 übernommen (*Lascia o radoppia*, *I campionissimi* und *Sulla luna*, und zwar in der alten Übers. von I. P.). Es kamen neu übersetzt hinzu: *I sette messaggeri/Die sieben Boten*, *Il bambino tiranno/Das tyrannische Kind*, *Vecchio facocero/Altes Warzenschwein*, *Qualcosa era successo/Etwas war geschehen*, *Il colombre/Der Colombre*, *L'umiltà/Demut* und *La giacca stregata/Die verhexte Jacke*. Vorne = erste Seite: Vorstellung der Geschichten; auf der letzten Seite ein Kurzporträt des Autors.].

[Verschiedene **ÜBERSETZERINNEN**] [Elisabeth **ANTKOWIAK** ed.] Dino BUZZATI, *Die Mauern der Stadt Anagoor.* Herausgegeben von E. A., Leipzig (St. Benno-Verlag. Satz: Kühner & Kaestner, Graphische Werkstätten, Eisenach. Druck und Einband: J. Bohn & Sohn, Leipzig) [1**1968**], 163 Seiten, Benno-Bücher – Reihe religiöser Erzählungen. Herausg. von E. A., Bd. 32, Lizenznummer 480/119/68, 19,1 × 12,0 × 1,0 cm, Taschenbuch/Paperback (auf dem Cover u. der Rückseite: verzerrtes Mauermotiv: Illustrationen und Einbandgestaltung: Sigrid Huß, Berlin) [„Nur zum Vertrieb in der Deutschen Demokratischen Republik u. den sozialistischen Ländern bestimmt!"] [Der Band enthält folg. Erzählungen (nur deutsch): *Wenn es dunkelt, Gerichtschronik, Der Hund der Gott gesehen hatte, Die wachsenden Igel, Die Stimme, Die Bodenkammer, Die fünf Brüder, Ein übermütiger Mensch, Der Mantel, Es fängt mit 'A' an, Der Mann der gesund werden wollte, Menschliche Größe, Die Heiligen, Die Mauern von Anagoor* (= S. 160-3). Die 'racconti' stammen aus 5 verschied. Publikationen; der Text der '*Mauern von Anagoor*' ist der von Ingrid Parigi aus dem Jahr 1960 (s. o.); eine 'Einführung' von E. A. auf S. 7-11. Die zweite Ausgabe hierzu lautet: Dino BUZZATI, *Die Mauern der Stadt Anagoor*. Textauswahl von E. A., ebend. [2]1987, 193 Seiten, gleiche Reihe mit ders. Nr., Lizenznr. 480/82/87, ISBN 3-7462-0148-9, 19,1 × 11,9 × 1,1 cm, Taschenbuch/Paperback (andere Einbandgestaltung: lachsrot; auf dem Cover: Illustration eines Labyrinths von Peter Laube sowie Textauszug aus dem 'Nachwort' von E. A.; auf der Rückseite geht jener Text weiter). Diese 2. Ausg. enthält dieselben 15 Erzählungen in ders. Reihenfolge (*Die Mauern der Stadt A.* = S. 179-84); das Nachwort befindet sich nun am Ende des Buches (= S. 185-93); es lassen sich wohl Spuren des ersten Einleitungstextes von 1968 erkennen, jedoch ist dieser 'ideologisch' anders konzipiert. Dem Band sind jetzt 14 s/w-Zeichnungen von Peter Laube beigegeben; Nr. 15 ist auch auf dem Cover.].

Sekundärwerke (zu Dino Buzzati)

Ilaria CROTTI, *Buzzati*, Firenze (La Nuova Italia) [settembre] **1977**, 120 Seiten, Il Castoro. Mensile diretto da Franco Mollia, Bd. 129, 16,5 × 14,9 × 1,7 cm [Der kleine, fibelartige Band ist eine der zahlreichen, in dieser Reihe ital. Gegenwartsautoren gewidmeten Gesamteinführungen. Die immer auch biographisch ausgerichtete Dokumentierung fällt in diesem Fall bibliographisch ordentlich aus. Es ergibt sich ein einfaches, aber akzeptables Gesamtbild von B. u. seinen gut charakterisierten Werken. Die Monographie ist in 15 Kapitel gegliedert, welche chronologisch die einzelnen Bücher bzw. Werkgruppen darstellen.].

Ute STEMPEL [*1942], *Realität des Phantastischen. Untersuchungen zu den Erzählungen Dino Buzzatis*, Frankfurt/M.-Bern-Las Vegas (Peter Lang Verlag GmbH) **1977**, 317 Seiten, Bonner Romanistische Arbeiten, Bd. 3, ISBN 3-261-01765-1, 20,5 × 14,0 × 2,0 cm [Die Verfasserin geht in diesem Buch erstmals in größerem Umfang dem 'Phantastischen' in B.s Werk nach, das eigentlich bis heute die intern. Forsch. zu diesem Autor beschäftigt; sie verarbeitet dabei bedeutende moderne Forschungen zu dieser theoret. Kategorie (wie R. Caillois oder T. Todorov). Aufbau: Einleitung. Vorbemerkung: Zum Begriff des Phantastischen. I. Die Darstell. der Wirklichkeit. II. *In quel preciso momento* – Tagebuch oder „breviario della poetica di Buzzati". III. Die Doppelbödigkeit des Gesicherten. IV. Die materielle Verfremdung der Empirie. Ausblick: Geschick u. Exemplarität.].

Barbara BAUMANN, *Dino Buzzati. Untersuchungen zur Thematik in seinem Erzählwerk*, Heidelberg (Carl Winter Universitätsverlag) **1980**, 298 Seiten, Studia Romanica, Bd. 40, ISBN 3-533-02906-9, 23,0 × 15,7 × 1,8 cm, Paperback (weiß) [Diese ehemalige Heidelberger Dissertation war (nach der von Ute Stempel, siehe oben) die zweite Gesamtdarstellung zu B.; sie steht noch nicht im Zeichen methodisch moderner Forschung, ist aber eine sehr breite u. gründl. Erfassung aller zentraler Themen B.s. Die Anlage ist teilweise von erzählerischen Parametern geprägt, wie wir sie hier auch verwenden, allerdings geschieht das bei der Verfasserin (noch) nicht unter Einbindung der heute gängigen literaturtheoret. Prämissen, also eher 'traditionell'. Aufbau (= Hauptüberschriften): 1. Zur Biographie des Autors; 2. Zeit; 3. Raum; 4. *Il borghese stregato* oder die Sehnsucht nach einem erfüllten Leben; 5. Liebe; 6. *Quelli dell'angoscia*: Conditio humana? 7. Buzzati: ein 'caso a parte'? 8. Versuch eines Vergleichs: *Il deserto dei Tartari* u. *Le rivage des Syrtes* (= von Julien Gracq); Schlussbetrachtung.].

Véronique ANGLARD, *Technique de la nouvelle chez Buzzati*, Paris (Pierre Bordas et fils) **1990**, 127 Seiten, Littérature vivante. Collection dirigée par Paul Désalmand, Bd. 110, ISBN 2-86311-201-S, 21,6 × 14,0 × 2,0 cm [Der Titel lässt nicht erkennen, dass es sich um eine Einführung in B.

136

u. sein Werk, und zwar um ein didaktisches Buch u. regelrechtes Lernwerk handelt, welches in Gymnasien oder im Hochschulunterricht B.s narrative Texte als typische moderne Erzählliteratur verständlich machen will. Es werden daher Parallelen zu anderen Autoren, Gattungen u. Nationalliteraturen gezogen. Das Werk ist mit Fragestellungen bzw. Aufgaben durchsetzt, was verdeutlicht, dass man B. in Frankreich als einen 'Klassiker zum Üben' versteht. Ein ähnliches, allgemein literaturtheoretisch u. pädagogisch angelegtes Arbeitsbuch gibt es nicht einmal in Italien.].

[Lorenzo **VIGANÒ**] *Album Buzzati.* A cura di L. V., Milano (Arnoldo Mondadori Editore S. p. A.) **2006**, VI + 392 Seiten, Oscar grandi classici, Bd. 114, ISBN 88-04-55888-1, 19,2 × 11,4 × 2,7 cm, Hardcover (mintgrün), € 14,80 [Es ist eine sehr ansprechende Darstellung des Lebens(ver)laufes B.s, in die 305 s/w-Fotos – überwiegend aus Familienbesitz – eingebunden sind.].

Antonella **WITTSCHIER** [*1979], *Neue Wege zu Dino Buzzati. Un amore (1963). Ein Buzzati-Handbuch*, Frankfurt/M. u. a. (Peter Lang Verlag) **2010**, 330 Seiten, Grundlagen der Italianistik, Bd. 13, ISBN 978-3-631-60545-5, 21,6 × 15,3 × 2,8 cm, Hardcover (gelb; Dante-Verse als Untergrund), € 54,80 [Im deutschen Sprachraum ist dieses Werk nach etwa 3 Jahrzehnten (s. oben die Arbeiten von U. Stempel u. B. Baumann) wieder eine Studie über Buzzati in Buchform. Die Arbeit ist im ersten Teil eine erschöpfende Untersuchung von *Un amore* (1963), Buzzatis letztem Roman über eine Beziehung (zwischen einem älteren Architekten u. einer jungen Tänzerin an der Scala und Gelegenheitsprostituierten), worauf ein 130 Seiten umfassender Studienführer folgt, der prinzipiell die gesamte (internationale) Buzzati-Forsch. vorstellt. Aufbau: EINFÜHRUNGSTEIL. Neue Deutungswege zu D. B.: *Un amore* (1963), der vernachlässigte Roman eines Autors der Weltliteratur (I. Basiswissen zum Untersuchungsgegenstand; II. Erzähltheoret. Analyse; III. Kultur- und sozialgeschichtl. Erfassung; IV. Medial-komparatist. Gegenüberstellung; V. Strömungsgeschichtl. Einordnung = alles weiter untergliedert). HANDBUCHTEIL. Neue Forschungswege zu Dino Buzzati: Bibliograph. Einführ. in die Buzzati-Philologie = Gesamtbibliographie/Studienführer in 22 Abteilungen). ANHÄNGE: Anthologie der Zeitungskritiken aus dem Jahr 1963; Interviews mit Almerina Buzzati sowie Patrizia Dalla Rosa; Register.].

Literaturtheorie (zur Narrativik)

Vladimir [JAKOVIEVIČ] **PROPP** [1895-1970, 1938-69 Prof. für Germanistik, russ. Lit. und Folklore an der Staatl. Univ. Leningrad], *Morphologie des Märchens.* Herausg. von Karl EIMERMACHER. Übersetzt von Christel Wendt, München (Carl Hanser Verlag) [1]**1972**, 232 Seiten, Lit. als Kunst. Eine Schriftenreihe, herausg. von Walter Höllerer, ohne Bd.Nr., ISBN 3-446-11581-1, 20,2 × 11,8 × 1,8 cm [Die ersten Sätze der Einleit. dieses epochalen Narratologie-Buches – welches in Russland erstmals 1928 erschien u. dann von dem Regime in Vergessenheit gebracht wurde, um erst wieder 1969 in Moskau gedruckt zu werden – signalisieren eine erstaunliche methodische Klarheit u. einen für damalige Verhältnisse ungewöhnlichen Wagemut hinsichtlich einer Sezierung undurchsichtiger Verhältnisse in Sprach- u. Lit.wissenschaft, u. es wird auch klar, wieso Propp Pionier einer strukturierenden Text- u. Geisteswissenschaft werden konnte: „Das Wort Morphologie bedeutet Formenlehre. In der Botanik versteht man unter diesem Begriff die Lehre von den Bestandteilen der Pflanze, deren Verhältnis zueinander u. zum Ganzen, mit anderen Worten die Lehre vom Bau der Pflanze. An die Möglichkeit, von einer Morphologie des Märchens zu sprechen, hat noch niemand gedacht. Indessen ist auf dem Gebiet des Volksmärchens eine Formanalyse sowie eine Ableitung von Strukturgesetzmäßigkeiten ebenso gut möglich wie bei Organismen." (9) [2]1975: Frankfurt/M. (Suhrkamp Verlag) 294 Seiten, Suhrkamp Taschenbuch Wissenschaft, Bd. 131; [3]1982: ebend. (ders. Verlag, gleiche Seitenzahl u. Reihe), ISBN 3-518-27731-6.].

Tzvetan **TODOROV** [*1939, aus Bulgarien stammender Philologe, der in Paris lehrt], *Einführung in die fantastische Literatur.* Aus dem Französischen von Karin Kersten, Senta Metz und Caroline Neubaur, München (Carl Hanser Verlag) [1]**1972**, 159 Seiten, Lit. als Kunst. Eine Schriftenreihe, herausg. von Walter Höllerer, ohne Bd.Nr., ISBN 3-446-11632-X, 20,2 × 11,7 × 1,6 cm [Dieses Buch ist ein pionierhaftes Standardwerk auf dem Themengebiet; es war kurz zuvor auf Französisch erschienen (Introduction à la littérature fantastique, Paris, Éditions du Seuil, 1970). Aufbau: Die literar. Gattungen; Definition des Fantastischen; Das Unheimliche u. das Wunderbare; Die Poesie u. die Allegorie; Der fantast. Diskurs; Die Themen des Fantastischen: Einleitung, Die ich-Themen, Die du-Themen, Die Themen des Fantast.; Schluß; Lit. u. Fantastisches; Bibliographie; [2]1992: Frankfurt/M. (Fischer-Taschenbuch-Verlag) 158 Seiten, Fischer-Taschenbücher, Bd. 10958, ISBN 3-596-10958-2, 19,0 × 12,3 × 0,8 cm (Paperback: hellblau; auf dem Cover das Bild 'Phäaken' von Alfred Kubin).].

Norbert **REICHEL** [*1955], *Der erzählte Raum. Zur Verflechtung von sozialem und poetischem Raum in der erzählenden Literatur*, Darmstadt (Wissenschaftl. Buchgesellschaft) **1987**, 287 Seiten, Impulse der Forschung, Bd. 52, ISBN 3-534-02371-4, 21,4 × 12,6 × 2,2 cm, Paperback [Diese ehemalige Bonner Dissertation ist eine exemplarische Studie zur Bedeutungsbildung von Räumlichkeit in der neueren europ. Lit. Der Romanist u. Komparatist N. R. macht gewisse Raumtypen aus u. zeigt, wie diese den einzelnen Erzählern dienlich sind, um ihre philosophischen u. sozialen Themen darzustellen. Aufbau: 1. Die Sehn-Sucht nach dem Fortschritt zur Ruhe; 2. Der Mythos der Vollkommenheit (2.1 Der Felsenmensch; 2.2 Der Kampf mit der Sonne); 3. Die Akte der Raumnahme (3.1 Südseeträume; 3.2 Wüstenreiche; 3.3 Heilige Labyrinthe); 4. Der Erzähler im Allerheiligen (4.1 Die Tradition des rechten Weges; 4.2 Die Hilflosigkeit des Abenteurers); 5. Die Entfaltung der Zeit im Raum; Literatur].

Wolf **SCHMID** [*1944, em. Prof. für Slawistik an der Univ. Hamburg], *Elemente der Narratologie*, Berlin-New York (Walter de Gruyter GmbH & Co. KG) [1]**2005**, 320 Seiten, Narratologia. Contributions to Narrative Theory/Beiträge zur Erzähltheorie, Bd. 8, ISBN 3-11-018593-8, 23,4 × 15,8 × 2,2 cm, Hardcover (mehrere Farben) [Das Werk geht auf eine 2003 in Moskau erschienene russische Fass. zurück. „Das vorliegende Buch verfolgt [...] weniger ein theoriegeschichtliches als ein systematisches Interesse. Historische Abrisse zu den einzelnen Schlüsselbegriffen dienen in erster Linie der Beschreib. der entsprech. Phänomene." (5) Aufbau (= Hauptkapitel, alle weiter untergliedert): I. Merkmale des Erzählens im fiktionalen Werk; II. Die Instanzen des Erzählwerks; III. Die Erzählperspektive; IV. Erzählertext u. Personentext; V. Die narrativen Transformationen: Geschehen – Geschichte – Erzählung – Präsentation der Erzählung. Schluss; Literatur; Glossar u. Index der Namen u. Werke. [2]2008 (= 2., verbess. Aufl.): ebend., XII + 335 Seiten, De Gruyter-Studienbuch, ohne Bd.Nr., ISBN 978-3-11-020264-9, Broschur (blau mit Mustern); € 24,95; auch als 'eBook' erhältlich.].

Monika **FLUDERNIK** [*1957, Prof. für Anglistik an der Univ. Freiburg], *Einführung in die Erzähltheorie*, Darmstadt (WBG = Wissenschaftl. Buchgesellschaft) [1]**2006**, 191 Seiten, Einführ. Lit.wissenschaft, ohne Bd.Nr., ISBN 978-3534-16330-4 bzw. 3-534-16330-3, 23,9 × 16,4 × 1,5 cm, Paperback (gelb, orange, rot, grün), € 14,90 [Auf der Rückseite des Buches der ehemaligen Schülerin des bedeutenden Narratologen F. K. Stanzel liest man: „M. F. führt kompakt u. übersichtlich in die Grundlagen der Erzählforschung ein u. macht mit den wichtigsten narratolog. Fragestellungen bekannt. Sie stellt die aktuellen erzähltheoret. Ansätze u. ihre Vertreter vor, erläutert die gebräuchl. Terminologie u. leitet gezielt zur erzähltheoretisch fundierten Arbeit am Text an. In exemplar. Musteranalysen wird die Leistungsfähigkeit der Erzähltheorie erprobt. Der Band wendet sich insbesondere an Studenten der Anfangssemester. Er eignet sich für Germanisten, Anglisten u. Romanisten gleichermaßen. Die Textbeispiele entstammen den entsprech. Literaturen." Aufbau (alles mehrfach untergliedert): I. Erzählung u. Erzählen; II. Die Erzähltheorie; III. Das Erzählwerk; IV. Erzählstrukturen; V. Die Erzähloberfläche; VI. Realismus, Illusionismus u. Metafiktion; VII. Sprache als Rede u. Stil in der Erzählung; VIII. Gedanken, Gefühle u. das Unterbewusste; IX. Erzähltypologien; X. Gesch. der Erzählformen; XI. Interpretationsbeispiele; Ratschläge für heranwachsende NarratologInnen; Kleine Fibel erzähltechn. Termini; Bibliografie. [2]2008 (= '2., durchges. Aufl.'): gleich in Bezug auf Verlag, Format, Seitenzahl u. Reihe, aber jetzt mit dem Titel 'Erzähltheorie: Eine Einführung', ISBN 978-3-534-21541-6; [3]2010: dito (= unveränd.), ISBN 978-3-534-23167-6; € 14,90.].

138

Silke **LAHN** [Doktorandin in Hamburg] - Jan Christoph **MEISTER** [Prof. für Neuere Dt. Literatur ebend.], *Einführung in die Erzähltextanalyse*. Unter Mitarbeit von Matthias Aumüller, Benjamin Biebuyck, Anja Burghardt, Jens Eder, Per Krogh Hansen u. Felix Sprang. Mit Abbildungen u. Grafiken, Stuttgart-Weimar (Verlag J. B. Metzler) **2008**, XI + 311 Seiten, BA-Studium, ohne Nr., ISBN 978-3-476-02226-4, Paperback (Cover: blaue Fläche, oben Streifen in orange), € 19,95 [Im Vorwort liest man: „Der vorlieg. Band zur Einführ. in die Erzähltextanalyse möchte ein narratologisch fundiertes begriffliches u. method. Instrumentarium an die Hand geben." (IX) Es ist ein Lernwerk mit optischen Markierungen, farblich abgesetzter Schrift, Synopsen, Tabellen, Cover-Abbildungen berühmter Ausgaben (alles in bester Druckqualität). Aufbau (jeweils vielfach untergliedert): I. Was ist Erzählen? II. Kurze Gesch. der Erzähltheorie; III. Drei Zugänge zum Erzähltext; IV. Die drei Dimensionen des Erzähltextes; V. Weitere Formen des Erzählens; VI. Anhang (hier u. a. ein nützliches 'Glossar erzähltheoret. Grundbegriffe').].

Literaturgeschichten

Johannes **HÖSLE** [*1929, em. Prof. für Romanistik an der Univ. Regensburg], *Grundzüge der italienischen Literatur des 19. und 20. Jh.s*, Darmstadt (Wissenschaftliche Buchgesellschaft) [1]1979, XV + 168 Seiten, Grundzüge, Bd. 36, ISBN 3-534-08001-7, 19,3 × 12,5 × 1,0 cm, Paperback (grün, oben schwarzer Rand), nicht mehr auf dem Markt [Zu dem kleinen Werk des namhaften Romanisten heißt es auf dem Buchrücken: „Die Autoren u. Werke der ital. Lit. des 19. u. 20. Jh.s sind nördlich der Alpen meist nur sporadisch rezipiert worden. Die Darstell. versucht, die großen Linien u. Zus.hänge zwischen den einzelnen Persönlichkeiten aufzuzeigen u. widmet daher den Gruppierungen um literar. Zeitschriften besondere Aufmerksamkeit. Eine ausgew. Bibliographie gibt die nötigen Hinweise zu vertieftem Studium." Aufbau: I. Von der Napoleon. Ära bis zum Beginn der Unabhängigkeitskriege; II. Die Lit. des Risorgimento; III. Von der Proklamation des Königreichs Italien bis zum Ersten Weltkrieg; IV. Die Lit. zwischen den beiden Weltkriegen; V. Die Gegenwartslit. – Die bibliogr. Hinweise sind auf den S. 133-60 (= Werke u. Sek.lit., alles sparsam; zu Buzzati wird nur ein altes Buch von F. Gianfranceschi aus dem Jahr 1967 erwähnt, sonst nichts); die Darstell. Buzzatis ist auf S. 114 u. umfasst 8 Zeilen. Es folgen nun die Angaben zur zweiten (= „überarbeiteten u. erweiterten") Auflage:
J. **HÖSLE**, *Italienische Literatur des 19. u. 20. Jh.s in Grundzügen*, ebend. [2]1990, XIX + 200 Seiten, in keiner Reihe, ISBN 3-534-08001-7, etwas größeres Format: 21,2 × 13,4 × 1,5 cm, Paperback (blau), auch nur noch antiquarisch zu erwerben. Auf dem Buchrücken heißt es nun ergänzend: „Die ital. Lit. wurde in den achtziger Jahren in einem zum Zeitpunkt der ersten Aufl. dieser Überblicksdarstell. (1979) nicht vorstellbaren Ausmaß auch international rezipiert. Ohne die Konzeption des Bandes grundsätzlich zu ändern, wurden daher besonders in dem der Gegenwartslit. gewidmeten Teil einige in der aktuellen Diskussion stehende Autoren u. Werke neu aufgenommen. Die biograph. u. bibliograph. Angaben wurden gesichtet bzw. ergänzt." Aufbau u. Kapitelbenennungen blieben gleich; der fünfte Teil zur Gegenwartslit. wurde nicht (!) wesentlich ergänzt. Die 9 Zeilen zu Buzzati (= S. 123) blieben unverändert, nur dass der Autor jetzt nicht mehr 1906 in Rom, sondern in Belluno geboren wurde. Die Sekundärlit. hat man auch nicht erweitert (= nur Gianfanceschi 1967), obschon eine regelrechte Lawine an Studien zu Buzzati erschienen war. Neu ist die 'Zeittafel' auf S. 187-91, welche nur historische, militärische sowie parteigeschichtliche Fakten auflistet, Kulturelles ungenannt lässt.].

Giuseppe **PETRONIO** [1909-2003], *Geschichte der italienischen Literatur*, Tübingen-Basel (A. Francke Verlag) 3 Bde, **1992-1993-1993**, XV-317 + XVII-397 + XV-411 Seiten, Uni-Taschenbücher, Nr. 1698-1699-1700, ISBN 3-8252-1698-5 bzw. 3-8252-1699-3 bzw. 3-8252-1700-0, 18,6 × 11,9 × circa 1,5-2,0 cm, Paperback (rot) [Es handelt sich nicht um eine deutsche, sondern um eine (von Ursula Wagner-Kuon) übersetzte, in Italien etwa 30 Jahre lang aufgelegte, einbänd. Lit.gesch. eines namhaften it. Lit.professors, die der dt. Verlag in 3 Teilen herausbrachte. Es ist ein 'vom Autor für die dt. Ausg. gestraffter u. aktualisierter Text'. Die 3 Bde tragen folg. Untertitel 'Von den Anfängen bis zur Renaissance', 'Vom Barock bis zur Romantik' u. 'Vom Verismus bis zur

Gegenwart' (alles vielfach u. detailliert unterglied.). Der Verlag stellt das Werk auf dem Buchrücken so vor: „G. Petronios Standardwerk zur ital. Lit. wird hier erstmals in dt. Übers. vorgelegt. Der Autor führt souverän durch die verschied. Epochen u. Strömungen der ital. Lit. u. lässt mit deren sozialgeschichtl. Situierung auch den histor. Hintergrund lebendig werden. Dies macht sein unentbehrliches Handbuch für Italianisten zugleich zu einem spannenden Lesebuch für alle an ital. Lit. Interessierten." Die Bücher enthalten leider keine bibliograph. Hinweise; auch gibt es keine Fußnoten, in denen mit anderen Philologen ein wissenschaftl. Dialog geführt würde. Der Leser bekommt ausschließlich Petronios Ansichten vorgesetzt, der ihm alles 'souverän' mitteilt. Wir haben eine ähnliche Situation wie in den Hörsälen ital. Universitäten, wo die Studierenden sich alles stumm vorlesungshaft anhören müssen. Seit der Erstausg. lautete der ursprüngliche it. Titel 'L'attività letteraria in Italia: Storia della lett.' (Palermo, Palumbo, [1]1964, 878 Seiten); letzte Aufl.: ebend. 1999, XXI + 1096 Seiten = 'edizione nuova e aggiornata'. Unveränd. Nachdruck der dt. Übers.: 01. 07. 2001, UTB für Wissenschaft, pro Bd. € 7,90, geänderte ISBN.].

Johannes **HÖSLE** [*1929], *Die italienische Literatur der Gegenwart. Von Cesare Pavese bis Dario Fo*, München (C. H. Beck'sche Verlagsbuchhandl.) **1999**, 301 Seiten, Beck'sche Reihe, Bd.Nr. 1285, ISBN 3-406-42085-0, 18,9 × 12,4 × 2,1 cm, Paperback (grün; auf dem Cover: das Bild '*8 libri*' des Künstlers 'Salvo' von 1983 = offene u. geschlossene Bücher), € 12,50 [Aufbau: Vorwort (S. 9-15); I. Der Neorealismus: Umbruch u. Neubeginn (= 11 Autoren); II. Eduardo De Filippo u. das Theater nach 1945; III. Die großen Lyriker der Vorkriegsjahre u. ihre Reaktion auf das Debakel von 1943/45 (6 Dichter); IV. C. E. Gadda, P. P. Pasolini, Experimentalismus u. die Neoavantgarde des 'Gruppo 63' (= 9 Autoren); V. Italo Calvino; VI. Die posthermetischen Lyriker (= 6 Dichter); VII. Traditionalisten, Außenseiter, Sonderfälle, Bestseller (= 12 Autoren; darunter 3 Frauen: Elsa Morante, Natalia Ginzburg, Lalla Romano); VIII. Dario Fo, Stückeschreiber u. Mime der sozialen Konflikte u. Revolten der sechziger u. siebz. Jahre; IX. Autonomie u. Kontraste regionaler Zentren (= zu einzelnen Städten u. Regionen); X. Der Boom der Erzähllit. seit 1980 (= 11 Männer sowie das Kap. 'Neuere erzählende Prosa ital. Frauen'); XI. Die Lyrik der letzten Jahrzehnte (= zu Beginn das Kap. 'Die Dichtung der Frauen' sowie 4 Männer). Bibliograph. Hilfe muss man sich aus den 78 Anmerkungen heraussuchen. Auf dem Buchrücken liest man eine Beschreib. des Werks, dessen Ergiebigkeit der Leser selbst einschätzen sollte.].

Frank **WANNING** [Prof. für Romanistik an der Univ. Hannover], *Italienische Literatur des 19. und 20. Jh.s*, Barcelona-Belgrad (und weitere 8 Städte, aber eigentlich Stuttgart) (Ernst Klett Sprachen GmbH) **2005**, 168 Seiten, Uni-Wissen (Abteilung Italienisch), ohne Bd.Nr., ISBN 3-12-939553, 22,5 × 14,9 × 1,0 cm, Paperback (blau u. andere Farben), € 9,95 [Diese kleine Lit.geschichte ist eine schon rein äußerlich primär als Lernwerk gestaltete Einführ. in die beide Jahrhunderte: Alles ist für das Auge deutlich bzw. übersichtlich gegliedert und mit Seh- bzw. Lernhilfen ausgestattet. Aufbau: Einleitung. Probleme der Epocheneinteilung; 1. Neoklassizismus u. Romantik; 2. Verismus – Neorealismus; 3. Dekadenz u. Ästhetizismus; 4. Hermetismus; 5. Existenzialismus; 6. Crepuscolarismo; 7. Avantgardebewegungen u. Gegenwartslit.: Scapigliatura; 8. Futurismus; 9. Experimentelle Lit.; 10. Massenlit. u. Melodrama (bis hier ist alles nach Gattungen u. Autoren untergliedert); Anhang (Zeitschriften, Bibliographie, Personenregister, Sachreg.). Auf dem Buchrücken heißt es zu dem Werk: „Die Ausführungen dieses Bandes zur überaus reichen Gesch. der ital. Lit. des 19. u. 20. Jh.s verknüpfen in methodisch transparenter Weise eine chronol. Darstell. nach Epochen mit systemat. Aspekten insbesondere der literar. Gattungen. Die soziokulturellen Bedingungen der ital. Lit. zwischen Romantik, Verismus u. modernen Avantgardebewegungen bringen spezif. Gattungsmerkmale hervor, zu denen repräsentative Dichter vorgestellt u. zentrale literar. Werke analysiert werden."].

Studienführer bzw. 'Einführung' (zur italienischen Literaturwissenschaft)

Andrea **GREWE** [*1957, Professorin für franz. u. ital. Lit.wiss. an der Univ. Osnabrück], *Einführung in die italienische Literaturwissenschaft. Mit 53 Abbildungen*, Stuttgart (J. B. Metzler'sche Verlagsbuchhandlung u. Carl Ernst Poeschel Verlag GmbH) **2009**, VIII + 318 Seiten, BA-Stu-

140

dium, ohne Bd.Nr., ISBN 978-3476-02081-9, 23,0 × 15,4 × 1,9 cm, kartoniert (hellblau mit weißer bzw. schwarzer Schrift), € 19,95 [Das Buch ist (nur) zu einem (ersten) Drittel eine philologische Einführ.; die übrigen Zweidrittel sind (bloß) eine Lit.gesch.; es muss sich also erstens mit ähnlichen philolog. Einführungen zur Italianistik sowie zweitens mit den übrigen ital. Lit.geschichten in dt. Sprache messen lassen. Um es vorweg zu sagen: Der erste Teil ist keineswegs 'besser' als z. B. das von der auf diesem Gebiet äußerst erfahrenen und kompetenten Elisabeth SCHULZE-WITZENRATH Vorgewiesene, das sich anschließende Historische ist an sich nichts Neues oder Besonderes (d. h. verglichen mit den üblichen Literaturüberblicken). Aufbau von Teil I (= S. 1-126): GRUNDBEGRIFFE (Der Lit.begriff; Methoden der Lit.wissensch.); VERFAHREN DER TEXTANALYSE (Gattungen u. Schreibweisen; Lyrische Texte; Dramatische Texte; Erzählende Texte. Zu empfehlen sind diese gattungsbezogenen Darlegungen dort, wo jeweils ein Textbeispiel analysiert wird.). RHETORIK, POETIK U. STILISTIK (Rhetorik u. Poetik; Das System der Rhetorik; Stilistik; hierzu gibt es wieder eine Textinterpretation). Teil II (= S. 127-308) lautet EINFÜHRUNG IN DIE GESCH. DER ITAL. LIT. (U. KULTUR). Nach einem kleinen Abschnitt über die Historiographie der ital. Lit. beginnt die fortlaufende Darstell. nach Jahrhunderten, Epochen, Autoren, Werken etc. Äußerlich stellt man eine Auflockerung u. Unterhaltsamkeit suggerierende Bebilderung sowie eine an die Schule erinnernde Tendenz zur Veranschaulichung (oder Vereinfachung) in Tabellen u. Synopsen fest. Es werden zwischendurch wieder (vier) Texte besprochen. Am Ende der Hauptabschnitte gibt es bibliographische Hinweise. Es fällt bei diesen Literaturangaben auf, dass A. Grewe darauf achtete, solche Bücher (in dt. Sprache) n i c h t zu nennen, welche in einem Wettstreit mit ihrer Literaturgeschichte stehen könnten, die aber für die einfache Hilfe benötigenden BA-Studierenden goldrichtig gewesen wären (zumal man sie in jeder Universitäts- oder Seminarbibliothek aus den Regalen ziehen kann.). Das gilt für umfassende Lit.geschichten (die vom Mittelalter bis zur 'Gegenwart' reichen): So bleiben Johannes HÖSLE u. Heinz Willi WITTSCHIER unerwähnt; verschwiegen werden Lit.geschichten zu abgeschlossenen Epochen oder Jahrhunderten, wie wie die W. Th. ELWERT zum gesamten Mittelalter oder von H. W. WITTSCHIER (2000) zum Duecento. Bedauerlich ist auch die literarhistoriographische Nichtbeachtung der Neuzeit: So erfahren die Studierenden nichts über die Bücher von W. A. VETTERLI u. Peter IHRING zum 19. Jh. sowie von J. HÖSLE u. Frank WANNING zum 19. u. 20. Jh. bzw. von HÖSLE zur Gegenwartsliteratur. Es handelt sich in allen Fällen um handliche Einführungspublikationen, welche den angehenden ItalianistInnen helfen können, schwierige Zusammenhänge leicht zu verstehen u. sich eigene Interessensschwerpunkte zu bilden. Stattdessen stößt der junge Mensch in jenen Bibliographien auf uralte u. regelrecht verstaubte (Girolamo TIRABOSCHI = 18. Jh., Francesco DE SANCTIS = 19. Jh.) oder schwer verdauliche bzw. hochintellektuelle Werke, die höchstens ins letzte Semester der Masterphase passen, aber eigentlich auch dann fehl am Platze wären. Man findet auch lustige Irrtümer: Das wirklich schöne Buch von Ulrich PRILL über den mittelalterlichen Dante (1999) als weiterführenden Titel zum 19. Jh. zu nennen, ist natürlich Unsinn (oder hoffentlich ein Versehen einer wissenschaftlichen Hilfskraft). Auf dem hinteren Umschlag liest man unangebracht großtuerisch: „Von Dante bis Eco, von Vittoria Colonna bis Dacia Maraini u. von Machiavelli bis Dario Fo: Dieser Band bietet eine umfassende Einführ. in die ital. Lit.wissensch. u. Lit.gesch. mit Ausblicken auf Themen u. Aspekte der Kulturwissenschaft. Er informiert über Grundbegriffe der Lit.wissensch., stellt die wichtigsten Lit.theorien vor u. präsentiert die Grundlagen der wissenschaftl. Textanalyse u. -interpretation. Mit Interpretationsbeispielen, Abbildungen u. Zeittafeln. Für BA-Studiengänge zu empfehlen." Ich empfehle das Buch auch, allerdings mit der Bitte, sorgfältig darin zu blättern und sich wirklich nur das näher anzuschauen, was einem bis dato vermeintlich im Studium entgangen war.].

3.1 Problemfeld V: Frühe Textdramatik. Der *Orfeo* (um 1480) von Angelo Poliziano (1454-94) [Quattrocento: Humanismus und Renaissance (15. Jh.)].

Unser Kennenlernen wichtiger Etappen der Literaturgeschichte Italiens begannen wir mit der Lyrik und der Narrativik. Nun fahren wir fort mit der Dramatik, also der Theater- oder Bühnenproduktion. Dies ist die letzte herausragende Gattung im Gesamtspektrum der Weltliteraturen. Bei unserem Blick auf dramatische bzw. 'szenische' Werke dürfen wir nicht vergessen, dass es hierbei nicht sosehr um das Lesen, sondern eigentlich gerade um ein optisches und akustisches Erfassen dieser Literaturzeugnisse geht. Sie verstehen das gut, weil Sie in einer von visuellen Medien geprägten Welt leben und Vieles vornehmlich anschauend registrieren. Theaterstücke kann und sollte man also unbedingt 'vor Ort' erfahren, um sie richtig und vollständig – in ihrer Struktur, Charakteristik und Sinnhaltigkeit – zu rezipieren (= aufzunehmen) und dann zu durchdenken und zu deuten. Deswegen gehen wir ja ins Theater und sehen uns sonstige Vorführungen oder Veranstaltungen an, wie sie uns die Unterhaltungsindustrie permanent anbietet. Innerhalb des ersten Kapitels wollen wir uns allerdings vor allem mit der reinen Textlichkeit und Lesbarkeit eines Theaterstücks befassen, während beim zweiten das Dramaturgische, Mediale und schauspielerisch Körperliche im Vordergrund steht.

Das 'Wesen' der (prinzipiell bühnenorientiert auf Zuschauende ausgerichteten) Dramatik wird in den 'Problemfeldern' V und VI auch wieder durch Statements aus einschlägigen theoretischen Büchern zu dieser Gattung verdeutlicht. Gleichzeitig soll aber auch das Geschichtliche dieser so lebendigen Literaturform herausgestellt werden, denn diese hat in Italien eine großartige Tradition vorzuweisen, die vielfach die Bewunderung der ganzen Welt fand!

[**Die Anfänge des italienischen (bzw. romanischen) Theaters.**

In den romanischen Ländern begann die Theaterkultur in engem Zusammenhang mit christlichem Glauben. Die Sprachen der Romania entstanden ja im Mittelalter, und die Gesellschaften waren in jener langen Epoche tief im Christentum verwurzelt. Da viele der im Alten Testament oder in den Evangelien geschilderten Episoden geradezu spektakulär und bühnenreif sind, lag es nahe, diese darzustellen, d. h. sie sichtbar zu machen, um die Gläubigen von ihrer Bedeutsamkeit zu überzeugen. Das geschah anfänglich in der Kirche selbst, und noch heute wird z. B. die Geschichte von der Geburt Christi an Weihnachten am Altar nachgespielt. Die Darstellung sakraler Episoden verlagerte sich dann außerhalb des Gotteshauses, nämlich (oft) davor, sodass man jetzt auch profane sowie sonstige Elemente in die Stücke einbauen konnte; man hatte nicht mehr unbedingt auf die Seriosität des Altarraumes Rücksicht zu nehmen und konnte mannigfaltige, unterweisende oder erbauliche Stoffe und Themen lebensnah (realistisch) präsentieren. Mit den Anfängen des Theaters in Italien ist der Begriff der 'sacra rappresentazione' verbunden; dies ist ein allgemeiner Terminus, der soviel wie 'sakrale Darstellung' oder 'Zurschaustellung von Heiligmäßigem' und damit etwas Thematisches und Funktionales meint. Schauspielerische Darbietungen von Religiösem entwickelten sich im 14. und 15. Jh. Es gab sie inmitten der Phase des antikisierend heidnischen Humanismus und der auf irdische Heiterkeit gerichteten Renaissance sowie noch vereinzelt im Cinquecento (16.

Jh.). Wir werden an dem Stück über Orpheus von Angelo Poliziano sehen, dass dieser Poet das christlich Religiöse durch eine mythologische und bukolische (= im Schäferambiente spielende) Sakralität der Antike ablöste. Die Ursprünge der italienischen 'sacra rappresentazione' waren nämlich nicht in gleicher Weise mit der zuvor erwähnten kirchlichen, d. h. räumlich an den Altar gebundenen Liturgie verknüpft. In Italien ging das Dramatische mehr aus einer besonderen Form des Lobgesangs hervor, der *lauda* (von lat. *laus* = Lob, Plural *laudes*). Die offizielle Laudatio auf Heilige oder heiligmäßige Geschehnisse wurde systematisch von Gemeinschaften betrieben, die ihre Texte vortrugen bzw. vorspielten. Aus dem Hinzufügen von Figuren und der Betonung bestimmter Effekte erwuchs dann ein autonomes Schauspiel, das sich vom Kirchenraum und aus dem festgelegten Gottesdienst befreite, um den Charakter eines selbständigen 'Events' anzunehmen. Wer heute zur Sommerzeit durch Italien reist, trifft an vielen Orten festspielartige Veranstaltungen an, wovon manche auch einen religiösen Hintergrund haben; ganz generell erlebt man hierbei jedenfalls etwas von der Freude der Italiener an buntem Treiben auf der Piazza, welche wohl auch jene erste Dramatik des Landes mit verursacht haben dürfte.

Das Sakrale verblieb zunächst noch insofern, als man für bestimmte Szenen der Heiligen Schrift, für Legenden, Heiligenviten oder christliche Wunderepisoden optierte, die man aber mit eigener Phantasie durch abenteuerliche Elemente, Fabelhaftes oder realistische Einlagen anreicherte und so zunehmend profanisierte. Die 'Entsakralisierung' erkennt man schließlich auch an der äußeren Form: Das Geschehen entwickelte sich in Elfsilberversen, die man zu Achtzeilerstrophen (= Oktaven, ital. *ottave rime*) verband; diese Struktur verwendete man für die aktionsreichen Ritterepen. Angelo Poliziano nahm für das erste Meisterwerk des humanistischen Schauspiels – seinen *'Orfeo'* – ebenfalls jene in Italiens erzählender Versliteratur berühmt gewordene Strophe und deren Metrum in Anspruch. Eine 'sacra rappresentazione' begann in der Regel mit einem Prolog (*annunciazione* = An- oder Verkündigung), in dem eine als Engel verkleidete Figur das Thema des Stückes vorstellte und um die Gunst der Zuschauer warb. Zum Schluss gab es ein Finale (*licenza*), von der gleichen Gestalt vorgetragen, die den Ausklang mitteilte und sich beim Publikum bedankte. Auf die Inszenierung legten die Veranstalter großen Wert, weswegen man einen vielfach begabten Festspielfachmann (*festaiolo*) engagierte, der Impresario, Techniker, Souffleur und Hauptakteur war. Er leitete auch die Schauspieler an, meist Bürger der Stadt, die bestimmten Vereinigungen oder Bruderschaften (s. o.) angehörten. Die Aufführungen fanden auf der Piazza, in Refektorien (Speisesälen) von Klöstern oder anderswo statt. Die 'Bühne' wies meist konstante symbolische 'Orte' auf: Unten sah man das aufgerissene Maul eines Drachen als Hölle, oben erkannte man Elemente eines Himmels. Außerdem wurden gewisse Topographien angedeutet: Wüsten, Berge oder Burgen. Neben religiösen Figuren wie Märtyrer(innen) traten Gestalten aus dem damals 'realen' Leben auf: Könige, Prinzen, Höflinge, Ärzte, Astrologen, Richter, Kaufleute, Bauern, Gastwirte, Spaßmacher oder 'Bösewichte'.

Die frühen Texte – also die des Trecento – haben eine unbekannte Urheberschaft und sie werden kaum in Literaturgeschichten erwähnt. Älteste Beispiele enthält eine Laudensammlung (*laudario*) aus Orvieto von 1405; darin findet man Stücke mit Titeln wie *Creazione del mondo* oder *Miracolo del Corporale*. Übrigens sprach man wohl seinerzeit oft von 'rappresentazione', aber es begegnen uns auch religiöse Bezeichnungen wie *lauda* oder *devozione*.

Die 'sacra rappresentazione' markiert die Geburt des Theaters der Italiener. Sie war ein flächendeckendes Phänomen: Viele Regionen nahmen an ihrer Ausformung teil. Dabei machten sich dialektale Färbungen bemerkbar; deswegen sollte man auch nicht von 'italienischer' Dramatik, sondern frühem (volkssprachlichem) Theater auf der Apenninhalbinsel sprechen. So stammt aus dem abruzzischen L'Aquila eine drei Tage dauernde *Legenda de Sancto Tomascio* und aus dem ebenfalls mittelitalienischen Sulmona eine auch sehr lange *Passione*. Eine andere Darstellung der Leidensgeschichte wurde – wie man feststellte – im römischen Kolosseum aufgeführt. Aus Pordenone im Veneto haben wir eine *Festa dell'Assunzione*.

In Florenz kam es zu einer starken Literarisierung dieser frühen Theaterform, weil dort geschulte Autoren die Texte redigierten, sodass damit der Eintritt der 'sacra rappresentazione' in die (offizielle) Schreibkultur begann. Feo Belcari (1410-84) war beispielsweise ein namhafter florentinischer Dichter; seine dramatischen Arbeiten heißen *Abram e Isaac* (1449), *San Giovanni nel deserto* (um 1470) sowie *Annunciazione* (1471). Sogar Mitglieder der Medici-Familie lieferten Beiträge zu der Gattung, wie Lorenzo il Magnifico (1449-92), der eine *Rappresentazione di san Giovanni e Paolo* (1491) hinterließ.]

Es gibt – aus jenem kulturellen Umfeld – ein altes Stück von großer historischer Bedeutung, ein kleines Drama über einen sagenumwobenen Sänger des Altertums: Orpheus. Sein Verfasser war außerordentlich gebildet, literarisch vielseitig und er stammte ebenfalls aus der Toscana. Er lebte und schrieb in einer nachmittelalterlich neuen, kulturgeschichtlich weltberühmt gebliebenen Epoche: der Renaissance. Mit dem Thema seines nun behandelten Bühnenwerks sind Sie bestens vertraut. Denn Sie beobachten immer wieder, was für eindrucksvolle Erfolge man auch heute mit fesselndem Gesang – Sie würden sagen: mit starken 'Songs' – erreichen kann. Und welche Probleme man oft mit der Liebe hat, wissen Sie auch ganz genau! Obwohl das folgende Schauspiel schon über ein halbes Jahrtausend auf dem Buckel hat, ist es 'brandaktuell', wie Sie sehen werden.

Darüber hinaus kristallisiert sich am Ende des Werks eine Thematik heraus, für deren Einschätzung wohl keine Epoche reifer ist als die unsrige. Orpheus entschließt sich nämlich (offenbar) – als er seine Eurydike zum zweiten Mal verliert – zu einer gleichgeschlechtlichen Liebe, verschmäht also die Heterosexualität. Dafür wird er jedoch geächtet und mit dem Tode bestraft. Das dürfte heute gehörigen Protest erregen. Und Literatur soll ja zu Diskussionen über das 'wirkliche' Leben und seine vielfältigen Fragestellungen anregen, wozu gerade auch die mit nicht wenigen Problemen behaftete Sexualität gehört.

Bevor wir uns mit dem bedeutenden Werk und seinem belesenen Schöpfer befassen, soll uns der Autor einer Darstellung des ersten wichtigen Abschnittes italienischer Bühnenkunst – ein bekannter deutscher Romanist – die damalige Entwicklungssituation der Gattung Dramatik skizzieren, zu der außer den Texten selbst u. a. die Theaterhäuser, das Schauspielerwesen sowie die auf den Bühnen gesprochene Sprache gehören: „Die Geschichte des nachmittelalterlichen Theaters beginnt in Italien. Dort entstanden die ersten ausschließlich oder vorwiegend für die Aufführung von Bühnenwerken bestimmten Gebäude, und hier bildete sich das Berufsschauspielertum heraus. [...]. Eine Reihe von Voraussetzungen trafen zusammen, welche zum Bruch mit den alten [= mittelalterlichen] Formen und Gepflogenheiten führten: die Entdeckung, Erschließung und Verbreitung antiker Texte, die Hinwendung humanistisch gebildeter Intellektueller zur Volkssprache, die Umsetzung neuer optischer Erkenntnisse für die Ausgestaltung der Bühnenperspektive." (Johannes HÖSLE, *Das italienische Theater von der Renaissance bis zur Gegenreformation*, 1984: VII)

Der Autor des *Orfeo*. Angelo (oder Angiolo) POLIZIANO (eigentlich A. AMBRO-GINI: 1454-94) war ein berühmter 'Humanist', d. h. ein exzellenter Kenner des antiken Schrifttums und der kulturreichen Mythologie der Griechen und Römer. Gemäß damaliger Gelehrtenart nannte er sich latinisiert 'POLITIANUS', nach seinem heute von Weinkennern geschätzten toskanischen Geburtsort Montepulciano (lat. 'Mons Politianus'). Während sein Vater Jurist war, wurde der Sohn in Florenz Schüler des Platon-Interpreten Marsilio Ficino (1433-99) und des Dante-Kommentators, Rhetorikers und Dichters Cristoforo Landino (1424-98); beide Männer waren bedeutende Vertreter des 'Umanesimo' (= Humanismus) florentinischer Prägung; Poliziano kannte auch den angesehenen griechischen Gelehrten aus Byzanz Johannes Argyropulos (1415-87) sowie den Hochschullehrer Andronikos Kallistos (um 1400-86) aus Thessaloniki, der Gräzistik in Florenz, Bologna, Rom, Paris und London dozierte. Sogar im Hause der mächtigen und kunstsinnigen Medici-Familie verkehrte er, denn er war zusammen mit dem späteren Lorenzo I. de' Medici (genannt 'il Magnifico': 1449-92) erzogen worden und unterwies dann selbst dessen Sohn Piero (de' Medici).

Mit 25 Jahren schrieb Angelo Poliziano bereits lateinische und griechische Gedichte und übersetzte Teile der *Ilias* von Homer (8. Jh. v. Chr.), des großen 'Heldenepos' des ältesten Dichters Griechenlands. Dass man ihn noch ganz jung in Florenz zum 'Professor' für Latein und Griechisch berief, kann da keineswegs überraschen.

Des noch so jungen Polizianos Gelehrsamkeit und sein Berufsleben lassen wir uns anhand einer Literaturgeschichte beschreiben, welche aus einer (sehr weit zurückliegenden) Zeit stammt, als man noch große Bewunderung für philologische Begabung und breiteste Bücherkenntnisse empfand; es ist gleichzeitig eines der 'schönsten' Werke über Italiens Literatur (in deutscher Sprache) überhaupt – so etwas wie ein 'Museum in Taschenformat' –, weswegen Sie dieses unbedingt einmal in die Hand nehmen und bestaunen sollten: „Im Auftrage [Papst] Innozenz' VIII. verfaßte Poliziano auch Übertragungen einer Anzahl griechischer Prosawerke ins Lateinische. Lorenzo [de' Medici] machte ihn zum Erzieher seines Sohnes Piero, und mit sechsundzwanzig Jahren wurde ihm der Lehrstuhl der griechischen und lateinischen Beredsamkeit an der Universität übertragen. Jetzt entfaltete Poliziano seine segensreichste und bedeutendste Thätigkeit als Humanist. Als Kritiker und Erklärer klassischer Schriftsteller that es ihm keiner gleich. Mit größtem Scharfsinn und ohne sich durch das eingehende Studium des reichen ihm zu Gebote stehenden Materials an Handschriften, Münzen und Inschriften zum Prunken mit seiner Gelehrsamkeit verleiten zu lassen, besserte und erläuterte er Texte und zog selbst die Pandekten [= wichtige Partien des Gesetzescorpus des römischen Rechts] in den Kreis seiner Studien. Vielfach sind seine Aufstellungen endgültige Lösungen der Fragen. Als andere Gelehrte begannen, seine Forschungen als ihr Eigentum auszugeben, entschloß er sich, das in den Vorlesungen Vorgetragene zu sammeln und zu veröffentlichen. So erschien 1489 der erste Band *Miscellanea* mit hundert Bemerkungen zur Erläuterung und Kritik alter Texte, und weitere 'Centurien' [= Versammlungen von jeweils hundert 'Stück'] sollten folgen, blieben aber wohl infolge des frühzeitigen Todes Polizianos unveröffentlicht. Seinen Vorlesungen pflegte er jedesmal lateinische Eröffnungsreden, vortreffliche Muster des lateinischen Stiles, vorauszuschicken, von denen die prosaischen unter dem Titel *Praelectiones* gedruckt sind, während er die vier in Hexametern [= Verse mit 6 Hebungen] abgefaßten *Silvae* (Wälder) nannte (1482-87). Poliziano führte unter dem Schutze der Medici, die seine Bedeutung richtig zu würdigen verstanden, ein behagliches, sorgenfreies Leben. Außer seinen Einkünften aus der Universitätsthätigkeit erhielt er oft Geschenke und war im Genuß verschiedener Pfründen, um die er bei passender Gelegenheit geschickt zu bitten verstand. Er war seinen Wohlthätern aber wirklich zugethan, und das überschwengliche Lob, das er ihnen oft spendete, kam aus dankbarem Herzen. Es fehlte ihm auch nicht an Neidern, und nach Lorenzos Tode wagten sich diese Gegner offen hervor." (Berthold WIESE-Erasmo PÈRCOPO, *Geschichte der Italienischen Litteratur von den ältesten Zeiten bis zur Gegenwart*, 1899: 232-3)

Eine sehr frühreife Begabung für die Philologie des klassischen Altertums besaß er also, wie sie später, in der Romantik, der geniale Giacomo Leopardi (1798-1837) unter Beweis stellte. Kenntnisse der 'Klassik' und deren Wertschätzung blieben, eigentlich bis heute, in Italien das Fundament des Allgemeinwissens und geschmacksbildender Ästhetik; dieses im ganzen Land gültige Bildungs- und Lebensziel nahm erstmals höchsten Stellenwert im 15. Jahrhundert ein, das man in der Kunst- und Literaturgeschichte 'Quattrocento' nennt. Die hierzu führenden Prinzipien entwickelten allerdings schon im Jahrhundert davor, also im 'Trecento', Dante Alighieri, Francesco Petrarca und Giovanni Boccaccio die bedeutendsten Autoren der Italiener überhaupt.

Poliziano rekonstruierte das 'Wesen' jener Vergangenheit, war also Geistes- und Kulturwissenschaftler; alles Antike konzipierte er als Vorbild, in dessen Kraftfeld er seine eigenen literarischen Werke schrieb. Dabei wetteiferte er – wie seine humanistischen 'Fachkollegen' anderer Metropolen (Rom, Neapel, Mailand, Venedig) zur gleichen Zeit – mit den alten Autoren: Er 'imitierte' sie konstruktiv, und zwar thematisch und formal, indem er sie umgestaltend nachempfand: „Poliziano ist ein Autor, der mit einer Unzahl von Quellen operiert. Überragend waren seine Kenntnisse der volkssprachlichen, lateinischen und griechischen Literatur, stark ausgeprägt seine Abneigung gegen jegliche Kanonbildung [= richtlinienartige Auswahl von Autoren und Texten], hoch-, ja, überentwickelt sein künstlerisches Selbstbewusstsein, das ihn mit den *auctores* [= tonangebende Verfasser], die so viele andere nur andächtig verehrten, frech in Wettstreit treten ließ. Die Auseinandersetzung mit den Geistesgrößen der Antike erfolgte nicht selten im Rahmen zeitgenössischer philologischer und philosophischer Debatten. Zuweilen war sie auch [...] dem Ziel der autobiographischen Stilisierung untergeordnet. [...]. Die Dichter des 15. Jh.s wussten ihren Freiraum auf verschiedenste Weise zu nutzen. Polizianos Domäne war das raffinierte Spiel. Er hat dem Leser eine hermeneutische [= bezogen auf das Deuten von Texten] Herausforderung zu bieten, die man

146

bei einem Ariost oder Tasso vergeblich suchen dürfte. Sie anzugehen, erfordert eine geradezu detektivische Vorgehensweise. Zunächst sind die Materialien aufzufinden, aus denen seine Texte gleichsam destilliert sind. Ein sicherer Anker für die Interpretation sind sie, einmal aufgespürt, jedoch nicht immer, denn sie werden oft so frei kontaminiert [= mit einander verquickt], dass große Margen [= Bandbreiten, Freiräume] in der Deutung bleiben. Nicht selten meint man sich einem Autor gegenüberzusehen, der auf mehreren Inhaltsebenen simultan agiert und mit dem Einsetzen eines einzigen Mosaiksteins gleich auf mehrere Vorlagen verweisen will." (Tobias LEUKER, *Angelo Poliziano. Dichter, Redner, Stratege,* 1997: 1 bzw. 294) So lautet die Gesamteinschätzung des Verfassers einer sehr akribischen Freiburger Dissertation [= Doktorarbeit] über Polizianos Schaffen, mit der dieser – er ist jetzt Romanistik-Professor in Münster – sein Buch eröffnet bzw. beschließt.

Zu Polizianos Œuvre zählen bedeutende textphilologische Rekonstruktionsstudien, erzählende Dichtungen, Gedichte sowie ein kleines Theaterstück, mit dem er – sowohl theater- als auch kulturgeschichtlich – Furore machte.

Seine 'humanistische' Dramatisierung des antiken Orpheus-Stoffes eröffnete in Italien die Geschichte des profanen Theaters, welches ja heute das dort prinzipiell 'übliche' ist. In dem Unterweltabenteuer des heftig liebenden Sängers spürt man erstmals das Dramatische an dieser Gattung sowie generell die Funktion der Aufnahme (= Rezeption) und Umsetzung 'alter' Literaturvorlagen. Da Poliziano den *Orfeo* auf Italienisch verfasste, leitete dieser Latinist und Gräzist in seinem Land eine romanische Schauspieltradition ein. Als Theaterautor – aber ebenso als Dichter – zeigte Poliziano, dass ein Verfassen literarischer Texte ohne historische Dimensionen nicht möglich ist: Schreiben ist immer auch ein reproduzierendes bzw. produktives Zurückschauen auf zuvor Geschriebenes. Das war dem Mittelalter an sich nicht fremd, aber dieses gestalterische Phänomen erlebte man nun, in der sogenannten 'Renaissance', sichtbar und publikumswirksam auf der Bühne. Besagte Epoche bezeichnet übrigens neben der Neuentdeckung bedeutsamer alter Texte die 'Wiedergeburt' der Antike in den Schönen Künsten, welche im 15. und 16. Jh. geniale Meister der Malerei, Bildhauerei und Architektur hervorbrachten.

Entstehung, Uraufführung, Erstveröffentlichung und Titel des 'Orfeo'. Wann genau Poliziano die kleine dramatische Arbeit schrieb, ist nicht dokumentiert: „Non sappiamo quando sia stata composta." (A. TISSONI BENVENUTI 1986: 1) Aber man darf einen kurz vor 1480 liegenden Zeitraum annehmen. Der Autor war um die 25 Jahre, sodass sein 'Opusculum' als die Äußerung eines jungen bzw. noch jugendlichen Mannes zu betrachten ist, der etwa das Alter unserer Leserinnen und Leser hatte. In jenem Moment hielt er sich nicht in Florenz, sondern in Mantua am Hof der Gonzaga-Herzöge auf. Er war hier im 'Exil'. Man befand sich auch dort mitten im Zeitalter eines geistig hoch entwickelten Humanismus und einer glanzvoll gelebten Renaissance-Kunst. Theateraufführungen dienten der Prachtentfaltung der Hofkultur, und Mantua war eine Hochburg für schönes und elitär elegantes Leben. Den *Orfeo* gab wohl der seinerzeit ebenfalls noch ziemlich junge Kardinal Francesco Gonzaga (1444-83) in Auftrag, der sein hohes Amt bereits mit 17 Jahren bekleidete. Und Poliziano schrieb das Werk offenbar in nur 2 Tagen. In einem Brief (s. u.) heißt es nämlich über die Niederschrift, dass sie „in tempo di dua [sic] giorni, intra continui tumulti" geschah. Möglicherweise hatte man damals eine sofortige Aufführung vorgesehen; aber es liegen darüber keine gesicherten Informationen vor. Die 'Editio princeps', also der allererste Druck, erfolgte im Zusammenhang mit einer Ausgabe anderer Werke Polizianos des Jahres 1494; diese trägt den Titel *'Cose volgari del Politiano'* und ist eine in Bologna erschienene Inkunabel (= 'Wiegendruck'); so nennt man Bücher, welche vor 1500 – d. h. bis zum 31.12.1499 – nach der von dem Mainzer Johannes Gutenberg (1400-68) erfundenen Drucktechnik hergestellt wurden. Die Bezeichnung unseres kleinen Dramas variiert. In der besagten Erstausgabe ist von „*la festa de Orpheo*" die Rede; dies spielt auf den (damaligen) festlichen Anlass der Textkomposition an, und auch Merkur kündigt als Prologsprecher den Zuschauern eine theatralische Festlichkeit an. Die kritische Edition von A. Tissoni Benvenuti (1986) präsentiert es als *Fabula di Orpheo*, was auf den Mythoscharakter des Protagonisten hinweist (denn das meinte man wohl mit 'Fabel'). Eine andere frühe Fassung nennt sich nach lateinisch humanistischem Usus *Orphei tragoedia*, was das tragisch, nämlich mit einem gewaltsamen Tod endende Schicksal der antiken Orpheus-Gestalt andeutet. Literaturgeschichten sprechen meist vereinfachend von 'Orfeo'. Sein Stück versah Poliziano übrigens mit einem an einen Carlo Canale gerichteten Begleitbrief in Prosa, worin er 'toposhaft', d. h. rhetorisch 'gekünstelt', die Qualität seiner Arbeit herunterspielt und um gnädige Aufnahme bittet.

[**Wer war Orpheus?**

Die Gestalt jenes sagenumwobenen Sängers und 'Künstlers' ist ein gutes Beispiel dafür, wie Literaten kulturelle Erfahrungen aus weit zurückliegenden Epochen verarbeiten, welche uns fremd sind, mit denen wir uns aber unbedingt vertraut machen müssen, um so elementare Zusammenhänge der europäischen Geisteswelt zu begreifen. Im Falle der klassischen Antike lohnt sich eine derartige Mühe besonders, weil unsere europäische Zivilisation wesentlich auf dem Denken und Empfinden der Griechen und Römer basiert. Dieses klassische Fundament wurde danach durch Glauben, Werte und Symbole des Christentums bereichert. Die Antike ist ein in sich geschlossener Kultur- und Geisteskosmos, in den viele (verschiedene) handbuch- oder lexikonartige Kompendien universell (aber auch detailbezogen) einführen und somit wertvolle Elemente entscheidender Bildung vermitteln. Im Folgenden zitieren wir ein Werk eben dieser Art, das ein renommiertes Stuttgarter Verlagshaus – 'Alfred Kröner' ist gemeint – herausgab; dieses blieb seit seiner Gründung um eine grundlagenhafte und enzyklopädische Wissensverbreitung bemüht:

„**Orpheus**, berühmter Dichter u. Sänger, möglicherweise der Begründer der Orphik, einer mythisch-religiösen Bewegung, Sohn des thrakischen Königs oder Flussgottes Oiagros (oder des Apollon) u. der Kalliope, der ersten der neun ⇒Musen [...]. Von Pindar bis zu Horaz verehrten die Poeten die magische Dicht- u. Gesangskunst des Orpheus u. sein Spiel auf der Lyra u. der Kithara. Wilde Tiere folgten ihm, Bäume u. Pflanzen neigten sich ihm zu, um seiner Musik zu lauschen; er zähmte die Natur u. rührte selbst hartherzige Menschen [...]. Der Mythos von Orpheus u. der Nymphe Eurydike wird von Ovid u. in Vergils *Georgica* überliefert [...]: Als Eurydike, die Geliebte des Orpheus, eines Tages von dem verliebten Aristaios verfolgt wurde, trat sie auf ihrer Flucht auf eine

Schlange, die ihr einen tödlichen Biss zufügte. Orpheus war über ihren Tod völlig untröstlich u. beschloss, Eurydike aus dem Totenreich in die Welt der Lebenden zurückzuholen. Er ging hinab in die Unterwelt u. konnte sogar den Fährmann ⇒Charon u. den Wachhund Kerberos durch sein Leierspiel milde stimmen, sodass sie ihm Zutritt gewährten. Die ⇒Erinnyen rührte er mit seiner Musik zu Tränen. Von ⇒Hades u. ⇒Persephone, den Herrschern des Totenreiches, erhielt er die Zustimmung, Eurydike unter der Bedingung zurückzuführen, dass er seine Geliebte nicht eher anschauen werde, bis sie in der Oberwelt angekommen seien. Orpheus konnte seinem Verlangen allerdings nicht widerstehen; er drehte sich nach Eurydike um […], wodurch er sie für immer verlor […]. In seiner Trauer zog er sich von den Menschen, besonders von den Frauen, völlig zurück oder ging Liebesverhältnisse mit Männern [...] ein. Die ⇒Mänaden, mit denen er früher an den Dionysos geweihten Orgien teilgenommen hatte, fühlten sich vernachlässigt u. zerrissen ihn in ihrer Raserei." (Eric M. MOORMANN-Wilfried UITTERHOEVE, *Lexikon der antiken Gestalten von Alexander bis Zeus*, [2]2010: 504-6; [1]1995)

Es wäre wohl nützlich und schön, wenn Sie nun das bedeutende italienische Theaterstück im Original läsen (woran Sie ja niemand hindern kann); allerdings dürfte Ihnen das wegen Ihrer vielen sonstigen Aufgaben und Pflichten (Ihres Studiensystems) leider nicht so ohne weiteres möglich sein. Deshalb wählen wir im Folgenden einen Weg der Werkdarstellung, der Ihnen den Eindruck vermitteln wird, dass Sie letztlich doch ziemlich gut zu dem Text informiert sind und über seine Beschaffenheit problemlos 'mitreden' können.

Beschreibung der Handlung des '*Orfeo*'.
[nach der Fassung *Fabula di Orpheo*, herausg. von A. TISSONI BENVENUTI (1986), S. 137-67]

[Prolog, 'Vorrede': Inhaltsangabe des (folgenden) Stücks]

MERCURIO [lat. Mercurius; römischer Gott des Handels] tritt auf – als 'annunziatore (= Verkünder) della festa' – und fasst in zwei Oktaven (= 2 Strophen zu 8 Versen) das Geschehen des sogleich aufgeführten Stückes zusammen: Aristeo [griech. Aristaios], Sohn des Apoll, seines Zeichens Hirt, *amò con sí sfrenato ardore / Euridice* (Vers 3-4; *er liebte Eurydike mit so unbändiger Glut...*), dass diese vor ihm floh. Auf der Flucht wurde sie von einer Schlange gebissen, sodass sie starb. Orpheo [= Orpheus], ihr Geliebter, entriss sie dann durch seinen schönen Gesang beinahe der Unterwelt. Leider blickte er sich bei der Rückkehr nach der Liebsten um, was er nicht hätte tun dürfen, denn so verlor er sie erneut. Daher wollte er überhaupt keine Vertreterinnen des weiblichen Geschlechts mehr lieben. Das konnten gewisse andere Frauen [= die Dienerinnen des Bacchus] nicht dulden, weswegen diese ihn töteten.

[Den 14 Elfsilber umfassenden ('hochitalienischen') Prolog beschließt ein Hirt 'von außerhalb' – ein '**PASTORE SCHIAVONE**', ein Schäfer aus 'Slavonien' (= 'Slowenien') – dialektal bzw. 'fehlerhaft', um damit eine gewisse Heiterkeit in den z. T. tragischen Stoff zu bringen: *State tenta, bragata! Bono argurio, / ché di cievol in terra vien Marcurio* (15-16). *Passt auf, Leute! Viel Spaß auch, denn vom Hümmel kommt der Markur zu Euch extra auf die Erde.*]

[Das Stück beginnt: Man ist in der Welt der Hirten.]

MOPSO [griech. Mopsos, lat. Mopsus] ('pastor vecchio') begegnet **ARISTEO** ('pastor giovane'), den er fragt, ob er sein weißes Kälbchen mit dem schwarzen Fleck auf der

Stirn gesehen habe. Hier an der Quelle habe dieser keine Tiere bemerkt, aber er schicke **TIRSI** [= griech. Thyrsis] auf die Suche. Aristeo bittet dann Mopso um Gehör: Er habe gestern ein schönes Mädchen gesehen: *una nympha piú bella che Diana* (27) und sei nun völlig überwältigt: *senza mai dormir son stato in letto* (34). Mopso rät ihm, sich möglichst bald solcher Pein zu entledigen, um nicht den Seelenfrieden zu verlieren. Aristeo will aber nicht von der Liebe lassen: *Aristeo ama e disamar non vuole* (47). So greift er zur Schalmei (zampogna) und bringt der Angebeteten ein Ständchen dar: *Udite, selve, mie dolce* [sic] *parole* (54-87). Der 'Vortrag' hat folgenden Inhalt: Die Schöne lasse ihn unerhört, was sogar die Herde betrübe, denn diese würde nicht mehr fressen; sie täte auch nicht gut daran, ihn zu verschmähen, weil Schönheit rasch vergehe, wie man an den Rosen und Veilchen sehe; jedenfalls sollen seine Verse in ihre Ohren dringen und sie erweichen, weil sein Leben wie Reif in der Sonne vergehe. [Das Lied ist eine 'canzone' in Form einer 'ballata', und zwar sind es 4 Sechszeilerstrophen, die 5-fach mit einem Refrain in Form eines Distichons (= Zweizeilers) umrahmt werden: *Udite, selve, mie dolce parole, / poi che la nympha mia udir non vuole.*] Mopso lobt das Lied: Lieblicher sei es als das Plätschern des Bächleins oder der Windhauch in den Pinien und eigentlich müsse es der Liebsten gefallen. Tirsi ist derweil zurückgekommen; das Kalb habe er gefunden: Schnaubend sei es auf ihn zugestürmt, nachdem es sich wohl zuvor in einem Getreidefeld satt gefressen habe; außerdem habe er ein Blumen pflückendes Mädchen gesehen:

I' non credo che Vener sia piú bella (106); so süß spreche und singe es, dass seinetwegen die Bäche zur Quelle zurückfließen möchten; wunderschön sei sie: *di neve e rose ha 'l volto e d'or la testa* (110). Aristeo will nach dieser Laudatio sofort zu der Schönen hinstürmen; aber Mopso warnt: Tirsi solle seinen Herrn zurückhalten, denn dieser sei ja von Sinnen. Tirsi weigert sich jedoch, weil ihm das wegen seiner Stellung nicht zustehe: *O Mopso, al servo sta bene ubidire, / e matto è chi comanda al suo signore.* (124-5)

[Szenenwechsel: Aristaios erblickt Eurydike.]

ARISTEO steht vor **EURIDICE**, himmelt sie an: *Non mi fuggir, donzella, / ch' i' ti son tanto amico / che piú t'amo che la vita e 'l core* (128-30). In den 13 Zeilen bzw. Versen (3 Drei- und 1 Vierzeiler) kommt außer seiner Leidenschaft zum Ausdruck, dass sie, ohne Redeanteil, flieht, worauf es in der 'Regieanweisung' (in Prosa) heißt: *Seguitando Aristeo Euridice, ella si fugge drento* [= dentro] *alla selva, dove punta dal serpente grida, e simile Aristeo* (da Aristaios Eurydike verfolgt, flieht diese in den Wald, wo sie, von einer Schlange gebissen, schreit, und Aristaios ebenso).

[Szenenwechsel: Orpheus erfährt von Eurydikes Tod.]

Ein Schäfer (**PASTORE**) teilt **'ORPHEO'** mit, was passiert sei: *Crudel novella ti rapporto, Orpheo: che tuo* [sic] *nympha bellissima è defunta* (141-2). Orpheus beginnt nun seine 'Klage' (eine 'Trauerarbeit', die 4 Oktaven umfasst, 149-80): *Dunque piangiamo, o sconsolata lira...* (149; *Lasst uns also weinen, o untröstliche Leier...*). Ohne Eurydike habe sein Leben keinen Sinn mehr, und er beschließt, sich sofort zum Tor der Unterwelt zu begeben, um dort Mitleid zu erwecken, denn mit seinem Gesang habe er schon soviel und soviele bewegen können!

[Szenenwechsel: Orpheus in der Unterwelt]

ORPHEUS steht nun vor dem Eingang zum Hades; vor sich hat er den wütenden **KERBEROS** [= 'Cerbero'] und die rasenden **FURIEN** [= 'Le Furie']. Wenn sie nur von seinem Leid wüssten, würden sie allesamt mit ihm weinen, meint er, und ihm Zutritt gewähren. Als der Sänger zu **PLUTO** [= 'Plutone'] kommt, ist dieser fassungslos, weil um ihn herum das ganze Unterweltszenario plötzlich seinen Habitus verloren hat: So steht das Rad des Ixion still, Sisyphus wälzt seinen schweren Stein nicht mehr den Berg hinauf, dem dürstenden Tantalus verweigert sich das Wasser nicht mehr… Orpheus richtet jetzt eine Bitte (in 5 Oktaven) an die Gottheiten, wobei er seine Geschichte erzählt (Durch eine Schlange habe er die Liebste verloren…). Sie mögen sich doch an ihre eigenen Emotionen von dereinst erinnern und ihm Eurydike zurückgeben. Es müssen ja sowieso alle irgendwann zu ihnen kommen; auch seine Schöne sollen sie haben, aber erst dann, wenn ihr die Natur den Tod bestimmt haben wird. Wer werde schon unreife Trauben abschneiden? Eurydike hätte er deshalb gern als 'Leihgabe', nicht als Geschenk zurück. Dann wendet sich Orpheus an **PROSERPINA**, Plutos Gattin: Wenn er seine Eurydike nicht zurück bekäme, wolle er für sich ebenfalls den Tod! Diese ist so ergriffen, dass sie ihren Mann bittet, Gnade walten zu lassen:

> Io non credetti, o dolce mie consorte,
> che Pietà mai venisse in questo regno:
> hor la veggio regnare in nostra corte
> et io sento di lei tutto 'l cor pregno;
> né solo i tormentati, ma la Morte
> veggio che piange del suo caso indegno:
> dunque tua dura legge a lui si pieghi,
> pel canto, pell' amor, pe' iusti prieghi. (229-36)

[*credetti* = ich glaubte; *mie* = mio; *consorte* = Gemahl; *Pietà* = Mitleid, Erbarmen; *hor* = *ora* (jetzt); *veggio* = vedo; *pregno* = schwer, voll; *indegno* = unwürdig; *si pieghi* = möge sich beugen; *pel* = per il; *iusti* = giusti; *prieghi* = Bitten]

Pluto gibt tatsächlich sein Einverständnis, an das er aber eine Bedingung knüpft: *Io te la rendo, ma con queste leggi:* (237) Bei der Rückkehr in die obere Welt dürfe er sich nicht nach Eurydike umschauen. Hiernach lautet die 'Regieanweisung': *Orpheo vien cantando alcuni versi lieti e **volgesi*** (*volgesi* = si volge, er dreht sich um). Darauf klagt die Liebste (deren Redeanteil sich in dem gesamten Stück auf folgende 6 Zeilen beschränkt):

> Oimé, che 'l troppo amore
> n'ha disfatti ambedua.
> **Ecco ch' i' ti son tolta** a gran furore,
> né sono hormai piú tua.
> Ben tendo a te le braccia, ma non vale,
> ché 'ndrieto son tirata. Orpheo mie, vale! (245-50)

[*disfatto* = entzweit, getrennt; *ambedua* = beide; *furore* = Gewalt; *hormai* = oramai (nunmehr); *tendo* = ich strecke; *'ndrieto* = indietro (zurück); *mie* = mio; *vale* = leb' wohl]

Als Orpheus sieht, dass er seine große Liebe erneut verloren hat, will er sich abermals in die Unterwelt begeben; aber eine der Furien sagt ihm, dass dies nicht mehr möglich sei. In 4 Stanzen (= Strophen, nämlich Oktaven) drückt er nun sein großes Leid aus, das ihn bis an sein Lebensende nicht verlassen werde. Daher möchte er ab jetzt keine Frauen mehr lieben: *già mai non voglio amar piú donna alcuna* (268; *niemals mehr will ich irgendeine Frau lieben*). Er bringt dafür ein *sexo migliore* (270; *besseres Geschlecht*) ins Spiel: *quest'è piú dolce e piú soave amore* (270; *dies ist eine süßere und sanftere Liebe*). Von *feminile amor* (276) will er also nichts mehr wissen. Und er stimmt eine misogyne (= frauenfeindliche) Tirade (= Worterguss) an: Man sei verraten, wenn man Frauen vertraue; so genieße Jupiter nicht ohne Grund die Liebe des schönen Ganymed, Phöbus sei ja Hyazinth zugetan gewesen, und Ähnliches gelte für Herakles und Hylas. Fazit: *ciascun fugga el feminil consorzio* (292: *Jeder (Mann) soll/möge den Umgang mit Frauen meiden/fliehen*). Eine '**BACCANTE**' (= Bacchantin, Mänade, Frau im Gefolge des Bacchus) ruft daraufhin empört aus: *Ecco quel che l'amor nostro disprezza! / O, o, sorelle! O, o, diamoli morte!* (293-4; *Sieh den da, der die Liebe zu uns(eresgleichen) verschmäht! Oh, Schwestern, geben wir ihm den Tod!*). Und dann verrichten die Geschlechtsgenossinnen ihr blutiges Werk.

[Szenenwechsel: Orpheus wird 'bestraft'.]

Bald darauf kommt die Bacchantin mit dem abgetrennten Haupt des Orpheus zurück; sie dankt dem Weingott und berichtet stolz über die (grausam vollzogene) Tötung: Alle Glieder hätte man ihm ausgerissen. Die **BACCHANTINNEN** preisen dann, alle zusammen, ihr Idol Bacchus. Wein sei für alle und im Überfluss da. Und so sollen nun alle mittrinken. (Ihr gemeinsam vorgetragenes [Chor]Lied besteht aus 4 Sechszeilern, welche der antreibende Refrain *Ognun segua* [*Jeder folge*]*, Bacco, te! / Bacco, Bacco, euoè!* [emphatischer Ausruf] fünffach umrahmt). Sie trinken, schildern dabei ihren Rausch, trinken weiter… und trinken bis zum Umfallen: *I' non posso ballar più…*

[Ende]

[Bevor wir uns mit dem Text dieses Stückes über Orpheus auseinandersetzen, sollte man uns klar machen, was es bedeutet, dass wir es mit einem Werk zu tun haben, das grundsätzlich der Gattung 'Dramatik' zuzuordnen ist. Dies wird der literaturdidaktisch sehr erfolgreiche Verfasser eines Reclam-Heftes tun, das Sie vielleicht schon in Ihrer Schulzeit als Einführung in das Interpretieren von Bühnenwerken kennengelernt haben:

„**Was ist ein Drama?** Poetische Literatur teilt man traditionell in die drei Gattungen Lyrik, Epik u. Dramatik ein. Diese Einteilung scheint sich so zwingend aufzudrängen, dass die Gattungen oft als naturgegebene Grundformen der Dichtung angesehen werden. [...]. Die Lyrik ist eine *expressive* Gattung, die einen subjektiven Bewusstseinsinhalt zum Ausdruck bringt, ohne dass vom Leser erwartet wird, sich diese innere Wirklichkeit als eine gegenständliche Fiktion in Raum u. Zeit vorzustellen. Epik u. Dramatik hingegen sind *mimetische* Gattungen, die eine objektive Realität *fingieren*. Das Drama nimmt dabei eine Sonderstellung ein, weil es in zwei unterschiedlichen Präsentationsformen auftritt. Als gedruckter Text ist es wie die Erzählung eine *fiktionale* Gattung, da es vom Leser erwartet, sich eine erfundene Wirklichkeit als etwas tatsächlich Gegebenes vorzustellen. Sobald es aber auf einer Bühne gespielt wird, verändert es seinen Gattungscharakter. Da das Geschehen jetzt physisch-real gegenwärtig ist, fordert es vom Zuschauer kein Eingehen auf eine Fiktion mehr. Statt sich das Fingierte vorstellen zu müssen, sieht er die Vorstellung real auf der Bühne. Fiktion verwandelt sich damit in *Simulation*. Das mag zunächst wie eine spitzfindige Unterscheidung anmuten, doch folgt daraus eine Reihe leicht einzusehender Differenzen. Unter Simulation versteht man gemeinhin etwas, das in der Gegenwart geschieht, während Fiktion sich auf etwas Fingiertes, also Vergangenes oder Zukünftiges, bezieht. Der Fiktion sind keinerlei Grenzen gesetzt, da sie im grenzenlosen Raum der Phantasie nachvollzogen wird. Die Simulation aber bewegt sich in den Grenzen dessen, was physikalisch möglich u. real erträglich ist. Vieles, was in der Fiktion reizvoll, spannend u. befriedigend ist, wird in der Simulation als peinlich, unerträglich oder lächerlich empfunden. Dies gilt vor allem für tabuisierte Handlungen. Jeder weiß, dass wir auf erzählte Sexualität anders reagieren, als wenn sie auf der Bühne simuliert wird. [...]. Nur durch die Aufführung hebt sich das Drama von Lyrik u. Epik als eine eigene, definierbare Gattung ab. [...]. Man kann auf diese Weise das Drama sowohl als Dichtung wie auch als eine der darstellenden Künste sehen. Während der Epiker eher einen raumzeitlichen Bilderfluß abrollen lässt, arbeitet der Dramatiker nach Bauprinzipien des Musikers, da er wie dieser vom Spannungspotential einer Anfangssituation ausgehen u. dieses so entfalten muß, daß am Ende der Aufführung die Spannung gelöst ist, ohne daß sie unterdessen auch nur einen Augenblick lang nachlassen durfte. Die Lektüre eines Romans füllt den Leser mit Vorstellungsstoff. Das Drama aber entlässt den Zuschauer mit einem entleerten Affekthaushalt. Wir gehen aus dem Theater nicht mit der genussvollen Erinnerung an den Aufenthalt in einer fernen Welt, sondern kathartisch (= 'reinigend' bzw. 'gereinigt') entlastet von den durchlebten Emotionen. Was Aristoteles als Wirkung der Tragödie beschrieben hat, gilt auch für die übrigen Formen des Dramas, nur sind dort andere Emotionen im Spiel." (Hans-Dieter GELFERT, *Wie interpretiert man ein Drama?*, [2]2002 (bzw. Nachdr. 2005): 6-7, 8-9; [1]1992)

Diese Phänomenologie des 'Dramatischen' soll uns unbedingt vor Augen bleiben. Wir werden sie im (nächsten) 'Problemfeld' VI näher betrachten, wenn es dann um den Bühnenzauberer Dario Fo gehen wird.]

Gattung, Aufbau, Formung, Umfang des *Orfeo*. „Non è chiaro a quale genere appartenga." (A. TISSONI BENVENUTI 1986: 1) Als glänzender Philologe der Literaturen des Altertums hatte Poliziano genaueste Kenntnisse von der Tragödie sowie der Komödie der Griechen und Römer, und ihm waren auch jene Stücke vertraut, in welchen Hirten oder Schäfer das Geschehen bestimmen. Und für welche dramatische Untergattung entschied er sich letztlich? Nun, sein *Orfeo* ist eindeutig nicht der komischen Schauspielkunst zuzuordnen, obwohl zu Beginn eine gewisse 'Leichtigkeit' zu spüren ist, welche man in der Tragödie vergeblich sucht. Das Stück verweilt über weite Strecken ziemlich 'locker' im Themenbereich der Liebe und ihrer psychischen Gepflogenheiten, erhält dann zum Schluss Züge einer Tragödie. Allerdings wird das Schicksal des Protagonisten im Verlauf der Handlung nicht konsequent vorbereitet und als letztlich unausweichlich tragisch konzipiert, sondern erst durch das Eingreifen der empörten Erinnyen verliert der sich 'trotzig' verhaltende Orpheus sein Leben. Er hatte sich schon eine untragische, durchaus angenehme Alternative ausgedacht. Zu einem großen Teil – die ganze erste Hälfte betrifft dies – ist das Stück der sogenannten 'pastoralen' oder 'bukolischen' Tradition verpflichtet. „L'ambientazione pastorale è invenzione del Poliziano." (A. TISSONI BENVENUTI 1986: 139) Hiermit schließt sich unser Autor an einen 'ambientalen' Literaturtypus an, der in den europäischen Literaturen eine große Rolle spielt(e) und zahlreiche italienische Meisterwerke prägte.

In den Expositionsteil arbeitete Poliziano eine unübersehbare Ländlichkeit ein. Da ist zuerst eine agrarische Idylle. Dann geht es in die unschöne Unterwelt. Der irdischen Gegenwart wird damit die transzendentale Ewigkeit gegenübergestellt, welche Orpheus für Momente zu besiegen vermag. Poliziano gibt seinem Schauspiel so eine beträchtliche Dynamik und ontologische Aussagekraft: Es umfaßt ja Immanenz und Transzendenz. So etwas war in Italien allerdings nicht ohne Vorbilder: Dante Alighieri (1265-1321) erzählte bereits in seiner *Göttlichen Komödie* (*Divina Commedia*) von einer großen Reise in die Unterwelt.

Indem Poliziano sein Schauspiel in Versen schrieb, entsprach er einer lange Zeit gültigen Theatertradition. Prosa wird erst die Dramatik späterer Jahrhunderte dominieren. Aber das formal Poetische – und das Ganze ist nicht nur in Versen, sondern in unterschiedlichen Strophenfolgen redigiert – passt ohne weiteres zum zentralen Stoff, weil man es von Anfang bis Ende mit Liebe zu tun hat, und diese lässt sich dichterisch am glaubwürdigsten vortragen. Die sprachlich-stilistische Textgestaltung bzw. die Gattungswahl geht also mit der Thematik eine harmonische darstellerische Bindung ein.

Das kleine 'Drama' ist kurz: In einer Druckausgabe ohne Kommentar nimmt es nur ein Dutzend Seiten ein; Komödien und Tragödien sind in der Regel wesentlich länger. Allerdings haben 'Schäferstücke' ungefähr denselben Umfang wie Polizianos *Orfeo*. Zum Vergleich könnte man die 'Eklogen' von Dante, Petrarca und Boccaccio heranziehen, welche jedoch noch lateinisch verfasst wurden und nicht unbedingt für eine Aufführung gedacht waren. Von seinem knappen Volumen her war das Werk geeignet, sich als Einlage oder 'Intermezzo' zur Auflockerung und Unterhaltung in einen größeren festlichen Zusammenhang eingliedern zu lassen. Es legte den (meist 'galanten') Gästen inhaltlich nahe, sich 'bloß' der Liebe zu befleißigen und zwar der 'richtigen', um nicht 'bestraft' zu werden. Übrigens wurde an den Höfen zur Zeit der Wiederbelebung der Kultur der Antike sehr viel gefeiert! Auch in jenem anderen, nämlich geistig-geistlichen Bereich des romanischen Lebens gab es herausragende Anlässe: Kirche und religiöse Gemeinschaften begingen in auffälliger Weise die zyklischen Jahresetappen des Christentums und die 'Taten' der Heiligen. Letzteres geschah oft theatralisch-dramatisch in den erwähnten 'sacre rappresentazioni', d. h. den öffentlichen Darbietungen des 'Heiligmäßigen'. Diese substanziell christlichen Schauspiele löste Angelo Poliziano mit seinem Stück über eine vehemente profane Liebe ab und wies damit den Weg zu einer religionsfreieren (wiewohl keineswegs unreligiösen) gesellschaftlichen Dramatik.

Deutung und Bedeutung des *Orfeo*. Um das für die italienische Renaissance (Rinascimento) typische und wichtige Theaterstück in seiner künstlerischen Substanz und interessanten Geschichtsbezogenheit besser zu verstehen, blicken wir auf eine Disziplin, welche genauso wie die Literatur kennzeichnende Stile entwickelt: die Kunst, welche den Vorteil bietet, dass man ihre Flächen, Linien, Formen, Farben etc. sehen (und sogar anfassen) kann. Wir rekurrieren dieses Mal auf die Architektur, eine dreidimensionale Darstellungsweise, deren berühmte Objekte man mannigfaltig und so auch in vielen Medien abgebildet findet. Allgemein heißt es, die Renaissance stelle eine 'Wiedergeburt der Antike' dar und dies gelte für die gesamte Kultur: für abstrakt Geistiges ebenso wie für ästhetisch konkret Sichtbares.

[**Was war (oder ist) die Renaissance?**

Diese Frage ist vor allem kulturgeschichtlicher Natur. Und es gibt in unserer Zeit überall auf der Welt Lehrstühle, deren Inhaber sich diese Frage stellen und die sie ihren Lernenden beantworten müssen. Keiner der Gelehrten kann eine Erklärung formulieren, ohne dabei das epochale Werk von Jacob BURCKHARDT (1818-97) *Die Kultur der Renaissance in Italien* von 1859 im Kopf zu haben. Obwohl es vor über 150 Jahren erschien, kann man jetzt noch nicht darauf verzichten, sodass es immerzu aufgelegt wird. Warum ist das so? Obwohl Burckhardts Sprache in unseren Ohren etwas obsolet klingt und uns manche Begriffe befremden, wenn nicht sogar ideologisch inakzeptabel erscheinen, ist es niemandem mehr gelungen, ein so umfassendes Kulturphänomen wie die Renaissance ebenso nachvollziehbar, vollständig und anregend 'in einem Wurf' zu schildern, wenngleich das kompakte Buch für Burckhardt selbst nur ein Fragment darstellte. Das tatsächlich Erfasste ist die Beschreibung der Ursprungsphase des modernen, nämlich individuellen Bewusstseins als Loslösung von der kollektiven Gebundenheit des mittelalterlichen Menschen. Es geht also nicht nur um Italiens ästhetisch schöne Errungenschaften während eines besonderen Zeitalters, sondern um aktuelle Grundfragen in entscheidenden Kontexten der Sozialisation des Menschen an sich. So vertiefen wir uns denn ein wenig in die Gedankenwindungen eines Gelehrten aus alter Zeit, der ein Buch von einer solchen internationalen Akzeptanz hinterließ, wie es aus deutscher Feder danach nur noch sehr wenige gab. Unser Blick auf seine Überlegungen lohnt sich auch deshalb, weil wir so unseren Sinn für Publikationen schärfen können, welche uns tagtäglich als überragend, unvergleichlich und der Wahrheit letzter Schluss angepriesen werden:

„**Die Wiederentdeckung des Altertums.** Auf diesem Punkt unserer kulturgeschichtlichen Übersicht angelangt, müssen wir des Altertums gedenken, dessen 'Wiedergeburt' in einseitiger Weise zum Gesamtnamen des Zeitraums überhaupt geworden ist. [...]. Wie das Bisherige so ist auch das Folgende doch von der Einwirkung der antiken Welt mannigfach gefärbt, und wo das Wesen der Dinge ohne dieselbe verständlich und vorhanden sein würde, da ist es doch die Äußerungsweise im Leben nur mit ihr und durch sie. Die 'Renaissance' wäre nicht die hohe weltgeschichtliche Notwendigkeit gewesen, die sie war, wenn man so leicht von ihr abstrahieren könnte. Darauf aber müssen wir beharren, als auf einem Hauptsatz dieses Buches, dass nicht sie allein, sondern ihr enges Bündnis mit dem neben ihr vorhandenen italienischen Volksgeist die abendländische Welt bezwungen hat. Die Freiheit, welche sich dieser Volksgeist dabei bewahrte, ist eine ungleiche und scheint, sobald man z. B. nur auf die neulateinische Literatur sieht, oft sehr gering; in der bildenden Kunst aber und in mehrern andern Sphären ist sie auffallend groß. [...]. Das übrige Abendland mochte zusehen, wie es den großen, aus Italien kommenden Antrieb abwehrte oder sich halb oder ganz aneignete. [...]. **Dieses Gesamtereignis besteht darin, dass neben der Kirche, welche bisher (und nicht mehr für lange) das Abendland zusammenhielt, ein neues geistiges Medium entsteht, welches, von Italien her sich ausbreitend, zur Lebensatmosphäre für alle höher gebildeten Europäer wird.** [...]. Das römisch-griechische Altertum, welches seit dem 14. Jahrhundert so mächtig in das italienische Leben eingriff, als Anhalt und Quelle der Kultur, als Ziel und Ideal des Daseins, teilweise auch als bewusster neuer Gegensatz, dieses Altertum hatte schon längst stellenweise auf das ganze, auch außeritalienische Mittelalter eingewirkt. Diejenige Bildung, welche Karl der Große vertrat, war wesentlich eine Renaissance, gegenüber der Barbarei des 7. und 8. Jahrhunderts, und konnte nichts anderes sein. [...]. Anders aber als im Norden wacht das Altertum in Italien wieder auf. [...]. Außerhalb Italiens handelt es sich um eine gelehrte, reflektierte Benützung einzelner Elemente der Antike, in Italien um **eine gelehrte und zugleich populäre sachliche Parteinahme für das Altertum überhaupt**, weil dasselbe die Erinnerung an die eigene Größe ist. Die leichte Verständlichkeit des Lateinischen, die Menge der noch vorhandenen Erinnerungen und Denkmäler befördert diese Entwicklung gewaltig. Aus ihr und aus der Gegenwirkung des inzwischen doch anders gewordenen Volksgeistes, der germanisch-langobardischen Staatseinrichtungen, des allgemein europäischen Rittertums, der übrigen Kultureinflüsse aus dem Norden und der Religion und Kirche erwächst dann das neue Ganze: **der modern italienische Geist, welchem es bestimmt war, für den ganzen Okzident maßgebendes Vorbild zu werden.**" (J. B., *Die Kultur...*, Frankfurt/M., S. Fischer Verlag, [1]2009: 169-71. Absichtlich wurde hier diese für Studierende leicht erreichbare, preiswerte und derzeit jüngste Ausgabe gewählt, in der man die Orthographie weitgehend dem heutigen Gebrauch angepasst hat.)]

Das Pantheon in Rom – 'Wiege' der römischen Antike – ist ein zentrales Bauwerk von weltkultureller Relevanz. Sie haben sich bitte eine Ansicht davon besorgt und erkennen sofort Folgendes: Einem großen zylindrischen Bau, den eine gewaltige Kuppel überdacht, hat man einen Portikus (Säulenhalle) vorgesetzt, den oben ein Dreiecksgiebel abschließt. Zwei Elemente dominieren eindeutig und streng das ganze Monument: Gerade (bestehend aus vertikalen, horizontalen sowie diagonalen Linien) und Kreis (enthalten in der Halbkugel der Kuppel bzw. in der Rundung des Haupttrakts). Sonstiges – etwa jene komplexen Dekorationselemente und Schnörkel, wie man sie im Barock antrifft – gibt es nicht. Es herrschen Einfachheit und Klarheit (vor). Diese Gestaltungsprinzipien – unverbaute Transparenz als Signal der Logik und Schönheit – übernahm Andrea Palladio (1508-80), bedeutendster Baumeister der Renaissance Italiens (sowie in gewisser Weise Europas): Er studierte akribisch Vitruvius Pollio (= Vitruv: 1. Jh. n. Chr.), Verfasser eines tonangebenden Handbuches der Baukunst (*De architectura*, in 10 'Teilen'), und übertrug die darin etablierten Kriterien auf zahlreiche Gebäude Oberitaliens, vor allem Villen im Veneto. Wenn Sie sich solche von Palladio entworfene Wohn- bzw. Landsitze ansehen (in Reiseführern, Bildbänden oder im Internet) – ich schlage Ihnen einmal die Villa Foscari bei Venedig vor (sie heißt auch 'La Malcontenta') –, dann bemerken Sie sofort, dass auch bei jenen überaus berühmten Privatresidenzen aus dem 'Cinquecento' (= 16. Jh.) Säulen und Dreiecksgiebel eine den Baukörper entscheidend bestimmende Funktion haben, ihm zweifelsfrei hervorragenden Schmuck und feine Eleganz verleihen. Jene Bauwerke von Palladio gefallen Ihnen ausnahmslos. Sie sprechen Sie an, weil sie in der Struktur klar, 'durchsichtig' und eben klassisch wirken. Palladio wendete – wie Sie feststellen werden – die Prinzipien des altrömischen Sakralbaus – das Pantheon war ja ein Göttertempel – auf profane Architekturerfordernisse an. Und einen ideologisch vergleichbaren textlich-strukturellen Weg ging seinerseits Angelo Poliziano (wie schon angedeutet wurde). In unserem *Orfeo* müssten demnach auch einige wenige Faktoren unstrittig deutlich als formende, sozusagen 'klassische' Konstruktionsprinzipien erkennbar sein, wenn es sich um ein typisches Zeugnis der Renaissance-Literatur handeln sollte. Denn Stilelemente abgegrenzter Epochen lassen sich in der ganzen 'Produktfamilie', d. h. in allen ästhetischen Derivaten [= Ableitungen, Abkömmlingen] der jeweiligen Periode ausmachen.

Polizianos Stück besteht in der Tat aus zwei eindeutig differenzierbaren Gestaltungspartien: einem Hirtenambiente und der Unterwelt; beides ist offensichtlich der 'heidnischen' Antike entlehnt (was schon äußerlich an den Namensgebungen und mythologischen Reminiszenzen ablesbar ist); beide Bereiche haben kaum etwas mit dem Christentum zu tun (welches hingegen in den Jahrhunderten davor, während des ganzen Mittelalters, die Kultur und Literatur stark geprägt hatte).

Auch wenn in christlicher Texttradition, Kultur oder Kunst gelegentlich 'Pastorales' oder 'Bukolisches' erscheint – etwa bei Darstellung der Geburt Jesu in Betlehem in jenem Stall, und Christus gilt ja gemeinhin symbolisch als der 'gute Hirt' –, so kennt Christliches nicht den Entwurf einer in sich geschlossenen Schäferwelt, die eine eigene (fiktionale) Wirklichkeit konstituiert. Die Idee, eine 'natürliche' Landschaft mit adäquater Fauna und Flora als literarischen Raum zu benutzen, in dem Menschen mit ihren Tieren ein ausgefülltes Beschäftigungsdasein führen und Themen oder gar Probleme traktieren sowie entsprechend agieren, kam in der 'heidnischen' Antike auf, als die besiedelten Gebiete des Mittelmeerraumes noch weitgehend agrarisch ausgerichtet waren.

Das 'Land' bildete bereits damals einen Gegensatz zur Stadt (der 'Polis', wie die Griechen sagten). Es zeichnete sich jene Dichotomie (= Zweiteilung, Zwiespalt) zwischen Natur und Kultur ab, die auch heute das topographisch-ethische (sowie soziopolitische) Denken beeinflusst. Mit der Natur war seit jener Zeit das (angeblich) augenfällig Einfache verbunden, während das Urbane komplex Theoretisches und irgendwie Unfreies kennzeichnete. So ist die Politik ein Produkt von abstrakten, in den Städten vollzogenen Überlegungen, während Natur und Landschaft zu einem schlichten und angenehmen Leben nach spontanen Gefühlen einzuladen scheinen.

Griechische und römische Autoren verwendeten das (scheinbar) naturbelassene Ambiente allerdings nicht etwa, um 'romantisch' über die Schönheiten der Landschaft zu sinnieren, sondern es diente ihnen als Folie zur Erzeugung von Klarheit, Transparenz, Unvoreingenommenheit: Mit deutlichem Abstand konnte man so gewisse Themen formulieren und diese – auf 'neutralem' Boden, sozusagen – diskutieren und eventuell lösen. Die Hirten antiker Texte sind daher häufig kluge Gestalten. Die Landschaft mit Tieren und ihren Hütern wird auf diese Weise zu einem literarischen Raum, der Zwecke erfüllt.

Eine Epoche, welche sich vom mystischen Mittelalter abwendet, sich selbständig Klarheit verschaffen und eigene Prinzipien entwickeln will, rekurriert verständlicherweise auf Konzepte, die Nebensächliches ausschalten und Kernfragen fokussieren. Im Falle des *Orfeo* geht es um ein einziges Thema: die Liebe, und zwar die Liebe in ihrer unbändigen Vehemenz. An Orpheus (aber zuvor auch an Aristaios) wird anschaulich geschildert, dass gegen entfesselte Leidenschaft kein Kraut gewachsen ist, und gemeint ist natürlich der Impetus der Erotik, den der Blickkontakt entfacht. Die aufgeführte Geschichte von dem in seinen Empfindungen entflammten Sänger überzeugt mehr als jedes theoretische Argumentieren über das Wesen von Emotionen. Das Demonstrative eines Schauspiels manifestiert hier seine ursprüngliche Kraft: Direktes Zeigen ist etwas ganz anderes als indirektes Erzählen von einem Ereignis, das irgendwann geschah. Poliziano machte sich als erster 'italienischer' Dramatiker die innere Ausdrucksstärke dieser literarischen Gattung zunutze. Er behandelte damit gleichzeitig ein Thema seiner Nationalliteratur sowie des Schrifttums der Romanen generell, das ununterbrochen im Mittelpunkt stand, allerdings bis dahin mehr 'beschrieben' als visualisiert wurde. Ihrerseits kann die Lyrik – die den Autoren ja auch noch als Gattung zur Verfügung stand, und die sie auch fleißig verwendeten – die Liebe nur aus der intimen Sicht eines einzelnen 'Subjekts' vergegenwärtigen, während auf der Bühne bestimmte Gefühle für alle – also vor einem Publikum (= coram publico) – sicht-, hör- und nachvollziehbar ablaufen und somit einen 'offiziellen' Charakter erhalten.

Soweit der erste Themenblock des *Orfeo*: die 'überirdische' Alltagsrealität, die landschaftlich, naturbezogen, agrarisch, bukolisch, idyllisch konzipiert ist. Um Eurydike zurückzubekommen, verlässt Orpheus diesen Bereich und begibt sich in die Unterwelt, den Hades; dieses Raumgebilde ist das Jenseits nach dem Tode gemäß dem Glauben der Antike. In jenem Reich sind keine (unmittelbaren) Spuren der christlichen Hölle zu finden, im Gegensatz zum *Inferno* der *Göttlichen Komödie* von Dante Alighieri (1265-1321). Dieser strukturierte jenes Areal z. T. auch antikisierend, aber das ganze Höllengebilde des florentinischen Dichters und Erzählers steht eindeutig im Zeichen der christlichen Theologie. Der Autor des '*Orfeo*' tauschte in Sachen eschatologische [= die letzten Dinge betreffende] Transzendenz seinerseits die Systeme aus. Poliziano optierte für einen anderen kulturellen 'Background' und wählte damit ein neues (letztlich älteres) 'Zeichensystem', wie man in der 'Semiotik' sagt. Damit war eine andere Ästhetik verbunden und aufgerufen. Die zuvor in der Literatur thematisierten Ideen und Gedanken des Christentums waren oft biographisch, historisch, theologisch, testamentarisch angelegt und damit festgelegt. Figuren und Räume der Antike sind hingegen überwiegend ungeschichtlich, überzeitlich, symbolisch, weil sie meist der zeitlosen Mythologie entstammen. Orpheus ist hiernach der geniale Sänger oder Künstler schlechthin; er steht für alle außerordentlich begnadeten Kunstschaffenden, denen aber dennoch Grenzen gesetzt sind. Der Hades ist seinerseits vor allem Ort einer unmöglichen Rückkehr, womit das Ende des Lebens gemeint ist.

Gegebenheiten in Texten haben immer die Funktion, Sinngehalte aufzubauen, Bedeutung zu generieren. Und seit jeher war es die Aufgabe der Literatur, Botschaften zu vermitteln, die stets 'irgendwie' – einer jeweils aktuellen 'Mode' gemäß – gestaltet werden, Formung bekommen müssen. Dazu benötigt der Autor bestimmte Fertigungsmittel: Gattungen, Formen, Strukturen, Stoffe, Themen, Motive, Stile etc. Die Aussage von Polizianos Stück über Orpheus lautet letztlich: Dem maßlos Verliebten gelingt ob seiner genialen musikalischen Begabung das Unmögliche; er gewinnt etwas, was er aber – wegen jener grenzenlosen Leidenschaft – auch wieder verliert. Diese Tatsache – gemeint ist eben die unabwendbare Macht der Erotik – wird als eine zeitlos gültige Beobachtung dargestellt, nämlich durch die Einbettung in das Hirtenambiente und den Hades-Kosmos. Beides ist ohne genaue historische Bezüge, sodass der *Orfeo* dieselbe Gültigkeit und Wiederholbarkeit ausstrahlt, wie jene bekannten und beliebten Texte, die mit „*Es war einmal...*" beginnen.

[Unsere Betrachtung des ersten bedeutenden Theaterstücks der Italiener in ihrer Volkssprache neigt sich dem Ende zu. Wir haben uns allerdings noch nicht gefragt, ob es denn für Bühnenwerke ähnliche allgemeingültige Textkonstituenten gibt, wie wir sie für die Lyrik und die Narrativik ausgemacht haben. Gemeint sind solche Bestandteile oder Strukturelemente, die es in jedem Drama geben muss, damit dieses zu einem solchen wird. Ja, so etwas lässt sich auch für diese Gattung aus- oder festmachen. Wenn wir eine erste Konsequenz aus der oben vorgetragenen Feststellung ziehen, dass ein Drama eine doppelte Beschaffenheit besitzt – einmal ist es ein Lesetext und zum anderen kann es ein aufgeführtes Event sein –, dann kann man vermuten, dass generell jene im 'Problemfeld' III und IV herausgearbeiteten Konstruktionsgegebenheiten auch auf ein Theaterstück zutreffen. Schließlich wird ja ein gelesenes Drama vom Rezipienten wie ein narrativer Text aufgenommen. In der Tat ist ein Stück erstens ohne Handlung undenkbar; zweitens impliziert ein Handeln auf einer imaginierten Bühne immer auch Bezüge auf Zeitliches (von welcher temporalen Dimension auch immer); drittens lässt sich kein Theaterstück denken, dass nirgendwo angesiedelt ist, also ohne Räumlichkeit auskommt; was viertens den sogenannten Erzähler betrifft, so geht der Leser eines Stückes (unbewusst) davon aus, dass alle zur Kenntnis genommenen Fakten von einer Instanz so angeordnet worden sind, wie er sie eben rezipiert (wobei anläßlich einer Inszenierung jenes Werks noch andere Verantwortliche mit im Spiel sind, sodass sich gerade hierbei die ästhetische Besonderheit einer dramatischen bzw. dramatisierten Vorlage ergibt); und da ist ja noch fünftens ein Gestaltungselement, welches nicht selten der Grund dafür ist, dass wir uns überhaupt für ein Stück begeistern: eine besondere 'Gestalt' oder auch jene 'Gestalten', deren Schicksal man uns zeigt; daher tragen viele berühmte Theaterstücke auch den Namen solcher Protagonisten im Titel: Antigone, Ödipus, Hamlet, Minna von Barnhelm, Die Jungfrau von Orléans, Torquato Tasso, Penthesilea, Faust, Judith, Danton oder – wie in unserem Fall – Orpheus. Die analytische Betrachtung solcher 'Menschen' ist bereits in der Schule eine interessante und lebensweisheitlich lohnende Aufgabe gewesen und sie stellt auch in der modernen Literaturwissenschaft ein zentrales, fest umreißbares, nahezu 'geometrisch' angelegtes Arbeitsfeld dar.

Über dieses elementare Grund- und Bauprinzip sämtlicher Theaterstücke aller Zeiten soll uns ein Werk, wenigstens ansatzweise, aufklären, mit dem sein Verfasser – Manfred PFISTER – regelrecht Furore machte, weil sein seit 1977 immer wieder aufgelegtes Taschenbuch *Das Drama* so etwas wie eine (strukturale) 'Universalbibel', d. h. ein Generalbauplan fürs Theater ist. Pfisters Ausführungen über jene 'Menschen', von denen wir auf der Bühne so bemerkenswerte Dinge erleben, hat man als so zutreffend und nützlich angesehen, dass man sie im Hochschulunterricht immer wieder, und zwar sogar auf Erzähltexte anwendete. Über das Wesen von 'Figuren' in dramatischen Texten – und um solche geht es – klärt uns der Anglistik-Professor folgendermaßen auf:

„**5.2.1 Figur vs.** [= versus, d. h. 'im Vergleich zu'] **Person.** Wir sprechen, im Gegensatz zu einer weit verbreiteten Konvention, von dramatischer 'Figur', nicht von 'Person' oder 'Charakter', und wir tun dies, um einer ebenfalls weitverbreiteten [sic] Tendenz, dramatische Figuren wie Personen oder Charaktere des realen Lebens zu diskutieren, schon terminologisch entgegenzuwirken und so die ontologische Differenz zwischen Figuren und realen Charakteren zu betonen. Die Konnotationen [= Bedeutungen] des Worts 'Figur', die auf intentional Gemachtes, Konstrukthaftes, Artifizielles verweisen und nicht die Vorstellung von Autonomie, sondern von Funktionalität wecken (man denke etwa an die Figur im Schachspiel), kommen dieser unserer Absicht gerade entgegen. Denn im Gegensatz zu einer realen Person, die zwar von ihrem Kontext mitgeprägt wird, jedoch als Gewordene eine von ihrem Kontext analytisch isolierbare, reale Kategorie darstellt, ist eine dramatische Figur von ihrem Kontext überhaupt nicht ablösbar, da sie ja nur in diesem Kontext existiert, sie erst in der Summe ihrer Relationen zu diesem Kontext konstituiert wird. [...]. Die Tatsache, daß eine fiktive dramatische Figur im Gegensatz zu einem realen Charakter ein intentionales Konstrukt ist, wird auch dadurch deutlich, daß der Satz von Informationen, durch den eine Figur in einem dramatischen Text bestimmt wird, ein endlicher und abgeschlossener ist und auch von einer noch so genauen Analyse allenfalls ausgeschöpft, nicht aber erweitert werden kann, während die Zahl der Informationen, die man über einen realen Charakter in Erfahrung bringen kann, prinzipiell eine unbegrenzte ist. [...].

5.2.2 Beschränkungen der Figurendarstellung im Drama. Was wir hier zum Unterschied von Figur und Charakter gesagt haben, gilt natürlich nicht nur für Dramenfiguren, sondern generell für fiktive Figuren, also auch für solche in narrativen Texten. Im Drama scheint jedoch aufgrund seiner Plurimedialität, der leibhaften Präsentation einer Figur auf der Bühne, die Gefahr, diese Unterschiede zu vergessen oder zu verwischen, besonders groß zu sein. Dabei sind im Drama die Möglichkeiten einer detaillierten, alle Aspekte berücksichtigenden Menschendarstellung schon von den medialen Bedingungen her limitierter als in narrativen Texten, etwa in einem Roman." (M. P., *Das Drama. Theorie und Analyse,* [11]2001: 221-22; [1]1977)

Auf der Basis der Voraussetzung, dass eine Figur ein 'intentionales' (d. h. von Absichten getragenes) 'Konstrukt' (also etwas künstlich Geschaffenes) innerhalb des literarischen Textes darstellt, entwickelt Pfister präzise Vorgehensweisen, Maßstäbe und Deutungskriterien, um die Protagonisten und anderen Aktanten (= Handelnden) des Stückes dingfest zu machen, sie zu erklären, zu hinterfragen und damit den Text wesentlich zu erhellen. So haben denn mehrere Generationen von Studierenden mit Begriffen wie 'Kontrast- und Korrespondenzrelationen', 'Konstellationen', 'Konfigurationen' oder 'Konzeptionen' gearbeitet, um Dramentexte (aber auch Erzählungen) auszuleuchten und textmateriell in den Griff zu bekommen, nämlich die Prinzipien der Konstruiertheit des 'Figurenpersonals' zu bestimmen.

Für unser Stück von Angelo Poliziano heißt das demnach: Sein '*Orfeo*' ist eine intentionale Schöpfung mit einer planmäßig gezeichneten Figur, menschenähnlich, aber dennoch nicht individuell und human-wirklich. Damit ist dieser italienische Orpheus einerseits weniger als ein realer Mensch, aber andererseits ein potentielles Abbild unbegrenzt vieler Erdbewohner, in denen sich Kunst und Liebe vereinen.]

Angelo Poliziano vertritt in typischer Weise jene Epoche, in der die Antike wieder auflebt; sie nimmt Muster und Modelle in Anspruch, um sich selbst zu begreifen und künstlerisch zu verwirklichen. Die Menschen des Mittelalters glaubten sich in einer göttlich geregelten Welt verortet, was Literaten und Kunstschaffende in ihren Arbeiten entsprechend manifestierten. Die Autoren der Renaissance – diese Kulturära begann im Trecento (= 14. Jh.) und ging im späten Cinquecento (16. Jh.) zu Ende – ersetzten vielfach das christlich gefügte und mehrere Jahrhunderte alte Ideologiesystem durch ein neues Denken und Empfinden, welches aber auf noch ältere Vorstellungen – nämlich die der Griechen und Römer – zurückwies.

Man sah sich damals als 'modern' und damit als verschieden an, wenn man mit Vorbildern wetteiferte, welche heute als 'klassisch' verstanden werden. Dies erschien lohnenswert, denn die Antike besaß ein attraktiv geschlossenes Weltbild, beeindruckende Genies, bemerkenswerte Bücher, bedeutende Themen; sie hatte eine meisterliche Literatur, eine natürlich wirkende Kunst und eine bewunderte Ästhetik vorzuweisen. Um sich solchen Leistungen zu nähern, mussten die Autoren des 'Rinascimento' zunächst das alte Schrifttum studieren. Dazu war die Philologie ein geeignetes Mittel. Poliziano bewährte sich als ein begabter und erfolgreicher Gelehrter: Er stöberte vergessene Texte auf und machte sie einer breiteren Leserschaft zugänglich. Damit war überhaupt erst die Grundlage für ein sachgemäßes Kennenlernen dessen gegeben, mit dem man konform gehen wollte, das man so schätzte.

Mit griechischen und römischen Schriftstellern maß man sich, indem man 'ähnliche' Werke verfasste. Dafür wurden gerne die einstmals verwendeten Gattungen in Anspruch genommen. So gab es in Athen und Rom bereits ein hoch entwickeltes, thematisch und formal reichhaltiges Theater: Tragödien von Aischylos (525/24 – 456/55), Euripides (480 – 406) und Sophokles (um 497 – um 406) oder Seneca (4 v. – 65 n.), Komödien von Aristophanes (um 445 – um 385) sowie Plautus (um 250 – 184) oder Terentius (um 195 – 159). Das romanische Theater des Mittelalters war seinerseits ziemlich bunt, aber auch eingeschränkt, denn man pflegte vor allem eine religiöse Dramatik, die der christlichen Unterweisung und spirituellen Erbauung diente.

Die in Polizianos *Orfeo* zum Ausdruck gebrachte 'Zivilisation' ist offensichtlich von 'Subjekten' bestimmt, die Unterordnung verweigern, sich dezidiert hervortun: Orpheus begibt sich aus 'privaten' Gründen in die Unterwelt; er achtet dabei keine Verbote oder Vorschriften; Strafen gehen ihn nichts an. Individuelle Helden sind eben nicht gehorsam! Eine solche Haltung lässt an den Mut der Protagonisten der antiken Epik wie Odysseus oder Äneas denken. Obwohl 'die Antike' ein vieles und viele umschließender Kulturbegriff ist, denkt man hierbei stets an einzelne Gestalten, die auf Grund ihrer unverwechselbaren Persönlichkeit beispielhaft waren. Ist das nicht der Fall, wenn man z. B. von Sokrates oder Cicero, Alexander oder Diogenes spricht? Das 'Mittelalter' versteht man hingegen eher als Ausdruck von Gemeinschaftlichkeit, der sich sogar berühmte ritterliche Helden anzuschließen hatten.

Unsere Idee, Sie als BA-Studierende in die italienische Theatergeschichte anhand des Renaissance-Stückes von Poliziano einsteigen zu lassen, wird Ihnen noch plausibler erscheinen, wenn Sie erfahren, dass gerade dieses kleine Bühnenwerk die Initialzündung einer Kunstform bewirkte, welche für Italiens 'schöne' Kultur schlechthin steht: die Oper.

„Etwa 140 Jahre später vollzog sich am gleichen Ort ein anderes bedeutsames Ereignis, dessen Thema wieder die Orpheussage gewesen ist. Claudio Monteverdi, der größte Musiker seiner Zeit, führte seine erste Oper, den *Orfeo*, 1607 im herzoglichen Theater auf; auch dies war das Vorbild einer neuen Gattung der Musik, die eine Welt erschloß. So hat sie die Sendung des Orpheus, des Erfinders des Gesanges, noch zweimal erneut [sic], im Wohllaut der Poesie und im Klang der Musik." (Hans MANDERSTEIG: 1956: 57 = im Nachwort zur Übersetzung des *Orfeo* von Rudolf Hagelstange)

Es gibt Menschen, welche die Begabung und das Potential haben, der Welt etwas ganz Neues zu geben, was sich seinerseits fruchtbar und innovativ auf andere Areale der Kultur auswirken kann (wobei nicht selten der Zufall eine wichtige Rolle spielt). Poliziano entwarf ein Stück, das keinen König, Kämpfer, Kaufmann oder Seefahrer, sondern 'nur' einen begnadeten Sänger in den Mittelpunkt stellte; was lag da näher, als diesen Künstler nun auch tatsächlich singen zu lassen, sodass man 'live' erlebte, was alles mit Musik zu erreichen ist? Da Polizianos Geschichte von Orpheus nicht in Prosa, sondern mit lyrischer Sprache und poetischen Formen dargeboten wurde, war es gleichfalls angebracht, jenen originellen und schönen Habitus der Poesie, den man ihr nachsagt, noch stärker hervorzuheben, nämlich Musikalität und Harmonie vollends zum Ausdruck zu bringen! Bereits im alten Griechenland trug man Dichtung mit vokaler und instrumentaler Begleitung vor, um so durch die Vereinigung von Wort und Klang den göttlichen Ursprung der Poesie zu unterstreichen und den Göttern angemessen sakral zu huldigen. Poliziano, der 'Wiedererwecker' des Altertums, leistete eher unbewusst der Geburt der Oper (!) in Italien einen wertvollen und spannenden Hebammendienst. Das Kind der neuen Kunst kam auch bald auf die Welt: Sehr lebendig war es und es wuchs rasch heran. Ohne eben jenen musikalisch begabten Orpheus wäre die Entstehung des neuen musischen Kulturphänomens wohl kaum möglich gewesen, obwohl man zu Polizianos Zeiten auch andere Gestalten der Antike auf den Bühnen des Sprechtheaters erleben konnte:

„Apollo and Daphne or Cephalus and Aurora, are also prominent both in the theatrical repertory of the late fifteenth century and in the first decades of operatic activity. None of them, however, had been brought on stage as often as Orpheus, or by such outstanding artists; nor could any of them more readily suggest the intimate association of poetry and music which Poliziano achieved with natural ease and the creators of opera had achieved again with spontaneous immediacy [...]." (Nino PIRROTTA–Elena POVOLEDO, *Music and Theatre from Poliziano to Monteverdi*, 1982: IX) Den entscheidenden Anstoß zum Durchbruch der Oper als ganzheitlicher Text- und Kunstgattung gab dann eine ganz bestimmte Vertonung der Orpheus-Sage.

Die Oper *L'Orfeo* von Claudio MONTEVERDI (1576 – 1643) ist eine 'Favola in musica', bestehend aus Prolog und 5 Akten. Das Libretto dazu stammt von Alessandro STRIGGIO dem Jüngeren (1573–1630). Die Uraufführung fand am 24. Februar 1607 anlässlich des Geburtstages von Francesco IV. Gonzaga im herzoglichen Palast zu Mantua statt. Das Werk wurde von Mitgliedern der 'Accademia degli Invaghiti' gespielt. Monteverdi hatte mit der Komposition 1606 begonnen; die Veranstaltung dauerte damals knapp 2 Stunden und war sehr erfolgreich.

Wenn wir hier von einer historisch bedeutenden Oper reden, in der es um einen tatsächlich (d. h. auf der Bühne) singenden Sänger und um dessen Schicksal begleitende instrumentale Musik geht, dann muss auch etwas Konkretes über die Eigenschaften jenes klanglichen Kunstwerks des Frühbarock gesagt werden. Da ich leider ein in musikalischen Dingen wenig bewanderter Mensch bin, mache ich an dieser Stelle etwas, was meine jungen Leserinnen und Leser meistens dann tun, wenn sie von einem Thema oder einer Sache gar keine Grundkenntnisse besitzen: Ich gehe mit dem Suchbegriff *L'Orfeo* ins Internet und bekomme – in meinem Fall von Wikipedia – Folgendes angeboten: „Monteverdis Musik zu *L'Orfeo* ragt heraus durch dramatische Kraft und Emotionalität. Die Tragödie wird in musikalischen Bildern entwickelt, und die Melodien sind klar und gradlinig. Mit dieser Oper schuf Monteverdi eine gänzlich neue Form der Musik, das *dramma per mu-*

sica [...]. Die eingangs gespielte Toccata ist ein Zitat der Gonzaga-Fanfare, als Reminiszenz an seine Auftraggeber. Die Opernhandlung beginnt erst nach der Toccata mit dem Ritornell und – nach antikem Muster – mit einem Prolog. Die Oper ist für damalige Verhältnisse recht üppig instrumentiert [...]. Entscheidend ist die Differenzierung zwischen dem Instrumentarium des Lebens (Streicher und Blockflöten mit einem von Streichern und Cembalo besetzten Basso continuo) und dem des Todes (Blasinstrumente mit Ausnahme der Flöten, vor allem Zinken und Posaunen, dazu ein Basso continuo mit Orgel/Regal). Die an den Sänger des Orfeo gestellten Anforderungen lassen sich auf eine einfache Formel bringen: Um in dieser Rolle nicht unglaubwürdig zu werden, muss er eine exemplarisch schöne Stimme und hohe Virtuosität haben. [...]. Als schön galt eine mittlere Stimmlage, die trotz müheloser Höhen und Tiefen alle Extreme mied. [...]. Abgesehen also von sehr hohen und tiefen Tönen wird alles von ihm gefordert: der bukolische Liedgesang, der Bravourgesang, das Schmachten und Schmeicheln, Innigkeit, Verzweiflung, Zorn und die höchst artifizielle Verzierung – dazu eine fast ununterbrochene Präsenz auf der Bühne." (Zuletzt gesehen am 3.12.2011) Mit diesem Elementarwissen ausgestattet, werde ich mich demnächst in die musikwissenschaftlichen Einrichtungen meiner Universität bzw. Stadt begeben, um mir dort den Weg zu absolut zuverlässigen, d. h. fachlich international abgesicherten Informationsmitteln weisen zu lassen. Ein Gleiches würden Sie natürlich auch tun.

Claudio Monteverdi blieb nicht der einzige Komponist, der einer musikalischen Schöpfung die Orpheus-'Geschichte' zugrunde legte. Die Erlebnisse des Sängers der Antike wurden fester Bestandteil der Musiktradition bis heute. Auch aus der Literatur ist Orpheus nicht wegzudenken: Er begegnet uns in vielen Nationen, zu allen Epochen, in sämtlichen Gattungen. Auch andere Medien nahmen den unglücklich verliebten Künstler thematisch in Anspruch, wie der Film zum Beispiel. Wie kann man sich eine dermaßen intensive, lange anhaltende Freude an der Wiederholung oder Wiederaufbereitung erklären?

Dem Schicksalsverlauf der mythischen Sängerfigur liegt offenbar etwas Wiederaufgreifbares, immer und überall in einer bestimmten Weise Gültiges zugrunde! Die Literatur – und sie steht ja bei unserem Lernbemühen im Vordergrund – ist voll von solchen Konstanten oder Mustern. Schriftsteller können nämlich nicht umhin, beim Schreiben auf das Leben zu blicken und ihm etwas abzuschauen. Ihr und mein Leben ist – verglichen mit dem anderer Leute – auch nicht unendlich andersartig. Vieles wiederholt sich immerzu. Alles fängt mit der Geburt an, und mit dem Tod hört Irdisches bei jedem von uns auf. Und dann hat beispielsweise für uns jeder Tag 24 Stunden. Die Menschen des Erdballs sind zwar durchweg Individuen, aber dennoch sind sie miteinander vergleichbar. Wir tun nicht dasselbe, jedoch sehr wohl etwas Ähnliches. Auch weisen unsere Gedanken und Hoffnungen Gemeinsamkeiten auf; sie gelten dem Glück, der Liebe, der Arbeit sowie vor allem den uns plagenden Sorgen, Nöten und Schmerzen. Wie soll da ein Schriftsteller die Welt anders, d. h. außerhalb der ziemlich uniformen Realität sehen? Handeln und Leben sind deswegen in den Büchern der Autoren ebenfalls stofflich verwandt. Die Literatur lebt überhaupt von sogenannten 'Stoffen'. Die 'Sache mit Orpheus' ist diesbezüglich eine sehr berühmte 'Angelegenheit'.

[Was genau ein 'Stoff' ist, lassen wir uns von einer Literaturwissenschaftlerin erläutern, die solche 'Konstanten' der 'Weltliteratur' in einem Kompendium zusammenschloss, das Generationen von Lernenden hilfreich war und das wegen seiner Informationsfülle auch heute noch gute Dienste tut:

„Unter Stoff ist nicht das Stoffliche schlechthin als Gegenpol zu dem formalen Strukturelement der Dichtung zu verstehen, also nicht alles, was die Natur der Dichtung als Rohstoff liefert, sondern eine durch Handlungskomponenten verknüpfte, schon außerhalb der Dichtung vorgeprägte Fabel, ein 'Plot', der als Erlebnis, Vision, Bericht, Ereignis, Überlieferung durch Mythos und Religion oder als historische Begebenheit an den Dichter herangetragen wird und ihm einen Anreiz zu künstlerischer Gestaltung bietet. Seine festeren Umrisse unterscheiden den Stoff sowohl von dem abstrakteren, gewissermaßen entstofflichten Problem oder Thema wie Treue, Liebe, Freundschaft, Tod als auch von der kleineren stofflichen Einheit des Motivs – 'Der Mann zwischen zwei Frauen', 'Die feindlichen Brüder', 'Der Doppelgänger' –, das zwar das Anschaulich-Bildhafte und Situationsmäßige mit dem Stoff gemeinsam hat, aber nur einen Akkord anschlägt, wo der Stoff die ganze Melodie bietet. [...]. Eine Kette oder ein Komplex von Motiven ergibt einen Stoff." (Elisabeth FRENZEL, *Stoffe der Weltliteratur*, [1]1962: V; [10]2005: VII)

Weitere 'Stoffe' werden bei Frenzel z. B. unter folgenden Stichworten in ihrer Entwicklung, Ausprägung und Rezeption beschrieben: Achilles, Adam und Eva, Artus, Cäsar, Cato, Daphne, Elisabeth von England, Eulenspiegel, Faust, Friedrich der Große, Kaspar Hauser, Herakles, Jedermann, Judas Ischariot, Jungfrau von Orléans, Karl der Große, Kleopatra, Odysseus, Persephone, Pygmalion, Romeo und Julia, Sokrates, Wilhelm Tell, Tristan und Isolde, Turandot, Ugolino oder Wallenstein.]

Und die italienische Literatur: Woher nimmt sie denn ihre Stoffe? Wie alle Literaturen, greift sie gerade auf die Geschichte und Geschichten zurück, die auf dem Boden entstanden sind, welcher die Sprache hervorbrachte, in der sie sich artikuliert. Für die romanischen Literaturen heißt das, dass diese 'materiell' in enger Beziehung zu Raum und Zeit stehen, welche einst einflussreich und machtvoll ihr kulturelles Gebiet prägten; gemeint ist das politische Imperium Romanum, das eng mit dem Geist der Antike bzw. Spätantike verbunden war. Das alte Römertum ist demnach eines der ältesten Fundamente Italiens, wobei jenes Römische seinerseits wiederum stark mit griechischen Traditionen verquickt war. Das griechische und römische Altertum bieten italienischen Autoren somit, vornehmlich und natürlich, beliebte Stoffe zum Dichten, Erzählen und Entwerfen von Bühnenwerken. Deshalb ist das Bescheidwissen über die zwei Jahrtausende zurückliegenden Epochen nicht nur eine notwendige Grundlage für eine richtige Einschätzung der Renaissance – also jener Phase der sprichwörtlichen Wiederbelebung alles Antiken –, sondern darüber hinaus ist ein solides Wissen über Römisches und Griechisches unverzichtbar für das Verstehen der Ästhetik der Italiener an sich und ihrer künstlerischen und intellektuellen Leistungen.

Studierende italienischer Literatur müssten demnach eigentlich in ihrer Uni besonders oft an jene Bücherregale gehen, wo der sogenannte 'Pauly' gelagert ist; es ist dies eine monumentale Enzyklopädie, die seit dem Jahr 1893 alle Kenntnisse von den alten Mittelmeerkulturen in überaus zahlreichen Bänden und Supplementen versammelt. Da die vielfältigen Fakten für uns auch heute noch unverzichtbar sind, veröffentlichte man einen 'Neuen Pauly' in 'nur' 15 Bänden; darunter befindet sich einer, der das im Zusammenhang mit unserem Orpheus-Stoff angesprochene Sachgebiet bzw. Kulturphänomen ausführlich und modern zusammenfasst sowie allgemein und leicht zugänglich macht. Gemeint ist der Band *Die antike Mythologie in Literatur, Musik und Kunst von den Anfängen bis zur Gegenwart* (2008), herausgegeben von der Stuttgarter Romanistik-Professorin Maria MOOG-GRÜNEWALD. Hierin finden wir natürlich auch alles Wichtige zur Rezeption [= Aufnahme, Übernahme, Verarbeitung von Teilen eines anderen Werks in neuer oder anderer Form] unserer sagenhaften Sängerpersönlichkeit. Aus dem darin enthaltenen Orpheus-Artikel des Erlanger Italianisten Bernhard HUSS nehmen wir eine Passage heraus, die uns zeigt, wie besagter 'Stoff' ebenfalls dasjenige Medium befruchtet hat, mit dem wir 'moderne' Kosmopoliten heutzutage besonders gern zu tun haben:

„Die filmische Umsetzung des O.mythos ist zunächst von J[ean] Cocteau geprägt, der in *Orphée* (1950) an seinen früheren Film *Le sang d'un poète* (1931) anschließt und eine Neubearbeitung seines Bühnendramas um O. vorlegt: Die surrealistischen Züge des Stücks sind weitgehend getilgt zugunsten einer Einbeziehung der modernen technischen Welt (O. empfängt z. B. seine Botschaften nicht mehr von einem Pferd, sondern aus dem Autoradio des Rolls-Royce der von finsteren Motorradfahrern eskortierten 'princesse', zu der Mme la Mort geworden ist) und durch Verlagerung in ein neorealistisches Setting, dessen Alltäglichkeit freilich durch die zentrale Bedeutung der 'Zone' zwischen Tod u. Leben konterkariert wird, die die Figuren durchschreiten." (B. H., *Die antike Mythologie...*, 2008: 536 = 'Orpheus')

Dass man in Frankreich – Italiens romanischem Nachbarland – einen Film über den Orpheus-Stoff drehte, ist in Anbetracht der ihm innewohnenden Anziehungskraft nicht so beeindruckend, wie die Tatsache, dass der berühmteste Film Brasiliens aller Zeiten – und dieses größte Land mit einer romanischen Sprache liegt weit weg von Europa – jenes Liebespaar im grandiosen Rio de Janeiro zeigt. *Orfeu Negro* (aus dem Jahr 1959, bezeichnenderweise eine brasilianisch-französisch-italienische Koproduktion unter der Regie von Marcel Camus) schildert ihn und sie zur wichtigsten Zeit des Jahres, also im Karneval: Orfeu ist hier Straßenbahnschaffner und Euridice Schneiderin. So wunderschön spielt er die Gitarre, dass er mit seinen Klängen die Sonne dazu bewegt, aufzugehen. Sein Mädchen kommt tragischerweise im Straßenbahndepot an eine Stromleitung und stirbt.

Orfeu fällt, den Leichnahm seiner Euridice tragend, von einer auf einem Berg gelegenen Favela einen Steilhang hinab und verliert gleichfalls das Leben. Der Film endet damit, dass der junge Benedito auf Orfeus Gitarre – Erbstück seines größeren Freundes – seiner kleinen Begleiterin etwas vorspielt, sodass diese zu tanzen anfängt und ihn zum neuen Orfeu erklärt, der mit seinen Samba-Klängen die

Sonne hinter den dunklen Wolken hervorlocken könne, was dann auch tatsächlich geschieht. Und damit nimmt die so alte Geschichte einen neuen Anfang.

Man sagt, dass der Film *Vertigo* (1958) von Alfred Hitchcock (1899-1980) gleichfalls, in sehr subtiler Weise, jenen Stoff verarbeitet, den Sie nun ziemlich gut kennen. Inwiefern das so ist, finden Sie doch einmal am besten selbst heraus! Erste Erkenntnisse gewinnen Sie dazu, wenn Sie sich durch YouTube einige Szenen vorspielen lassen.

[Zum Ende der Analyse des ersten italienischen Theaterstücks von Bedeutung wollen wir auf die älteste 'Literaturgeschichte' zu Italien aus der Feder eines deutschen Philologen blicken. Wir leben ja in einer Zeit, in der Mode und Wissenschaft gern nach dem Neuesten streben, sodass Altes immer mehr hinter uns zurück bleibt und schließlich vergessen wird. Aber ist philologisch Vergangenes immer auch unmodern, unnütz und etwas, was man unter den Tisch fallen lassen kann? Eigentlich dürfte das nicht so sein, denn Literaturwissenschaft hat per se die Aufgabe, sich gerade mit Texten von längst verstorbenen Autoren zu befassen. Adolf GASPARY (1849-92) schrieb vor weit über einhundert Jahren eine ziemlich umfangreiche *Geschichte der italienischen Literatur* (2 Bde, 1885-88). Darin musste er sich natürlich auch mit unserem Poliziano und dessen *Orfeo* auseinandersetzen. Da Sie nun schon recht ordentliche Kenntnisse hierzu besitzen, sind Sie bestimmt in der Lage, ein Urteil über seine Einschätzungen abzugeben:

„Der *Orfeo* ist eine Repräsentation, nur dass sich der christliche Gegenstand in einen classischen verwandelt hat. Die nämliche ist auch die äußere Form, die Octave, an deren Stelle jedoch bisweilen die Ballade, die Canzone oder Terzinen eintreten, wie dergleichen das geistliche Schauspiel für die eingestreuten Lauden kannte. Und es war natürlich; der Cardinal beauftragte den Dichter, seinem Publikum eine Fabel vorzuführen, und er formte sie einfach nach der allbekannten Weise der Mysterien, welche für solche Festschauspiele zu dienen pflegten, ohne weiter an classische Muster oder Regeln zu denken. Eine Erzählung zu dialogisiren, ist von allen theatralischen Versuchen der primitivste und leichteste; um aus jener Erzählung das Drama zu gestalten, dazu hätte es gewiß anderer Anstrengungen bedurft, als der flüchtigen Improvisation von zwei Tagen. Eine zweite Redaction dieses Orpheus von Polizian, welche verschiedene Zusätze und Aenderungen aufweist, in 5 Akte eingetheilt ist, und den Titel *Orphei Tragoedia* trägt, bestimmt für eine spätere Neuaufführung des Werkes, rührt wahrscheinlich nicht von Polizian selber her, sondern von Antonio Tebaldeo (1463-1537). [...]. Wenn man für den *Orfeo* Polizians einen zu großen Ernst der Absicht voraussetzt, so verkennt man damit gerade dessen eigenthümliche Vorzüge. Der Verfasser wollte eine elegante Hofgesellschaft ergötzen; wie es bei jenen Festen Gastmähler gab und Turniere und Tänze und Musik, so gab es auch diese schöne Poesie, eine Fabel, ohne wahrhafte dramatische Illusion, ein leichtes und luftiges Spiel der Einbildungskraft, welches für einen Augenblick beschäftigt und dann zerfließt wie ein Traum. Jene Erzählung von der Macht des Gesanges, welcher die Pforten der Hölle selbst öffnet, entsprach ganz besonders dem Geschmacke eines Publikums, welches von Begeisterung für Kunst und Dichtung erfüllt war." (A. G., *Geschichte...*, Bd. 2, S. 214) Die z. T. kuriose Schreibweise von dereinst haben wir absichtlich beibehalten.]

Aufgaben

zu „3.1 Problemfeld V: **Frühe Textdramatik.** Der *Orfeo* (um 1480) von Angelo **Poliziano** (1454-94) [Quattrocento: Humanismus und Renaissance (15. Jh.)]"

1. Schreiben Sie nach unserer 'Inhaltsangabe' des *Orfeo* alle Namen und Bezeichnungen antiker Gegebenheiten aus Polizianos Stück heraus (wie Merkur, Eurydike, Diana, Kerberos, Furien, Pluto, Ixion u. a.). Informieren Sie sich dann bitte in Handbüchern (bzw. Lexika) über deren 'Geschichte' und Bedeutung. Versuchen Sie hiernach, aus dem 'Persönlichkeitsbild' bzw. dem Werdegang einzelner ausgesuchter 'Gestalten' Elemente abzuleiten, welche überzeitlich sind und damit auch auf unsere Epoche übertragbar sein könnten.

2. Besorgen Sie sich die nützliche (und preiswerte) Poliziano-Werkausgabe von Davide PUCCINI ([1]1992 oder später). Wählen Sie darin aus dem *Orfeo* eine Szene aus, die Sie interessant finden. Studieren Sie dann dazu bitte gründlich die darunter stehenden Anmerkungen. Klassifizieren Sie diese Erklärungen nach bestimmten Arten von Information und achten Sie dabei besonders auf Fakten, welche mit der Antike zu tun haben. Berichten Sie darüber.

3. Die zentralen 'hirtenliterarischen' Begriffe 'Bukolik' ('bukolisch'), 'pastoral' und 'Ekloge' wurden in diesem 'Problemfeld V' nicht eigens definiert. Informieren Sie sich daher bitte in Literaturlexika (wie z. B. Gero v. WILPERT, [1]1955 und später) über diese Termini (Herkunft, ursprüngliche Bedeutung etc.) und stellen Sie entsprechende Beispiele vor; da es sich bei letzteren um Werke handeln wird, die Sie wohl noch nicht kennen, machen Sie sich damit etwas vertraut (z. B. durch Nachschlagen im 'KINDLER' oder Recherchen im Internet).

4. Dante Alighieri (1265-1321), Giovanni Boccaccio (1313-75) und Francesco Petrarca (1304-74) verfassten vor Poliziano ihrerseits mehrere (lateinische) 'Schäfertexte', die man als 'Eklogen' bezeichnet. Wenn Sie zu denjenigen Studierenden gehören, die über besonders gute Italienischkenntnisse verfügen, dann informieren Sie sich bitte darüber in mehrbändigen italienischen Literaturgeschichten – von denen Sie in Ihrem Institut einige finden werden – und versuchen Sie, gewisse Fakten und Eindrücke von jenem Sektor des Schaffens der drei großen Schriftsteller zusammenzustellen; eines dieser Werke präsentieren Sie etwas genauer. Bei dieser Gelegenheit berichten Sie auch kurz von einem solchen mehrteiligen Kompendium: Wo stehen die Bände? Wie sehen sie aus? Wie ist das ganze Unternehmen aufgebaut/eingeteilt? Was ist daran 'gut' und was bereitet möglicherweise (deutschen Studierenden) Schwierigkeiten?

5. Es ist in der Literaturwissenschaft sehr wichtig zu wissen, wie die letztgültige, d. h. definitive Ausgabe des Werks eines Autors aussieht bzw. auszusehen hat. Deshalb besorgen Sie sich die kritische Edition des *Orfeo*-Stücks von Antonia TISSONI BENVENUTI ([1]1986 oder [2]2000); schauen Sie sich bitte den philologischen Einleitungsteil des Buches an (v. a. Kap. II.2) und versuchen Sie zu erkennen, worin Prinzipien und Bedeutung einer 'kritischen' = absolut maßgeblichen Publikation eines (literarischen) Textes bestehen. Schließlich wählen Sie eine Buchseite des Editionsteiles aus und beschreiben, welche Art von Informationen man dort geboten bekommt und wie eine solche Seite aufgebaut ist. Für diese Aufgabe sind profunde Italienischkenntnisse erforderlich.

6. Für das Studium der Romanistik – zu welcher gerade auch die Italianistik zählt – sind Kenntnisse der Autoren der Antike unerlässlich. Deshalb lesen Sie sich bitte in den deutschsprachigen Literaturgeschichten von Manfred HARDT, Volker KAPP (Hrsg.) und Heinz Willi WITTSCHIER die entsprechenden Passagen zu Angelo Poliziano durch; schreiben Sie die dort fallenden Namen von Verfassern des griechischen und römischen Schrifttums heraus und erstellen Sie, wobei Sie sich zuerst im Internet über jene 'Persönlichkeiten' informieren, ein 'Feature' der von Poliziano offenbar verwendeten 'Quellen' bzw. Vorlagen (d. h. Werken anderer Verfasser). Da Sie ein wissenschaftliches Studium betreiben, sichern Sie alle Fakten Ihres Vortrags zusätzlich ab, indem Sie ein Autorenlexikon zu Rate ziehen. Solche Nachschlagewerke stehen meist versammelt in Ihrer Institutsbibliothek.

7. Wenn von antiker 'Hirten-' oder 'Schäferliteratur' die Rede ist, fallen immer auch die Namen des Griechen Theokrit (um 310–um 250 v. Chr.) und des Römers Vergil (70–19 v. Chr.). Beschäftigen Sie sich bitte in deutschsprachigen Literaturgeschichten antiker Literatur mit diesen beiden sehr wichtigen Autoren und arbeiten Sie deren Bedeutung für die sogenannte 'Bukolik' (d. h. deren Formen und Themen) heraus. Bei ersterem geht es v. a. um 'idyllische' Gedichte, bei dem zweiten um 'szenische' Eklogen (= kleine Stücke im Hirtenambiente). Zur Aufgabe gehört, dass Sie sich selbständig einschlägige Handbücher zu Ihnen fremden Fachgebieten verschaffen: eine Geschichte der griechischen sowie eine der römischen Literatur. Ein Besuch des Instituts für Klassische Philologie Ihrer Hochschule wäre dafür der beste Weg! Fragen Sie die dort sitzenden KommilitonInnen, wo 'Literaturgeschichten' stehen; die sagen Ihnen das sofort.

8. Wissen Sie, was ein Kongress- oder Tagungsband ist? Nun, es handelt sich um eine besonders wissenschaftliche Art von Publikation! Es treffen sich Fachleute, die zu ihrem speziellen Gebiet neueste Erkenntnisse kollegial zur Sprache bringen, d. h. darüber mit anderen diskutieren; diese Vorträge werden dann veröffentlicht. Dies geschah auch 1994 zu Angelo Poliziano: In seinem Geburtsort Montepulciano versammelten sich zahlreiche Humanismus-Experten (darunter auch mehrere Frauen) und leisteten einen Beitrag zu dem Thema „*A. Poliziano: poeta – scrittore – filologo*". Der dazu gehörige Tagungsband erschien dann 1998; in unserer Abteilung 'Studienmaterial' finden Sie ihn bibliographisch genau beschrieben. Besorgen Sie sich dieses Werk (eventuell per Fernleihe). Stellen Sie bitte fest, welche der mehr als zwei Dutzend Fachleute sich mit dem Einfluss antiker Autoren auf Poliziano beschäftigten und zeigen Sie solche Bemühungen an einem Aufsatz (= ehemaligem Vortrag) auf. Der Band enthält u. a. auch die nur 6 Seiten umfassende Studie „*Il Poliziano e il teatro del suo tempo*" von Paola VENTRONE (S. 75-80), die justament unsere Fragestellungen tangiert; stellen Sie daraus solche Fakten zusammen, die in unserem 'Problemkreis V' unerwähnt bleiben, Ihnen aber zum Verständnis von Italiens Theatersituation im 15. Jh. wichtig erscheinen. Versuchen Sie abschließend, einen Eindruck von den 'äußerlichen' Facetten jenes 'Convegno internazionale' zu vermitteln: Wo fanden die Veranstaltungen statt? Wie sah es mit der Organisation, der Begrüßung oder dem Sponsoring aus? Wieviele Italiener und wieviele 'Ausländer' nahmen teil? Können Sie einige wirklich berühmte Persönlichkeiten ausmachen? Es sind für diese Aufgabe nahezu muttersprachliche Italienischkenntnisse erforderlich.

9. Dem in unserer Literaturliste genannten Band mit Übersetzungen von Theaterstücken über Orpheus (*Orpheus und Eurydike*, 1963) entnehmen Sie, dass es nach Poliziano noch viele weitere Bühnenfassungen der Geschichte um den Sänger und seine verlorene Braut gibt. Da darin alle Stücke auf Deutsch und diese z. T. auch gar nicht sehr lang sind, lassen Sie sich bestimmt darauf ein, das eine oder andere Werk zu lesen, zumal es sich um renommierte Schriftsteller handelt. Eine Orpheus-Bearbeitung, welche Sie besonders anspricht, vergleichen Sie bitte mit dem *Orfeo* von Poliziano, so wie Sie ihn hier kennengelernt haben. Gehen Sie folgenden Fragen nach: Wie wird bei Calderón, Gluck, Offenbach, Kokoschka, Cocteau oder Anouilh die 'Geschichte' dargestellt? Was für eine Welt, Zeit, Gesellschaft wird entworfen? Wie sind die Figuren konzipiert? Welche Probleme werden thematisiert? Wie ist die Sprache gestaltet? Welche Dramenform lässt sich erkennen? Was ist grundsätzlich gleich und was ist anders als bei Poliziano? Die Aufgabe ließe sich auch in einer größeren Gruppe behandeln, und zwar so, dass dann mehrere oder sogar alle 6 Adaptationen des Bandes kurz vorgestellt würden. Schön wäre es, wenn Sie das eine oder andere Theaterstück visuell dokumentieren könnten (durch Fotos oder 'Impressionen' aus YouTube). Beginnen Sie die ganze Aufgabe mit einer Information über den Begriff 'Komparatistik'; er meint das Vergleichen von vergleichbaren Texten; Sie würden nämlich bei diesen Fragestellungen 'komparatistisch' vorgehen.

10. Tobias LEUKER – Verfasser einer neuen Forschungsarbeit in Buchform über unseren Dramatiker, Dichter und Gelehrten (*Angelo Poliziano. Dichter, Redner, Stratege*, 1997) und jetzt Professor für Romanistik in Münster – kommt zu dem Schluss, dass eine detektivische Vorgehensweise nötig ist, um festzustellen, wie Poliziano seine Texte aus verschiedenen (jeweils bedeutenden) Quellen 'zusammenbaute'. Der Leser hat hierbei eine hermeneutische (= deutungsphilologische)

Herausforderung zu bestehen. Wenn Sie Lust haben, sich auf eine solche Spurensuche zu begeben, dann besorgen Sie sich Leukers Werk und tragen Sie bitte aus den dort der *Fabula de Orpheo* gewidmeten Kapiteln diejenigen antiken Autoren bzw. Texte zusammen, welche dem Quattro-cento-Humanisten als Grundlagen für sein Theaterstück dienten (was sie jeweils etwas erläutern).

11. Wenn Ihnen an alten und besonderen Büchern gelegen ist, Sie also eine 'bibliophile' Neigung haben, dann besorgen Sie sich (eventuell per Fernleihe) die (zweit)älteste und zweifellos (äußer-lich) schönste Darstellung der Literatur Italiens in deutscher Sprache. Es handelt sich um vor über 110 Jahren gedrucktes Buch, nämlich: B. WIESE – E. PÈRCOPO, *Geschichte der Italienischen Litte-ratur von den ältesten Zeiten bis zur Gegenwart* (1899). Ihnen fällt sofort auf, dass das Werk unge-wöhnlich ist. Gehen Sie bitte folgenden Fragen nach: Wie ist der Einband gestaltet? Welche Arten von Dokumenten/Bildern treffen Sie an? Wie passt diese Dokumentierung in die heutige Zeit? Erscheint sie Ihnen altertümlich oder anregend? Wie ist der Abschnitt über Angelo Poliziano (= S. 232-36) redigiert? Fühlen Sie sich durch die Darstellung sachlich und fachlich angemessen infor-miert? Kommt Ihnen die Sprache der Verfasser überaltert oder (für heutige Verhältnisse) unkom-munikativ vor? Wie ist der Poliziano-Teil aufgebaut? Erkennen Sie Strukturprinzipien? Konnten Sie etwas aus den 4 Seiten über Poliziano lernen? Da es sich um eine 'Geschichte' handeln soll, müssten doch methodische Kriterien erkennbar sein: Sehen Sie welche? Könnten heutige Litera-turgeschichtsschreiber vielleicht noch etwas aus dieser 'uralten' Publikation lernen? Ziehen Sie zum Vergleich die Abschnitte über Giambattista Marino heran (= verschied. Seiten), den Sie ja nun auch kennen.

12. Als moderner 'Stadtmensch' möchten Sie doch bestimmt wissen, warum man früher ein so großes Interesse an der Welt der Schäfer und Hirten gehabt hatte (was ja möglicherweise gewisse Übereinstimmungen mit heute aktuellen 'grünen' Ideologien aufweisen könnte)? Dass Poliziano seine Orpheus-Geschichte in ein bukolisches Ambiente einbettete, sollte jedenfalls beträchtliche Konsequenzen für die Theatergeschichte Italiens haben, weil sich nämlich sehr bald ein regel-rechtes 'Hirtendrama' herausbildete, das es neben der Komödie und der Tragödie gab. Höhepunkte in dieser Entwicklung sind die Stücke *Aminta* des großen Renaissance-Dichters Torquato TASSO (1573) und *Il pastor fido* (1590) von dem allein ob dieses einen Werkes berühmt gewordenen Battista GUARINI. Wenn Sie sich mit diesen beiden Texten ein wenig befassen, nämlich haupt-sächliche Inhalte und Bedeutung erarbeiten, tun Sie sich bildungsmäßig etwas Gutes an. Grund-lage Ihrer doppelten Werkcharakterisierung soll die kleine Theatergeschichte von Johannes HÖSLE sein (*Das it. Theater von der Renaissance bis zur Gegenreformation*, 1984, S. 71-79). Die dort zu lesenden Fakten reichern Sie dann durch die Lektüre der entsprechenden Artikel im 'KINDLER-Literaturlexikon' an (damit Sie dieses immer wieder genannte Informationsinstrument zu allen literarischen Werken der Welt kennen lernen). Eine weitere Ergänzung nehmen Sie dadurch vor, dass Sie Internetquellen einbeziehen. Geben Sie aber unbedingt zwischendurch ein Urteil über die Art und Substanz dieser drei Quellen ab. Bei Ihrem Vortrag seien Sie bemüht, die beiden Stücke auch optisch ein wenig zu illustrieren; dies bewerkstelligen Sie ebenfalls durch Nutzung des Inter-nets. Ihre Erklärungen sollten zum Schluss auch die Frage behandeln, inwieweit man Ähnlichkei-ten mit Polizianos *Orfeo* feststellen kann. Lassen Sie vor Beginn Ihres Referats je eine ('gute' oder nützliche) Ausgabe des Stückes von Tasso bzw. Guarini im Seminarraum herumgehen (und be-gründen Sie auch die Wahl der Editionen).

13. Polizianos *Orfeo* ist keine Komödie, obwohl im ersten Teil durchaus 'lockere' Elemente aus-zumachen sind; ebenfalls liegt keine Tragödie vor, wenngleich der Hauptvorgang tragische Züge trägt und daher in frühen Drucken das Werk lateinisch als 'tragoedia' angezeigt wird. Es handelt sich z. T. um ein sogenanntes 'Hirtendrama'. Auf jeden Fall ist es für Ihr Studium unabdingbar, dass Sie sich – innerhalb der Gattung Dramatik – einige klare Grundkenntnisse zu den beiden Hauptgattungen verschaffen, welche die Theatergeschichte wesentlich prägten. Dazu soll in die-sem Zusammenhang das kleine Buch von Hans-Dieter GELFERT (*Wie interpretiert man ein Drama?*, [1]1992, [2]1998 bzw. Nachdrucke) ausreichen (= S. 27-38: Komik u. Tragik). Tragen Sie bitte die wichtigsten Fakten zum Unterkapitel Komödie bzw. Tragödie zusammen. Von den dort genannten Stücken stellen Sie jeweils eines – d. h. eine Komödie sowie eine Tragödie – inhaltlich so vor, dass man sich das Komische bzw. die Tragik vorstellen kann; dazu müssen Sie sich natürlich entsprechende Inhaltsangaben (z. B. aus Handbüchern) besorgen. Es wäre schön, wenn Sie sich aus einer Mediathek Ihrer Stadt die eine oder andere Verfilmung ausleihen und eine typische Szene daraus vorstellen könnten. Eventuell werden Sie auch in 'YouTube' fündig. Zwischen seinen beiden Kapiteln zur Komödie u. Tragödie hat Gelfert ein kurzes Kapitel zur 'Commedia dell'arte' eingeschaltet; es handelt sich dabei um Italiens berühmteste Theaterform überhaupt! Für unser 'Problemfeld V' brauchen wir diese Zusammenhänge nicht, aber sie sind eine sehr gute Vorbereitung auf das nächste 'Problemfeld VI', wo wir Dario Fo behandeln, von dem man sagt, dass er jene Stehgreifkomödie (des 17. bis 18. Jh.s) wieder genial hat aufleben lassen. Geben Sie einen kleinen Einblick in diese lebendige Schauspielkunst und illustrieren Sie diese durch einige Bilder aus dem Internet (Figuren, Masken, Bühnen etc.), wobei Sie sich aber bitte ganz genau überlegen, welche Internetquelle die für Sie günstigste und seriöseste ist (und die Sie genau angeben und charakterisieren).

14. Damit Sie das theaterwissenschaftlich außergewöhnlich bedeutsame Einführungs- und Gesamtdarstellungswerk von Manfred PFISTER (*Das Drama. Theorie u. Analyse*, [1]1977, [11]2011; jede Auflage ist für diesen Fall angemessen, weil sie im Prinzip gleich sind) besser kennenlernen, leihen Sie es sich aus, um daraus bitte das zentrale fünfte Kapitel 'Personal u. Figur' (= S. 220-64) zusammenzufassen. Bei einer späteren Analyse von Erzähltexten in Ihrem Studium können Ihnen die dort dargelegten Ansätze u. Kriterien nämlich noch sehr dienlich sein, wenn es dann um die Besprechung von Figuren eines Romans oder einer Erzählung gehen sollte. Erwähnen Sie aber nicht 'alles' aus Pfisters System von Festlegungen, sondern konzentrieren Sie sich auf Zusammenhänge, welche Ihnen wichtig erscheinen bzw. solche, die Sie so noch nicht kannten. Nach Ihrer Zusammenfassung kommen Sie auf den einen oder anderen theoretischen Aspekt zurück, indem Sie auf Polizianos *Orfeo* Bezug nehmen. Sie haben das Stück möglicherweise nicht ganz im Original gelesen, weswegen Sie es nicht exakt nach Pfisters Parametern bewerten können; aber dennoch können Sie sehr wohl die eine oder andere Problemstellung formulieren und somit erste (und wichtige) wissenschaftliche Schritte unternehmen.

15. Da Sie Italianistik studieren und somit unentwegt mit der Geschichte der Literatur Ihres bevorzugten Landes zu tun haben, wollen Sie bestimmt Näheres über die erste auf Deutsch verfasste italienische 'Literaturgeschichte' erfahren. Es ist die am Schluss unseres 'Problemfeldes V' erwähnte Darstellung in zwei Bänden (1885-88) von Adolf GASPARY (1849-92); sie ist also ein und ein Viertel Jahrhundert alt, reicht von den Anfängen bis zur Renaissance, umfasst immerhin vier Jahrhunderte (der Verfasser wurde nur 43 Jahre alt). Dieses Werk leihen Sie sich aus oder bestellen es per Fernleihe. Erarbeiten Sie bitte eine kritische Stellungnahme, die von der Frage geleitet sein soll, ob man aus einer derart alten philologischen Publikation heute noch etwas lernen kann. Dazu lesen Sie bitte die Seiten zu Angelo Poliziano durch, über den Sie nun ein einigermaßen sicheres Urteil abgeben können (Bd. II, S. 213-56). Betrachten Sie zunächst alles, was dort über den *Orfeo* gesagt wird. Wie ist dieser Abschnitt aufgebaut? Lassen sich gewisse Darstellungskriterien erkennen bzw. worauf legt Gaspary Wert? Was erscheint Ihnen inhaltlich 'anders' beschrieben? Wie ist eigentlich der Schreibstil? Über welche Formulierungen oder Begriffe stolpern Sie? Was aber ist sprachlich ansprechend? Hiernach lesen Sie den übrigen Teil über unseren Autor und fassen alles gerafft zusammen, wobei Sie sich auf das jeweils Wichtigste konzentrieren. Beantworten Sie schließlich folgende Frage: Kann Gasparys Poliziano-Darstellung – insgesamt gesehen – Ihrer Meinung nach mit neuen deutschsprachigen Literaturgeschichten konkurrieren? Natürlich können Sie noch nicht ohne weiteres erkennen, ob das eine oder andere nicht mehr dem heutigen Erkenntnisstand entspricht. Dennoch traut man Ihnen ein objektives bzw. spontanes und damit nicht von der Hand zu weisendes Urteilsvermögen zu.

16. Wenn Sie die Musik lieben, (gerne) ein Instrument spielen und zudem an älterer Musikgeschichte interessiert sind, gäbe es für Sie eine sehr schöne Aufgabe: Sie könnten einen kleinen Eindruck von der Art der Musik vermitteln, welche zur Zeit der Entstehung bzw. Aufführung

170

unseres *Orfeo* an den italienischen Höfen en vogue war. Es sind musikalische Darbietungen gemeint, welche sich auf italienische Poesietexte stützen. Diese waren und blieben in dem Land lange Zeit beliebt, und so kam es schließlich durch Claudio Monteverdi zur Ausarbeitung des poetischen 'Märchens' von Orpheus in Form einer Oper über den berühmten Sänger und Verliebten. Als Grundlage soll der Band von Nino PIRROTTA und Elena POVOLEDO (*Music and Theatre from Poliziano to Monteverdi*, 1982) dienen, der diese historisch-musikologischen Aspekte behandelt und sehr viele Notenbeispiele enthält. Bei Ihrem Vortrag würden Sie – außer der Darlegung der erforderlichen Fakten – auch netterweise die eine oder andere Melodie einspielen; sie finden in Ihrer Stadt bestimmt Tonaufnahmen zu Werken aus jener Zeit (auf CD); Sie könnten auch auf Ihrem Instrument – wenn es denn ein nicht zu großes ist – Ihren KommilitonInnen etwas aus besagtem Repertoire vorspielen. Für das o. g. Buch der Musikwissenschaftlers müssten Sie übrigens gut Englisch können; sonst würden Sie sich eine der frühen italienischen Fassungen des Buches besorgen (eventuell per Fernleihe). Bei der bibliographischen Informationsabteilung Ihrer Hochschulbibliothek erkundigen Sie sich auf jeden Fall, wo denn jene (am besten auf Deutsch verfassten) Werke stehen, welche sich mit der italienischen Musik vom 15. bis 17. Jh. befassen; dann fällt Ihnen nämlich der Einstieg in Ihr Thema leichter.

17. Wer war eigentlich die so außergewöhnlich schöne und begehrenswerte Eurydike? Wir sprechen in unserem 'Problemkreis V' nahezu ausschließlich von ihrem Freund Orpheus, der den ganzen mythischen Stoff sowie Polizianos Stück selbst zu dominieren scheint. Eurydike mutet mehr wie eine passive Figur an, auf die (in fataler Weise) geblickt wird. Erstellen Sie bitte ein Bild von Eurydike, so wie man sie in der Antike 'mythologisch' verstand. Dazu erkundigen Sie sich im alten und im neuen 'Pauly'. Sie begeben sich also in das Gebäude bzw. in die wissenschaftliche Einrichtung Ihrer Hochschule, wo die Enzyklopädien stehen. Sie sollen später Ihren Mitstudierenden schildern, wie Ihnen vor den Regalen zu Mute war und wie Sie sich dort einen Weg zu den passenden Informationen gebahnt haben. Wer oder was war also jene weibliche Gestalt? Da in der Nähe der 'Pauly'-Regale meist auch weniger umfangreiche Nachschlagewerke zur Antike stehen, schauen Sie sich diese an und kontrollieren und ergänzen Ihre Fakten zu Eurydike. Welches dieser einfacheren Lexika würden Sie für das weitere Studium empfehlen können?

18. Wenn Sie sich für die prachtvolle und z. T. weltberühmte italienische Malerei der Renaissance (des 15. u. 16. Jh.s) interessieren – und das ist bestimmt bei vielen von Ihnen der Fall –, dann ist Ihnen gewiss aufgefallen, dass sehr viele Gemälde regelrechte Inszenierungen darstellen. Diese Bühnenhaftigkleit der Malkunst lässt sich durchaus mit dem Zeigecharakter der 'sacre rappresentazioni' vergleichen, welche man sich an der Wurzel des neueren, d. h. nachmittelalterlichen Theaters in Italien denken muss. Sollten Sie dieser Parallele nachgehen wollen, dann besorgen Sie sich (eventuell per Fernleihe) den Band von Cesare MOLINARI, *Spettacoli fiorentini del Quattrocento. Contributi allo studio delle Sacre Rappresentazioni (con 49 illustrazioni)*, Venezia 1951. Voraussetzung wäre allerdings, dass Sie schon ziemlich mühelos italienische Texte lesen können. Sie würden sich dann mindestens zwei der darin enthaltenen vier Kapitel aussuchen. Schildern Sie bitte den bühnentechnischen Charakter einer solchen sakralen Aufführung und stellen Sie Bezüge zur Demonstrativität zeitgenössischer Malerei her.

19. Wenn Sie sich gerne mit kulturellen Fragestellungen befassen, dann könnte es für Sie attraktiv sein, zu überprüfen, ob Gesellschaft und Kultur in Italien zur Zeit der Renaissance (15. u. 16. Jh.) tatsächlich 'anders' als heute waren. Aus einem solchen Problemkomplex haben nämlich manche Wissenschaftler eine Lebensaufgabe gemacht, weil 'Kultur' ja ein sehr umfassender, allgemeiner und enorm wichtiger Begriff ist. Sie würden die Frage natürlich nur ansatzweise angehen. Schauen Sie sich bitte die Inhaltsangabe des berühmten Buches von Jacob BURCKHARDT (1818-97) an (= *Die Kultur der Renaissance in Italien. Ein Versuch*; eine Ausgabe finden Sie in der Literaturliste zu diesem 'Problemkreis V'). Tragen Sie zuerst – und zwar nach Ihrem subjektiven Empfinden – solche Themen in einer Liste zusammen, die heute nicht mehr für das gesellschaftliche bzw. kulturelle Zusammenleben von unbestreitbarer Relevanz sind. Hiernach machen Sie das Gleiche mit Aspekten, die auch jetzt noch für jede Sozialisation und Ästhetik wichtig zu sein scheinen. Danach überprüfen Sie Ihre Vermutungen jeweils an einem Kapitel des Burckhardt'schen Kulturtraktats. Versuchen Sie, folgende Fragen zu lösen: Was war damals tatsächlich kulturell anders? Und: Was wäre wohl mit heutigen Verhältnissen bzw. Vorstellungen vergleichbar?

Studienmaterial

zu „3.1 Problemfeld V: **Frühe Textdramatik.** Der *Orfeo* (um 1480) von Angelo **Poliziano** (1454-94) [Quattrocento: Humanismus und Renaissance (15. Jh.)]"

Ausgaben des *Orfeo* (bzw. der Werke) von Angelo Poliziano

Antonia TISSONI BENVENUTI (ed.), **L'***Orfeo* **del Poliziano.** Con il testo critico dell'originale e delle successive forme teatrali, Padova (Editrice Antenore) [giugno] MCMLXXXVI [= [1]**1986**], XI + 221 Seiten, Medioevo e Umanesimo, Bd. 61, ohne ISBN-Nr., 24,3 × 16,4 × 1,4 cm, kartoniert (grau, mit dekorativer Rahmung) [Inhalt/Aufbau: L'*ORFEO* DEL P. (I. La lettera a Carlo Canale. Stazio e P.; II. Sul testo della *Fabula di Orpheo*; III. I tempi della composizione; IV. Il mito di Orfeo; V. La struttura della fabula e i generi letterari teatrali; VI. I modi della composizione; VII. Ancora della fortuna teatrale della fabula: l'*Orphei Tragoedia*. TESTI (Es folgen drei Fassungen: die *Fabula di Orpheo* in der frühen Originalversion, dann die *Fabula di Orpheo* nach der Variante 'ft1' sowie die *Orphei Tragoedia*; alles jeweils mit philologischem Vorspann). 2. Auflage: ebend. (novembre) [2]**2000**, XIII + 223 Seiten, ISBN 88-8455-512-4, € 24,-; diese Aufl. ist mit der ersten äußerlich u. textmateriell identisch, nur dass nun der sogen. 'Indice delle opere del Poliziano' fehlt (bei [1]1986 ist er auf S. 211); bei den zwei zusätzlichen handelt es sich um leere Seiten!].

Angelo **POLIZIANO, *Stanze – Orfeo – Rime.*** Introduzione, note e indici di Davide **PUCCINI**, Milano (Garzanti Editore) [I edizione aprile] [1]**1992**, LXXXIV + 384 Seiten, I grandi libri Garzanti, Bd. 470, ISBN 88-11-58470-1, 18,0 × 11,0 × 2,5 cm, Paperback (in den Farben grün u. orange; auf dem Cover: Ausschnitt des 1478 entstandenen Gemäldes *La primavera* von Sandro Botticelli, Uffizien Florenz) [Den kleinen, kompakten u. sehr nützlichen Band eröffnet eine lange Einführ. in A. P.s Leben u. Werk (= S. VII-LXXXIV) sowie eine umfassende, gegliederte u. kommentierte 'Guida bibliografica'. Es folgen dann P.s Hauptwerke bzw. seine wichtigsten Schaffensgebiete; unter dem Text stehen (oft mehr als die Hälfte einer Druckseite einnehmende) Worterklärungen, Quellenangaben, Sacherläuterungen etc. Der Text des *Orfeo* (= S. 147-77) hat als Grundlage die krit. Edition von A. TISSONI BENVENUTI ([1]1986). Wen A. P. als Schriftstellergestalt anspricht und wer sich auf der Basis schon recht guter Italienisch-Kenntnisse eingehender mit ihm befassen möchte, der hätte mit dieser Ausgabe eine sehr geeignete Grundlage. Eine solche Beschäftigung lohnt sich, weil man dabei in eine Hauptphase sowie ein absolutes Kulturzentrum der Renaissance Italiens vordringt. Weitere Auflagen: [2]1995, [3]1998, [4]2000, [5]2004 usw.; Ladenpreis zuletzt € 12,50].

Übersetzungen des *Orfeo* (von Angelo Poliziano)

[Rudolf **HAGELSTANGE** (1912-84), dt. Dichter] Angelo **POLIZIANO. *Die Tragödie des Orpheus.*** Ital. Text mit dt. Versübersetzung von R. H., Wiesbaden (Insel-Verlag) **1956**, 56 (bzw. 57) Seiten, 27,0 × 18,1 × 1,2 cm, Pappdeckeleinband (Muster: Blüten zwischen Rauten; Farben: grün/braun/beige), dickeres Papier, in einem Schuber (grau) [Gedruckt in 450 Exemplaren. Inhalt: Ital. Text u. Übers. = S. 5-53; Nachwort von Hans MANDERSTEIG (= Giovanni M.: 1892-1977; S. 55-7). Grundlage des Textes u. der Übers. ist die sogen. 2. Fassung, die den Titel *Orphei tragoedia* trägt u. in 5 Akte eingeteilt ist. Es handelt sich um eine Handschrift, welche die Biblioteca Estense von Modena aufbewahrt (Sign. "ital. 809, α.M.7.15"; ehemals "VIII.* 20"); der ital.

Text befindet sich als 'dritte Fassung' in der Edition von A. TISSONI BENVENUTI ([1]1986, [2]2000); auf dem Titelblatt sieht man den 'Nachschnitt' eines Holzschnittes aus dem Cinquecento von Bruno Bramanti (1897-1957). Von dem Text dieser (selbst schon seltenen) Übersetzung machte man über ein Vierteljahrhundert später eine Ausgabe in nur 250 Exemplaren, welche schwer anzutreffen ist: A. P., *Die Trag. des Orpheus. It.* Text mit dt. Versübertr. von R. H. mit 10 Original-Radierungen von Leonor Fini, München (Ed. List) 1982, 47 Seiten + 10 Blätter, ISBN 3-471-77528-5. Leider be-kam ich das Ex. der Univ.bibl. Heidelberg nicht zu Gesicht.].

[Joachim SCHONDORFF ed.] *Orpheus und Eurydike*: **Poliziano – Calderón – Gluck – Offenbach – Kokoschka – Cocteau – Anouilh** [Mit einem Vorwort von Karl KERÉNYI (1897-1973 = S. 9-37)], München-Wien (Albert Langen/Georg Müller) **1963**, 347 Seiten, Theater der Jahrhunderte. Herausgegeben von J. S., Bd. 2 (von 12 Bänden), 20,8 × 13,5 × 2,7 cm, Paperback (altweiß) [Der Band enthält 7 ins Deutsche übersetzte bzw. deutsche Theaterstücke aus verschied. Epochen u. Nationalliteraturen, welche alle Bearbeitungen des Orpheus-Stoffes darstellen, sodass man an ihm sehr deutlich Reichweite u. Ausdruckskraft dieser alten Geschichte erkennen kann. Die Übersetzung des Poliziano-Stückes ist von Werner GEBÜHR (= S. 39-56), der allerdings nicht verrät, welcher ital. Text ihm als Grundlage diente. Die Titel der anderen 11 Bände mit Dramenübersetzungen – sie betreffen mit zwei Ausnahmen nur Gestalten der Antike – lauten: Medea, Orest, Die heilige Johanna, Amphitryon, Herakles, Elektra, Antigone, Iphigenie, Don Juan, Alkestis sowie Ödipus. Diese recht alte Textsammlung vermittelt wie kaum eine andere in unserer Sprache einen Eindruck von der Wirksamkeit großer Figuren aus mythischer oder halbmythischer Vergangenheit, welche die Dramatiker vieler Epochen und Nationen aufgriffen. Unsere Betrachtung des *Orfeo* von Poliziano soll in diesem 'Problemfeld V' darauf aufmerksam machen.].

Sekundärwerke (zu Angelo Poliziano)

Nino PIRROTTA [1908-98, Musikologe, Prof. für Musik in Harvard (1956-72)] – Elena POVOLEDO [*1964], *Music and Theatre from Poliziano to Monteverdi.* Translated by Karen EALES, Cambridge-London-NY-New Rochelle NY-Melbourne-Sydney (Cambridge University Press) **1982**, XI + 392 Seiten, Cambridge Studies in Music. General Editors: John Stevens and Peter Le Huray [Bd. 7], ISBN 0-521-23259-7, 25,3 × 17,8 × 2,7 cm, in schwarzes Leinen gebunden, mit Schutzumschlag [Der Aufsatzband behandelt Aspekte der Entwickl. in der Musik u. in der Bühnengestaltung während der Zeit von Polizianos *Orfeo* bis zu Monteverdis Opernfass. u. zeigt die Zusammenhänge zwischen beiden Werken auf. Aufbau: Teil I (von N. P.): Studies in the Music of Renaissance Theatre (= 6 Beiträge, S. 3-280, mit vielen Notenbeispielen); Teil II (von E. P.): Origins and Aspects of Italian Scenography (= 4 Beitr., S. 283-383). Das Buch enthält 41 (z. T. ganzseitige) s/w-Fotos (= Abbildungen zur Bühnengestaltung u. Aufführungstechnik). Der engl. Übers. gingen folg. ital. Fassungen voraus: N. P., *Li due Orfei: da Poliziano a Monteverdi. Con un saggio crit. sulla scenografia di E. P.*, Torino (ERI = Ed. Rai Radiotelevisione Italiana) [1]1969, 518 S.; [2]1975 (gleicher Titel u. Untertitel) (Torino, Einaudi), XIX + 472 S., Saggi, Bd. 556; [3]1981 (dasselbe), ebendort (gleiche Seitenzahl, Reihe u. Bd.Nr.).].

Tobias LEUKER [*1968, Prof. für Romanistik an der Univ. Münster] *Angelo Poliziano. Dichter, Redner, Stratege. Eine Analyse der Fabula di Orpheo und ausgewählter lateinischer Werke des Florentiner Humanisten*, Stuttgart-Leipzig (B. G. Teubner) **1997**, X + 311 Seiten, Beiträge zur Altertumskunde. Herausgegeben von M. Erler, E. Heitsch, L. Koenen, R. Merkelbach, C. Zintzen, Bd. 98, ISBN 3-519-07647-0, 23,9 × 15,8 × 2,8 cm, in graues Leinen gebunden [Es ist eine Dissertation von 1996, welche unter der Anleit. des Freiburger Romanisten Frank-Rutger Hausmann entstand. Aufbau (alles mehrfach untergliedert): 1. Einführ.; 2. Zorniger Appell an 'Herkules' – *Epigrammaton latinorum XXIX*; 3. Unternehmen Epiktet; 4. Der *Orfeo*-Coup; 5. Lektüre der *Sylva in Scabiem*; 6. P.s *Sylvae* u. die literar. Debatten des Humanismus; 7. *Nutricia*; 8. *Ambra* – Implikationen einer *Laus Homeri*; 9. Triumph der Eloquenz: Die *Medea Ovidii*, Cola di Rienzos Improvisationen u. P.s *Fabula di Orpheo*; 10. Grammaticus, interpres, philosophus; 11. Schlusswort.].

[Vincenzo FERA – Mario MARTELLI bzw. COMUNE DI MONTEPULCIANO – REGIONE TOSCANA – PROVINCIA DI SIENA edd.] *Agnolo Poliziano poeta scrittore filologo. Atti del Convegno Internazionale* (Comune di Montepulciano: 3-6 novembre 1994 – V Centenario della morte di Agnolo Ambrogini detto il Poliziano), a cura di V. F. e M. M., Firenze (Casa Editrice Le Lettere) [ottobre] **1998**, XXII + 620 Seiten, ISBN 88-7166-369-1, 23,3 × 16,3 × 2,7 cm [Der Band enthält Vorträge (alle in ital. Sprache) des im Titel genannten Poliziano-Kongresses, und zwar sind sie in folg. Abteilungen gegliedert: I. Poliziano poeta volgare (= 5 Vorträge); II. P. scrittore latino e greco (auch 5 V.); III. P. filologo (6 V.); IV. P. e i contemporanei (11 V.). 13 Beiträge stammen bemerkenswerterweise von Frauen!].

Literaturtheorie (zur Dramatik)

Manfred **PFISTER** [*1943, em. Prof. für Anglistik an der FU Berlin], *Das Drama. Theorie und Analyse.* Erweiterter u. bibliographisch aktualisierter Nachdruck der durchges. u. ergänzten Aufl. 1988 [zu [1]1977], München (Wilhelm Fink Verlag GmbH & Co. KG) [11]**2001**, 454 Seiten, UTB für Wissenschaft: Uni-Taschenbücher, Bd. 580, Unterreihe 'Information u. Synthese. Herausg. von K. W. Hempfer u. W. Weiß', Bd. 3, ISBN 3-8252-0580-0, 18,4 × 11,9 × 1,7 cm, kartoniert (rot), € 18,90 [Dieses bis zu den letzten Auflagen substantiell unverändert gebliebene, kompakte 'Taschenbuch' ist ein Standardwerk, das umfassend über Theatertexte an sich, u. zwar aller Zeiten so informiert, dass man sichere Arbeitsparameter an die Hand gegeben bekommt: „Pfister bietet erstmals ein systemat. Beschreibungsverfahren für dramat. Texte, das die in der bisher. Literatur verbreitete Einseitigkeit u. Konzentration auf Spezialprobleme überwindet. Seine Dramentheorie basiert auf den jüngsten Ergebnissen der Kommunikationsforschung u. erschließt anhand eines breit gestreuten Textkorpus, das vom antiken Drama bis zum Theater der Avantgarde reicht, alle sprachlichen u. außersprachl. Textschichten des Dramas." (Text auf der Rückseite) Inhalt/Aufbau (alles vielfach untergliedert): 1. Drama u. dramatisch; 2. Drama u. Theater; 3. Informationsvergabe; 4. Sprachl. Kommunikation; 5. Personal u. Figur; 6. Geschichte u. Handlung; 7. Raum- u. Zeitstruktur; 8. Schlussbemerkung; 9. Anmerkungen; 10. Bibliographie; 11. Autorenregister. Die einzelnen Auflagen: [1]1977 (= 453 S.), [2]??, [3]1982, [4]1984, [5]1988 (ab hier 354 S.), [6]1991, [7]1992, [8]1994, [9]1997, [10]2000, [11]2010.].

Hans-Dieter GELFERT [*1937, em. Prof. für Anglistik an der FU Berlin], *Wie interpretiert man ein Drama?*, Stuttgart (Philipp Reclam jun. GmbH & Co.) [1]**1992** bzw. [2]1998 bzw. Nachdruck(e) bis 2010, 192 (bis 1995 191) Seiten, Reclams Universal-Bibliothek, Nr. 15026 (in der Reihe 'Literaturwissen für Schüler', auch 'Reclams blaue Schulreihe' genannt, ohne Nr.), ISBN 978-3-15-015026-9 (= Ausg. von 2010), 14,8 × 9,6 × 0,9 cm, kartoniert (blau), € 4,40 [Der Autor verfasste über ein Dutzend didakt. Werke zur Literaturvermittlung in der Sekundarstufe bzw. im Hochschulunterricht, wovon wir auch diejenigen zur Lyrik u. Narrativik in unserem 'Kurs und Arbeitsbuch' an entsprech. Stelle erwähnen. Das kleine Buch gliedert sich in einen ersten theoretischen (durchaus wissenschaftlich-anspruchsvollen, aber eben auch lernerorientierten) Teil (= S. 6-70) sowie eine Sequenz von 15 Interpretationen zu Theaterstücken der Weltlit. (Sophokles, Shakespeare, Lessing, Goethe, Schiller, v. Kleist, Büchner, Hebbel, Ibsen, Hauptmann, v. Hoffmannsthal, Brecht, Tennessee Williams u. Samuel Beckett = S. 71-179). Unbedingt überlegenswert sind auch die 'Literaturempfehlungen', eine Bibliographie (= S. 183-92). Jene 15 Dramenanalysen gereichen allen Studierenden im BA-Studium zur Bildungsvertiefung. Der für unsere Zwecke wertvolle, sich auf wesentliche Kernelemente beschränkende Theorieteil hat folg. Aufbau: Was ist ein Drama?, Grundformen dramat. Präsentation, Elemente des Dramas (Figur, Geschehen, Schauplatz, Requisiten), Komik u. Tragik (Die Komödie, Commedia dell'arte, Die Tragödie), Eine Theorie der Tragödie, Kunstgriffe des Dramatikers, Zwölf Ratschläge zur Interpretation; letztere (= S. 60-70) sind für jeden wertvoll, der vor der Aufgabe steht, etwas Analytisches u. wissenschaftlich-objektiv Begründbares zu einem Theaterstück sagen zu müssen. Wer Theater an sich mag, aber eine gewisse Angst vor einer sachlich-systematischen Durchdringung von Bühnenwerken hat, verliert diese

174

schnell, weil das Einführungswerk einem bescheiden und vom Umfang her unaufdringlich sparsam entgegen tritt.].

Literaturgeschichten

Adolf **GASPARY** [1849-92], *Geschichte der Italienischen Literatur. Erster Band* [ohne Untertitel], bzw. *Zweiter Band* [mit dem Untertitel '*Die Italienische Literatur in der Renaissancezeit*'], Berlin (Verlag von Robert Oppenheim) **1885** bzw. **1888**, 550 bzw. 704 Seiten, Geschichte der Literatur der Europäischen Völker, Bd. IV bzw. V, 22,5 × 14,2 × 2,2 bzw. 2,9 cm [Dies ist die erste (umfangreichere) 'Literaturgeschichte' zu Italien in deutscher Sprache; keiner liest sie heutzutage noch, niemand zitiert sie; verschollen scheint sie und dennoch bleibt sie eine geistreiche, fleißige und empfehlenswerte Darstellung des Schrifttums der Nation, mit der Sie sich in Ihrem Studium beschäftigen; das Werk reicht (nur) bis zum Ende des 16. Jh.s, erfasst damit allerdings berühmte Autoren und markante Strömungen. Vergessen wir nicht: Was alle Welt liest, muss nicht immer das Beste sein! Teil I ist in die Kapitel I bis XIV gegliedert und reicht von der 'Sizilianischen Dichterschule' bis zu Petrarcas *Canzoniere*; Teil II besteht aus den Kapiteln XV bis XXX, beginnt mit Boccaccio und schließt mit der Komödie des Cinquecento. Von den 'Gegenständen' unserer 'Problemfelder' wird außer Angelo Poliziano auch sehr breit das *Novellino* abgehandelt.].

[Dr.] Berthold **WIESE** [1859-1932] und [Prof. Dr.] Erasmo **PÈRCOPO**, *Geschichte der Italienischen Litteratur von den ältesten Zeiten bis zur Gegenwart.* Mit 158 Abbildungen im Text u. 39 Tafeln in Farbendruck, Holzschnitt u. Kupferätzung, Leipzig u. Wien (Bibliographisches Institut) **1899**, X + 639 Seiten, 25,2 × 17,2 × 4,1 cm, aufwendig gestalteter Einband [Es ist dies – wegen der anschaulich u. liebevoll präsentierten Bilder u. Dokumente – die schönste Lit.gesch. zu Italien in dt. Sprache, die es je gab; vieles darin hat bis heute seine Gültigkeit nicht verloren. In 7 Hauptkapiteln wird die Lit. bis zur damaligen 'Gegenwart' dargestellt. Auch zu anderen Nationalliteraturen – der deutschen, französ. u. englischen – waren damals vom gleichen Verlag solche prachtvollen Lit.geschichten publiziert worden!].

Theatergeschichten

Cesare **MOLINARI** [*1935], *Spettacoli fiorentini del Quattrocento. Contributi allo studio delle Sacre Rappresentazioni (con 49 illustrazioni)*, Venezia (Neri Pozza Editore) **1951**, 122 Seiten + 10 nicht paginierte Blätter mit Fotos, Raccolta Pisana di saggi e studi. Diretta da Caro L. Ragghianti. A cura dell'Istituto di Storia dell'Arte dell'Università di Pisa, Bd. 5, 21,8 × 15,7 × 1,2 cm, Hardcover (hellgelb mit schwarzer Schrift) [Dieser kleine Band – er ist für Sie vielleicht nur per Fernleihe erreichbar – bietet (trotz seines Alters) insofern einen guten Zugang zu der Theaterform der 'sacra rappresentazione', als der Theaterwissenschaftler das (dem *Orfeo* von Poliziano strukturell zugrunde liegende) Dramenphänomen einerseits in 4 Studien wissenschaftlich beschreibt und zum anderen in 14 Zeichnungen zur Bühnengestaltung sowie 49 s/w-Fotos (von Gemälden, Stichen, Holzschnitten etc.) optisch illustriert. Die 4 Kapitel lauten: I. Feste e Spettacoli; II. Le Sacre Rappr. nelle feste solenni; III. Storia del problema; IV. Le Sacre Rappr.; S.119-22: eine überalterte, aber dennoch nützliche Bibliographie zu dem Themenkomplex].

Johannes **HÖSLE** [*1929, em. Prof. für Romanistik an der Univ. Regensburg], *Das italienische Theater von der Renaissance bis zur Gegenreformation*, Darmstadt (Wissenschaftliche Buchgesellschaft) **1984**, IX + 137 Seiten, Erträge der Forschung, Bd. 210, ISBN 3-534-09101-9, 19,4 × 12,6 × 0,9 cm, Paperback (weiß, oben grünes Band), nicht mehr auf dem Markt [Dieses kleine Buch ist – in deutscher Sprache u. aus romanistischer Sicht – die einzige Darstell. breiterer geschichtl. Entwicklungen des Theaters in Italien. Obwohl der behandelte Zeitraum nur etwa 150 Jahre umfasst – nämlich von Polizianos *Orfeo* bis zur Entstehung der weltberühmten Stehgreifkunst der Commedia dell'arte u. den ersten Höhepunkten der Oper am Anfang des 17. Jh.s –, haben wir es mit einer äußerst bedeutenden Kulturperiode zu tun. Inhalt/Aufbau: Einleitung (A. Poliziano: die *Favola di Orfeo* oder die paganisierte 'sacra rappresentaz.'); Die Komödie (hier werden

11 verschied. Autoren bzw. Werke behandelt); Die Tragödie (9 Verfasser bzw. Theaterstücke);
Das Hirtendrama (Torquato Tasso: *Aminta*, 1573 – Battista Guarini: *Il pastor fido*, 1590); Die
Rolle der Inszenierung in den Traktaten des Cinquecento; Die Anfänge des Berufsschauspieler-
tums (Andrea Calmo, La commedia dell'arte, Die Schauspielerfamilie Andreini, Theater u. Kirche); Das Jesuitendrama: Bernardino Stefonio; Von den Intermedien zur Oper; Nachwort; Zeittafel
(sehr nützlich); Bibliographie (Nachschlagewerke u. Bibliographien, Gesamtdarstellungen, Allgemeines, Sprache, Theorie, Theaterzentren – Aufführungspraxis – Zensur, Komödie, Tragödie,
Intermedium – Hirtendrama – Oper). Auf der Rückseite des Buches lesen wir: „Die Ablösung
spätmittelalterl. Theaterformen durch neue Gattungen erfolgte in Italien früher als in anderen Ländern u. wurde schon bald auch andernorts vorbildlich. Persönlichkeiten, Werke u. Institutionen,
welche Höhe- u. Wendepunkte im Theaterleben der Epoche markierten, werden im Lichte auch
neuester Forsch. charakterisiert u. gewürdigt."].

Marzia PIERI [*1952, lehrt Theaterwissenschaft in Siena], *La nascita del teatro moderno in Italia
tra XV e XVI secolo*, Torino (Bollati Boringhieri editore s. p. a.) **1989**, 277 Seiten, Saggi [Storia,
filosofia e scienze sociali], ohne Bd.Nr., ISBN 88-339-0464-4, 21,7 × 13,6 × 1,4 cm, Paperback,
weiß [Dieses Werk ist keine Geschichte der dramatischen Texte, sondern der Anlässe für Aufführungen, der Bühnenentwicklung u. der Theatergebäude zwischen Humanismus u. Renaissance. Es
enthält hierzu 20 aufschlussreiche s/w-Abbildungen. Aufbau: PARTE PRIMA: IL QUATTROCENTO (1.
La festa profana; 2. Lo spettacolo sacro; 3. Il teatro all'antica: dal latino al volgare; 4. Verso la
recitazione). PARTE SECONDA: IL CINQUECENTO (5. Il luogo, la scena, il teatro; 6. La commedia; 7.
La tragedia; 8. Il terzo genere; 9. Gli uomini di spettacolo; 10. Il teatro da vendere)].

Sonstige Werke zur Literatur- bzw. Kulturwissenschaft

Elisabeth FRENZEL [*1915, freie Autorin], *Stoffe der Weltliteratur. Ein Lexikon dichtungsge-
schichtlicher Längsschnitte.* 10., überarb. u. erw. Aufl. Unter Mitarbeit von Sybille GRAMMET-
BAUER, Stuttgart (Alfred Kröner Verlag) [10]**2005**, XX + 1144 Seiten, Kröners Taschenausgabe,
Bd. 300, ISBN 3-520-30010-9, 17,7 × 11,0 × 4,5 cm, in taubenblaues Leinen gebunden (mit
Schutzumschlag: Auf hellem Grund werden verschied. Stoffe genannt, u. zwar von *Alexander* bis
Zrínyi), € 29,90 [Dieses seit einem halben Jahrhundert gern benutzte Nachschlagewerk behandelt
die einzelnen Stoffkreise in konsistent inhaltsreichen Einzelessays alphabetisch von *Abälard* bis
Zrínyi; es wird jeweils eine Chronologie der Aufnahme der Themenkomplexe gezeichnet, wobei
immer auch Änderungen u. Umdeutungen sichtbar werden; jeden Beitrag schließt eine essentielle
Bibliographie ab. Der Orpheus-Stoff wird S. 702-9 dargestellt. Die 10. Aufl. wurde gegenüber der
9. (= 1998, XVI + 933 Seiten) um eine lange Reihe neuer Stoffbearbeitungen ergänzt u. ist um
über 200 Seiten umfangreicher. Der Verlagskatalog für 2011/12 skizziert Inhalt u. Bedeutung so:
„Das weitverbreitete Standardwerk, das eine Lücke der Lit.wissenschaft schließt, verfolgt die von
Dichtern aller Zeiten u. Völker immer wieder aufs Neue behandelten literar. Stoffe wie Hamlet
und Faust, den Trojanischen Krieg oder Don Juan u. Robin Hood an ihren dichterischen Verwirk-
lichungen u. untersucht den jedem Stoff eigenen poet. Gehalt sowie seine Geschichte." [1]1962: XV
+ 670 S. – Ich möchte nicht unerwähnt lassen, dass E. F. zur Zeit des NS-Regimes eine heute sehr
umstrittene Rolle spielte.].

Maria MOOG-GRÜNEWALD ed. [Prof. für Romanistik u. Vergleich. Lit.wiss. an der Univ. Tübin-
gen], *Die antike Mythologie in Literatur, Musik u. Kunst von den Anfängen bis zur Gegenwart*,
Stuttgart-Weimar (Verlag J. B. Metzler) **2008**, IX + 749 Seiten, Der Neue Pauly [insgesamt 15
Bände = mit Teilbänden], Supplemente, Bd. 5 [von insges. 5 Supplementbänden], ISBN 978-3-
476-02032-1, 24,6 × 17,2 × 5,0 cm, in blaues Leinen gebunden [Unter dem 'Pauly' versteht man
ein schon recht altes Nachschlagewerk, dessen Bände in erster Aufl. einen ganzen Schrank füllen.
Diese monumentale Enzyklopädie umfasst das ganze Wissen über die griechische u. römische
Antike. Der sogen. 'Neue Pauly' ist eine kürzere u. moderne Fassung jenes altehrwürdigen Unternehmens (Bd. 1 erschien 1893; es wurde dann fortgesetzt bis in die sechziger Jahre des 19. Jh.s,
mit vielen Supplementbänden). Die Neuausg. umfasst 'nur' 15 Bände (1996-2003). Dazu nun gibt

es wiederum 5 Bände 'Ergänzungen' mit den Titeln *Herrscherchronologien der antiken Welt* (2004), *Gesch. der antiken Texte* (2007), *Histor. Atlas der antiken Welt* (2007 = Großformat), *Rezeptions- u. Wissenschaftsgesch./Register* (2005) sowie *Mythenrezeption* (= der hier gemeinte Bd.); beinahe alle Elemente (Figuren, Ereignisse etc.) der antiken Mythologie wurden im Laufe der Jahrhunderte nach dem Ableben der Antike in irgendeiner Form aufgegriffen u. ästhetisch umgestaltet. Dies gilt gerade auch für Orpheus, zu dem in diesem Band der Bernhard HUSS den umfang- u. detailreichen Artikel verfasste (= S. 522-38); er ist in folg. Abschnitte gegliedert: A. Mythos. B. Rezeption (vielfach aufgeteilt). Forsch.literatur. Ähnlich gründlich wird man in dem Werk über andere Gestalten u. ihre Nachwirkung informiert: Adonis, Antigone, Apollon, Ariadne, Artemis, Athena, Daphne, Dido, Dionysos u. v. a. m.].

Jacob **BURCKHARDT** [1818-97, Prof. für Geschichte bzw. Kunstgeschichte an der Univ. Zürich bzw. (später) Basel], *Die Kultur der Renaissance in Italien. Ein Versuch*, Frankfurt am Main (S. Fischer Verlag GmbH) [Dezember] **2009**, 526 Seiten, Fischer-Taschenbuch: Fischer Klassik, Bd. 90229, ISBN 978-3-596-90229-3, 19,0 × 12,5 × 2,1 cm, Paperback (auf dem vorderen Umschlag: Gemälde von Ghirlandaio '*Der Heilige Franziskus von Assisi sagt sich von den weltlichen Gütern los*'), € 12,90 [Diese Ausg. des weltberühmten Traktats über die Renaiss. enthält den ganzen Text, u. zwar nach der Edition der 'Gesammelten Werke' des Autors (Bd. III = Darmstadt 1955); diese Fass. geht wiederum zurück auf die 2. Aufl. des Buches von 1869 als 'Ausg. letzter Hand'; hierzu wurden jedoch einige Ergänzungen späterer Herausgeber eingefügt. S. 522-24: Daten zu Leben u. Werk; S. 525-26 (bzw. 527): der Artikel von Philipp Müller aus 'Kindlers Literatur Lexikon' (3. Aufl. von 2009). Die Bedeut. des Buches formuliert zutreffend der Text auf dem hinteren Umschlag: „Wenn wir uns heute als Individuen begreifen, die an ihren eigenen Biographien basteln u. ihr Leben möglichst frei bestimmen wollen, ist das keine histor. Selbstverständlichkeit. Jacob Burckhardt erzählt anschaulich und verständlich davon, wie die komplexe Welt des modernen Individuums entstanden ist – mit all ihren Ansprüchen, Hoffnungen u. Krisen. Ein Klassiker der Kulturgeschichte, in dem die erste große Epoche der Neuzeit als Geburtsstunde unserer Gegenw. erscheint." Aufbau/Inhalt: ERSTER ABSCHNITT: DER STAAT ALS KUNSTWERK (Einleitung; Tyrannis des 14. Jh.s; Tyrannis des 15. Jh.s; Die kleinern Tyrannien; Die grössern Herrscherhäuser; Die Gegner der Tyrannis; Die Republiken; Venedig im 15. Jh.; Florenz seit dem 14. Jh.; Auswärt. Politik der ital. Staaten; Der Krieg als Kunstwerk; Das Papsttum u. seine Gefahren; Das Italien der Patrioten). ZWEITER ABSCHNITT: ENTWICKLUNG DES INDIVIDUUMS (Der ital. Staat u. das Individuum; Die Vollendung der Persönlichkeit; Der moderne Ruhm; Der moderne Spott u. Witz). DRITTER ABSCHNITT: DIE WIEDERERWECKUNG DES ALTERTUMS (Vorbemerkungen; Die Ruinenstadt Rom; Die alten Autoren; Der Humanismus im 14. Jh.; Universitäten u. Schulen; Die Förderer des Humanismus; Reproduktion des Altertums; Epistolographie; Die lateinische Rede; Die latein. Abhandlung; Die Geschichtsschreibung; Allgemeine Latinisierung der Bildung; Die neulateinische Poesie; Sturz der Humanisten im 16. Jh.). VIERTER ABSCHNITT: DIE ENTDECKUNG DER WELT U. DES MENSCHEN (Reisen der Italiener; Die Naturwissenschaft in Italien; Entdeck. der landschaftl. Schönheit; Entdeck. des Menschen; Geistige Schilderung in der Poesie; Die Biographik; Charakteristik der Völker u. Städte; Schilder. des äußern Menschen; Schilder. des bewegten Lebens). FÜNFTER ABSCHNITT: DIE GESELLIGKEIT U. DIE FESTE (Die Ausgleichung der Stände; Äußere Verfeinerung des Lebens; Die Sprache als Basis der Geselligkeit; Die höhere Form der Geselligkeit; Der vollkommene Gesellschaftsmensch; Stellung der Frau; Das Hauswesen; Die Feste). SECHSTER ABSCHNITT: SITTE U. RELIGION (Die Moralität; Die Religion im tägl. Leben; Die Religion u. der Geist der Renaiss.; Verflechtung von antikem u. neuerm Aberglauben; Erschütterung des Glaubens überhaupt). Das epochale Werk ist außerdem seit [1]1966 (in immer neuen Auflagen) im Programm des Stuttgarter Alfred Kröner Verlags (wovon sich in der Regel mehrere Exemplare in jeder Univ.bibliothek befinden); hier die Angaben zur letzten Aufl.: J. B., *Die Kultur...* Mit einem Vorwort von Hubert Locher. 12. Aufl., [12]2009, 594 Seiten, Kröners Taschenausg. (in blaues Leinen gebunden), Bd. 53, ISBN 978-3-520-05312-1, € 20,50].

Eric M. **MOORMANN** – Wilfried **UITTERHOEVE**, *Lexikon der antiken Gestalten von Alexander bis Zeus.* Übersetzt von Marinus PÜTZ. Mit 147 Abbildungen, Stuttgart (Alfred Kröner Verlag)

[2]**2010**, XXVI + 807 Seiten [nicht in der üblichen Reihe des Verlags], ISBN 978-3-520-80601-7, 21,6 × 14,2 × 5,0 cm, in grünes Leinen gebunden, Schutzumschlag (blau, auf dem Cover Bild der Laokoon-Skulptur: Vater, von 2 Söhnen umgeben, kämpft verzweifelt mit Meeresschlangen), € 39,90 [„Rund 270 Gestalten der Antike sind in diesem reich illustrierten Band versammelt: Figuren aus der antiken Götterwelt, aus Epos u. mündl. Tradition ebenso wie histor. Figuren, die unser Bild von der Antike maßgeblich geprägt haben. Die genauere Kenntnis ihrer Geschichte u. ihres Nachlebens macht so manches Kunstwerk neu sichtbar." (Verlagstext) Der Untertitel der ersten Ausg. ([1]1995, ebend., XXVIII + 752 S., Kröners Taschenausg., Bd. 468, ISBN 3-520-46801-8, kleineres Format) macht die Thematik dieses Handbuches deutlicher: *„Lexikon der... Mit ihrem Fortleben in Kunst, Dichtung u. Musik."* Auch ist der Verlagstext mehr auf den Sinn des Buches bezogen: „Dieses Lexikon stellt die mytholog. u. histor. Gestalten der griechisch-röm. Antike vor, die als Sujet die antike u. nachantike Kultur geprägt haben. Es bietet zu 264 Gestalten aus Mythologie u. Geschichte eine Zus.fassung der Erzählungen, charakterist. Anekdoten u. Urteile, die in der antiken Quellenlit. überliefert sind." Die wirkliche Neuerung liegt in den 147 Abbildungen, welche sich aber heute jeder aus dem Internet ziehen kann. Ich schlage Ihnen daher vor, sich die ältere (u. billigere) Aufl. antiquarisch zuzulegen, weil Sie damit einen ganzen Kulturkosmos u. dessen einzigartige Fruchtbarkeit dokumentiert in Ihren Händen halten.].

178

3.2 Problemfeld VI: Neuzeitliche Körperdramatik. *Mistero buffo* (1973) von Dario Fo (*1926) [Novecento: Fast unsere problemreiche Gegenwart (20. Jh.)].

Wir beschließen unseren philologischen 'Spaziergang' durch die Welt der Texte, Methoden, Themen, Probleme und Forschungen der italienischen Literatur – d. h. ihre Vielfalt, Geschichte und Wissenschaft – mit einem Verweilen bei Dario Fo, den man als augenblicklich letzten Autor Italiens mit dem Nobelpreis auszeichnete (aber nicht wenigen anderen Schriftstellern dieses Teiles der Romania, dem ja Ihr Studium gilt, wurde ebenfalls schon jene Wertschätzung zuteil). Diesen Mann hat man also in außergewöhnlicher Weise geehrt, und so wollen auch wir ihm Anerkennung zollen, indem wir genau das tun, was für ihn ein Lebensprinzip war: Er tanzte aus der Reihe, 'machte sein eigenes Ding', provozierte, war 'aufmüpfig'; ein geistiger und moralischer Rebell war er und damit dem einen Freund, dem anderen Feind. Ihm und seinem lebendigen Werk mit akademischer Methodik zu begegnen, wäre reinster Hohn! Daher wollen wir uns seinem Schaffen nicht nur unter rein wissenschaftlichen Gesichtspunkten nähern, sondern wir tasten uns zunächst mehr biographisch und 'menschlich' an den Theaterliteraten, Schauspieler, Inszenierungskünstler und seine besondere Person heran. Denn wie kein zweiter Dramatiker Italiens drückte er seinen Stücken den Stempel eines sprühenden, von verstaubten Büchern und Texten weit entfernten Individuums auf, wobei er jedoch eindrucksvoll Geschichte und Kultur europäischer Dramaturgie und Schauspielkunst verarbeitete, befruchtete, weiterentwickelte.

'Methodisch' gesehen – und ganz ohne literarische Systematik wollen wir auch diesem kaum einzuordnenden Theatergenie nicht begegnen –, geht es bei den beiden Problemfeldern V und VI doch um Folgendes: Am *Orfeo* des Humanismus-Autors Angelo Poliziano aus dem 15. Jh. sollte ersichtlich werden, dass ein textlich fixiertes Bühnenwerk von seiner unveränderbaren Verschriftlichung her eine durchaus genaue analytische 'Bedeutung' erhalten kann. So gesehen, ist ein 'Drama' prinzipiell mit einem Gedicht oder einer Erzählung vergleichbar. Ein Theaterstück ist jedoch darüber hinaus – wie im Zusammenhang mit Poliziano schon angedeutet wurde – mehr und anders; es lebt zusätzlich bzw. überhaupt von all dem bzw. durch all das, was sich jenseits der textlichen Festgelegtheit befindet: die Inszenierung und Aufführung, also die jeweils punktuelle dramaturgische Realisierung des Textes. Und dies lässt sich im Bereich der italienischen Theatergeschichte besonders deutlich zeigen: entweder an der in ganz Europa berühmt gewordenen 'Commedia dell'arte' des 17. und 18. Jh.s oder an der aufrüttelnden Effizienz eines Dario Fo, der ebendiese alte Improvisationskunst seiner Heimatkultur sowie noch ältere Bühnenerfahrungen wiederbelebte.

Die Person Dario Fo. Während Verfasser von Theaterstücken oft nur eher am Rande etwas mit den Brettern, die die Welt bedeuten, zu tun haben – weil sie nun mal gern an ihrem Schreibtisch sitzen –, war und ist **Dario Fo (*1926)** ein absoluter Bühnenmensch. Er ist wohl auch Literat und Produzent von Texten, aber vor allem Schauspieler selbst entworfener Rollen, Regisseur, Sänger, Pantomime, Zirkuskünstler, Conferencier und vieles mehr, soweit es mit ostentativem Agieren vor einem Publikum zu tun hat. Literaten mögen wohl manches mit ihren Lebenspartnerinnen gemeinsam tun; Fo erlebte hingegen alles Dramatische, Schönes wie Enttäuschendes in seinem Dasein zusammen mit seiner Ehefrau **Franca Rame** (*1928): Ohne sie – die gleichfalls Schauspielerin und seine Muse ist – gäbe es Dario Fo wohl nicht so, wie man ihn weltweit kennt. Schriftsteller führen normalerweise ein relativ ruhiges Leben, machen eigentlich auch keinen Ärger; dieser ewige Kabarettist und Variétémensch brachte jedoch viele Leute gegen sich auf, weil er permanent Unruhe stiftete, Finger leidenschaftlich in Wunden legte, sich gezielt unbeliebt machte. Stets entschlossen, kämpft er hier und dort gegen das Unrecht an, bringt jene Sünden auf die Bühne, vor denen andere die Augen verschließen. Er ist gegen alle Formen von Autorität, die sich nicht auch selbst vorsichtshalber infrage stellt. Für die Angeprangerten ist das Schlimmste an der Sache, dass er seine Attacken mit Komik bewerkstelligt. Er macht (sie) lächerlich: mit Farcen, Satiren, Späßen, Parodien, Marionettenszenen, Stummfilmreminiszenzen, haarsträubenden Absurditäten. Dies vermischt er zu einem respektlos provozierenden Volksschauspiel. Während die Menge lacht, reagieren die angegriffenen, tief ins Mark getroffenen Persönlichkeiten oder Institutionen mit Zensur, Restriktionen, Prozessen. Geradezu komisch, aber für die Wirkung seiner künstlerischen Arbeit bezeichnend, erscheinen im Nachhinein Fernsehauftrittsverbote der italienischen Regierung, Zwistigkeiten mit dem Vatikan, Einreiseverbote der USA oder wiederholte Verhaftungen auf offener Bühne.

„Gegen Mittag des 9. Oktober 1997 hatte die Schwedische Akademie in einer Pressemitteilung ihre Entscheidung der Preisverleihung an Dario Fo unter anderem damit begründet, daß der norditalienische Komiker 'in Nachfolge der mittelalterlichen Gaukler die Macht geißelt und die Würde der Schwachen und Gedemütigten wiederaufrichtet.'" (Henning Klüver, *Dario Fo. Biographie*, 1998: 7) In früheren Zeiten waren die Narren oder Spaßmacher die einzigen, die Fürsten, Königen oder gar Kaisern ungestraft Unschönes an den Kopf werfen durften. Es schützte sie eben der Ulk, der Wahrheiten aufdeckte, dies aber in einem harmlos wirkenden Spiel vollzog. Als man Dario Fo also für den Literaturnobelpreis nominiert hatte – und dieser ist ja so etwas wie eine Anerkennung der ganzen Welt bzw. für die Literatur aller Nationen –, hatte sich so manch einer mit bitterbösen Bemerkungen gerächt, wovon eine besonders gemeine aus dem Mund einer Mailänderin der 'besseren' Gesellschaft kam, die in einem Fernsehinterview sagte, dass sie den Namen Dario Fo noch nie gehört habe (obwohl dieser Mann ganze Stadien, auch mailändische, mit seiner kritischen Unterhaltungskunst füllt). Fo ist somit ein beispiellos wacher und mutiger Dramatiker, der vieles an der heutigen Welt tadelt. Bei ihm müssen daher die Rechten wie die Linken gehörig was einstecken. Und so gefiel er weder den zäh ihre Werte verteidigenden Bürgerlichen noch den sich für äußerst progressiv haltenden Avantgardisten.

Geboren wurde Dario Fo in Sangiano, einem Dorf am Lago Maggiore. Die Mutter war Bäuerin, der Vater arbeitete bei der Eisenbahn, wovon der Autor im ersten Teil seiner Autobiographie (s. u.) anlässlich der ersten 7 Lebensjahre faktenreich und liebevoll berichtet. So musste der Papa einmal mit dem Zug in die lombardische Metropole fahren, um dort eine Prüfung abzulegen und er nahm den Jungen mit. Für den kleinen Mann war jenes gewaltige Stellwerk beim Einlaufen in den Hauptbahnhof die größte Sensation der gemeinsamen Reise:

„Guarda lassù", e mi indicava un ponte altissimo issato su centine d'acciaio, sotto il quale transitavano tutti i convogli. Una enorme passerella zeppa di fari puntati in ogni direzione. Una serie di cabine di vetro, illuminate da lampade fortissime e colorate. Quella macchina fantastica era sorretta da piloni giganteschi. *„Cos'è? "* *„È il centro operativo da dove si comanda il movimento di tutti i treni, compresi gli scambi e i semafori."* In quel momento ero convinto: dentro quelle cabine di vetro splendenti di luci, ci doveva essere di sicuro Dio, con tutti i santi dei capistazione. Non avevo dubbi: il Padreterno non era altro che il direttore generale delle Ffss. Era lui che organizzava tutto il movimento dei ferrovieri, lo spostarsi dei treni, progettava macchine e la nascita dei figli dei capistazione! (Dario Fo, *Il paese dei Mezaràt*, [1]2002: 11)

[Vokabelhilfen: *issare* = hissen, (er)heben; *cèntina* = Bogen; *acciaio* = Stahl; *transitare* = durchfahren; *convoglio* = Zug; *passerella* = Brücke, Steg; *zeppo* = voll(gestopft); *faro* = Lampen, Leuchten; *puntato* = gerichtet (auf, in); *vetro* = Glas; *sorreggere* = stützen; *pilone* = Pfeiler; *scambio* = Weiche; *semaforo* = Signal; *convinto* = überzeugt; *splendente* = glänzend, leuchtend; *di sicuro* = sicherlich; *capostazione* = Bahnhofsvorsteher; *dubbio* = Zweifel; *Padreterno* = Gottvater; *Ffss* = Ferrovie dello Stato (Italienische Staatsbahnen); *ferroviere* = Eisenbahner; *spostarsi* = sich (hin und her) bewegen, fahren; *progettare* = planen, entwerfen; *nascita* = Geburt]

Dass der junge Dario Gott als den Lenker aller technischen Abläufe auf der 'Stazione Centrale di Milano' ansah und dieses Verständnis gewissermaßen in unsere Zeit projiziert, dürfte eigentlich niemand als Blasphemie ansehen. Der kluge kleine Kopf erarbeitete sich doch eine recht anschauliche Allegorie für das Verstehen der Potenz des Allmächtigen, welche diesem im Zeitalter der so selbstbewussten und unersättlichen Moderne Genugtuung geben dürfte. Allerdings könnte man – wenn man unbedingt jemandem einen Strick drehen will – das Kind bzw. den seine frühen Jahre erinnernden Autor tatsächlich des Ketzertums bezichtigen. Mit solchen und ähnlichen Vorwürfen musste sich Dario Fo sein Leben lang herumschlagen. Bilder gehören aber doch zum Urwesen der Literatur! Sie öffnen denen die Augen, die sonst nicht mehr so richtig sehen können. Wir erkennen in jener Beschreibung immerhin einen interessanten Brückenschlag zwischen Technik und Theologie. Oder ist es vielleicht besser bzw. geistreicher, wenn wir Gott aus allem ausklammern?

Fo studierte in Mailand Kunst und Architektur, begann aber schon mit 26 Jahren seine Laufbahn als Schauspieler. Früh, nämlich 1954, heiratete er Franca Rame, mit der er bald eine erste Theatergruppe gründete: die 'Compagnia Fo-Rame'. Ab 1962 moderierte er die seinerzeit beliebte TV-Reihe 'Canzonissima', die man allerdings nach zwei Jahren wegen Fos 'skandalöser' Einflussnahme absetzte. Sein Leben in der kulturellen Öffentlichkeit Italiens blieb hiernach dennoch ein halbes Jahrhundert lang ungebrochen intensiv und engagiert.

Weitere Merkmale seiner Persönlichkeit trug ein bekannter (schon zitierter) italianistischer Journalist unseres Landes in seinem adäquat lebendig geschriebenen Buch über Dario Fo zusammen (und ich resümiere von dort): Sternzeichen Widder, Hobby Flippern, hat einen Sohn (Jacopo, geboren 1955), führte circa 40 Prozesse, sympathisiert politisch mit der Olivenbaum-Koalition, hat keinen Führerschein (weil er Angst vor dem Autofahren und Fliegen hat), isst am liebsten Risotto mit Rosinen und Whiskysauce, mag von den Sängern besonders Enzo Jannacci, Gian Maria Volonté ist sein Lieblingsschauspieler. Und seine literarischen Vorbilder? „[Die] Commedia dell'arte und Schriftsteller des 20. Jh.s wie Majakowski und Brecht haben wichtigen Einfluß auf ihn ausgeübt. [...]. Die Stärke Fos liegt darin, daß er Texte schafft, die gleichzeitig amüsieren, sich engagieren und Perspektiven vermitteln." (H. KLÜVER, *Dario Fo...*, 1998: 8)

Zwei Gründe veranlassen mich, Ihnen Dario Fo in dieser Einführung in einen (für Sie neuen) wissenschaftlichen Lebensweg nicht nur bloß vorzustellen, sondern ihn sogar ans Ende – und damit auf die Position eines Höhepunktes – zu setzen: Er ist zum einen der auf der ganzen Welt am meisten gespielte Dramatiker, und man sollte unbedingt viel von dem mitbekommen, was schon andere gesehen und durchdacht haben! Noch wichtiger ist jedoch die Tatsache, dass Fo seit Jahrzehnten einer der mutigsten Schriftsteller überhaupt und damit geeignet ist, Ihnen – die Sie gewiss, wie ich einst früher und heute noch, Fragende und Suchende sind – als Vorbild zu dienen, d. h. Entscheidungs- und vielleicht sogar Lebenshilfe zu bieten. Lassen Sie sich jedenfalls nie Ihre eigenen (guten) Gedanken, Ideen und Träume trüben oder gar rauben! Rütteln auch Sie andere wach, damit die angeblich so 'coole' Welt um Sie herum nicht einschläft! Tapferkeit und Verantwortung sind nämlich die größten Tugenden eines Mannes und einer Frau.

Mistero buffo (Komisches geistliches Spiel, Lustiges Mysterium, Grotesker Gottesdienst). Dario Fos dramatische Begabung, seine gesellschaftskritische Haltung, seine Verwurzelung mit europäischen Theatertraditionen, sein breites kulturelles Wissen sowie der Performance-Aspekt der Gattung Dramatik sollen uns anhand eines kleinen Einpersonenstücks deutlich werden; dabei bitte ich Sie, gelegentlich die Augen zu schließen, um sich das beinahe unglaubliche Phantasiespektakel besser vorstellen zu können. *Mistero buffo* heißt eine Versammlung von anfänglich 9 Sketches, die zusammen eine abendfüllende Unterhaltungsveranstaltung bieten (können). Die Uraufführung gab es am 1.10.1969 im ligurischen Sestri Levante. Man muss sich die Ministücke auf einer fast leeren Bühne gespielt denken. Eigentlich sieht man nichts, und dennoch eröffnet uns der einzige und alleinige Schauspieler mit seinem gestenreichen 'Erzählen' und virtuosen Rollenwandel ein faszinierend buntes und vielfältig bevölkertes Szenarium. Erforderlich ist dazu eine vollendete Schauspieltechnik bzw. Suggestionskunst, und diese besaß Dario Fo in genialem Ausmaß: Er brillierte in jenen Rollen dermaßen, dass man bei einem Erwähnen seines Namens unmittelbar an ein Bühnenerlebnis mit ihm in der Ausübung solcher Illusionsstücke zurückdenkt. Dario Fo repräsentiert nämlich wie kein zweiter das sogenannte 'Körpertheater'. In frühen Ausgaben besteht das 'Komikmysterium' als Sequenz von schauspielerischen Zauberstücken aus folgenden Einzelteilen: *Rosa fresca aulentissima, Lauda dei battuti, Strage degli innocenti, Moralità del cieco e dello storpio, Le nozze di Cana, Nascita del giullare, La nascita del villano, Resurrezione di Lazzaro* und *Bonifacio VIII*. An den Titeln erkennt man, dass es auch um religiöse oder kirchliche Themen geht. Italien ist ja ein katholisches Land, und Literaten wählen für ihre Texte sinnvollerweise Stoffe aus wichtigen Bereichen der Gesellschaft und Kultur ihrer Nation. Darauf nehmen die Leser dann leicht und natürlich Bezug. Dario Fo erinnert mit seinen christlichen Spurenelementen ebenfalls an die Anfänge der Literatur der Apenninhalbinsel: Das allererste poetische Werk in der neuen, später als 'italienisch' bezeichneten Sprache war – wie bereits erwähnt – der 'Sonnengesang' von Francesco d'Assisi (um 1182–1226); dieser feierliche Hymnus preist die Pracht der Schöpfung Gottes. Wenn Dario Fo seinerseits – Jahrhunderte später – Episoden des frühen Christentums scheinbar ironisch darstellt, so geschieht dies, weil er das Fehlen jener ursprünglichen Lauterkeit bedauert.

Wir befassen uns nun mit *Resurrezione di Lazzaro* (Wiedererweckung des Lazarus), d. h. eines Teilstücks des *Mistero buffo*; es ist die Bearbeitung einer Stelle des neutestamentarischen Johannes-Evangeliums (= *Joh* 11): Jesus gibt dort einem schon der Verwesung nahen Toten in wunderbarer Weise und zum Erstaunen aller Zuschauenden das Leben zurück.

Wie kann man Sie mit diesem kleinen, quirligen, luftigen, ja aus der Luft gegriffenen Magiererlebnis vertraut machen? Nun, es gibt wohl gedruckte Ausgaben, welche aber für Aufführungen keine absolut gültige Bedeutung haben, weil Schauspieler davon abzuweichen pflegen, um auf situationsbedingte Fakten anzuspielen oder der augenblicklichen Reaktion des Publikums zu begegnen. Der Originaltext von 1969 ist zudem für Sie sprachlich insofern schwer zugänglich, als er stark dialektal angelegt ist. So lautet denn auch der Untertitel der Einakterkollektion *Giullarata popolare in lingua padana del '400* (Volkstümliche 'Gauklerei' oder 'Gaukelei' in der Sprache der Poebene des 15. Jh.s), was weniger linguistisch als ironisch gemeint ist, da man jene 'Volkssprachlichkeit' eigentlich gar nicht richtig verstehen muss, selbst als Italiener nicht, denn die Gebärden des Darstellers sagen das Wichtigste aus). Sie sollten auch keine gedruckte, also wiederum textfixierte deutsche Übersetzung vorgelegt bekommen, weil das gleichfalls dem unfesten Charakter unseres Interpretationsgegenstandes widersprochen hätte; das Stück ist eben allein auf der Bühne das, was es effektiv sein soll. Sie finden nun stattdessen eine gekürzte Fassung vor, die z. T. eigene Übersetzung, hier Paraphrase, dort bloße Zusammenfassung ist. Besorgen Sie sich jedoch bitte anschließend die Übertragung des ganzen Zyklus von Peter O. CHOTJEWITZ, um ebenfalls die anderen, spannenden und witzigen Einakter kennenzulernen. Sie werden danach auch die 'Theaterleckerbissen' im Original lesen wollen! Dazu

sollen Sie die Textproben anregen, welche Sie in den Verlauf des Happenings
eingefügt finden; diese fremdsprachlichen Exzerpte werden Ihnen zweifach angeboten: im Dialekt sowie auf Italienisch, denn Ausgaben des *Mistero buffo* enthalten in der Regel zusätzlich (daneben) Fassungen in der Hochsprache.

Resurrezione di Lazzaro
[*Auferweckung des Lazarus*]

[Inhaltsbeschreibung bzw. Verlauf des Monologs des mehrere Figuren
darstellenden (= einzigen) Schauspielers]

[Man stelle sich einen (nicht zu sehenden) normalen Friedhof vor, der von einer Mauer umgeben
ist und an dessen Eingang ein Friedhofswärter steht.]

„Schuldigung, ist das der Friedhof, wo gleich die Auferweckung von dem Lazarus
stattfinden soll?" – „Ja, das ist hier." – „Ah, gut." – „Moment mal, das sind aber 10 Euro
Eintritt." – „Zehn?" – „Na gut, sagen wir zwei." – „Zwei also. Und wofür (zum Henker)?"

[Oh scusé! Oh l'è questo ol simiteri, campusanto duè che vai a fà ol süscitamento d'ul
Lassaro? – Sì, l'è quest. – Ah bon. – On mument, des palanche par entrar. – Des
palanche? – Fasemo do. – Doi palanche?! Boja, e parché?]   [zitiert nach der Erstausgabe = [1]1973]

[Scusi! È questo il cimitero dove devono fare la resurrezione del Lazzaro? – Sì, è questo.
– Ah, bene. – Un momento, dieci soldi per entrare. – Dieci soldi? – Sì, facciamo due. –
Due soldi? E perché?]   [ital. Übertragung ebenfalls zitiert nach [1]1973]

„Warum? Ich bin der Friedhofswärter, und Ihr zertrampelt mir alles, ruiniert die Hecken,
macht den Rasen kaputt; ich will was haben für den ganzen Ärger und die Arbeit, die ich
wegen Euch habe. Zwei Euro oder Ihr kriegt das Wunder nicht zu sehen." – „Also gut,
aber Du bist ja ein ganz Gerissener!"

„Ihr da auch: zwei Euro! Ist mir doch egal, ob das Kinder sind; die gucken doch auch!
Na, o. k.: 50 Cent zahlen die. Heh da! Runter von der Mauer! Der hat sie wohl nicht mehr
alle! Das ist ja ein ganz Schlauer: Will sich das Wunder gratis reinziehen! Zur Kasse,
Mann! Eintritt zwei Euro."

„Ganz schön ausgekocht ist der: macht auch noch Knete mit den Wundern! Ich guck jetzt
mal, wo der Lazarus eigentlich liegt. Der Name steht sicher auf dem Grab. Neulich war
ich bei dem Wunder eines anderen gelandet; einen halben Tag hatte ich da gewartet, und
dann machten sie das Wunder ganz da hinten. Wie ein Bescheuerter stand ich da! Diesmal kenne ich aber den Namen, hab mich schlau gemacht. Ich find jetzt den Namen und
bin als erster da. Lazarus? (*er sucht*) Also, ich steh dann vor dem Grab mit Lazarus drauf
geschrieben […]. Lazarus?!"

[L'altra volta son gnit a vede ol miracol d'un altro, sont stai mezza giurnada a speciare e
pö ol miracolo a me l'hait fait in funda là! Sunt stait chi cume un babie, un baltroc, a
vardàg. Ma sta volta ca so al nom, me sont interesat, a treuvi ol nom in sü la tumba, a
sunt ol primo! Lassaro?! ... (*cercando*) me meti... Lassaro?]

[L'altra volta sono venuto a vedere il miracolo di un altro, sono stato mezza giornada ad
aspettare e poi il miracolo l'hanno fatto in fondo! Sono rimasto lì come un cretino a

guardare, ma questa volta che so il nome, mi sono interessato, trovo il nome sulla tomba e sono il primo! Lazzaro? (*cercando*) mi metto... Lazzaro?]

„Aber ich kann ja gar nicht lesen! Ich muss dann eben raten. [...]. Also nein! Hier wird nicht gedrängelt! Ich war zuerst hier, ich will ganz vorne stehen. Nein, was hab ich damit zu tun, dass Du klein bist. Die Kleinen müssen dann eben früh am Morgen herkommen. [...]. Ganz schön schlau: ist klein und will vorne stehen! [...] Hier wird nicht geschubst! Soll ich vielleicht ins Grab fallen? Verdammt noch mal! Was geht mich das an! Es wird hinten geblieben! Ach, sieh mal einer an! Die Damen! Jetzt drücken die auch schon."

„Kommt der immer noch nicht? Ist es nicht schon längst Zeit für das Wunder?" – „Kennt denn hier keiner den Jesus Christus und sagt ihm Bescheid, dass wir jetzt alle da sind? Man kann doch nicht immer solange auf die Wunder warten!" – „Ja, man gibt eine Uhrzeit an und dann ist man da." – „Stühle! Stühle gefällig?! Stühle die Damen? Zwei Euro der Stuhl. Einen schönen Stuhl zum Sitzen, die Damen! Wenn nämlich das Wunder geschieht und der Heilige den Lazarus herauskommen lässt, der dann redet, singt und sich hin und her bewegt, dann kriegt Ihr einen solchen Schreck, dass ihr hinten rüber fallt, Euch auf dem Boden an den Grabsteinen den Kopf aufschlagt und tot seid. Mausetot! Und der Heilige macht nur ein Wunder pro Tag. Gönnt Euch doch einen Stuhl: Zwei Euro."

„Mannomann! Du denkst ja nur ans Geld!" – „Was jetzt, will denn keiner hereinkommen?" – „Hier wird nicht gedrängelt! Interessiert mich alles nicht!" – „Nicht auf die Stühle steigen! So ein Raffinierter! Hast Du das gesehen! Die stellen sich doch tatsächlich auf die Stühle!" – „Stütz Dich nicht so auf mich, vor mir ist doch das Grab!" – „Kommt er? Kommt er immer noch nicht?" –

„Sardellen! Ganz mild meine Sardellen! Zwei Euro die Sardellen! Knusprig! Prima! Leckere Sardellen! Die machen Tote wieder lebendig! Zwei Euro die Portion!" – „Ja, toll die Sardellen, gib mal dem Lazarus 'ne Tüte davon, damit er seinen Magen wieder in Schwung bringt!" – „Ruhe hier, Gotteslästerer!" – „Benehmt Euch doch mal!" – „Er kommt! Da kommt er! Er ist da!" – „Wer ist es denn? Welcher von denen da?" – „Jesus!" – „Wer denn?" – „Der magere dort? Owaia! Was schaut der finster drein!" – „Nein, Mensch! Das da ist der Markus!" – „Der dahinter?" – „Wer ist es denn, der Große da?" – „Nein, der Kleine." – „Das Jüngelchen da?" – „Der da mit dem Bärtchen." – „Oh je, der sieht ja wirklich wie ein Bübchen aus!" – „Guck mal! Es stehen alle hinter ihm." – „Wer von denen ist denn der Johannes? Den Johannes kenn' ich nämlich. Johaaannnes!! Jeeesus!! Ist der sympathisch, dieser Jesus!" – „Oh, sieh mal! Da ist ja auch die Madonna! Die ganze Verwandtschaft ist mitgekommen. Aber die ist ja immer mit dabei, wenn er loszieht. Oh je!" – „Alleine lassen die den ja nicht gehen, weil er ein bisschen verrückt ist!" – „Jesus, Jesus, mach uns doch nochmal das Wunder mit den Broten und den Fischen, die waren so lecker!" – „Still jetzt, benimm Dich!" – „Ruhe! Auf die Knie. Er hat ein Zeichen gemacht: Wir sollen uns hinknien, es wird gebetet." [...] – „Guck mal! Der Grabstein soll weggezogen werden, sagt er." [...] – „Still, lass mich sehen." – „Oh nein, runter von dem Stuhl!" – [...] „Zum Henker! Schau mal! Der Grabstein ist jetzt weg. Der Tote ist da drin. Oooh, das ist der Lazarus! Was das stinkt! Woher kommt dieser modrige Geruch?" – [...] „Aber der ist ja voll mit Würmern und Schmeißfliegen! Ach Du je! Wenigstens einen Monat ist der doch schon tot da drin und verfault. Was für einen Mist die mit dem da gemacht haben, was für einen bösen Scherz! Das kriegt der aber diesmal nicht wieder hin, der Ärmste!" – „Sag ich auch, diesmal klappt das nicht!

Den bekommt er unmöglich wieder raus. Ganz verfault ist der doch. Böse haben die dem mitgespielt: Sagen ihm, dass er erst seit drei Tagen tot ist. Dabei ist das mindestens ein Monat. Jetzt wird der aber alt aussehen. Armer Kerl, der Jesus." –

[De seguro non ghe la fa, non ghe riesse! Imposibil ca l'è bon a tirar fora! O l'è marscìo! Che scherso, ohh disgrassià! G'han dit tri dì co l'era morto! O l'è un mese almanco! Che figüra! Por Jesus!]

[Anch'io dico che non ce la fa, non ci riesce! Impossibile che riesca a tirarlo fuori. È marcio. Che scherzo! Che disgraziati: gli hanno detto che era tre giorni che era morto. È un mese almeno! Che figura! Povero Gesù!]

„Ach was, der schafft das doch! Der ist dermaßen heilig, dass er das Wunder auch noch nach einem Monat Verwesung hinkriegt." – „Und ich sage: Das schafft der nie!" – „Wollen wir wetten?" – „Ja, o. k." – „2 Euro, 3 Euro, 10 Euro, soviel Du willst!" [...] – „Was macht er da?" – „Du siehst doch, dass er betet." – *Steh auf, Lazarus!"* – „Na klar, der kann dem das ruhig sagen und auch noch singen: Nur die ganzen Würmer kommen da raus! Aufstehen, das ich nicht lache!" – [...] „Gibs doch mal dran! Das geht doch gar nicht!" – „Lass mich mal sehen!" – „Oh guck doch: Er geht, geht, ist auf den Beinen! Geht, geht, fällt hin! Geht wieder, geht, steht auf den Beinen." – „Ein Wunder! Oh, das Wunder! Oh, Jesus, süße Kreatur, die Du bist, und ich hab das nicht geglaubt." – „Bravo, Jesus!" – „Ich hab die Wette gewonnen! Her mit dem Geld, keine krummen Touren!" – „Jesus, bravo!" – „Mein Portemonnaie! Das haben die mir geklaut! Diebe!" – „Bravo, Jesus! Jesus, bravo!" ... „Haltet den Dieb!"

Was können wir inhaltlich aus diesem Friedhofsevent herauslesen? Protagonist des Gewimmels auf dem Gelände tiefster Besinnung ist ja eigentlich Jesus, der ein großartiges Wunder vollbringt: Er gibt einem geliebten Menschen das Leben zurück. Entsprechend der ebenso spektakulären wie geheimnisvollen Bedeutsamkeit dieser Tat ist der Sohn Gottes sehr zurückhaltend dargestellt. Er ist wohl da, tritt aber nicht in den Vordergrund. Sein Wesen bestimmt bescheidene Stille. Damit bleibt, inmitten des ganzen Klamauks, seine Heiligkeit durchaus gewahrt. Jesus gibt eine Projektionsfläche der Ruhe ab, auf der sich die neugierigen Besucher abheben und in Szene setzen können. Da die Gräberwelt ein Ort der Ewigkeit ist – denn es dominiert hier der Tod –, zeigen sich nun, wie auch in Dantes *Göttlicher Komödie*, die immerwährenden Laster des Menschengeschlechtes, welche deutlich 'moderne' Züge haben. Es offenbaren sich Schwächen, für die man sich angesichts der höchstpersönlichen Anwesenheit des Erlösers gehörig schämen müsste. Und was für Untugenden sind das?

1. Es geht immer zuallererst ums Geld, vornehmlich bei unbezahlbaren Dingen, die es eigentlich gratis gibt. 2. Aus allem lässt sich ein Geschäft machen, an dem man was verdienen kann. 3. Jeder ist eifrigst bemüht, den besten Platz für sich zu ergattern: Am liebsten will man überall der erste und einzige sein.

Hierdurch ergibt sich das Bild einer vom Geld geprägten (kapitalistischen) Ellbogengesellschaft. Man bekommt Unglaubliches geboten, das Größte sogar, sieht aber letztlich nichts mehr. Denn der Blick für das wahrhaft Gute und das gute Wahrhafte ist getrübt, weil materielles Denken und Egoismus alles Würdevolle 'gnadenlos' entweiht haben. Wir leben in einer profanisierten Welt des geistlos Pekuniären, in der uns das Verständnis für das tatsächlich vor uns stehende Göttliche abhanden gekommen ist. Eine Korrektur oder Alternative hierzu zeigt sich, wenn man sich dem bescheiden im Hintergrund bleibenden Lebensspender fragend zuwendet: Jener Jesus, was macht der da eigentlich? Warum tut er so etwas? Was hat er überhaupt davon? 'Lohnt' sich das Ganze für ihn? Welche Interessen vertritt er?

Obwohl das ganze irgendwie auch amüsante und sogar liebenswerte Durcheinander ein harmloses Lehrstück über menschliche Schwächen ist, worüber man schmunzeln kann, ist die Inanspruchnahme einer Schlüsselszene des Evangeliums und die Darstellung der Erlösergestalt des Christentums eine sehr politische Angelegenheit, und zwar in den Augen einer Institution, die ein berufliches und sogar staatliches Interesse an solchen Dingen hat: die Katholische Kirche; sie hat ihren 'Heiligen Stuhl' in einem eigenen Hoheitsgebiet, dem Vatikanstaat eben. Von hier aus wacht sie über alles, was das Christliche betrifft. Nun konnte die offizielle Kirche noch über die Lazarus-Interpretation an sich hinwegsehen, weil es dort nur um jenen 'unbedeutenden' Toten geht, und Christus sich im Hintergrund aufhält. Aber an anderer Stelle bringt Dario Fo recht hohe Würdenträger – Bischöfe und Päpste – auf die Bühne und er maßt sich Urteile über deren Amtsführung an, thematisiert dogmatische Gebiete wie Sakramente, Ehe und Sexualität! Das musste die Ecclesia Romana 'auf die Barrikaden' rufen, um Fos Idiomatik zu verwenden, und es gab dann auch viele öffentlich ausgetragene Kontroversen. Allerdings ist die Brisanz der schriftstellerischen Attacken eines Dario Fo in etwas viel Grundsätzlicherem zu sehen: Er benutzt das Evangelium aktiv und kritisch, deutet es gewissenhaft, hinterfragt ruhelos die Heilige Schrift, stellt sie (mit versteckten Fragen) auf den Prüfstand. Dies aber ist allein die Aufgabe der von der Kirche dafür Berufenen (nach deren Dafürhalten): „For the Vatican what was probably the most worrying aspect was not the heavy irony and disrespect shown towards various popes and archbishops: it was the underlying message that the Bible's version of history was not accurate [...]. To lose its monopoly on the interpretation of religious history would be a terrible blow for the Vatican." (Tom BEHAN, *Dario Fo. Revolutionary Theatre*, 2000: 103)

Mistero buffo entpuppte sich als das meistgespielte Bühnenstück Italiens während der 70er Jahre des 20. Jh.s. Voraus ging damals eine Epoche heftigster Umbrüche mit leidenschaftlichen Demonstrationen, politischen Protesten, existentiellen Verweigerungen, blutigen (ja mörderischen) Anschlägen, kriegsähnlichen Straßenschlachten, brutalen Verhaftungen. Widerstand der Menschen und Reaktionen der Staatsmacht erlangten im Jahr 1968 ihre größte Heftigkeit, den höchsten Grad an Unversöhnlichkeit. Die Gesellschaften Europas, aber auch die der USA sollten nach dem Willen der jungen Menschen erneuert werden. W i e, das wusste man nicht genau, obwohl linke (und radikale) Ideologien im Vordergrund standen. Generell war es schließlich so, dass die Jüngeren die Älteren, die Älteren die Jüngeren, die einen die anderen, diese jene anklagten. All dies ging mit Gewalt auf beiden Seiten vonstatten; hier waren die noch Studierenden oder nicht Arrivierten (sowie die Arbeiter), dort die fest Situierten und Etablierten. Dabei geriet das endlose Fragen aufwerfende *Mistero buffo* in die Fänge der Zensur, auch in Deutschland: Man warf Dario Fo Gotteslästerung vor, was ein leichterer Weg war, sich des politisch so unangenehmen Querdenkers und sozialen Aufrührers zu entledigen: „*Mistero buffo* ist eine Art Manifest, die theatralische Formulierung eines künstlerischen Programms, das die Hinwendung Fos zu einer politischen Theaterpraxis fundiert. In künstlerisch-komprimierter Form werden – am Beispiel des mittelalterlichen Volkstheaters – alle diejenigen Besonderheiten aufgezeigt, die für Fo zur Entwicklung eines modernen Theaters von Interesse sind: 1. die sozialkritische, oppositionelle Tendenz, 2. darstellerische, dramatische und theatralische Mittel, die zwischen Schauspieler und Publikum eine enge Verbindung herstellen, 3. die Einheit von spielerisch-unterhaltsamer und erkenntnis- bzw. bewußtseinsfördernden Elementen. Den einzelnen Szenen, aus denen sich *Mistero buffo* zusammensetzt, legt Fo ausschließlich Teile mittelalterlicher Passions- und Mysterienspiele, Moralitäten und Satiren zugrunde." (Helga JUNGBLUT, *Das politische Theater Dario Fos*, 1978: 192-3)

Soweit das Wichtigste zum Inhalt von *Resurrezione di Lazzaro*, einem Teilstück des *Mistero buffo*! Kommen wir nun zu der außergewöhnlichen formalen Präsentation: „Aufgrund der offenen Episodenstruktur, die je nach Ziel, Ort, sozialer Zusammensetzung des Publikums und gegenwärtigen Interessen Veränderungen des Materials und des Szenenarrangements ermöglicht, hat sich der ursprünglich dreistündige Monolog zu einem Repertoire von Episoden entwickelt, die einen ganzen Tag abdecken könnten und vor einem Massenpublikum von mehreren tausend Zuschauern in Sportstadien, auf offenen Plätzen und im Fernsehen (1977) dargestellt wurden. Das Stück beinhaltet Fos ganze Theatererfahrung und -konzeption, von den ersten Fabulationen bis zu den Monologen von *Poer Nano*, von den Laufstegen der Revue und den bürgerlichen Bühnen bis zu den Werkhallen der Peripherie." (Anna RUSSO, *Bertolt Brecht und Dario Fo*, 1998: 98) Hinter diesem lebendigen Spektakel verbirgt sich zudem eine großartige Symbiose bzw. Synthese von sehr alter und progressiv neuartiger Schauspielkunst.

Wir haben in unserem dramatischen Lernvorgang bislang zwei Theaterstücke kennengelernt. Angelo Polizianos Werk muss man sich als ein vollständiges, aufwendig ausgestattetes Drama vorstellen: Vor den Zuschauern agieren mehrere und unterschiedliche Figuren, und das ganze Geschehen findet in eindrucksvollen Räumen statt, die von Fachleuten mit technischem Einfallsreichtum realisiert werden müssen; die Handlung ist einigermaßen komplex und muss von den Akteuren deutlich herausgespielt werden. Dario Fos Lazarus-Sketch ist dagegen etwas absolut Minimalistisches: Auf einer leeren Bühne steht nur ein Mann, der mit seinen Worten und Gesten alles – d. h. ein regelrechtes Menschengewimmel auf einem 'zirkushaften' Friedhof unter Beteiligung des Erlösers des Christentums – herzustellen hat. Diese literarische bzw. textlich-kommunikative Situation könnte man mit Giuseppe Ungarettis Zweizeiler *M'illumino / d'immenso* vergleichen, einem 'vollständigen' Gedicht, wie wir sahen, an dem alles zu entdecken ist, was ein lyrischer Text benötigt, um ein solcher zu sein. Dario Fos Mikro-Drama lässt sich auch jener lapidaren Episode aus dem altitalienischen *Novellino* gegenüberstellen, die einen ganzheitlichen narrativen Text darstellt, obwohl es sich nur um einen Satz bzw. zwei bis drei Druckzeilen handelt. Wenn wir die folgende Definition aus einem neuen theaterdidaktischen Einführungswerk eines Germanistik-Professors von dem, was ein 'Drama' als Textsorte oder Gattung ist, lesen, dann wollen wir uns bitte einen Menschen vorstellen, der einsam und allein vor uns auf der Bühne steht und der sozusagen 'ohne irgendetwas' ein eindrucksvolles Spektakel entstehen lässt, das wir tatsächlich 'sehen', obwohl gar nichts zu erblicken ist. Das Theaterhafte sämtlicher Bühnenwerke aller Zeiten kann uns nämlich dabei auf das Wesentlichste reduziert erscheinen:

[
Konstitutive Merkmale des Dramas im System
der literarischen Gattungen

„Aristoteles charakterisiert das Drama als Nachahmung von 'handelnden Menschen' [...]. Während sich in der Lyrik der subjektive Bewusstseinsinhalt eines Einzelnen artikuliert, ohne dass dies auf den Umgang mit anderen Personen zurückgeht, ahmen dramatische und epische Texte eine bestimmte Wirklichkeit nach. Diese Nachahmung von Wirklichkeit in einer authentischen Darstellung, gezeigt und gespielt von handelnden Personen, wird erst in der Moderne problematisch, weil hier die Wirklichkeit bzw. das, was man darunter versteht, selbst in Frage steht.

Das Theater lässt die sprachlichen Zeichen der Textvorlage im physischen Sinne real werden, indem es weitere Zeichensysteme einsetzt und damit die fünf Sinne des Menschen ansteuert. Der Zuschauer muss sich das Realisierte nicht mehr vorstellen wie bei der Lektüre, denn es wird ihm als Geschehen tatsächlich vor Augen gestellt. [...].

Die besondere Stellung des Dramas im System der literarischen Gattungen geht darauf zurück, dass es eine Geschichte auf szenische Weise darstellt, sowohl was das Darstellen als auch das Ergebnis dieses Darstellens betrifft. Dieser Modus signalisiert die spezifische Unmittelbarkeit, die diese Form der ästhetischen Nachahmung gegenüber der Epik suggeriert [...]." (Stefan SCHERER, *Einführung in die Dramen-Analyse*, 2010: 12)]

Betrachten wir noch einmal den Untertitel des *Mistero buffo*, der ja *Giullarata popolare* lautet. Eine *giullarata* präsentierte damals, im Mittelalter, der *giullare*, d. h. ein 'Spieler' (mittellateinisch *ioculator*, von *iocus* = Scherz, Spiel). Dies war ein Frohsinn verbreitender Unterhalter oder Entertainer, wie man in unseren Tagen sagt. Hält sich heute ein TV-Comedian etwa an die strengen literaturtheoretischen Überlegungen eines Aristoteles (des alten Griechen, der erstmals etwas Regelhaftes über die Dramatik sagte)? Was für eine törichte Frage! Natürlich lässt sich ein wahrer Medienkünstler vielmehr von seinem Instinkt, dem gesunden Menschenverstand und seiner coram publico geschulten Begabung leiten. Dadurch wird alles bunt, überraschend und in besonderer Weise spannend. Nichts scheint voraussehbar, wie das Leben selbst übrigens auch nicht (welches sich jeder Dramatiker zum Vorbild nimmt und nehmen muss).

Alles 'Lockere', was allmählich zur Tradition wird, erhält allerdings im Laufe der Zeit eine gewisse Formung, und so werden improvisierte Aufführungen ähnlich oder vergleichbar. Es kristallisierte sich im Mittelalter – das bereits ein solches

Entertainment kannte – u. a. das 'M(y/i)sterium' heraus. In diesem Wort vermischte sich das Geheimnisvolle (Mysterium) mit dem Terminus *ministerium*, welcher soviel wie 'Arbeit' oder 'Dienst' bedeutet. Übrigens gilt ja der Gottes-'Dienst' auch einem Mysterium, dem Göttlichen nämlich: „'Mysterien' nennt man seit dem 2., 3. Jahrhundert nach Christus religiöse Darbietungen. Das Wort stammt ab von Mysterium, was soviel bedeutet wie Geheimnis. *Mistero buffo* bedeutet groteske Darbietung. Der Erfinder der komischen Mysterienspiele ist das Volk [...]. Das Theater war die gesprochene und dramatisierte Zeitung des Volkes." (Franca RAME, in der deutschen Übersetzung des *Mistero buffo* von Peter O. CHOTJEWITZ, [1]1984: 59) Wer die breite Bevölkerung ins Theater zieht – und das wollten und vermochten sowohl Dario Fo als auch Bertolt Brecht –, der muss es ansprechen, kann dann sogar mit ihm sprechen. Jedenfalls schließt ein solcher Dramatiker das Publikum nicht aus, lässt es nicht vor der Türe stehen. Lesen ist ein einsamer Prozess eines Einzelnen, aber reden kann man vor Tausenden, und dies tat Fo immer wieder gern, wobei er unglaublichste Gemeinheiten, Lügen und Betrügereien seiner Zeit zur Sprache und ins Gerede zu bringen pflegte. Sein Ziel war die Empörung der Zuschauer; diese ist ein erster Schritt in Richtung auf den Widerstand, worauf möglicherweise eine Änderung der Verhältnisse erfolgt.

Die literarischen Texte unserer 'Problemfelder' I bis V konstituierten sich allesamt entscheidend durch die von einem Autor absolut festgelegte Sprache. Bei Dario Fo ist das nun anders: Von der Sprache ist nur noch das Sprechen an sich übrig geblieben, das bei ihm zur bloßen Lautlichkeit oder akustischen Artikulation schrumpfen kann (und dann vielfältigst durch 'Körperlichkeit' angereichert oder gar ersetzt wird). So verwendet er in manchen Stücken eine sogenannte 'Gaunersprache', das kauderwelschhafte 'grammelot'; dieses besteht überwiegend aus abstrusen Wörtern, welche dadurch wie echte oder bekannte Begriffe klingen, dass man ihnen eine bestimmte Intonation oder einen speziellen Rhythmus verleiht: Die rein verbal an sich inhaltslosen Sätze bekommen die gewünschte Aussage also vermittels einer besonderen Satzphonetik. Eigentlich ist dabei alles nur Schall und Rauch, aber durch Gestik, Mimik, Lautbildungskunst sowie Fetzen von tatsächlich existierenden Wörtern wird für jedes Publikum das Gemeinte leicht erahnbar. Den gedruckten Texten gaben Fo und seine Frau gern ein norditalienisch dialektales, also irgendwie geographisch real wirkendes Gewand, damit man überhaupt eine Möglichkeit der Aufnahme durch Leser sowie der Weitergabe hat. Das Regionale oder Volkssprachliche soll einen Hauch von jenem 'grammelot' geben, welches – seinerseits gedruckt und nur so aufgenommen – ziemlich unverständlich wäre. Neben solchen Fassungen steht in den Ausgaben meist noch eine hochitalienische Übersetzung, die ebenfalls nur ein kommunikativer Notbehelf ist. Dario Fos wunderbar reduzierte, geistreich unsprachliche Sprachgestaltung verdeutlicht somit, dass Dramatik eben keineswegs nur vom intellektuell konstruierten Text, sondern vom mit allen Sinnen 'total' rezipierten Sinn lebt, der auf der Bühne 'in actu' regelrecht regellos, nämlich artistisch erzeugt wird.

190

„Ich erinnere mich einer der ersten Aufführungen von *Mistero buffo* im Jahre 1969 in einem römischen Vorstadtkino, in einem Armeleuteviertel, nahe der Via Tiburtina. Ich hatte mir eingebildet, recht gut italienisch zu verstehen, nicht zuletzt dank vieler hundert Stunden TV, einiger hundert Kinobesuche, ebenso vieler Stunden in Kneipen, Bars und auf Märkten sowie einiger Theateraufführungen [...]. Als Fo anfing zu spielen, hatte ich das Gefühl, alles zu begreifen und nichts zu verstehen. Die Wörter plumpsten förmlich in mich hinein, drangen jedoch nicht durch die Ohren, sondern in erster Linie durch die Augen, so als ob seine Worte Handbewegungen wären, Schritte, Mienenspiel usw., kurz alles das, was ein Schauspieler und Pantomime auf einer Bühne eben so tut. Die Sprache, die er gebrauchte, klang zwar so wie italienisch, hatte jedoch nur akustische Ähnlichkeiten mit der mir bekannten italienischen Sprache. Dennoch begriff ich, wie gesagt, fast alle Wörter, als könnte man sie anfassen. In der Pause schließlich erfuhr ich des Rätsels Lösung: Auch meine italienischen Freunde hatten zwar alles begriffen, aber viele Wörter nicht verstanden. Fo selber stand vor dem Problem, als er wenig später eine Textausgabe von *Mistero buffo* herausgeben wollte und sich die Frage stellte, welchen Sinn es mache, ein Stück abzudrucken, dessen Sprache sich zwar spielend erschließt, wenn sie integraler Bestandteil von Gesten, Mimik und Körperbewegungen auf der Bühne ist, nicht aber, wenn man sie geschrieben liest (oder von einem normalen Schauspieler vorgesetzt bekommt)." (P. O. CHOTJEWITZ, in seiner 'Nachbemerkung' zur Übersetzung *Obszöne Fabeln. Mistero buffo*, [1]1984: 155). Chotjewitz [1934-2010] – Übersetzer, Autor und Jurist – hielt sich damals in Rom mit einem Stipendium in der Villa Massimo auf).

„Tutto *Mistero buffo* si basa sull'alternanza tra rappresentazione e commenti in cui il linguaggio e la mimica si fondono. Si passa continuamente dal gesto alla parola, dall'individuo alla folla. Gli aspetti non verbali della performance di Fo diventano importanti veicoli di comunicazione." (Elena DE PASQUALE, *Il segreto del giullare. La dimensione testuale nel teatro di Dario Fo*, 1999: 54) Weil Fos Theater vom Lesen oder Hören allein nicht so richtig wirken kann, nämlich mehr zum Sehen taugt, passt es besonders in unsere Zeit, in der wir alles nicht – wie z. B. noch Sokrates – selbst er-denken, sondern von anderen sehend beigebracht bekommen: durch Kino, Fernsehen, Internet, Video-Games, Playstation etc. Der mittelalterliche 'giullare' lebt aber auch noch oder wieder unter uns: Ihn bringt das Fernsehen in unsere Wohnzimmer; nur heißen die Spaßmacher heute Moderatoren, Animateure, Entertainer oder Comedians.

[Da wir deutlich herausgearbeitet haben, dass es im Augenblick der Realisierung der Theaterstücke von Dario Fo bzw. bei diesem interessanten Typ von Bühnenkunst um die perfekte Leistung von Menschen aus Fleisch und Blut geht, welche mit all dem was sie haben und können etwas darstellen, werfen wir an dieser Stelle einen Blick auf die Arbeit u. Bedeutung des Schauspielers, der eben – neben dem vom Autor geschaffenen Text – ein wesentliches 'Element' bei der Entfaltung von (dramatischer) Literatur ist. Dazu schauen wir in die Dramatik-Einführung eines Germanistik-Professors, die in besonderem Maße am Theater das nicht nur literaturgeschichtlich Textliche, sondern die gesamte schillernde, lebendige und spannende Bühnen- und Theaterhauskultur erklärt. Die so erreichte Vollständigkeit der Sicht von Dramatik und die Fähigkeit des Verfassers, abstrakte und komplexe Sachverhalte geschickt und klar zu plausibilisieren, erklären, warum seine *'Dramenanalyse'* über 20.000 mal verkauft wurde und weshalb sie noch immer so beliebt ist:

Die schauspielerischen Mittel

„Der Schauspieler ist der eigentliche Träger der Aufführung. Platon nannte ihn das Mittelglied einer Kette, die Dichter und Publikum verbindet [...]. Von seiner ziemlich unveränderlichen körperlichen Statur abgesehen, die vor allem bei der Rollenvergabe ins Gewicht fällt, stehen ihm folgende Mittel zu Gebote: 1. Stimme, 2. Mienenspiel (Mimik), 3. Gestik, besonders die der Hände, 4. körperliche Positionen (z. B. Stehen) und Fortbewegungsarten (Gehen), 5. Kleidung (Kostüme) und andere Körperzutaten (Masken, Perücken, Schminke). Die Stimme richtet sich an das Ohr, die übrigen Mittel wenden sich an das Auge des Zuschauers." (Bernhard ASMUTH, *Einführung in die Dramenanalyse*, [1]1980 bis [7]2009: 187)

Alle diese 'schauspielerischen Mittel', gepaart mit höchster Flexibilität und Begabung, sind bei einer Aufführung von Dario Fos *Mistero buffo* erforderlich, um jene zauberhafte Illusion des mannigfaltigen Rollenspiels erfolgreich zu bewerkstelligen.]

An der Bühnenkunst des so gegenwärtigen, aktuellen, lebendigen Dario Fo zeigt sich in außergewöhnlicher Intensität die tiefe Vergangenheitsverwurzelung einer literarischen Gattung, hier der dramatischen. Denn Fo scheint geradezu manisch erfasst von dem Charisma des mittelalterlichen Gauklers, den er in unsere Zeit hinüberholt. Von ihm leitet er ein ideologisches Modell ab, das natürlich nicht ganz mit der einstigen Historie übereinstimmen kann. Jedenfalls erhält der das Stück gerierende Schauspieler eine herausragende Funktion: Er lässt an sich und mit sich die einstige Kulturgestalt in Form einer Kultfigur wiederauferstehen. Dies geschieht, indem er ihr eine befreiungsschlagartige Sprachlichkeit verleiht. Dabei kommen Techniken zum Einsatz, welche einen üppigen Kommunikationskosmos, d. h. eine ganze Gebärdenkultur enthalten. Da so manches monologisch ausgeführt wird, gerät die einfachste Mitteilung zur genialen Akrobatik. Anschaulich erlebt man dies bei der Vorstellung von Figuren, welche bestimmte Gestiken präsentieren, um Erwartungen zu erfüllen oder die Vorstellungskraft der Zuschauer zu wecken.

Dies stellt man schon sofort beim Beginn der Stücke fest: „Così, nel brano sulla *Resurrezione di Lazzaro* l'ingresso nel cimitero del personaggio curioso si trasforma subito in un dialogo con il guardiano a cui domanda:

Ohe scusa, a l'è questo el campusanto simiterio dove che vai a fare el resuscitamiento del Lazaro, quelo che han sepelito da due o tre zorni? Che dopo ariva un santon, Jesus Cristus, me pare, che fa' do segni e tira giò un sbarluscio, e tuti i grida: 'L'è vivo! L'è vivo!' e gh'andem a bere e s'enciuchim me dio? L'è chi loga?

Già in questa prima frase è racchiuso il tema dell'intera storia, il luogo deputato e i personaggi fondamentali. Fo riprende il gioco di sintesi compositiva utilizzato dal teatro di varietà." (E. DE PASQUALE, *Il segreto del giullare...*, 1999: 44) So wird Christus von der wie zufällig gestellten Eingangsfrage des ersten, scheinbar gerade vorbei kommenden Besuchers 'ganzheitlich' geschildert: Er brauche – wenn er heile – angeblich nur zwei Handbewegungen zu machen, die des (die geistige und geistliche Voraussetzung für das Bevorstehende schaffenden) Kreuzes eben, und danach ist der Backenstreich des therapierenden Arztes erforderlich, der die physische Wiederbelebung bewirkt. Ursache und Wirkung – das Prinzipienbinom aller Wissenschaften – werden hier sehr ökonomisch und trotzdem vollständig als geschehen und tatsächlich erlebt vorgestellt.

Die kurze, oben zitierte Szene stammt aus einer anderen als der von uns zuvor verwendeten Textfassung; wie angedeutet, können sich die Vorlagen bzw. Grundsituationen für eine Aufführung der Teile des *Mistero* permanent ändern und dabei sogar erweitern (wie man das hier deutlich sieht). Dass auf unserer Erde 'alles im Fluss' und unfixierbar ist, trifft anschaulich auf Dario Fos Dramatik zu, welche das Leben selbst darstellt, das man bekanntlich nicht wirklich in einem Stück Literatur einfangen kann. So ist denn die junge und frische Theaterkunst unseres berühmten betagten Herrn aus Italien Beweis für die Richtigkeit einer alten griechischen Weisheit: Mit *panta rhei* (πάντα ῥεῖ) – alles fließt (immer) – bezeichnete tiefsinnig und simpel den Lauf des Lebens und der Welt der vorsokratische Philosoph Heraklit von Ephesos (um 520 – um 460 v. Chr.), dessen Aphorismus übrigens Goethe in seinem Gedicht *Dauer im Wechsel* schön in Erinnerung rief: *Willst du nach den Früchten greifen, / Eilig nimm dein Teil davon! / Diese fangen an zu reifen, / Und die andern keimen schon; / Gleich mit jedem Regengusse / Ändert sich dein holdes Tal, / Ach, und in demselben Flusse / Schwimmst du nicht zum Zweitenmal.*

Angehende LiteraturwissenschaftlerInnen und PhilologInnen – die sich ja beruflich mit Texten befassen – können also bei den Stücken Dario Fos feststellen, dass an Literatur, vornehmlich an dramatischer, nicht nur das fixiert Textliche einschätzbar bzw. zu analysieren ist. Die Sequenzen des *Mistero buffo* sind weitgehend von dem geprägt, was jenseits des Geschriebenen liegt, untextlich ist. Dieses Phänomen hat in Italiens Theatergeschichte eine große Tradition: Die 'Commedia dell'arte' – eine weltbekannte italienische 'Erfindung' – lebte im 17. und 18. Jahrhundert gerade von der Improvisation im Augenblick ihrer Aufführung.

[**Die (berühmte) Commedia dell'arte**

Wie wir in diesem schmalen 'Kurs und Arbeitsbuch' leider keine Geschichte der Lyrik, der Erzählung oder gar des Romans in Italien anbieten können, ist es ebenfalls unmöglich, hier eine italienische Theatergeschichte zu skizzieren. Generell lässt sich jedoch sagen, dass dieses romanische Land – was die Bühne an sich betrifft – besonders durch die Oper und nicht aufgrund von Theatertexten Weltruhm erlangte. Ausnahmen bilden zwei ältere und zwei Dramatiker der Neuzeit. Im 18. Jh., dem Zeitalter der Aufklärung, gab es das Komödiengenie Carlo Goldoni (1707-93) sowie den Verfasser zahlreicher, hauptsächlich das Thema der Freiheit behandelnder Tragödien Vittorio Alfieri (1749-1803). Im 20. Jh. ist einmal Luigi Pirandello (1867-1936) zu nennen, gleichfalls Nobelpreisträger wie Dario Fo, der durch sein psychographisches Darstellen moderner Seelen internationale Anerkennung fand sowie eben unser im Mittelpunkt dieses 'Problemfeldes' VI stehender Künstler. Aber dann ist da noch unbedingt die 'Commedia dell'arte' zu erwähnen, welche mit ihrem regelrechten Theaterzauber Jahrhunderte lang die Bühnen Europas eroberte. Wenn wir jetzt einen Blick auf dieses typisch italienische Dramenphänomen werfen, dann erhalten wir automatisch Kenntnis von einem Schwerpunktereignis der ganzen Gattung: Wir machen dies anhand zweier kleiner deutschsprachiger Monographien – einer älteren sowie einer neueren –, die Ihnen helfen, sich rasch und kompetent in ein ganzes, sehr attraktives Theatergebiet einzuarbeiten, das Sie in absehbarer Zukunft in Ihrer Stadt auch wahrscheinlich live miterleben können, denn auch heute noch gibt es viele Gastensembles, welche solche Stücke – als einen typischen Gruß aus Italien gewissermaßen – aufführen.

Die Wesenszüge der Commedia dell'arte

(Bei dem Terminus 'arte' denken Sie bitte nicht sosehr an Kunst, sondern an die Begriffsfelder 'Beruf' oder 'Handwerk')

„1. Die Commedia dell'arte ist besonders ein Schauspieler- und Ensembletheater (nicht ein dem Autor oder dem Text dienendes Th.). Während sich im gelehrten Th. der Renaissance u. im regelgemäßen Th. der folgenden Jahrhunderte gewöhnlich Amateure oder Berufsschauspieler einem Autor oder dem in seinem Text ausgedrückten Willen unterstellten, das Werk, das angemessen ausgeführt werden sollte, das Ziel abgab, war in der C. dell'a. der Erfolg (auch der kommerzielle) der Truppe das Wichtigste; das Erfolgsinteresse leitete die Gestaltung des Schauspiels, die Schauspieler ordneten sich daher nicht mehr dem künstlerischen Willen des Autors oder Textes unter, sondern bestimmten selbst die Teile des Stückes, seine Gestalt, sprachen es untereinander ab, verließen sich auf ihr Handwerk, brachten es auch zur Geltung. Da das Handwerkliche, der Beruf, die Grundlage war, konnte der Schauspieler aus seiner Berufserfahrung heraus improvisieren, u. in diesem Sinne war das Ensembleth. improvisiertes oder Stegreifth.
2. Die Commedia dell'arte ist szenische Wirkung anstrebendes Theater (nicht Probleme aufwerfendes, Gehalt vertiefendes Th.). Da man sich nicht einem Autor u. seinem Text unterordnete, da das Handwerkliche u. Professionelle entscheidend waren, wurde das Szenische besonders wichtig. Das Schauspiel entstand aus den Gags, den Effekten u. ihrer Distribution, aus dem Bühnengeschehen, aus der Bewegung auf der Bühne. [...]. Der Dialog war unwichtig, das zu lösende dramatische Problem Vorwand, es wurde häufig gewaltsam u. schlecht gelöst. [...].
3. Die Commedia dell'arte ist Masken- und Typen-Theater (nicht Individuen u. ihre Entwicklung darstellendes Th.). Die Berufserfahrung hinsichtlich der Wirksamkeit bestimmter Rollen, die Einübung des Schauspielers in eine Rolle u. in die mit ihr verbundenen Witze u. akrobatischen oder mimischen Erfordernisse, das Virtuosentum mit seiner Spezialisierung waren sicher Gründe für die Wiederkehr der Typen, die aus der Commedia erudita (= 'gebildete Komödie'; diese ist ein nach antiken = römischen Vorbildern von Humanisten bzw. deren Nachfolgern in der Renaissance gestaltetes Lustspiel), aus der volkstümlichen Schaustellerei u. aus Karnevalsbräuchen stammten oder durch die Variation ähnlicher Typen im Stegreifth. entwickelt wurden [...].
4. Die Commedia dell'arte ist moralisch indifferentes Theater (nicht wertevermittelndes, belehrendes Th.). Da der Erfolg mit virtuosen, aber vor allem unmittelbar eingängigen u. mit auf die Sinne wirkenden Mitteln gesucht wurde [...], blieb das Stück vordergründig. [...]. Die gleichbleibenden Typen konnten keine moralische Läuterung verdeutlichen. So war die C. dell'a. der Moral gegenüber gleichgültig, sie hat eine Neigung zum Amoralischen." (Wolfram KRÖMER, *Die italienische Commedia dell'arte*, [1]1976, [2]1987, [3]1990: 24-6) (Mit 'Typen' sind übrigens z. B. folgende, jeweils ähnlich gekleidete bzw. maskierte Figuren gemeint: Arlecchino, Brighella, Dottore, Pantalone, Capitano oder Colombina.).

Um genau zu erfahren, welche Rolle diese für Italien so typische und von einer ungewöhnlichen Langzeitwirkung geprägte Theaterform für unseren Nobelpreisträger gespielt hat, schauen wir in ein kleines Buch, dessen Erscheinen in einer Ihnen sehr wohl bekannten Reihe – ein Reclam-'Heft' ist es – bereits rein äußerlich signalisiert, von welcher Popularität diese Art Dramatik und wie groß offenbar ihre schulische oder didaktische Bedeutung zu sein scheint; denn die Publikationen des Stuttgarter Reclam-Verlags wenden sich ausschließlich an deutschsprachige Leser, und zwar Lernende. Jedenfalls ist der in dem Büchlein des Bonner Romanisten behandelte Gegenstand ein allgemeines Kulturphänomen der Apenninhalbinsel!

„Eine besondere Position nimmt der Nobelpreisträger Dario Fo [...] ein, [...] auf dem Wege einer historisierenden Erneuerung des Commedia dell'arte-Spiels. Allerdings betonte er daran eher das Clowneske u. macht es, geschult wie er ist am Brechtschen Lehr- u. Inventionstheater, für die militante politische Satire nutzbar. Seine kompendienhaften Darstellungen sind ein guter Einstieg in die Problematik auch der italienischen komischen Literatur, die weitgehend in Vergessenheit geraten war. Seine Identifikationsfigur ist der 'giullare', unter der er seine umfänglichen Aktivitäten als Schriftsteller, Songwriter, Schauspieler, Zeichner u. Narr subsumiert, also eine Aktivität, die über eine nur szenische Präsenz hinausgeht u. unmittelbar ins Alltagsleben eingreift. [...]. In seinem Buch *Manuale minimo dell'attore* (1987) legt er ein Bekenntnis zur Lebenskraft der Arlecchino-Figur ab, in der er vor allem eine soziale Komponente erblickt. Er ist der gesellschaftliche Underdog, der hungert u. deshalb alle Konventionen zerstört. In seinem von einer umfänglichen filmischen Dokumentation begleiteten Kompendium *Mistero buffo*, das 1974 zunächst ein immenses Schauspiel vor 30 000 Zuschauern war, treibt er seine politischen Ambitionen noch weiter u. bietet dazu Beispiele aus der ganzen 'komischen' Tradition Italiens." (Henning MEHNERT, *Commedia dell'arte*, 2003: 79-80)]

Wenn das Theater Freiheit manifestieren soll oder bewirken will, dann muss es sich von den Fesseln alles Festgeschriebenen lösen dürfen. In einem Interview erklärte Fo einer Journalistin, wann und warum er zu dieser Erkenntnis gelangte: „Per me e per Franca la rottura del '68 non aveva avuto solo un significato politico. Aveva buttato all'aria tutta una maniera di far teatro, a cui non siamo mai più ritornati. L'aspetto più importante era stato la rottura della schiavitù del testo, che già prima trattavamo con una certa libertà, ma che da allora era diventato solo un canovaccio su cui lavorare ogni sera. Quella legge per cui 'il testo è il teatro' l'abbiamo rifiutata, le abbiamo messo una bomba sotto il sedere." (Chiara VALENTINI, *La storia di Dario Fo*, [2]1997: 184) Das 'Freisein' der Worte und Texte – Ausdruck wahrer Kreativität der Sprache und der sie vertretenden Menschen – erleben wir gerade heute in der Ära neuer Medien und so vor allem in der Werbung, die geradezu phantastische Wege der Eigenwilligkeit geht und für jede Überraschung gut ist. Dario Fo schloss sich übrigens mit seinen antiautoritär textunabhängigen Experimenten jenen Überlegungen an, welche im Jahre 1963 in Palermo zahlreiche Schriftsteller propagierten, um Italiens Literatur in ihrem ganzen Wesen zu erneuern: Es formierte sich damals der sogenannte 'Gruppo '63', der den allzu programmhaften Neorealismus der Nachkriegszeit ablösen und spontanere sowie natürlichere Ausdrucksweisen innerhalb der literarischen Ästhetik finden wollte.

Das hier vorgestellte kleine Stück über den respektlosen Umgang der Bevölkerung mit der Heiligkeit eines Wunders an Lazarus könnte den Verursacher des Guten, Jesus Christus, Inbegriff der Sanftmut, zur Verzweiflung bringen, sodass dieser die Lust verlieren möchte, der Menschheit eine Religion der Liebe und der Geduld zu bringen; während nun dieses unandächtige Spektakel höchstens gesellschaftskritisch, aber nicht 'politisch' ist, hat das auch sehr bekannte, wesentlich umfangreichere Werk *Morte accidentale di un anarchico* (1974; deutsch: *Zufälliger Tod eines Anarchisten*, 1978) insofern wahrhaft politische Ausmaße, als es ein Staatswesen in seinen Grundfesten zu erschüttern vermag.

[Hier der Inhalt von **Morte accidentale di un anarchico**. Am 15. 12. 1969 fällt der 42-jährige Familienvater, Eisenbahner und Anarchist Giuseppe Pinelli – nach einem Verhör – angeblich aus dem Fenster im vierten Stock des zentralen Polizeireviers in Mailand. Die Behörde gerät in Verdacht, bei diesem Unglück nachgeholfen zu haben und sie muss sich öffentlich rechtfertigen. Hierbei verwickelt sie sich in Widersprüche. Die Aufklärung beginnt, als ein gewisser Matto (der 'Verrückte') in das Kommissariat kommt: Man hat ihn festgenommen, weil er sich immer betrügerisch für eine andere Person, z. B. als Psychotherapeut, ausgibt. Er hört nun, dass sich in Kürze der Untersuchungsrichter mit dem unangenehmen Fall des Anarchisten befassen werde. Der 'Verrückte' kann nicht der Versuchung widerstehen, wieder einmal in die Rolle eines anderen zu schlüpfen und gibt sich selbst als Vertreter der ermittelnden Staatsgewalt aus. Er bringt dabei viel Unruhe und Verwirrung in die Szene, aber auch die Wahrheit ans Licht: Es war kein Selbstmord! Zur Aufdeckung kommt es, weil der 'Verrückte' immer wieder mit einer Neuaufnahme der Recherchen und Befragungen droht, was Polizeipräsident, Würdenträger, Bedienstete und alle anderen Offiziellen unbedingt vermeiden wollen, sodass sie sich letztlich wie Marionetten in die richtige Richtung lenken lassen.]

Die Vertuschungs- und Enthüllungsgeschichte ist eine groteske und bissige Parabel auf korrupte politische Verhältnisse, wie sie nach der 1968er-Bewegung besonders in den europäischen Ländern vorlagen, als junge Menschen alte Systeme abschaffen bzw. erneuern wollten und die Machtapparate der älteren Generationen brutal dagegen steuerten. Es ist eine Komödie, bei der einem das Lachen bisweilen im Halse stecken bleibt, weil man es mit einer aufpeitschenden menschlichen Tragödie zu tun hat. Man führt das Stück immer wieder auf, auch bei uns. Es ist eine sehr ernste Warnung. Als Dario Fo 1997 in Stockholm den Nobelpreis entgegennahm, sagte er der Welt: „Die Macht, und zwar jede Macht, fürchtet nichts mehr als das Lachen, das Lächeln und den Spott. Sie sind ein Anzeichen für kritischen Sinn, Phantasie, Intelligenz und das Gegenteil von Fanatismus [...]. Ich bin nicht mit der Idee zum Theater gegangen, Hamlet zu spielen, sondern mit der Absicht, ein Clown zu sein, ein Hanswurst." (H. KLÜVER, *Dario Fo...*, 1998: Buchumschlag, Rückseite) Dario Fos Schauspiele enthalten also ein gewaltiges Kritikpotential. Mit ihnen kann man Politikern durchaus das Handwerk legen, wenn sie dieses schlecht ausüben.

Dass das Stück von einem in den Tod getriebenen, ganz einfachen Menschen nicht nur 'interessant' oder bemerkenswert, sondern geradezu lebensnotwendig und für die moderne Menschheit unverzichtbar ist, zeigt sein außerordentlicher 'Erfolg'. Man wollte das Werk unbedingt überall auf der Welt sehen, um jenes unerhörte Schicksal präzise zur Kenntnis zu nehmen: „Fo claims that *Accidental Death of an Anarchist* has been the most performed play in the world over the last 40 years. Its pedigree certainly is impressive: productions in at least 41 countries in very testing circumstances: fascist Chile, Ceausescu's Romania and apartheid South Africa. In Argentina and Greece the casts of early productions were all arrested. Within Italy it has been his second most popular play (*Mistero buffo* is by far his most popular) – it has been estimated that in four years of touring across the country *The Commune* performed the show to about a million people." (Tom BEHAN, *Dario Fo. The Revolutionary Theatre*, 2000: 63)

Obwohl jede Geschichtsphase in allen Ländern mit jedweder Regierung irgendwie 'politisch' geartet ist, haben Europäer – und da gerade auch unsere italienischen Nachbarn – das Gefühl, dass besonders einschneidende Perioden institutioneller Machtausübung gar nicht weit hinter ihnen liegen. Man meint damit hauptsächlich – wenn wir von den beiden furchtbaren Weltkriegen absehen – die Sechziger und Siebziger Jahre des 20. Jh.s: „Kennzeichen dieser Zeit waren starke soziale Unruhen, die sich in Massenstreiks und Demonstrationen der Arbeiter in den norditalienischen Industriestädten und Studentenunruhen an verschiedenen Universitäten äußerten. Diese politischen Erschütterungen wirkten sich auch auf das Schaffen der künstlerischen Intelligenz aus." (Helga JUNGBLUT, *Das politische Theater Dario Fos*, 1978: 1) Eben diese Ära bildete den Nährboden für Dario Fos Dramenkunst; er griff Themen von begründet Protestierenden auf und bot ihnen ein ideologisches und kulturelles Zuhause. Sorgen und Nöte erhielten dabei ein 'klassisches', d. h. von Epochen unabhängiges Antlitz.

Schriftsteller sind heutzutage beste Kenner von Theorie und Geschichte der Literatur. Dario Fo befasste sich seinerseits sein Leben lang mit den philologischen Ursprüngen des Theaters. Und ihm fiel auf, dass die Dramatik einst in den Händen des Volkes gewesen war, dass Intellektuelle diese ihm aber im Laufe der Kulturgeschichte 'entwendeten', d. h. in Räume brachten, wo es ein ausgesuchtes und volksfernes Publikum gab. Diese Entwicklung machte er mit Aufwand und Erfolg rückgängig, indem er den Menschen 'aufs Maul', aber vor allem auf die Hände schaute. Dario Fo stellt nicht nur anderes oder andere dar, sondern ihm geht es darum, dass die Menschen sich selbst sehen. So kann nämlich Kritik an unhaltbaren Zuständen auf eine Weise geübt werden, die gelegentlich zu erhofften Veränderungen führt.

An Dario Fos künstlerischem Schaffen lässt sich grundsätzlich die Frage stellen, ob Literatur politisch sein soll und was denn überhaupt heute Politik ist. Oder ist es nicht vielleicht besser, sich aus allem herauszuhalten, was nach Politik riecht, denn wir sollen uns doch gefälligst nur mit Literatur und ihrer Wissenschaft befassen? Aber: Wenn man sich nicht politisch engagiert oder wenigstens an öffentlichen Dingen interessiert ist, was sind wir denn überhaupt (den Mitmenschen) wert? Stellen wir dann noch wirklich etwas dar, trotz unseres vielleicht großartigen intellektuellen Erscheinungsbildes? Blicken wir dazu abschließend auf Dario Fos Themenspektrum und überprüfen wir, ob uns etwas davon angeht: „Per quanto riguarda i temi e i motivi, appare subito evidente il loro impegno politico e sociale, dato che essi inseguono i problemi della famiglia medio-borghese e della coppia, in un determinato periodo storico, per allargarsi verso quelli dello sfruttamento proletario, del rapporto padrone-lavoratore, della corruzione politica, dell'assenza della Chiesa dal mondo del lavoro, della giustizia, del disagio giovanile, della droga, dell'Aids, della lotta armata, del terrorismo […]." (Andrea BI-

SICCHIA, *Invito alla lettura di Dario Fo*, 2003: 233) Auch wenn diese Probleme möglicherweise nicht auf uns selbst zutreffen, so berühren doch einige davon unsere Nachbarn. Und wenigstens die sollten uns nicht gleichgültig sein!

In meiner Schulzeit mussten wir im Deutschunterricht (!) die altgriechische Tragödie *Antigone* des Atheners Sophokles (um 496–um 406 v. Chr.) lesen und darüber diskutieren. Ich weiß noch genau, wie sehr mich der Mut der jungen Frau bewegt hatte: Antigone widersetzt sich dem tyrannischen Herrscher Kreon, der eine Bestattung ihres gefallenen Bruders verbietet; sie vollzieht an dem Leichnam dennoch das, was die Ehre der Götter, die Würde ihrer Familie und die innere Freiheit der eigenen Person bewahrt. Obwohl mir damals alles Politische unendlich fern lag, begriff ich Antigones Tat als einen absolut notwendigen, eindeutig revolutionären und bewunderungswürdigen Akt. Dario Fo erscheint mir daher geeignet, mit dem alten Griechen in einem Atemzug genannt zu werden.

****

Italianistische Einführungswerke der 'Konkurrenz' III

[An das Ende der Kontaktaufnahme mit der letzten der drei 'klassischen' Literaturgattungen und damit auch an den Schlusspunkt unserer Einführung in wichtige Wissenschaftsaspekte der italienischen Literatur(geschichte) angelangt, blicken wir wieder auf ein Unternehmen, das Italienisch-Studierenden in Form eines kompakten Buches das gesamte Fachgebiet präsentieren will. Das 2007 erschienene Werk ist bebildert, bunt und 'flippig'; seine drei VerfasserInnen stehen Ihnen vom Alter her viel näher als ich und sie kennen bestimmt gut Ihre Probleme. Aber auch sie konnten sich in ihrem Kompendium nicht dazu überwinden, Ihnen ähnliche Publikationen (der Konkurrenz) zur gleichen Thematik zu nennen – ich meine das seit zwei Jahrzehnten bewährte Einführungswerk von Elisabeth SCHULZE-WITZENRATH sowie die ganze Fülle von überaus hilfreichen italienischen Literaturgeschichten in deutscher Sprache –, sodass Sie darin noch etwas anderes kennenlernen könnten, um vielleicht eigene Wege in die italienische Literatur und ihre Wissenschaft zu gehen. Deshalb will ich Sie meinerseits wieder auf ein Buch hinweisen, welches Ihnen in der einen oder anderen Hinsicht von Nutzen sein kann. Ich wähle daraus zwei zentrale Textstellen aus. Das gemeinte 'Dreierteam' Maximilian GRÖNE, Rotraud von KULESSA und Frank REISER musste im Rahmen seiner Erklärungen auch das Wesen der Dramatik veranschaulichen bzw. definieren; es tut dies zu Beginn und am Ende der entsprechenden Abschnitte folgendermaßen (und Sie werden feststellen, dass einige Kernaussagen unserer 'Problemfelder' V und VI dadurch noch einmal auf den Punkt gebracht erscheinen bzw. vertieft werden):

Drama als Text und Aufführung

„Der Begriff 'Drama' stammt aus dem Griechischen u. bedeutet Handlung. Zum Ausdruck kommt dabei die Vorstellung, dass das Drama menschliches Handeln nachahmt oder darstellt. Die Figuren treten direkt auf die Bühne u. können sogar mit dem Publikum eine wechselseitige Kommunikation aufnehmen. Die Präsenz der Figuren u. ihre dialogische Rede steht somit im Gegensatz zur vermittelnden Erzählerfigur in der Epik. Nun liegen Dramen in der Regel in Form einer gedruckten Textvorlage vor, teilweise werden sie sogar in erster Linie nur für ein Lesepublikum verfasst (Lesedrama). Auf der anderen Seite gibt es Theaterstücke, denen überhaupt keine Textgrundlage vorausgeht u. die eventuell auch nachträglich niemals schriftlich fixiert werden. Hierzu zählen die verschiedenen Formen des Stehgreiftheaters, in dem der detaillierte Handlungsverlauf nicht im Vorfeld geplant wird, sondern auf der Bühne aus dem spontanen Agieren der Schauspieler u. Schauspielerinnen heraus entsteht. Die wichtigste literaturhistorische Vertreterin dieser Spielform ist die aus den mittelalterlichen Jahrmarktsspielen hervorgegangene *commedia dell'arte*, die vor allem in der italienischen Renaissance eine Blütezeit erlebte u. bis ins 18. Jh. hinein gepflegt wurde."

(Ich korrigiere: Eigentlich begann die *commedia dell'arte* am Ende der Renaissance, d. h. im auslaufenden 16. Jh., weil man bis dahin gerade Stücke aufführte, welche nach antiken Prinzipien gestaltet und schriftlich genau fixiert waren.)

Dramenanalyse Zusammenfassung

„Da das Drama in erster Linie als Aufführungspraxis anzusehen ist, gibt die gedruckte Fassung eines Stückes aufgrund der ihr eigenen medialen Beschränkung die Vielschichtigkeit einer Inszenierung nur ungenügend wieder. Nebentexte können in dieser Hinsicht die Intention des Autors andeuten. Die Konzeptionen der Figuren, des Handlungsverlaufs oder die Inszenierung unterliegen epochenbedingten Konventionen, wie sie etwa in poetologische Schriften eingegangen sind (vgl. Einheit 2.1). Vor allem das klassizistische Theater versuchte über die Ständeklausel oder die Regel der drei Einheiten der Bühnenkunst ein hohes Niveau zu sichern. Die Durchformung der Bühnenrede, v. a. in der sorgfältigen Ausgestaltung der verwendeten Verse, muss in diesem Zusammenhang besonders berücksichtigt werden.

Die Handlung eines Dramas beruht auf der Anlage der Figuren und ihrem Zusammenspiel im Rahmen des dramatischen Konflikts. Zu beachten sind in diesem Zusammenhang die Frage der Gattung (Komödie, Tragödie, Tragikomödie etc.) und der gewählten 'offenen' oder 'geschlossenen' Form des Stücks, die ihrerseits dazu beitragen, dass es eine bestimmte dramatische Wirkung auf der Bühne entfalten kann, welche durch die interpretierende Leistung des Regisseurs und der Schauspieler noch weiter ausgestattet wird." (M. G. – R. v. K. – F. R., *Italienische Literaturwissenschaft. Eine Einführung*, 2007: 94 bzw. 110)]

Aufgaben

zu „3.2 Problemfeld VI: **Neuzeitliche Körperdramatik.** *Mistero buffo* (1973) von **Dario Fo** (*1926) [Novecento: Fast unsere problemreiche Gegenwart (20. Jh.)]"

1. Nun sind wir ans Ende unseres Kurses und Arbeitsbuches angekommen. Wir wollten ja gerade auch mit italienischer Literaturgeschichte vertraut werden. Sie haben in der Tat alle Bücher in deutscher Sprache kennengelernt, welche jenes Ziel verfolgen. Aber bestimmt haben Sie sich schon gefragt, ob es denn nicht auch ähnliche Publikationen in der Arbeitssprache Ihres Studienfaches gibt. Ja, sie existieren in unglaublich gewaltiger, unübersichtlicher Fülle, weswegen wir bis zu diesem Augenblick Abstand davon genommen haben, Sie mit solchen Werken zu behelligen und konfus zu machen. Die italienischen Verlage haben in den letzten, sagen wir: hundert Jahren, 'massenhaft' Titel wie *Storia della letteratura* (oder *letteraria*) *italiana* (bzw. so ähnlich) auf den Markt gebracht: einbändige, mehrbändige oder vielbändige (mit abertausenden von Seiten). Das kommt daher, dass das Kennenlernen und 'Pauken' von Autoren und ihren Werken zum Lernbetrieb fast aller Schultypen Italiens gehört und auch im Rahmen der 'Geisteswissenschaften' an italienischen Hochschulen unerhört relevant ist. So etwas ist nur noch mit der Kultursituation und ihrer pädagogischen Vermittlung in Frankreich vergleichbar. Ich schlage Ihnen deshalb vor, dass Sie sich bloß mit einer einzigen Veröffentlichung näher beschäftigen, und zwar mit dem umfassendsten und jüngsten Unternehmen dieser Art überhaupt, welches Ihnen automatisch einen Einblick in das publizistische Phänomen an sich bietet. Ich meine die von dem Professor aus Neapel Enrico MALATO herausgegebene *Storia della letteratura italiana* in 14 sehr dicken Bänden (1995-2004). Voraussetzung ist, dass sie in Ihrer UB bzw. Ihrem Institut steht (was aber in der Regel der Fall ist). Sie stellen bitte alle 14 Bände auf Ihren Arbeitstisch und holen sich die einbändige *Geschichte der italienischen Literatur* (1996) von Manfred HARDT dazu. Letztere soll nämlich als Vergleichsobjekt dienen: Was enthalten die 14 Bände, was der eine Band alleine nicht bietet? Natürlich sollen Sie nicht die 20.000 Seiten lesen, sondern nur einen allgemeinen Eindruck von Aufbau und Anlage des Mammutwerkes gewinnen und vermitteln. In Band IX (S. 1428-1430) finden Sie ein etwa zweieinhalbseitiges Kapitel über Dario Fo, welches Sie gründlich studieren und dann stichwortartig zusammenfassen. Wie kommt der Nobelpreisträger dort weg? Lässt sich ansatzweise feststellen, was in diesem Riesenopus mit 'Literaturgeschichte' gemeint ist, wie diese aufgezeichnet wird? Wie stellt denn der deutsche Italianist Manfred Hardt Dario Fo in seinem einzigen Band dar? Für Ihren Vortrag leihen Sie sich einen der 15 Bände aus, damit Sie diesen in Ihrer Lehrveranstaltung zeigen können.

2. Als Fortsetzung zu der zuvor formulierten Aufgabe bringen Sie etwas Licht in die Behauptung, dass es eine schier unübersichtliche Fülle von Literaturgeschichten in italienischer Sprache gibt. Dazu begeben Sie sich in Ihrer UB an jene Stelle des Lesesaals bzw. Ihrer Instituts- oder Fachbereichsbibliothek, wo jene Veröffentlichungen meist zusammen stehen. Auf Ihren Arbeitstisch stellen Sie bitte zuerst zwei oder drei einbändige Literaturgeschichten, welche Sie ansprechen; von diesen notieren Sie exakt die bibliographischen Daten und versuchen, kurz Anlage, Aufbau bzw. Aufmachung der Bücher zu charakterisieren. Sie machen dann dasselbe mit zwei-, drei- oder vierbändigen Literaturgeschichten. Zum Schluss nehmen Sie sich zwei großräumige, also vielbändige (und besonders umfangreiche) Literaturgeschichten vor (nicht jedoch die von Enrico MALATO, die für die erste Aufgabe bestimmt ist). Um das ganze Vorstellungs- und Überprüfungsverfahren etwas konkreter wirken zu lassen, würden Sie sich einen literarischen 'Gegenstand' ausdenken, welchen Sie nun gut kennen (z. B. Ungaretti, Marino, das *Novellino*, Buzzati oder Poliziano) und darüber etwas nachlesen: Sie könnten dabei ziemlich kompetent einschätzen, mit was für einem Umfang und in welcher Weise das Werk/der Autor/das Thema dort jeweils dargestellt wird. Vergessen Sie jedoch nicht, dass unser Dario Fo in älteren Publikationen noch nicht behandelt worden sein kann!

3. Sie sind bestimmt daran interessiert, ein anderes, besonders aufschlussreiches Werk aus der *Mistero buffo*-Sequenz kennenzulernen. Dann besorgen Sie sich eine Ausgabe davon und lesen bitte den ca. 7 Seiten umfassenden Monolog *Bonifacio VIII*. Sie können dafür auch eine deutsche Übersetzung hinzuziehen. Danach informieren Sie sich über die mittelalterliche Papstgestalt (zuerst im Internet, danach in einem ordentlichen 'Papstlexikon', welches Sie selbst aufstöbern und vor Ort konsultieren). Vergleichen Sie die historische Person mit Fos Darstellung. In welcher Weise sind bei dieser Aufgabe geschichtliche Kenntnisse unverzichtbar? Wie wird bei unserem italienischen Dramatiker eine Kritik deutlich, die sich auf uns, d. h. unsere Epoche und heutige Gesellschaften bezieht? Geht es möglicherweise gar nicht um jenen kirchlichen Würdenträger und Fragen der Kirche? Lässt sich das Mikrodrama auch als eine ontologische oder moralische Parabel auf menschliches und soziales Verhalten deuten? Zum Aufbau des kleinen Einakters Folgendes: Papst Bonifaz (er lebte 1235-1303) ist gerade damit beschäftigt, stolz seine schwere und kostbare 'Ausrüstung' als Kirchenoberhaupt anzulegen; ihm stehen dabei mehrere geistliche Bedienstete zur Verfügung (welche er gehörig schikaniert); gleichzeitig ist er bemüht, einen gregorianischen Gesang über das Jüngste Gericht einzuüben (was aber nicht so richtig klappt, weil er sich immerzu ablenken lässt); der Text des Musikstücks deutet an, dass bald der oberste Richter und König der Welt auftreten wird. Plötzlich erblickt Bonifaz eine Prozession: Da ist Christus, der blutüberströmt sein Kreuz gen Golgatha trägt. Was soll der jetzt prunkvoll Eingekleidete in dieser ihm gar nicht passenden Situation tun? Er überlegt sich mehrere Strategien. – Das ganze Schauspiel wird uns wieder – wie bei dem Lazarus-Happening – allein aus dem Munde (und mit den Händen) eines einzigen Schauspielers vergegenwärtigt.

200

4. Wenn damals in Ihrer Schulzeit Bertolt Brecht für Sie eine besondere Rolle gespielt haben sollte, dann besorgen Sie sich die den deutschen Dramatiker und Fo vergleichende Dissertation von Anna RUSSO (1998). Stellen Sie bitte fest, welche Gemeinsamkeiten und welche Unterschiede darin zwischen beiden Theaterautoren herausgearbeitet werden. Zeigen Sie dann exemplarisch – nach der Verfasserin –, wie Brecht und Fo einen gleichen 'Stoff' der Vergangenheit aufgreifen, um Umstände oder Probleme des 20. Jahrhunderts ähnlich oder anders zu thematisieren.

5. Strenge Philologen tadeln – und zwar manchmal durchaus zu recht – die wissenschaftliche Un-zuverlässigkeit von Internet-Informationen (weil diese nicht in ausreichendem Maße kontrolliert zu werden pflegen). Wenig zu kritisieren gibt es jedoch im Fall von Auftritten im Web, für welche die jeweiligen Schriftsteller selbst verantwortlich sind: Man kann dann in der Regel davon ausge-hen, dass die Autoren über ihre Werke wahrheitsgemäße Fakten präsentieren. Überprüfen Sie dieses Phänomen doch einmal an der Homepage des Ehepaares Fo-Rame, die Sie unter „*Archivio Franca Rame Dario Fo*" finden [www.archivio.francarame.it (zuletzt gesehen: 11.11.2011)]. Sie stoßen zuerst auf einen chronologisch angelegten, sehr langen 'Indice generale' aller Werke beider Künstler, beginnend mit *Amarti è il mio destino* (von 1957). Wenn man einen Titel anklickt, be-kommt man eine Fülle von Material zu dem jeweiligen Stück (bzw. zu seiner Aufführung) gebo-ten. Dies machen Sie bitte mit *Mistero buffo*, d. h. stellen Sie – z. B. als PowerPoint-Präsentation – eine visuelle Hintergrundgeschichte zu der Einaktersequenz zusammen, wobei Sie bei allen Bil-dern, Plakaten oder sonstigen Dokumenten gerade auch immer den damaligen zeitgeschichtlichen Bezug herausstellen.

6. Sie wissen, dass die Bibel mit ihren zahllosen Geschichten und Ratschlägen für ein gutes, näm-lich rechtschaffenes und altruistisches Leben eine regelrechte Schatztruhe mit Stoffen und Themen für Dichter und Künstler ist. Auch die Wiedererweckung jenes längst tot Geglaubten inspirierte viele Kulturschaffende. Geben Sie in eine Bildersuchmaschine den Begriff 'Lazarus' (= von Be-thanien) ein. Es erscheinen dann u. a. zahlreiche Darstellungen jener Episode des Evangeliums aus der Bildenden Kunst. Stellen Sie daraus bitte eine Reihe von markanten Umsetzungen aus ver-schiedenen Jahrhunderten und Kunstepochen zusammen und fassen Sie sowohl konstante als auch sich ändernde Elemente der Interpretation jenes Auferweckungsvorgangs zusammen. Dass Sie sich zuvor die 'Begebenheit' am besten einmal im Johannes-Evangelium (Kap. 11) durchlesen, muss man Ihnen gewiss nicht extra sagen. Schauen Sie sich auch noch in einem 'Bibel-Lexikon' (wovon es viele gibt) unter 'Lazarus' das dort Erwähnte an.

7. Zum Wesen des Theaters gehören immer auch Struktur und Erscheinungsbild einer Bühne so-wie die Kostüme der Schauspieler. Wenn Sie solche Aspekte der Dramatik interessieren, dann besorgen Sie sich eine Ausgabe des *Mistero buffo* ([1]1973, [2]1977 bzw. später) oder die deutsche Übersetzung von Peter O. CHOTJEWITZ (1984 bzw. später). Darin finden Sie 15 s/w-Abbildungen, die alle etwas Theatergeschichtliches darstellen. Ordnen Sie bitte diese Dokumente, indem Sie bestimmte Sachgebiete, Themen oder Epochen berücksichtigen. Erklären Sie dann nacheinander die inhaltlichen Fakten auf dem jeweiligen Bild und versuchen Sie, die entsprechende Zeit ein wenig zu charakterisieren. Dario Fo gibt übrigens vor den einzelnen Stücken des *Mistero* Hinweise auf die Auswahl und Inhalte des visuellen Materials.

8. Obwohl die kleinen Stücke des *Mistero buffo* weitgehend von der Körpersprache leben, ist na-türlich auch die textliche Substanz des Gesprochenen für das dramatische Gelingen von Belang. Wenn Sie sich für übersetzungswissenschaftliche Fragen interessieren (und schon sichere Italie-nisch-Kenntnisse haben), dann überprüfen Sie diesen Aspekt des Theatralischen an drei Sprachva-rianten. Eine gewisse Voraussetzung wäre allerdings auch, dass Sie in Ihrem BA-Studium fest-gestellt haben, dass die (italienische) Linguistik für Sie ebenfalls ein ansprechendes Gebiet ist. Dann besorgen Sie sich den 5. Band (aus dem Jahr 1977) der vielbändigen Sammelausgabe der *Commedie di Dario Fo* sowie die deutsche Übersetzung des *Mistero* von Peter O. CHOTJEWITZ (1984 oder später). Wählen Sie zwei oder drei Passagen von *Resurrezione di Lazzaro* bzw. *Die Auferstehung des Lazarus* aus. Vergleichen Sie nun bitte die deutsche, die italienische und die dialektale Fassung. Wie wirken die jeweiligen Sprachen Ihrer Meinung nach, was strahlen sie aus, welche Botschaften transportieren sie als bloße Klangkörper und als Grammatikgebilde? Wie kann man solche Fragestellungen überhaupt linguistisch in den Griff bekommen?

9. Wenn Sie schon einmal schauspielerisch tätig waren oder sich besonders für das Technische und Künstlerische am Schauspielerberuf interessieren, dann besorgen Sie sich das schmale Buch von Elena DE PASQUALE (*Il segreto del giullare...*, 1999). Fassen Sie bitte aus den 4 Hauptkapiteln das zusammen, was Dario Fo als Bühnengenie charakterisiert: Er griff ja einerseits auf historische Traditionen der Mimenkunst zurück, entwickelte aber auch eigene Stilelemente der Körpersprache. Für diese Aufgabe wären allerdings schon sehr gefestigte Kenntnisse des Italienischen nötig.

10. Falls Sie die Absicht haben, später beruflich für das Theater, im Schauspielbereich bzw. auf der Bühne selbst zu arbeiten, dann stellen Sie bitte fest, wer in dem Theaterhaus Ihres Wohnortes oder der nächsten größeren Stadt für Dramaturgie bzw. Regie, also die konkrete Realisierung bestimmter Stücke verantwortlich ist. Versuchen Sie, einen Kontakt zu jener Person herzustellen (indem Sie sie zunächst anschreiben). Ziel wäre ein Interview, in welchem der Bühnenfachmann/ die Bühnenfachfrau Ihnen Fragen zu Dario Fo aus seiner/ihrer Sicht beantwortet. Sie hätten dazu einen Themenkatalog vorbereitet. Dieser würde u. a. aus den in unserem 'Problemfeld' VI erwähnten Fakten sowie aus Ihren Überlegungen resultieren. Es geht bei dieser Aufgabe hauptsächlich um die Erklärung der Besonderheit dieses italienischen Dramatikers aus der Perspektive eines mit der Theaterpraxis vertrauten Profis. Nicht sosehr geht es um politische Bekenntnisse, sondern um all das, was mit dem Wesen der Bühne und der auf ihr ausgeübten Kunst zu tun hat.

11. Wenn Sie sich seit Ihrer 'Schulzeit' besonders für Geschichte interessieren – die Europas bzw. Italiens –, dann besorgen Sie sich die kleine, leicht erreichbare Gesamtdarstellung zu Fo von Andrea BISICCHIA (*Invito alla lettura di Dario Fo*, 2003). Der erste Teil (= S. 5-26: *Cronologia*) ist eine Synopse der historischen Ereignisse von 1926 bis 2000, welche dort parallel zur Biographie des Autors verläuft. Stellen Sie bitte die wichtigsten Fakten jener etwa 75 Jahre zusammen, entwerfen Sie also eine kleine Geschichte Italiens bzw. Europas. Illustrieren Sie das eine oder andere Ereignis, indem Sie zuerst Dokumente aus dem Internet nehmen. Bemühen Sie sich aber außerdem unbedingt, in den Bibliotheken Ihrer Umgebung ein bebildertes und seriöses Printwerk zur Geschichte Italiens im 20. Jh. zu finden, woraus Sie auch bestimmte Ereignisse optisch belegen. Zeigen Sie bei Ihrer Darstellung an verschiedenen Stellen, wie sich Dario Fo auf gewisse historische Situationen dramatisch-künstlerisch bezieht.

12. Wenn Sie schon einmal in Ihrer Schulzeit schauspielerisch tätig waren oder sogar jetzt an einen Schauspielerberuf denken, dann böte sich nun die Möglichkeit, sich an Dario Fo zu bewähren. Sie würden aus der *Resurrezione di Lazzaro* einige für Sie interessante Passagen herausnehmen, etwa zwei Seiten. Dazu sollten Sie die erweiterte Fassung von [1]2003 oder [2]2005 verwenden, weil dort die einzelnen 'Rollen' genau angedeutet sind. Sie würden, nach längerem Einüben zu Hause, Ihren KommilitonInnen jene Partien vorspielen. Da das auf Italienisch geschehen soll, dürfen Sie ruhig den Text in der Hand behalten und daraus vorlesen bzw. vortragen. Sie müssen sich natürlich unterschiedliche Stimmlagen und Gestiken ausdenken, weil Sie alleine alle Figuren zu verkörpern haben! Zur Aufgabe gehört auch, dass Sie Ihr Vorspiel mit Ihren Zuschauern anschließend besprechen. Es soll dabei zum Ausdruck kommen, was man bei Ihnen gut erkannt hat, was Sie also deutlich herüber gebracht haben; Ihre Mitstudierenden mögen bitte Ihrerseits konstruktive Ergänzungen zur Figurengestaltung vorschlagen. Schließlich machen Sie sich gemeinsam zur Aufgabe, hier und dort etwas Verbales bzw. Textliches einzuschieben, was die Rollen erweitert, anreichert oder aktualisiert (z. B. durch Anspielungen auf gegenwärtige Zustände oder Entwicklungen, ganz so, wie Dario Fo das auch tat).

13. Wenn Sie sich für die Berufskomplexe Theaterregie, Dramaturgie und Bühnenbildkunst interessieren – und auch schon ziemlich sicher Bücher über Kunst und Theater in italienischer Sprache lesen und verstehen können –, dann besorgen Sie sich das Werk von dem in London lehrenden Theaterwissenschaftler Christopher CAIRNS (*Dario Fo e la "pittura scenica". Arte – Teatro – Regie 1977-1997*, 2000, 253 Seiten), in dem Sie sehr viele Abbildungen über geplante oder realisierte Aufführungen finden. Das Buch schildert 20 Jahre im künstlerischen Verlauf Dario Fos. Ihre Aufgabe bestünde nun darin, dass Sie sich eines der 9 Kapitel aussuchen, welches Sie hinsichtlich der Kontakte mit Künstlern bzw. künstlerischen Strömungen besonders anspricht, sodass Sie dieses bearbeiten. Sie würden dann bitte nachzeichnen bzw. aufzeigen, wie Dario Fo die eine oder andere Tendenz bzw. Inspiration an einem bestimmten Stück umsetzt und dies auch optisch illustrieren.

14. Viele philologische Examensabschlüsse führen im späteren Leben zu journalistischen Berufen, wobei wir hier davon absehen, dass es heute auch spezielle Studiengänge dafür gibt. Falls Sie sich für ein solches Arbeitsfeld interessieren, gehen Sie doch einmal der Resonanz nach, welche die Verleihung des Literaturnobelpreises an Dario Fo im Oktober 1997 in der Presse fand. Dazu suchen Sie sich bitte ein halbes Dutzend (oder auch mehr) Stellungnahmen in Zeitungen aus, die Sie entweder in Ihrer Hochschulbibliothek oder in den Online-Archiven aufstöbern. Es können oder sollten deutsche (2 Stück), englische (2) und italienische (2) Beiträge sein. Achten Sie darauf, dass die Auswahl geschlechterspezifisch einigermaßen ausgewogen ist. Welche positiven und welche negativen Aspekte lassen sich in den Beurteilungen inhaltlich bzw. ideologisch (politisch) feststellen und wie wird das Künstlerische eingeschätzt? Da Journalisten immer um einen möglichst originellen Stil bemüht sind, beschreiben Sie doch an zwei Beispielen die Ihnen auffallende Schreibweise der Verfasserin/des Verfassers. Zum Schluss entwerfen Sie ein Konzept für einen eigenen Artikel, von dem Sie einen Abschnitt (d. h. einen Gesichtspunkt zu Dario Fo als herausragenden Autor) ausformulieren, und zwar vielleicht sogar auf Italienisch.

15. Sie würden bestimmt gerne einmal Dario Fo in Aktion, sozusagen live sehen, nicht wahr? Das können Sie, wenn Sie sich per Fernleihe (oder im Internet) die Videokassette *Il meglio di Mistero buffo* (1995) besorgen. Es handelt sich um eine TV-Aufzeichnung von 1991 im 'Teatro Lirico di Milano'. *La Resurrezione di Lazzaro* schauen Sie sich bitte einige Male an. Entwerfen Sie dann zunächst ein Script über den Verlauf des Ministücks: Es beginnt mit einem (erklärenden) Prolog von Dario Fo, wonach er 'handelt' bzw. spielt. Da Sie vorher die Übersetzung von P. O. Chotjewitz bzw. das italienische 'Original' gut gelesen haben, sind Ihnen die einzelnen Situationen und Stationen gut bekannt. Tragen Sie in Ihr Script gewisse, damals eingebrachte Zusätze, Neuerungen oder Ergänzungen ein; denn Sie wissen, dass das *Mistero* eine Art 'Work in progress' ist. Lassen sich jene Modifikationen irgendwie erklären? Haben Sie vielleicht mit den anwesenden Jugendlichen zu tun? Es soll danach um eine genaue Erfassung der Schauspielweise Fos gehen. 1. Welche Funktion/Wirkung hat sein Outfit? 2. Beschreiben Sie seine Arbeit mit dem Gesicht (Augen, Mund etc.). 3. Verfolgen Sie die Bewegungen der Hände und Arme; gibt es da Typisches? 4. Welche Formen oder Änderungen der körperlichen Gesamthaltung lassen sich ausmachen? 5. Welche Funktionen haben Stehen und Gehen bei dem Sketch? 6. Welche Techniken wendet Fo an, um einen Figurenwechsel zu signalisieren? 7. Lassen sich in der Kameraführung und -einstellung gewisse Merkmale ausmachen? 8. Kann man an den Gesichtern und Körperhaltungen der auf der Bühne sitzenden Mädchen und Jungen bestimmte Reaktionen erkennen?

16. Unser Kurs und Arbeitsbuch will einerseits mit dem Phänomen Literatur an sich (am Beispiel von Texten in italienischer Sprache) theoretisch vertraut machen. Andererseits soll gerade auch ein Eindruck von dem Wesen der Literaturgeschichte und der Notwendigkeit vermittelt werden, sich mit eben dieser Disziplin auseinanderzusetzen. Letzteres war schwierig, weil wir in nur 6 'Problemfeldern' kaum mehr als ein halbes Dutzend italienischer Texte aus nicht einmal allen markanten Kulturepochen zur Sprache bringen konnten. Da literaturgeschichtliches Kennenlernen für Sie jedoch eine permanente Bildungsaufgabe bleiben wird, sollten Sie das Sachgebiet noch einmal grundsätzlich beleuchten und theoretisch absichern. In der ersten Lektion dieses Buches hatten wir schon eine Definition von Literaturgeschichte zur Kenntnis genommen, und zwar von dem Nicht-Romanisten Ivo BRAAK. Wir machen nun ein Gleiches, indem wir uns die Ausführungen eines Göttinger Germanistik-Professors zu Beginn seines entsprechenden Einführungswerks ansehen. Besorgen Sie sich daher von Gerhard LAUER das aktuelle kleine Studienbuch *Grundkurs Literaturgeschichte* ([1]2008, [2]2009). Die Seiten 6-18 (1. Einleitung: Warum Literaturgeschichte? 2.

Grundbegriffe der Literaturgeschichte) fassen Sie bitte erstens so zusammen, dass Sie die wichtigsten Statements vortragen können; zweitens versuchen Sie, Lauers Thesen so in ein Kapitel unseres sechsteiligen Arbeitsbuches einzubauen, dass Sie seine Generalia an einem italienischen Textbeipiel konkretisieren. Die Inanspruchnahme dieses germanistischen (!) Lernwerks soll uns in Erinnerung rufen, dass Literaturwissenschaft in ihren Fundamenten eine grenzenlos internationale Angelegenheit ist. Ich will Ihnen aber auch nicht verschweigen, dass sich die Italianistik selbst etwas schwer damit tut, das Phänomen 'Literaturgeschichte' einfach und allgemein verständlich zu erklären, obwohl sie Berge von entsprechenden Gesamtdarstellungen hervorgebracht hat.

17. Interessieren Sie sich in besonderer Weise für den Schauspielerberuf? Und wären Sie vielleicht auch bereit, etwas vorzuspielen? Dann erinnern Sie sich daran, dass das Stück über Orpheus von Angelo Poliziano in eindringlicher Weise von den gesprochenen Worten des Protagonisten lebt: Von seiner Musik einmal abgesehen, überzeugt er durch seine Liebesklage und sein Flehen, welche betont rhetorisch gestaltet sind, und ihre Wirkung von der künstlerischen Textbeschaffenheit her ausüben. In Dario Fos *Resurrezione di Lazzaro* muss der Schauspieler auch immerzu, und zwar äußerst differenziert sprechen, aber hinzu kommt ein beträchtlicher Körpereinsatz. Fo hat seine Darstellungstechnik oft erläutert: schriftlich (also in gedruckter Form), aber vor allem sichtbar, d. h. 'in corpore' auf der Bühne. So gibt es einerseits von ihm das sogenannte *Manuale minimo dell'attore*. Andererseits existieren Video-Aufzeichnungen, wo man erlebt, wie Fo auf der Bühne in einem Workshop selbst wichtige Fakten seiner Schauspielerei und ihrer Geschichte erklärt und demonstriert; dies sind die *Lezioni di teatro*, von denen Sie sich in Ihrer Hochschulbibliothek eine VHS-Kassette oder eine DVD-Fassung bestellen würden (per Fernleihe). Beschäftigen Sie sich doch bitte mit der Lektion *Il gesto*. In Ihrem Referat würden Sie die wichtigsten Bestandteile der Fo'schen Gestiklehre nicht nur berichten, sondern auch nachspielen. Versuchen Sie dann in einem weiteren Teil Ihres Vortrags, solche Elemente der Gestik auf eine gewisse Szene des *Lazzaro*-Stückes zu übertragen, welche Sie ebenfalls vorspielen. Anschließend erläutern Sie Ihre Interpretation und stellen sie zur Diskussion. Das erwähnte '*Manuale*' (Torino, Giulio Einaudi editore, [1]1987, [2]1997) ist ein reich bebilderter Schauspielkurs in Buchform – gleichfalls in Lektionen (= 'giornate') eingeteilt –, wovon die Videoaufzeichnung wichtige Teile auf einer Bühne erklärt bzw. vorgespielt zeigt; von diesem Lehrgang gibt es auch eine deutsche Übersetzung: *Kleines Handbuch des Schauspielers* (übers. von Peter O. Chotjewitz) Frankfurt/M., (Verlag der Autoren) [1]1989, [2]1993, [3]1997, [4]2007, jeweils 399 Seiten, zuletzt € 16,-.

STUDIENMATERIAL

zu „3.2 Problemfeld VI: **Neuzeitliche Körperdramatik.** *Mistero buffo* (1973) von **Dario Fo** (*1926) [Novecento: Fast unsere problemreiche Gegenwart (20. Jh.)]"

Erstdruck (= 'Editio princeps') des *Mistero buffo*

Dario **FO**, *Mistero buffo*, Verona (Giorgio Bertani Editore) [Finito di stampare nel gennaio] **1973** [presso l'OTV Stocchiero-Vicenza], 203 Seiten, La Comune. Testi teatrali, Bd. 13, 22,1 × 11,5 × 1,6 cm, Paperback, hell- u. mittelgrau (auf dem Cover: Zeichnung von Dario Fo: Skizze eines Harlekins mit erhobenen Armen) [Inhalt des Bandes: S. 3-5: Avvertenza; es folgen 15 jeweils eine Seite einnehmende Abbildungen (nicht paginiert); 9-131: die einzelnen Stücke des *Mistero* in dieser Reihenfolge: *Rosa fresca aulentissima, Lauda dei Battuti, Strage degli innocenti, Moralità del cieco e dello storpio, Le nozze di Cana, Nascita del giullare, La nascita del villano, Resurrezione di Lazzaro* u. *Bonifacio VIII*; 133-91: *Testi della Passione* (= 5 Teile); 193-8: Nota ai testi (von Sergio VECCHIO); 199-203: Bibliografia. 106-13: der Text des Lazarus-Stückes, und zwar links im Dialekt, rechts italienisch. In dieser Ausg. des *Mistero* trifft man erstmas die 15 s/w-Fotos an, welche dann von allen späteren Ausgaben übernommen werden. Fo erläutert hier zum ersten

Mal die einzelnen Stücke sowie auch die Bilder; auch diese Kommentierungen findet man in den nachfolgenden Editionen wieder. Diese 'Editio princeps' ist sehr selten; ich fand sie nur in der UB Bonn (Signatur: 73/6569).].

Weitere (nützliche) Ausgaben der Stücke von Dario Fo

[Franca **RAME** ed.] *Le commedie di Dario Fo*, [Bd.] V: *Mistero buffo. Ci ragiono e canto.* A cura di F. R., Torino (Giulio Einaudi editore s. p. a.) [23 luglio] [2]**1977**, 235 Seiten, Gli struzzi, Bd. 131, ISBN 978-88-06-47548-2, 19,5 × 11,5 × 1,6 cm, Paperback, weiß (auf dem Cover: eine Art 'Strichmännchen' mit Hut), € 12,91 [Dieser Band der Gesamt- bzw. Sammelausg. (welche bis 1998 13 Bände umfasst) enthält – außer dem 2. Stück (= S. 175-235) – die Texte des *Mistero* in einer dialektalen (= rechts) sowie einer hochitalienischen (= links) Fassung. Die einzelnen Szenen/Teilstücke werden durch Einführungs- bzw. Erklärungspartien von Dario Fo miteinander verbunden. Außerdem enthält das Taschenbuch 15 Abbildungen (siehe oben); substantiell bleibt dies alles bis zu den neuesten Auflagen bzw. Ausgaben des *Mistero* gleich. Es ist dies die zweite Aufl. nach der Erstausgabe des Jahres [1]1973 (vgl. dort). Die einzelnen Bände dieser Werkausg. wurden verschiedentlich nachgedruckt; zu diesem Bd. V gibt es z. B. [10]1997.].

Dario **FO**, *Teatro.* A cura di Franca RAME. Ventisette disegni originali dell'autore, Torino (Giulio Einaudi editore s. p. a.) **2000**, VIII + 1242 Seiten, I millenni, ohne Bd.Nr., ISBN 88-06-15615-2, 21,8 × 14,0 × 7,2 cm, gebundene Ausgabe (weiß), € 61,- [Es ist eine kompakte Sammelausg. mit Fos wichtigsten Werken (insges. 19 Stücke oder Textsequenzen). „Le commedie che qui abbiamo raccolto sono, secondo noi, le piú rappresentative dei diversi momenti – teatrali, storici, politici – del nostro lavoro dagli anni '50 a oggi. Lavoro che inevitabilmente è cambiato e cambia, si trasforma a secondo del tempo, degli spettatori, dell'ambiente culturale e sociale in cui avviene la messa in scena. I lettori troveranno cosí, ad esempio per *Mistero buffo*, anche alcuni prologhi che sono stati scritti in occasione dei successivi allestimenti (oltre cinquemila). Ma con ciò, naturalmente, non voglio giurare che questa sia l'edizione 'definitiva' del nostro teatro. Perché domani andremo nuovamente in scena […].“ (F. RAME, *Introduzione*, S. VIII)].

Dario **FO**, *Mistero buffo. Giullarata popolare.* A cura di Franca RAME. Nuova edizione integrale, Torino (Giulio Einaudi editore s. p. a.) [1]**2003**, 410 Seiten, Einaudi Tascabili. Teatro, Bd. 1106, ISBN 88-06-16527-5, 19,5 × 12,0 × 1,8 cm, Paperback, blau, € 11,50 [Diese Ausg. enthält das *Mistero* in erweiterter Form, und zwar umfasst die Aufführungssequenz nun 15 einzelne Sketche (vorher waren es nur 9), außerdem 5 Szenen im sogenannten 'Grammelot' sowie einen Anhang mit zusätzlichen Erklärungen zu 6 Einzelstücken (darunter auch zur *Resurrezione* = S. 377-84). Die Lazarus-Episode (= S. 150-63) ist wieder zweisprachig, aber jetzt sind Regieanweisungen eingefügt, die genau besagen, wer gerade vom Schauspieler in welcher Weise verkörpert werden soll. Auch diese Ausg. enthält die 15 s/w-Abbildungen sowie Fos Kommentare aus der Erstausgabe ([1]1973 u. später), aber die Stücke erscheinen jetzt wesentlich verändert (z. B. auch erweitert), was durch die flexible Aufführungspraxis u. das Verselbständigungsphänomen dieser Art von Theater zu erklären ist. Eine weitere Aufl.: [2]2005 (= identisch mit [1]2003).].

Autobiographie von Dario Fo

Dario **FO**, *Il paese dei Mezaràt. I miei primi sette anni (e qualcuno in più).* A cura di Franca RAME, Milano (Giangiacomo Feltrinelli Editore) [1]**2002**, 196 Seiten, I narratori, ohne Bd.Nr., ISBN 88-07-01626-5, 22,1 × 14,2 × 1,6 cm, Paperback (mit vorderer u. hinterer Klappe), rot (auf dem Cover: buntes Selbstbildnis des Autors von 1948), € 14,- [Es ist dies der erste Teil einer Beschreibung seines Lebens, und zwar der ersten 7 Jahre, in denen sich, wie Fo meint, schon das Wichtigste für seine spätere Entfaltung als Künstler ereignete. Auf dem hinteren Umschlag lesen wir: „Dario Fo racconta, con ironia e umorismo, i luoghi, gli eventi e i personaggi leggendari che hanno segnato la sua educazione artistica e civile. Pittore-narratore dal tratto veloce e incisivo, Fo schizza, colora, affresca. Un memorabile autoritratto. Il 'romanzo' di una vita. Una grande storia italiana." Dieses frisch geschriebene u. mit amüsanten Umständen angefüllte Buch empfehle ich sehr zur Lektüre, wenn man einmal etwas zur Bereicherung der eigenen Phantasie lesen möchte, das dem wahren Leben entnommen ist. Man lasse sich nicht von unbekannten Begriffen abschrekken! Sie haben ja ein Wörterbuch neben sich liegen u. schlagen ab und zu gewisse Vokabeln nach. Ihr Ingenium wird Sprachlücken füllen, weil meist – bei allem Fabulieren des Autors – leicht nachvollziehbare Szenarien geschildert werden. Weitere Ausgaben: [2]2003 (Milano, Mondolibri, 196 Seiten), [3]2004 (Milano, Feltrinelli, 196 Seiten, Universale economica, Bd. 1808); das Werk gibt es auch als Hörbuch (1 CD MP3 = 'Edizione letta'), gleicher Titel, Feltre (Centro Internazionale del Libro parlato) um 2005, gelesen von Clara MOLASCHI. Es gäbe für Sie auch eine dt. Übersetzung: D. FO, *Meine ersten sieben Jahre*. Aus dem Ital. von Peter O. CHOTJEWITZ, Köln (Kiepenheuer & Witsch) 2004, 239 Seiten, ISBN 3-462-03365-4, gebundene Ausg., € 18,90.].

Übersetzung des *Mistero buffo* von Dario Fo

[Peter O. CHOTJEWITZ (1934-2010)] Dario FO. *Obszöne Fabeln. Mistero buffo. Szenische Monologe.* Aus dem Italienischen von P. O. Ch., Berlin (Rotbuch Verlag) [1]**1984**, 157 Seiten, Rotbuch, Bd. 284, ISBN 3-88022-284-3, 20,0 × 11,5 × 1,0 cm, kartoniert (eierschalengelb u. rot; auf dem Cover: 'Narrenspiel' = Bild Nr. 2 der 15 Fotos des Buchs) [Die Ausg. wird eröffnet mit einem 'Vorwort' von Franca RAME ('Eine Hundearbeit' = S. 7-9); der erste Text ist das 1982 uraufgef. Werk *Fabulazzo osceno*; dann folgt *Mistero buffo* (= S. 59-152); zum Schluss liest man eine 'Nachbemerkung des Herausgebers' (= S. 153-7). Der Band enthält außerdem die 15 Abbildungen der ital. Erstausg. von 1977. Unveränd. Nachdrucke: Frankfurt/M. (Verlag der Autoren) [2]1992 (ISBN 3-88661-129-9, Cover: weiß mit blauer Schrift) sowie ebend. [3]1997 (ISBN 3-88661-191-4), Reihe 'Theaterbibliothek', ohne Bd.Nr.; Preis zuletzt € 18,-].

Sekundärwerke = Printpublikationen (zu Dario Fo)

Helga JUNGBLUT, *Das politische Theater Dario Fos*, Frankfurt/M. – Bern – Las Vegas (Peter Lang Verlag GmbH) **1978**, 355 Seiten, Studien und Dokumente zur Geschichte der Romanischen Literaturen, Bd. 2, ISBN 3-261-02640-5, 24,4 × 14,4 × 2,1 cm, Paperback, € 54,90 [Die ehemalige Marburger Dissertation – Kopie eines Schreibmaschinen-Manuskripts – ist zwar älteren Datums, vermittelt aber einen lebendigen Eindruck von den damaligen Protestbewegungen, die uns heute fremd vorkommen, weil es in unseren Tagen kaum Widerstand gegen den Staat gibt. Das Werk besteht aus folg. (mehrfach untergliederten) Hauptkapiteln: I. Die frühen Stücke u. ihre Bedeut. für das polit. Theater Fos; II. Die gesellschaftskrit. Komödien, dargest. am Beispiel von *Settimo: Ruba un po' meno*; III. Das polit. Th. D. Fos (hier auch: *Mistero buffo* – Manifest eines 'teatro popolare' = S. 191-252). Der Verlag stellt das Buch so vor: „Die Verfasserin analysiert anhand einzelner repräsentativer Stücke Fos Grundkonzeption eines polit. Theaters, die Synthese von Kunst u. Politik. Dabei werden vor allem die in Funktion hierzu stehenden, aus der volkstüml. Theatertradition (Mysterienspiele, szenische Monologe, Commedia dell'Arte, Farce, Revue, Varieté) stammenden Ausdrucksmittel (mimisch-gestische Elemente, Komik, epische Elemente, Improvisation) sowie neue organisatorische Formen untersucht."].

Chiara VALENTINI, *La storia di Dario Fo*, Milano (Giangiacomo Feltrinelli Editore) [2]**1997**, 205 Seiten, Universale Economica Feltrinelli, Bd. 1476, ISBN 88-07-81475-7, 19,3 × 12,4 × 1,3 cm, Paperback, schwarz (auf dem Cover: Fo zieht lächelnd seinen weißen Hut = Foto), € 7,23 [Es handelt sich um eine Biographie in 14 Kapiteln, in die sukzessive Fos Schaffen eingearbeitet wird. Erste Ausg. war 1977 (ebend., 197 S., gleiche Reihe, Bd. 792); anlässlich der Nobelpreisverleihung machte man eine aktualisierte Aufl., der ein interessantes Interview beigegeben ist, das die Autorin – sie ist Journalistin – mit Fo führte. Auf dem Buchrücken liest man: „Una biografia umana teatrale politica di Dario Fo attore, autore, provocatore culturale, consacrato dal Premio Nobel 1997 a figura centrale della letteratura e dello spettacolo in tutto il mondo. Chiara V. ne ricostruisce le radici, la formazione, l'incontro e la collaborazione con Franca Rame, e la fortunata stagione nei circuiti del 'teatro borghese'. Decisivi sono i capitoli dedicati al decennio 1968-1977, compreso fra l'abbondono delle sale e della drammaturgia tradizionali e il ritorno sugli schermi televisivi italiani, da cui era stato bandito dal 1962. È questo un decennio ricchissimo di esperienze in cui matura e si consolida il fenomeno Fo, la sua forza comunicativa, la sua fisionomia artistica e politica, il bellissimo paradosso della sua universalità. Da allora il teatro di Dario Fo, di cui *Mistero buffo* è insieme manifesto e massima espressione, ha contraddetto l'opinione diffusa che lo vuole ancorato al suo interprete e viene invece rappresentato in cinquanta paesi del mondo.".].

Henning **KLÜVER** [*1949, Journalist, Kulturkorrespondent, lebt in Italien], *Dario Fo. Biographie*, Hamburg (Europäische Verlagsanstalt/Rotbuch Verlag) **1998**, 139 Seiten, ISBN 3-88022-669-5, 21,0 × 12,4 × 1,1 cm, kartoniert (Umschlag: rot, mit Porträt von Fo in jüngeren Jahren als Schauspieler), nur noch antiquarisch erhältlich [Eine kleine, lebendig geschriebene Einführ. in Fos Leben u. Werk, die das Wesentlichste zusammenträgt. Aufbau: Der Nobelpreis; Der giullare, der Spielmann; Schmuggler, Erzähler, Bühnenleute; Der Clown der frühen Jahre; Der Revolutionär; *Mistero buffo*; Der erfolgreiche Außenseiter; Der Erfolg in Deutschland (und anderswo); Franca, Frauen und die Ehe; (Nicht immer) komisches Finale; Biographie in Daten; Anhang (Werkverzeichnis; Lit.verz.).].

Anna **RUSSO** [*1960, arbeitet als Übersetzerin in München], *Bertolt Brecht und Dario Fo. Wege des epischen Theaters*, Stuttgart – Weimar (J. B. Metzlersche Verlagsbuchhandlung u. Carl Ernst Poeschel Verlag GmbH) **1998**, 201 Seiten, M & P Schriftenreihe für Wissenschaft u. Forschung, ohne Bd.Nr., ISBN 3-476-45206-9, 20,5 × 14,5 × 1,3 cm, broschiert, blau u. weiß (auf dem Cover: Dario Fo, mit den Händen agierend), € 28,- [Es ist eine ehemalige Dissertation der Univ. Augsburg, u. zwar damals eingereicht mit dem Titel 'Das Th. von Dario Fo der sechziger Jahre u. seine Beziehungen zum epischen Theater Bertolt Brechts'. Aufbau/Inhalt (alles mehrfach untergliedert): 1. "Es gibt eine Kultur des Volkes"; 2. Die Produktion innerhalb der bürgerlichen Säle; 3. Die Produktion außerhalb der bürgerl. Säle (hier auch zu *Mistero buffo* = S. 98f.); 4. Politisches Lehru. Agitationstheater am Beispiel von *Il Telaio*.].

Elena **DE PASQUALE** [war wissenschaftl. Mitarbeiterin im Theaterwissenschaftl. Institut der römischen Universität 'La Sapienza'], *Il segreto del giullare. La dimensione testuale nel teatro di Dario Fo*, Napoli (Liguori Editore Srl) **1999**, 93 Seiten, Teorie & Oggetti della Letteratura. Collana diretta da Giancarlo Mazzacurati, Bd. 21, ISBN 88-207-2863-X, 24,0 × 15,9 × 0,7 cm, Paperback, weiß u. hellblau (auf dem Cover: 2 tanzende Figuren aus der 'Commedia dell'arte' = Bild von Jacques Callot aus dem Jahr 1622), € 14,50 [Gezeigt wird, welche Bedeut. für Fo einerseits der verschriftlichte Text (noch) hat, während andererseits die 'Performance' von nonverbalen, schauspielerischen Elementen geprägt ist. Aufbau: I. L'oralità e la sua dimensione teatrale; II. Per una drammaturgia performativa; III. *Mistero buffo*: dalle fonti al testo spettacolare; IV. *Mistero Buffo*: la 'performance'.].

Tom **BEHAN** [1957-2010; lehrte 'Italian Studies' an der University of Kent in Canterbury], *Dario Fo. Revolutionary Theatre*, London – Sterling (Virginia, USA) (Pluto Press) **2000**, IX + 170 Seiten, ISBN 0-7453-1357-4, 20,8 × 12,6 × 1,2 cm, Paperback, weiß (Auf dem Cover: Dario Fo hält spöttisch einen eleganten weißen Herrenhut hoch), $ 20,95 [Die Monographie ist in folg. Hauptkapitel gegliedert: Introduction; 1. The Bourgeois Period; 2. The Revolutionary Period; 3. *Accidental Death of an Anarchist*; 4. *Can't Pay? Won't Pay!* 5. *Mistero buffo*; 6. The Downturn Period; Conclusion. Der Text auf der Rückseite kennzeichnet das Werk folgendermaßen: „For three decades Dario Fo has been the world's most performed living playwright and Europe's leading radical dramatist [...]. This is the first biography of Dario Fo to explore the 'Fo phenomenon' by focusing specifically on his political beliefs. Drawing on unpublished archive material and oral interviews, Tom Behan traces Fo's life and work from the beginnings in cabaret and mime in postwar Italy and his early writings for television and radio, to the development of his political ideas and the influence of his plays both inside and outside Italy. He examines the issues which have made the plays so popular, in particular the relationships between mass leftwing movements and Fo's activities as playwright and performer.".].

Christopher **CAIRNS** [lehrt Theaterwissenschaft an der Londoner University of Westminster], *Dario Fo e la "pittura scenica". Arte – Teatro – Regie 1977-1997*, Napoli (Edizioni Scientifiche Italiane s. p. a.) **2000**, 253 Seiten, Archivio del Teatro e dello Spettacolo. Collana diretta da Franco Carmelo Greco, Bd. 10, ISBN 88-495-0102-1, 24,0 × 17,0 × 1,4 cm, Paperback, weiß (auf dem Cover: ein Bühnenbild von Fo für eine Aufführung des *Barbier von Sevilla*), € 20,66 [Chronolog. Unters. von Fos künstlerisch-malerischer Produktion in 9 Kapiteln mit sehr vielen Abbildungen. „Questo libro non è una biografia di Dario Fo. È un primo tentativo di riempire un vuoto nell'immagine del grande attore, commediografo e pittore, premiato di recente con il Premio Nobel per la Letteratura. Benchè Fo avesse intenzionato di diventare pittore e architetto prima che attore e regista teatrale, della sua pittura si sa ancora oggi ben poco. Con una fittissima trama di riferimenti, C. Cairns provvede a inserirlo nel contesto degli artisti degli anni '40, quali Guttuso, De Chirico, Carrà, Morlotti, Cassinari, Peverelli e Cavaliere, artisti che conobbe principalmente nella effervescente Brera della Milano del dopoguerra [...]." (Text auf dem Buchrücken)].

Andrea **BISICCHIA** [lehrt Theaterwissenschaft an der Universität Parma], *Invito alla lettura di Dario Fo*, Milano (Gruppo Ugo Mursia Editore S. p. A.) **2003**, 269 Seiten, Invito alla lettura. Sezione italiana, Bd. 113, ISBN 88-425-2884-6, 17,0 × 10,8 × 1,3 cm, Paperback, gelb (auf dem Cover: Dario Fo 'redet', sozusagen, mit dem Brustton der Überzeugung = Foto), € 9,50 [Von der kleinen 'Invito'-Reihe gibt es mittlerweile weit über 100 verschied. Bände (von *Alfieri* bis *Zavattini*), welche jeweils monographisch einen Autor behandeln, in den sie rundum und gut einführen; die Verfasser sind in der Regel Fachleute auf ihrem Gebiet. Aufbau: Cronologia; I. La vita; II. Le opere; III. Temi e motivi; IV. La critica; V. Nota bibliografica; Indice dei nomi; Indice delle opere di Dario Fo. Die Standardwerke dieser Reihe kann sich jede(r) Italienisch-Studierende(r) zulegen, weil sie preiswert sind; so ist es leicht, sich eine kleine Sekundärliteraturbibliothek zu Lieblingsautoren zusammenzustellen. Ältere bzw. gebrauchte und noch billigere Titel tun dabei denselben Dienst, weil sie genau so gut sind wie Neuauflagen.].

Sonstige Medien (zu Dario Fo)

[Felice **CAPPA** ed.] *Dario Fo. Lezioni di teatro.* A cura di F. C., ohne Ort [= Torino] (Einaudi Stile libero / Video-Rai Trade) ohne Jahr [= **2001**], Einaudi tascabili, Bd. 905 (Auf dem Cover der Hülle ein s/w-Foto von Gianni Berengo Gardin: lachender Fo mimt mit beiden Händen u. Gesicht eine lebende Figur) [Videokassette VHS, in Farbe; Spielzeit 150 Minuten] [Die Aufnahmen sind Ausschnitte eines Workshops, den Fo 1984 im römischen Teatro Argentina abhielt u. welchen die RAI am 17.2.1985 ausstrahlte (Regie: Ruggero Miti, Produktion: Martina Parenti). Fo spricht über das Theater an sich, illustriert dabei gerade eigene Konzeptionen, d. h. er betätigt sich als Darsteller seiner Dramatik. Er trägt einen einfachen schwarzen Pullover; auf der Bühne ist ein simpler Holzstuhl u. ein Tisch mit etwa einem Dutzend Masken darauf zu sehen (es sind aber nicht nur Masken aus der Commedia dell'arte!). Behandelt werden folg. Themen (die als Untertitel erscheinen): *Le maschere, Il gesto, La fame* (*dello Zanni*), *Il grammelot, La situazione, La storia della tigre, Il candore dell'osceno* u. *La parpaja tupola*. Praxisbezogen zeigt er, wie Theater funktioniert, d. h. wie dramatische Körpersprache entsteht u. wahrnehmbar wird; einiges davon bringt er drei jungen Männern (aus dem Zuschauerraum) in der Sequenz '*La situazione*' in einem 'Schnellkurs' bei. In diese 'Lektionen' fließen z. T. längere Passagen aus dem *Mistero buffo* ein, wie das Spektakel um den ausgehungerten u. sich fanatisch alle möglichen Speisen vorstellenden u. imaginär verzehrenden Zanni, wie die Explikationen u. Beispiele zum 'grammelot' oder die Bewunderung einer duftenden Rose. Der Workshop war eine partielle Umsetzung des *Manuale minimo dell'attore*, dessen Inhalte, Ausgaben u. Übersetzung in der Aufgabe Nr. 16 dieses 'Problemfeldes' VI genauer beschrieben werden. Die Videokassette ist rar, befindet sich jedoch z. B. in der UB Passau (Signatur: IV 26720 – L 68.2001-1 bzw. 66k/7656). Es gibt auch bereits DVD-Fassungen von dem sehr lebendigen Spektakel (so in dem Mailänder Verlag Fabbri, 2006)].

Dario Fo. Il meglio di **Mistero** **buffo** *con la partecipazione di Franca Rame*, ohne Ort (PolyGram Italia s. r. l.) **1995**, Teatrovideo, ohne Nr., PolyGram Video Nr. 636 290-3 (Univideo), Bestellnummer 7-80063-62903-4 (in den Niederlanden hergestellt) [Die bunte Schutzhülle zeigt auf dem Cover Dario Fo gestikulierend, auf der Rückseite deklamiert Franca Rame] [Videokassette VHS; Spielzeit 110 Minuten] [Es handelt sich um Mitschnitte von TV-Aufführungen des Jahres 1991 im 'Teatro Lirico di Milano' (Regie: Arturo Corso). Fo bzw. seine Frau spielen insgesamt 7 Ministücke aus dem *Mistero buffo* vor, welche er vorweg einleitet, u. zwar sind es folgende: *La fame dello Zanni, Grammelot di Scapino, Grammelot dell'Avvocato Inglese, La Resurrezione di Lazzaro, La Madonna sotto la Croce, Le Nozze di Cana* und *Bonifacio VIII*. Fo folgt prinzipiell dem Text bzw. der Anlage der Ausgaben, modifiziert aber hier u. dort das eine oder andere. Auf der sonst leeren Bühne selbst sitzen Mädchen u. Jungen als Zuschauer; vor ihnen lässt Fo das *Mistero* abrollen, sodass der Unterschied zwischen Bühne u. Zuschauerraum hier ganz aufgehoben ist u. ein noch unmittelbareres Theater entsteht. Die Präsenz der jungen Menschen soll andeuten, dass der Dichter ihnen eine wichtige Lebenslektion mit auf den Weg gibt. Ich habe das Exemplar der UB Erfurt verwendet; man findet die Kassette aber auch in den UBs von Bonn, Konstanz, Passau u. Regensburg.].

Literaturtheorie (zur Dramatik)

Bernhard ASMUTH [*1934, em. Prof. für Germanistik an der Univ. Bochum], *Einführung in die Dramenanalyse*. 7., aktualisierte u. erweiterte Auflage, Stuttgart–Weimar (J. B. Metzler'sche Verlagsbuchhandlung u. Carl Ernst Poeschel Verlag GmbH) [7]2009, VIII + 235 Seiten, Sammlung Metzler, Bd. 188, ISBN 978-3-476-17188-7, 19,0 × 11,5 × 1,7 cm, kartoniert, dunkelblau, € 14,95 [„Dieses Standardwerk zur Dramenanalyse behandelt alle Elemente des Dramas von seiner literari. Form bis zur Bühnenaufführung. Ausgehend von der 'Poetik' des Aristoteles, vermittelt der Autor Grundbegriffe sowie auch Kenntnisse u. Fertigkeiten, die bei der Analyse von Dramen nötig sind. Für die Neuaufl. wurde der Band um einen Abschnitt zum Postdramat. Theater ergänzt (= S. 201-5) u. insbesondere die Schlussbibliographie aktualisiert." (Text auf dem Buchrücken) Aufbau (alles mehrfach untergliedert): I. Wesentl. Elemente des Dramas; II. Hinweise zu Textausgaben u. Sekundärlit.; III. Titel u. Arten des Dramas; IV. Die Glieder. des Dramas; V. Nebentext, Episches u. die Kommunikation mit dem Publikum; VI. Die Gestalt. der Figurenrede; VII. Die Personen; VIII. Exposition u. verdeckte Handlung; IX. Wissensunterschiede; X. Aspekte des Handlungszus.hangs; XI. Das Drama als Sinnzus.hang; XII. Die Aufführ. u. ihre Illusionswirkung; Lit.verzeichnis; Personenregister; Sachregister. Die sehr reichhaltige Bibliographie (= S. 207-21) ist leider nur alphabetisch (von *Ahrens, Rüdiger* bis *Zimmermann, Bernhard*), also nicht nach Sachgebieten oder Typen von Studien angelegt. Die einzelnen Auflagen sind folgende: [1]1980: 217 Seiten, [2]1984: 217 S., [3]1990: 217 S., [4]1994: 224 S., [5]1997: 226 S., [6]2004: 227 S.].

Stefan SCHERER [*1961, Prof. für Neuere Dt. Lit.wiss. an der Univ. Karlsruhe], *Einführung in die Dramen-Analyse*, Darmstadt (Wissenschaftliche Buchgesellschaft) **2010**, Einführung Germanistik, ohne Bd.Nr.,160 Seiten, ISBN 978-3-534-16266-6, 24,0 × 16,5 × 1,4 cm, broschiert (Cover: orange, grün, rot), € 14,90 [„Stefan Scherer gibt eine umfassende Einführ. in die Dramen-Analyse. Sie bietet neben einem Überblick zur Dramentheorie auch eine Formengesch. von der Antike bis zur Gegenwart. Bauformen u. -elemente des Dramas werden ausführlich erläutert. Historische u. systemat. Grundlagen ergänzen sich auf diese Weise. Im Zentrum der Darstell. stehen die Grundbegriffe der Dramen-Analyse. Vorgeschlagen wird ein übersichtliches Kategoriensystem, das strukturalistische u. semiotische Aspekte ebenso einbezieht wie kulturwissenschaftl. Fragestellungen. Der Leser erhält so ein praktisches Instrumentarium für die selbständige Analyse von Dramentexten an die Hand. Die Verknüpfung von Systematik u. Anwendung erfolgt abschließend in Beispielanalysen wichtiger Dramen von Lessing (*Minna von Barnhelm*), Schiller (*Kabale u. Liebe*), Büchner (*Dantons Tod*), Hauptmann (*Vor Sonnenaufgang*), Brecht (*Aufstieg u. Fall der Stadt Mahagonny*) u. Bernhard (*Der Theatermacher*)." (Text auf dem Buchrücken) Aufbau (alles mehrfach untergliedert): I. Gattungsbegriff; II. Forschungsbericht; III. Grundbegriffe der Dramen-Analyse; IV. Dramentheorien; V. Geschichte des Dramas; VI. Einzelanalysen; Kommentierte Bibliographie; Personenregister; Sachreg.].

Literaturgeschichten

[Enrico **MALATO** ed. (Prof. für ital. Lit. an der Università degli Studi di Napoli)], *Storia della letteratura italiana*. Diretta da E. M., Roma (Salerno Editrice – Con il patrocinio di Ente Cassa di Risparmio di Roma), 14 (dicke) Bände, **1995-2004**, jeweils circa 1.500 Seiten, mit einem Format von 24,8 × 17,1 × 8,0 bis 10,0 cm, in gelbes Leinen gebunden [Der ital. Buchmarkt hat im Laufe des letzten Jahrhunderts zahllose Lit.geschichten hervorgebracht: einbändige, mehrbändige u. vielbändige. Auch die Anzahl der Kompendien mit etwa 10 oder mehr Teilen pro Unternehmen ist ziemlich groß. Das hier genannte ist das augenblicklich letzte u. modernste seiner Art; es befindet sich in der Regel in jeder UB mit romanistischer Tradition; zusätzlich trifft man es in den Romanischen Seminaren bzw. Instituten für Romanistik an. Solche Werke 'liest' man eigentlich nicht, sondern man konsultiert höchstens das eine oder andere Kapitel bzw. Sachgebiet. Auf jeden Fall muss man wissen, dass es dieses monumentale Werk (sowie andere dieser Art) gibt! Dario Fo finden Sie übrigens abgehandelt in Band IX (= 2000: 1428-30), und zwar auf nur zweieinhalb Seiten! Das ist sehr wenig für einen Nobelpreisträger. Hätte er nicht drei Jahre vor der Veröffentlichung dieses Bandes jene Auszeichnung erhalten, wäre er möglicherweise gar nicht in diese an die 20.000 Seiten umfassende Dokumentation aufgenommen worden. Literaturgeschichtsschreibung hat also auch etwas mit Willkür, Unkenntnis u. Ungerechtigkeit zu tun. Die 14 Bände enthalten Beiträge zahlreicher verschiedener MitarbeiterInnen u. tragen folg. Titel: I. Dalle origini a Dante; II. Il Trecento; III. Il Quattrocento; IV. Il primo Cinquecento; V. La fine del Cinquec. e il Seicento; VI. Il Settecento; VII. Il primo Ottocento; VIII. Tra l'Otto e il Novecento; IX. Il Novecento. APPENDICE: X. La tradizione dei testi; XI. La critica letteraria dal Due al Novec.; XII. La letteratura ital. fuori d'Italia; XIII. La ricerca bibliografica. Le istituzioni culturali; XIV. Bibliografia della lett. italiana. Indici.].

Gerhard **LAUER** [*1962, Prof. für Dt. Philologie an der Univ. Göttingen], *Grundkurs Literaturgeschichte*, Stuttgart (Klett Lernen und Wissen GmbH) [1]2008, 152 Seiten, Uni-Wissen. Germanistik, ohne Bd.Nr., ISBN 978-3-12-939003-0, 21,0 × 14,9 × 1,0 cm, Softcover (mittelblau, hellblau, grün; auf dem Cover: eine Frauenhand hält ein altes, geöffnetes Buch), € 12,95 [Der Verlag verspricht auf dem Cover – innerhalb eines roten 'Störers' – „Für Ihren sicheren Studienerfolg“. Auf der Rückseite des Buchumschlags liest man (und das gilt mutatis mutandis auch für die romanistischen Fächer): „Lit.geschichte gehört zu einem Germanistikstudium vom ersten bis zum letzten Semester, ist Stoff in der Schule u. nicht selten Teil der Gespräche über Lit. auch im Alltag. – Der vorliegende Band gibt einen konzentrierten Überblick über die deutsche Lit.gesch. von den Anfängen [...] bis zur Gegenwart. Aufgezeigt werden die großen Linien, in denen sich die Lit. entwickelt hat, u. erläutert werden die Zus.hänge wie die Unterschiede der Epochen, Bewegungen u. Stile der mehr als tausend Jahre Lit.geschichte.“ Aufbau/Inhalt (alles mehrfach untergliedert): 1. Einleitung: Warum Lit.geschichte? 2. Grundbegriffe der Lit.geschichte; 3. Die Lit. des Mittelalters; 4. Die Lit. der Frühen Neuzeit; 5. Die Lit. der Neuzeit; 6. Hinweise zur Prüfungsvorbereitung. Anhang (Übersicht über die lit.historischen Begriffe; Lit.hinweise; Namen u. Werkregister). Nützliche Tabellen bzw. Synopsen u. sinnvolle farbliche Markierungen machen das Werk zu einem guten didakt. Arbeitsinstrument. Das kleine Handbuch präsentiert verschied. Texte, welche ausschließlich der dt. Lit. entnommen sind, was aber Lernenden mit Deutsch als Muttersprache nicht zum Nachteil gereicht, wenn es um das Kennenlernen von Epochen u. Stilen an sich geht. Der Verlag bietet in derselben Reihe ähnliche Titel zu grundlegenden Gebieten bzw. Gattungen der Lit.wiss. an. [2]2009: ebend. u. unverändert].

Theatergeschichten

Wolfram **KRÖMER** [*1935, em. Prof. für Romanistik an der Univ. Innsbruck], *Die italienische Commedia dell'arte*, Darmstadt (Wissenschaftliche Buchgesellschaft) [1]1976, VII + 118 Seiten, Erträge der Forschung, Bd. 62, ISBN 3-534-04961-6, 19,4 × 12,5 × 0,9 cm, kartoniert, weiß [„Dieser Band soll die Forschungsmeinung über die Entstehung u. Eigenart der C. dell'a. darstellen, einen Überblick über ihre Geschichte u. Wirkung geben u. die Möglichkeiten ihrer geistes- oder lit.geschichtlichen, ästhet. u. soziolog. Betrachtung u. Wertung erörtern." (Text auf der Umschlagrückseite) Aufbau/Inhalt (alles mehrfach untergliedert): I. Die C. dell'a. in der Forschung; II. Was ist die C. dell'a.? III. Typen u. Scenari; IV. Die Gattungen der C. dell'a.; V. Entwicklung u. Einfluss der C. dell'a. in Italien; VI. Entw. u. Einfl. der C. dell'a. in Frankreich; VII. Entw. u. Einfl. der C. dell'a. in Spanien, Engl., Deutschl. u. Österreich; VIII. Die C. dell'a. in soziolog. Sicht. Bibliographie; Register. Weitere unveränd. Auflagen: [2]1987, [3]1990.].

Henning **MEHNERT** [Privatdozent für Romanistik an der Univ. Bonn], *Commedia dell'arte.* **Struktur – Geschichte – Rezeption.** Mit 15 farbigen Abbildungen, Stuttgart (Philipp Reclam jun. GmbH & Co) **2003**, 174 Seiten, Universalbibliothek, Nr. 17639, ISBN 3-15-017639-5, 14,8 × 9,5 × 1,0 cm, kartoniert, grün, € 5,- [Das kleine Buch ist ein ideales Instrument für in ihrer Zielsprache noch nicht so sichere ItalianistInnen, sich in ein absolutes Schwerpunktthema der ital. Theatergeschichte angenehm u. kompetent einzuarbeiten u. sich von hier aus, andere Arten u. Epochen der Bühnenkunst Italiens anzueignen. „Dieser Band informiert über Ursprung, Figuren u. Form der Gattung, folgt ihrer Ausbreitung u. ihrer Geschichte bis in die jüngste Gegenwart; ein umfangreicher Anhang gibt u. a. zwei der rund 800 überlieferten Szenarien wieder u. präsentiert die wichtigsten 'Masken' der Commedia in Farbabbildungen." (Text auf der Rückseite des Umschlags) Mit 'Masken' sind die typischen Figuren in ihrer ganzen Kostümierung gemeint (z. B. Arlecchino). 'Szenarien' (= canovacci) waren Inhaltsangaben, die den Verlauf des jeweiligen Stückes in groben Zügen andeuten, wobei es den Schauspielern oblag, das Ganze nach eigenem Gutdünken u. Können auf der Bühne umzusetzen. Aufbau/Inhalt: 1. Ursprung u. Form; 2. Materialien des Spiels (Scenari, Canovacci etc.); 3. Schauspielerisches Arsenal; 4. Verbreitung u. Reisewege der Theatertruppen; 5. Erneuerungsbemühungen u. Rezeptionstendenzen; 6. Quo vadis, Commedia dell'arte? ANHANG: Zu den Farbtafeln (= Erläuterungen). Es folgen dann 5 verschied. Sachgebiete bzw. Textbeispiele. Auswahlbibliographie (= S. 157-69; ein gutes, weiterführendes Lit.verzeichnis, auch gerade zur Fachlit. auf Italienisch). Register der Personen u. Sachbegriffe].

Studienführer bzw. 'Einführung' (zur italienischen Literaturwissenschaft)

Maximilian **GRÖNE** – Rotraud **von KULESSA** [*1966] – Frank **REISER** [*1974], *Italienische Literaturwissenschaft. Eine Einführung*, Tübingen (Narr Francke Attempto Verlag GmbH + Co. KG) **2007**, VIII + 262 Seiten, bachelor-wissen, ohne Bd.Nr., ISBN 978-3-8233-6343-9, 23,0 × 16,0 × 1,8 cm, kartoniert (Farben: hell- bzw. dunkelblau u. grün; auf dem Cover sieht man ein in 6 Sektoren geteiltes Sechseck in 6 verschied. Farben, was wohl die 6 Semester des BA-Systems symbolisieren soll [Die drei VerfasserInnen gehören einer jüngeren Generation als die Wissenschaftliche Rätin Elisabeth SCHULZE-WITZENRATH u. die Romanistik-Professorin Andrea GREWE an, zu deren Büchern dieses in Konkurrenz steht. Es muss sich mit dem der ersteren und dem der letzteren messen lassen; denn in allen drei geht es um einen Einstieg in sämtliche Gebiete der ital. Lit.wissenschaft unter Einbindung einer allgemeinen Lit.theorie. Die Verfasser haben zwei weitere identische Bücher zur französischen (2007) und zur spanischen Literatur (2009), d. h. im gleichen Verlag u. mit derselben BA-Zielsetzung, verfasst. Man weiß nicht genau, ob die drei in jenen drei großen romanischen Literaturen tatsächlich so kompetent sind oder ob es letztlich egal ist, in welche Literatur man deutsche BA-Studierende einführt. Jedenfalls habe ich keine Buchpublikation gefunden, welche M. G., R. v. K. oder F. R. eindeutig als Italianist(in) ausweisen würde. Ihnen wird das Italienische aber ein liebes Hobby sein. Sie sind immerhin sehr fleißig u. sollten sich vielleicht ihr Darstellungssystem für alle anderen Weltliteraturen patentieren lassen. Das Werk ist in vier 'Kompetenz'-Bereiche gegliedert: 1. Lit.wissenschaftlich denken u. arbeiten; 2. Literar. Texte analysieren; 3. Literar. Texte methodenorientiert interpretieren; 4. Texte in anderen Medien analysieren. Diese vier Arbeitsbereiche zerfallen in 14 'Einheiten' (= Lektionen), welche in einen universitären Kursverlauf passen sollen: 1. Begriff 'Literatur', 2. Lit.geschichtl. Ordnungsmodelle, 3. Lit.wissenschaftl. Arbeiten, 4. Grundlagen der Textanalyse am Beispiel Lyrik, 5. Lyrik analysieren – Beispiele u. Übungen, 6. Dramenanalyse, 7. Übungen zur Dramenanalyse, 8. Epik u. Erzähltextanalyse, 9. Epik analysieren – Beispiele u. Übungen, 10. Text u. Autorschaft, 11. Textvergleich u. Textwirkung, 12. Strukturalismus u. Poststrukturalismus, 13. Texte in anderen Medien analysieren, 14. Exemplarische Filmanalyse. Was die letzten Einheiten 13 u. 14 betrifft, so ist es schön, auf Filmproduktionen aufmerksam gemacht zu werden; aber ist denn Lit.wissenschaft zu begreifen nicht schwer genug? Und außerdem fällt der Film an deutschen Universitäten längst in andere Studienbereiche, denen sogar eigene Medieninstitute gewidmet sind. Das Lernwerk ist mit Bildern, Skizzen, Zeichnungen, farblichen Hervorhebungen u. Tabellen durchsetzt, was Studierende zum Kauf anlockt, weil sie in einer Welt der Bilder zu Hause sind; aber ich habe da Bedenken: Ein Universitätsstudium ist eine ernste Sache, weil es sich um Wissenschaft handelt. In der Vorschule, im Kindergarten und möglicherweise noch auf dem Gymnasium arbeiten Lehrer mit optischen Mitteln, was Lernschwachen das Begreifen erleichtern soll. Von einer Infantilisierung der Hochschule halte ich nichts. Die vor mir sitzenden Studierenden sind erwachsen, haben eine beträchtliche Lebenserfahrung u. sollen jetzt wissenschaftliches Denken erlernen, wozu geistiges Abstrahieren gehört. Dass das Buch viele Originaltexte aufweist u. von zahlreichen Übungen bzw. Aufgaben begleitet ist, wird begrüßt. Mehrere Hauptkapitel werden von Literaturhinweisen abgeschlossen, bei denen sich ein gewisser Erfahrungsmangel bemerkbar macht; denn der Neuling wird nicht aus dem Unterweisungszwang des ihn lenkenden Buches entlassen! Ihm wird nämlich nicht klar gemacht, dass es auch andere ähnliche Einführungen gibt (E. SCHULZE-WITZENRATH, Martina NEUMEYER), und es wird keine der vielen u. guten deutschsprachigen Lit.geschichten als Gesamtdarstellungen genannt (obwohl es bei dem Lernvorgang permanent um geschichtliche Autoren u. Werke geht); es werden ferner keine Hinweise auf exzellente Literaturgeschichten zu einzelnen Epochen oder Jahrhunderten gegeben, welche dem Lernenden eine Vertiefung oder Überprüfung bestimmter Gebiete ermöglichen. Ein Ziel der Universitätsausbildung ist es jedoch, Studierenden ein ganzheitliches Bild von der Erforschtheit eines Sachgebietes durch Fachleute zu vermitteln und sie so zu geistiger u. methodischer Unabhängigkeit zu führen. In dieser Hinsicht hätte eine verbesserte Auflage des an sich interessanten BA-Projektes einiges gut zu machen.].

STUDIENMATERIAL

zur Vertiefung der Bachelor-Kenntnisse und zur Vorbereitung auf den Master (in Romanistik/Italianistik: Literaturwissenschaft)

[Die folgenden Publikationen hätte man alle in den einzelnen Kapiteln (= 'Problemfeldern') unseres Kurses und Arbeitsbuches erwähnen können: zur Empfehlung oder als Warnung. Dadurch wäre aber Ihr Lernprozess unübersichtlich geworden. Nach der vorausgegangenen Lektüre wissen Sie selbst, in welchem literaturwissenschaftlichen Bereich nun für Sie weitere Ergänzungen sinnvoll wären.]

Einführungen in die allgemeine Literaturwissenschaft

[Da die Literaturwissenschaft als Untersuchungsdisziplin von Texten im Wesentlichen übernational gleiche Phänome beschreibt und behandelt, sind für RomanistInnen solche in dieses Gesamtgebiet einweisende Werke – von denen es auf dem Markt verwirrend viele gibt – an sich sehr nützlich, weil die Verfasser allesamt verpflichtet sind, Ihnen fundamental zu erklären, was man unter einem Text, einer Gattung oder den drei literarischen Hauptformen (Lyrik – Narrativik – Dramatik) versteht, d. h. wie man so etwas – unabhängig von irgendwelchen Sprachen – generell und methodisch aktuell definiert. Sie sollten daher auf keinen Fall Bücher außer acht lassen, die von Fachleuten der Germanistik oder Anglistik stammen! Wir nennen an dieser Stelle jedoch nur – beispielhalber – eines solcher Studienwerke.]

Oliver **JAHRAUS** [*1964, Prof. für Neuere dt. Lit. u. Medien an der Univ. München], *Grundkurs Literaturwissenschaft*, Stuttgart (Klett Lernen und Wissen) [1]2008, 192 Seiten, Uni-Wissen. Germanistik, ohne Bd.Nr., ISBN 978-3-12-939002-3, 21,0 × 14,9 × 0,9 cm, Softcover (mittelblau, hellblau, grün; auf dem Cover: eine ein Buch vor sich haltende, lesende junge, den 'Käufer' anschauende Frau), € 12,95 [Vorne auf dem Umschlag liest man in einem roten 'Störer': „Für Ihren sicheren Studienerfolg". Dem stimme ich insofern zu, als ein so wichtiger Allgemeinbereich hier nicht von einem Team u. auch nicht von noch selbst lernbedürftigen Lehrenden, sondern von einem kompetenten Fachmann abgehandelt wird. Der Verlag bietet in derselben Reihe ähnliche Bände zu den Arbeitsgebieten 'Literaturgeschichte', 'Lyrik' u. 'Dramatik' an (siehe unten). Das Werk ist mit nützlichen Tabellen bzw. Synopsen u. sinnvollen farblichen Markierungen versehen; es ist kompakt, aber dennoch ökonomisch u. damit lernerfreundlich angelegt. Es besitzt zudem einen enthusiastischen Impetus, der heute bei einem Fachbuch kaum mehr anzutreffen ist; so heißt es im Einleitungsteil: „Dieses Buch ist eine Vorbereitung auf die Literaturwissenschaft. Es richtet sich an Schülerinnen u. Schüler, Studentinnen u. Studenten, die gerade beginnen, Germanistik oder ein anderes lit.wissenschaftliches Fach zu studieren, aber es ist eine Vorbereitung in einem ganz besonderen Sinne: Denn es ist in der Überzeugung geschrieben, dass die Lit.wissenschaft das letzte intellektuelle Abenteuer ist, das man in diesen Zeiten noch erleben kann." (9) Aufbau/Inhalt (alles mehrfach untergliedert): 1. Lit.wiss.; 2. Lit.; 3. Textanalyse u. Interpretation; 4. Poetik – Rhetorik – Stilistik; 5. Edition u. Textkritik; 6. Gattung u. Gattungstheorie; 7. Erzähltextanalyse; 8. Dramenanalyse; 9. Lyrikanalyse; 10. Lit. u. andere Medien; 11. Hinweise zur Prüfungsvorbereitung. Anhang (= Literaturempfehlungen zu 8 verschied. Sachgebieten). Register. Leider trifft man nicht wenige Druckfehler bzw. Schreibirrtümer an. Weitere Nachdrucke, z. B. [2]2009 usw.].

Studienführer bzw. 'Einführung' (zur italienischen Literaturwissenschaft)

[Im Verlauf unseres Kurses haben wir insgesamt drei italianistische Einführungen des deutschen Büchermarktes vorgestellt, nämlich am Ende der 'Problemfelder' II, IV und VI. Die Bücher von Elisabeth SCHULZE-WITZENRATH, Andrea GREWE und dem Dreierteam Maximilian GRÖNE – Rotraud von KULESSA – Frank REISER sind in vergleichbarer Weise nützlich und kommen für Ihr

Studium in Frage. Es gibt allerdings noch ein viertes Studienwerk, das nicht mit jenen zu konkurrieren vermag, das man aber unbedingt kennen sollte, damit man sich keine falschen Vorstellungen macht, falls man es empfohlen bekommt.]

Martina **NIEMEYER** [Wissenschaftl. Mitarbeiterin für Romanistik an der Kathol. Univ. Eichstätt], *Literaturwissenschaftliche Grundbegriffe für Italianisten. Eine Einführung*, Berlin (Erich Schmidt Verlag GmbH & Co. KG) **2003**, 202 Seiten, ISBN 3-503-06165-7, 21,0 × 14,0 × 1,4 cm, kartoniert (in den Farben rot/grün), € 34,80 (dieser Preis ist fast doppelt so hoch wie der ähnlicher Werke von gleicher oder besserer Qualität; das Buch ist allerdings offenbar nicht mehr auf dem Markt) [Der Titel ist irreführend: Es handelt sich nicht um eine systematische oder alphabetische Klärung von Begriffen, sondern um eine komplette Einführung in die ital. Lit.wissenschaft. Der erste Satz des 'Vorwortes' lautet: „Dieser keine Vorkenntnisse erfordernde Band richtet sich an Studierende der Italianistik, vor allem an Anfänger." (S. 7) Dieser Behauptung setze ich entgegen: Das solide Vorkenntnisse verlangende Werk benutzen nur mit Gewinn erheblich Fortgeschrittene eines ital. Lit.studiums; am besten kämen damit wohl zu recht BA-Studierende in der Examensphase oder der Master-Studiengänge, welche dann nicht nur alle Äußerungen verstehen würden, sondern ihnen auch Paroli bieten könnten. Ich zitierte als Beleg für meine Einschätzung den zweiten Satz des besagten 'Vorwortes': „Wenden sie [= die Anfänger] sich erfahrungsgemäß gerne der italianistischen Lit.wissenschaft zu, weil sie in ihr eine institutionalisierte Form von Lesespaß vermuten, finden sie sich oft enttäuscht in einem Fach wieder, das durch im Wort Methode repräsentierte Verwissenschaftlichung dem Lesen alles Vergnügliche zu nehmen scheint." (S. 7) Wenn ich als emeritierter Professor erst nach mehrmaligem Lesen ein wenig in den Sinn des wahrscheinlich Gemeinten eindringe, wie wird das wohl ein Anfänger aufnehmen?! Aufbau (alles vielfach, u. zwar sehr intellektuell untergliedert): 1. Orientierende Grundbegriffe; 2. Rhetorik; 3. Metrik; 4. Poetik; 5. Theorien u. Verfahren moderner Italianisten; 6. Arbeits- u. Hilfsmittel; 7. Bibliographie. Das Buch ist zerebral u. akademisch angelegt, begibt sich nicht auf die Ebene von Orientierung Suchenden. Auch wenn ich die Bebilderung u. Infantilisierung der beiden Studienführer von A. GREWE u. des Dreierteams M. GRÖNE – R. v. KULESSA – F. REISER (2007) für etwas bedenklich halte, hätte ich noch größere Angst, die fröhlichen Gemüter der jungen Menschen derart mit Trockenheit u. Abstraktionen zu konfrontieren u. sie so vom Italienisch-Studium abzuschrecken. Es werden keine Aufgaben gestellt (wie in den anderen Einführungen üblich), u. man begegnet kaum Texten, die das Unkonkrete der jeweiligen Thematik veranschaulichen könnten. Das Buch – das im Titel vorgibt, mit 'Grundbegriffen' zu arbeiten – hat kein(e) Register (!). Man findet also keine 'Grundbegriffe' wieder. Alles ist klein ge- und eng bedruckt, es gibt keine Auflockerungen oder Ruhemomente fürs Auge. Wenn sich im Master-Studium die Möglichkeit einer Lehrmittelkritik bietet, so wäre dieses Buch dazu ein geeigneter Gegenstand.].

Theoretische bzw. didaktische Einführungen in das Gebiet 'Lyrik'

Christoph **BODE** [*1952, Prof. für Anglistik u. Amerikanistik an der Univ. München], *Einführung in die Lyrikanalyse*, Trier (WVT Wissenschaftlicher Verlag Trier) **2001**, 200 Seiten, WVT-Handbücher zum literaturwissenschaftlichen Studium, Bd. 3, ISBN 3-88476-478-0, 22,3 × 15,4 × 1,5 cm, kartoniert (dunkelblau, rote Schrift), € 17,50 [Das Werk ist recht wissenschaftlich fundiert, dabei betont theoretisch ausgerichtet, bezieht aber auch einfachere, d. h. grundlagenhafte Studien mit ein. Es ist solchen Studierenden zu empfehlen, die an ein Masterstudium denken u. sich für anglophone Lit. besonders interessieren, dabei theoretisch sattelfest sind u. einen weiteren Studiengang vor Augen haben, bei dem außer dem Italienischen/Romanischen auch das Englische eine Rolle spielen kann, denn die Beispiele sind v. a. dem angelsächsischen Schrifttum entnommen. Inhalt/Aufbau: 1. Lyrik – die schwierige Gattung? 2. Metrum u. Rhythmus; 3. Klang u. Strophenformen; 4. Bildlichkeit; 5. Ausgewählte Gedichtformen; 6. Textgestalt; 7. Rollen, *personae*, Haltungen, *modes*; 8. Zum guten Schluß. Lit.verzeichnis (diese Kapitel sind nicht weiter untergliedert). Im Buchrückentext heißt es (u. a.): „Der Band rekapituliert ebenso zügig wie verständlich zunächst jeweils die übliche Terminologie der Lyrik-Analyse, um dann an einer Fülle von Beispielen aus der engl. u. amerik. Dichtung zu zeigen, dass die Identifizierung u. Benennung eines poetischen Phänomens immer nur der Ausgangspunkt sein kann für eine genauere Bestimmung, *wie* denn konkret dieses Phänomen in *diesem* gegebenen Kontext fungiert.“].

[Dr.] Kristin FELSNER [*1979, Referendarin] – Holger HELBIG [*1965, Prof. für Neuere Dt. Lit. wiss. an der Univ. Rostock (seit 2009)] – Therese MANZ [*1980], *Arbeitsbuch Lyrik*, Berlin (Akademie Verlag GmbH) **2009**, 297 Seiten, Akademie Studienbücher: Literaturwissenschaft, ohne Bd.Nr., ISBN 978-3-05-004437-7, 21,4 × 15,4 × 1,8 cm, broschiert(weiß; auf dem Cover: grüner Kreis mit Versgliederung), € 19,80 [Die 3 Verfasser erklären nicht, warum sie dieses Buch verfasst haben, was sie (anders) machen wollen; es gibt nämlich kein Vorwort. So ist nicht klar, ob es z. B. für die Schule gedacht ist; dann müsste aber geklärt werden, für welche Art oder Stufe es sein soll. Die beiden Verfasserinnen haben jedenfalls wenig berufliche Erfahrung mit der Hochschulausbildung. Sollte das Buch aber doch für die Universität konzipiert sein, dann wüsste man gern, bei welchem Studium u. in welcher Studienstufe es (mit dem viel versprechenden Titel) helfen soll. Es wird auf jeden Fall ein Einstieg über das Visuelle versucht; denn man findet 26 s/w-Abbildungen vor, welche aber einen mehr beiläufigen (oder irrationalen) als effektiv stützenden Charakter haben. Generell fehlen in den einzelnen Bereichen Erklärungen der Lyrikphänomene aus wissenschaftl. Sicht; statt dessen werden die Fakten brav ausgerollt, gesammelt, zus.gefasst, angewendet u. dann geht's weiter. Es zeigt sich also eine reduzierte Kenntnis vom Umgang mit aktiver Wissenschaftlichkeit. In dem ausgezeichneten *Arbeitsbuch Lyrikanalyse* von H.-W. LUDWIG (¹1979; siehe im 'Studienmaterial' zum 'Problemfeld' I) wird das ganz anders, nämlich analytisch gemacht. Das Buch des Dreierteams – das seine genaue Mitarbeit nicht nennt – ist so etwas wie eine Vereinfachung von Wissenschaftlichkeit. Studierende sollen jedoch nicht nur Fakten sammeln u. etwas nachbeten, sondern zur wissenschaftl. Begründbarkeit von Textphänomenen geführt werden. Zu den 14 Kapiteln werden wohl jeweils am Ende Aufgaben formuliert (die Lösungen dazu sind auf S. 294-6), aber es handelt sich eher um ein Abfragen als ein Hinführen zu selbständiger Arbeit. Es geht in diesem Buch offenbar v. a. um deutsche Literatur, was man aber expressis verbis nicht gesagt bekommt. Die einzelnen Themen lauten: 1. Was ist ein Gedicht? 2. Lyrik u. Gedicht im histor. Wandel; 3. Metrik; 4. Reim, Kadenz, Klang; 5. Strophenformen; 6. Antike Formen; 7. Gedichtformen; 8. Sonett (= S. 137-50); 9. Ballade; 10. Rhetorische Figuren; 11. Tropen, Bild u. Text; 12. Gedicht im Kontext; 13. Intertextualität. Zwei (oder mehr) Gedichte in einem; 14. Wie interpretiert man ein Gedicht? 15. Serviceteil; 16. Anhang. Jedes Kapitel wird mit Lektüreempfehlungen abgeschlossen. Man kann das Buch als Vorbereitung auf ein Lit.studium an der Uni bzw. als Nachbereitung für ein schon absolviertes Lyrikseminar empfehlen, u. zwar dann nicht nur im Bereich der Germanistik, sondern auch der Romanistik.].

Burkhard MOENNIGHOFF [*1959, Prof. für Neuere Dt. Lit. und ihre Didaktik an der Univ. Hildesheim], *Grundkurs Lyrik*, Stuttgart (Klett Lerntraining GmbH) **2010**, 148 Seiten, Uni-Wissen. Germanistik, ohne Bd.Nr., ISBN 978-3-12-939011-5, 21,0 × 14,9 × 1,0 cm, Softcover (mittelblau, hellblau, grün; auf dem Cover: Text eines Gedichtes von Marie Luise Kaschnitz = 2., 3. u. 4 Strophe von *Gelassene Natur* mit studentischen Markierungen u. Anmerkungen), € 12,95 [Der Verlag verspricht auf dem Cover (innerhalb eines roten 'Störers'): „Für Ihren sicheren Studienerfolg“. Auf der Rückseite des Buchumschlags liest man: „Die Lust an der Lyrik wächst mit ihrem Verständnis. Das vorlieg. Buch vermittelt die Grundlagen dazu. Es informiert u. a. über Redeformen im Gedicht sowie geschichtl. Bezüge, themat. Aspekte, Gattungen der Lyrik u. erläutert in klarer u. verständl. Weise wesentl. Begriffe der Lyrik-Analyse. Damit dient es der sachgerechten Beschreib. von Gedichten u. dem begründeten Urteil über sie.“ Aufbau/Inhalt (alles mehrfach untergliedert): 1. Einleitung; 2. Theorie der Lyrik; 3. Die Rede im lyrischen Text; 4. Gattungen der Lyrik; 5. Der lyr. Text u. seine Umgebung; 6. Geschichtl. Aspekte; 7. Themat. Aspekte; 8. Prakt. Anwendung. Anhang (Siglenverzeichnis; Anthologien u. Ausgaben; Nachschlagewerke u. Handbücher; Forschungslit.; Register). Das kleine Handbuch ist reich an Texten, welche fast ausschließlich der dt. Lit. entnommen sind, was aber Lernenden mit Deutsch als Muttersprache nicht zum Nachteil gereicht, wenn es ihnen um das Erlernen von Beschaffenheit u. Analyse von Lyrik an sich geht. Es werden viele Übungen vorgeschlagen. Nützl. Tabellen bzw. Synopsen u. sinnvolle farbliche Markierungen machen das Werk zu einem guten didakt. Arbeitsinstrument. Der Verlag bietet in derselben Reihe ähnliche Einführungen mit den Titeln 'Lit.wissenschaft', 'Lit.geschichte' u. 'Drama' an (siehe oben bzw. unten).].

Günter **WALDMANN** [*1926, em. Prof. für Dt. Lit. und Lit.didaktik an der PH Freiburg], *Produktiver Umgang mit Lyrik. Eine systematische Einführung in die Lyrik, ihre produktive Erfahrung und ihr Schreiben. Für Schule (Primar- und Sekundarstufe) und Hochschule sowie zum Selbststudium*, 73666 Baltmannsweiler (Schneider Verlag Hohengehren) [11]2010, VIII + 311 Seiten, ISBN 978-3-8340-0442-0, 23,0 × 15,3 × 2,0 cm, broschiert (weiß, verschiedene Blautöne; auf dem Cover: ein geflecktes Einhorn), € 19,80 [Haben Sie vielleicht schon einmal daran gedacht, Gedichte zu schreiben oder gar Dichter zu werden? Unsinnig ist dieser Gedanke nicht, denn vor Ihnen haben Hunderttausende auf der ganzen Welt so etwas zu Ihrem Beruf gemacht. In diesem Buch haben Sie mit Ungaretti, Marino und Poliziano drei sehr erfolgreiche Poeten kennengelernt. Wie aber wird man Dichter? Nun, man sollte wohl viel Lyrik lesen, aber wenn man angeleitet wird, Gedichte zu verfassen, geht man einen direkteren Weg. G. Waldmann vertritt eine solche Arbeitsweise, welche er als 'produktiven Umgang' mit Texten bezeichnet. Weiter unten in dieser Abschlussbibliographie beschreiben wir ein anderes Buch des Autors, welches in jener Weise auch in die Dramatik einführt. Außerdem nennen wir dort sein Studienwerk zu einer gattungsübergreifenden Annäherung an die 'Produktion' von Literatur. Hier Auszüge aus der Buchdarstellung auf der Rückseite des Umschlags: „G. W. hat ein Buch vorgelegt, das sich als systemat. Einführ. in diesen unterrichtlich oft schwer zu vermittelnden Bereich der Lit. versteht u. die Gattung Lyrik nicht von ihren abstrakten literar. Formen, sondern von der aktiv-produktiven Rezeption des Lesers her erfahrbar werden läßt. [...]. Ganz nebenbei erhält man noch eine interessante Einführ. in die 'Lyrik', in Versformen, Metrum, Klangformen, Reim, Motiv, Bild." Dieser Anleitung zum Selbermachen von Gedichten sind 170 Aufgaben beigefügt. Es gingen folg. Auflagen voraus: [1]1988 (VIII + 269 Seiten), [2]1992 (korrigierte Aufl.), [3]1994 (korr.), [4]1996, [5]1998 (VIII + 311 S.: völlig neubearb. u. erweit.), [6]1999 (korr.), [7]2001 (korr.), [8]2003 (korr.), [9]2006, [10]2008.].

Theoretische bzw. didaktische Einführungen in das Gebiet 'Narrativik'

Hermann **GROSSER** [*1952], *Narrativa. Manuale/Antologia*, Milano (Casa Editrice G. Principato S. p. A.) [1]1985, IX + 391 Seiten, Leggere narrative. Collana diretta da Salvatore Guglielmino, ohne Bd.Nr. [aber Bd. 1], 22,9 × 15,0 × 2,0 cm, ISBN 88-416-1325-4, Paperback [Es ist eines der wenigen für Studierende konzipierten narratologischen Einführungswerke in ital. Sprache, während der deutsche Sprachraum mit nahezu einem Dutzend Bücher dieser Art aufwarten kann. Im BA-Studium hat man genug damit zu tun, sich überhaupt das grundlegende Rüstzeug für die Erzähltheorie anzueignen, während man im MA-Studiengang auch alle ital. Fachbegriffe hierzu parat haben sollte, damit man entsprechende Analysen an Texten aus Italien in der Zielsprache vornehmen kann. Der Verf. promovierte in Mailand, an dessen Università degli Studi er lehrte (ohne Professor zu sein); er unterrichtete statt dessen später an einem 'Liceo Classico'. Zahlreiche Bücher schrieb er, gab mehrere Literaturgeschichten heraus, sodass er einen besonderen Gesamtüberblick hat. Wegen der Wichtigkeit dieser Bildungsmöglichkeit folgt nun ein genaues u. vollständ. Inhaltsverzeichnis, damit man sieht, wie die zentralen Termini auf Italienisch lauten: I. PRELIMINARI (1. Narrativa; 2. Origini e sviluppi della narrativa; 3. Epos e romanzo; 4. Il patto narrativo; 5. Enigmi; 6. Suspense e sorpresa; 7. La comunicazione letteraria). II. VOCE NARRANTE (1. Il circuito comunicativo reale e immaginario; 2. Un esempio: *I promessi sposi*; 3. Casi particolari: narratore esterno, narratore interno alla storia; 4. Casi particolari: confessioni e memorie; 5. Livelli della narrazione; 6. Simulazione d'autenticità in quanto effetto dei livelli di narrazione; 7. Editore; 8. Il narratore rispetto alla storia; 9. Il narratore racconta la propria storia). III. PUNTO DI VISTA (1. Punto di vista. Focalizzazioni; 2. Racconto non focalizzato; 3. Racconto e focalizzazione interna; 4. Racconto e focalizzazione esterna; 5. Problemi e limiti della classificazione; 6. Distanza. Mimesi/diegesi; 7 Metalessi. Intrusioni d'autore). IV. TECNICHE DI RAPPRESENTAZIONE DELLE PAROLE E DEI PENSIERI DEI PERSONAGGI (1. Citazione e resoconto; 2. Citazione. Storicità

216

delle convenzioni; 3. Citazione. Definizioni e problemi tecnici; 4. Resoconto. Discorso indiretto; 5. Resoconto. Discorso indiretto libero; 6. Il discorso indiretto libero nei *Malavoglia*). V. SPAZIO (1. Narrare/descrivere; 2. Effetti delle focalizzazioni; 3. Variazioni del campo visivo; 4. Per una storia della rappresentazione dello spazio: stereotipi descrittivi; 5. Per una storia della rappr. dello spazio: dalle origini al Romanticismo; 7. Per una storia della rappr. dello spazio: tra Ottoc. e Novecento; 8. Lo spazio tra simbolo e metafora). VI. TEMPO (1. Spazio / tempo; 2. L'opera nel tempo; 3. Tempi della funzione: preliminari; 4. Tempo e tema della scrittura; 5. Durata della scrittura e sue interferenze col tempo dell'avventura; 6. Tempo dell'avventura; 7. Tempo della lettura; 8. Ordine: fabula e intreccio; 9. Ordine: il romanzo novecentesco verso l'acronia; 10. Durata; 11. Frequenza). VII. PERSONAGGI (1. Psicologia o funzioni? L'analisi delle funzioni nella narrativa folklorica; 2. Funzioni, ruoli, attanti nella narrativa letteraria; 3. Il personaggio: un paradigma di tratti psicologici; 4. Indizi; 5. Tipologia del personaggio; 6. Il sistema dei personaggi; 7. Il sistema dei personaggi: esempi; 8. Tipologie storiche). Alle diese Kapitel u. Unterpunkte werden im Inh.verzeichnis in einem jeweils ca. 10 (u. mehr) Zeilen umfassenden Kommentar spezifiziert. Den Abschluss bildet eine Anthologie aus 9 narrativen Texten in ital. Sprache (aber von internationalen Verfassern), welche anschließend systematisch unter narratolog. Gesichtspunkten analysiert werden. Weitere (unveränderte) Auflagen = ristampe: 1991, 1993, 1997, 1999. € 19,60].

Hans-Dieter **GELFERT** [*1937, em. Prof. für Anglistik an der FU Berlin], *Wie interpretiert man eine Novelle und eine Kurzgeschichte?*, Stuttgart (Philipp Reclam jun. GmbH & Co.) 2007 [= 6. Nachdruck von [1]1993], 195 Seiten, Reihe 'Literaturwissen für Schüler', ohne Bd.Nr., Reclams Universal-Bibliothek, Nr. 15030, ISBN 978-3-15-015030-6, 14,8 × 9,5 × 1,0 cm, kartoniert (petrolfarben), € 5,- [Von H.-D. G. haben wir im Laufe unseres Kurses u. Arbeitsbuches nicht weniger als 4 ähnliche, in demselben Verlag erschienene Werke erwähnt u. empfohlen: *Wie interpretiert man ein Gedicht?* ([1]1990), *Wie int. man ein Drama?* ([1]1992), *Wie int. man einen Roman?* ([1]1993) u. *Einführung in die Verslehre* ([1]1998). Auch diese Publikation gehört zu den 'Einhilfen', welche bereits in der Schule gute Dienste taten und deren wiederholte Lektüre in der Universität Sinn macht, da man mit etwas Gutem u. Vertrautem die Kenntnisse von der Materie festigen kann. „Wie in seinen erfolgreichen (anderen) Bänden […] erläutert der Verf. zunächst grundlegende Verständnisvoraussetzungen u. gibt allgemein gültige Hinweise u. Ratschläge zur Interpretation, bevor er das theoretische Wissen an bekannten Novellen u. Kurzgeschichten der dt. u. der Weltlit. erprobt." (Rückseite des Umschlags) Das kleine Buch macht die Unterschiede zwischen einer Novelle u. einer Kurzgeschichte deutlich u. illustriert die verschied. Typen oder Varianten, welche es beim Aufbau dieser Erzählformen geben kann. Damit bietet es eine gute Möglichkeit, Buzzatis *Le mura di Anagoor* sowie andere 'racconti' strukturell klarer zu bestimmen, als wir das innerhalb unseres 'Problemfeldes' IV vermochten. Wir schildern hier den Aufbau absichtlich ganz genau: ALLGEMEINER TEIL: Das Gattungsproblem; Kurze Geschichten; Was ist eine Geschichte? Das Problem der Einheit; Formen der Zentrierung (Dingzentrierung, Ortszentr., Personenzentr., Fallzentrier., Ereigniszentr., Situationszentr., Das Drei-Schritt-Schema); Das Problem des Spannungsaufbaus: Pointierung u. Fokussierung; Das Problem der dichter. Wahrheit: Von der wirklichen Wahrheit zur wahren Wirklichkeit; Erzählung, Novelle u. Kurzgeschichte; Die Novelle (*Der Falke*; diese berühmte 'novella' aus dem *Decameron* von Giovanni Boccaccio (1313-75) ist ein gerade ItalianistInnen zu empfehlender Beitrag); Die Kurzgeschichte; Hauptformen der Ereignisgesch. (Vorformen, Novellist. Kurzgesch., Fallgesch. = *tale of ratiocination*, Tall tale, Yarn, Realist. Kurzgesch. = *local-colour story*); Hauptformen der Situationsgesch. (Deflationsfokus, Krisenfokus, Epiphaniefokus, Initiationsfokus); Der verräterische erste Satz (Klass. Eröffnungen der Novelle, Klass. Eröffn.en der Erzählung, Klass. Eröffn.en der Kurzgesch.). PRAKTISCHER TEIL: Dieser besteht u. a. aus 23 Essays = Interpretationen von Erzähltexten, die alle eine unterschiedl. 'Machart' haben, einem bestimmten narrativen Typus angehören; gerade diese Analysen sind eine nützliche Sammlung von Übungen, die man dann nachher bezüglich ihrer Grundstruktur auf ital. Beispiele übertragen kann; es werden folg. Autoren bzw. deren Texte getrennt untersucht: v. Kleist, Grillparzer, Melville, Storm, Grass, Poe, Hebbel, Twain, Bret Harte, Maupassant, Ebner-Eschenbach, Tschechow, Joyce, Mansfield, Hemingway (2 Texte), Borchert, Böll, Schnurre, Hil-

217

desheimer, Wohmann. Aufschlussreich ist auch das letzte Kapitel *Die Kurzgeschichte im Unterricht* (S. 180-81). Die einzelnen unveränd. Nachdrucke waren (= nach 1993): 1995, 1998, 2000, 2002, 2004, 2007.].

[Peter **HÜHN** (*1939, em. Prof. für Anglistik u. Amerikanistik an der Univ. Hamburg) – John **PIER** – Wolf **SCHMID** (*1944, em. Prof. für Slavistik ebendort) – Jörg **SCHÖNERT** (*1941, em. Prof. für Germanistik ebend.)] *Handbook of Narratology.* Edited by P. H., J. P., W. S., J. S., Berlin–New York (Walter de Gruyter) **2009**, VII + 468 Seiten, Narratologia. Contributions to Narrative Theory, Bd. 19, ISBN 978-3-11-018947-6, ISSN 1612-8427, 23,5 × 15,7 × 3,0 cm, Hardcover (Cover: rot/grün, changierend, mit einem Untergrund aus fragmentierten Buchstaben, weiße Schrift), € 129,95 [Wiewohl es viele moderne Einführungen in die Wissenschaft des Erzählens in Buchform gibt, ist dies die bedeutendste Summe ihrer Forschungsergebnisse. Sie liegt in englischer Sprache vor – welche ja das Medium internationalen Kommunizierens in der Wissenschaft ist –, jedoch handelt es sich im Kern um ein deutsches Gemeinschaftsprojekt von Hamburger Narratologen. Das Besondere an diesem gedruckten Handbuch ist seine Erweiterbar- u. Aktualisierbarkeit anhand einer Internetplattform (= *Living Handbook of Narratology*, siehe unten), wodurch es gerade für das Master-Studium wertvolle Informationsmöglichkeiten bietet. Allerdings sollten auch schon BA-Studierende diese außergewöhnliche Art der Versammlung u. Veröffentlichung von Lit.wissenschaft wenigstens zur Kenntnis nehmen. Das Kompendium besteht aus 32 Beiträgen von Fachleuten der internationalen Narratologie, u. zwar geht es um spezielle, aber grundlegende Parameter des Erzähltextes, die Gegenstand allgemeinen Erklärens und Verstehens dieser literarischen Gattung sind. Alle 'Bausteine' sind gleich aufgebaut: 1. Definition; 2. Explication; 3. History of the Concept and its Study; 4. Topics for Further Investigation; 5. Bibliography (diese Literaturlisten umfassen jeweils circa 3-5 Seiten und verzeichnen wichtige Forschungsbeiträge, allerdings v. a. englischsprachige). Die alphabetisch angeordneten Einzelkapitel u. Fachbeiträge betreffen folg. Aspekte bzw. Parameter: Author, Character, Cognitive Narratology, Coherence, Conversational Narration/Oral Narration, Dialogism, Event and Eventfulness, Fictional vs. Factual Narration, Focalization, Heteroglossia, Identity and Narration, Illusion (Aesthetic), Implied Author, Mediacy and Narrative Mediation, Metalepsis, Metanarration and Metafiction, Narration in Film, Narration in Poetry and Drama, Narration in Various Disciplines, Narration in Various Media, Narrative Constitution, Narrative Levels, Narrativity, Narratology, Narrator, Performativity, Perspective/Point of View, Reader, Schemata, Space, Speech Representation und Tellability. Zwei Register schließen das Werk ab: 'Terms and Concepts' sowie 'Names'.
Dieses Handbuch ist auch (in allen Teilen) im Netz einseh- bzw. abrufbar; dies geschieht im Rahmen der Internetplattform *Living Handbook of Narratology* [diesen Begriff bitte eingeben], welches ebenfalls ganz in englischer Sprache gehalten ist. Hier werden Änderungen, Korrekturen, Erweiterungen sowie Diskussionsbeiträge eingebracht. Dazu folg. Informationen aus der Website selbst: „The *living handbook of narratology* (LHN) is based on the *Handbook of Narratology* first published by Walter de Gruyter in 2009. As an open access publication, it makes available all of the 32 articles contained in the original print version – and more: the LHN offers the additional functionality of electronic publishing including full text search facility, one-click-export of reference data and digital humanities tools for text analysis." „The LHN continuously expands its original content base by adding new articles on concepts and theories fundamental to narratology and to the study of narrative in general. The LHN is published in a WiKi system and offers narratologists registered to do so the opportunity to comment on existing articles, suggest additions or corrections and submit new articles to the editors." Zu weiteren Auskünften über Geschichte, internationale Zusammenarbeit, Nutzung, Finanzierung etc. siehe die Links jener Homepage.].

Theoretische bzw. didaktische Einführungen in das Gebiet 'Dramatik'

Norbert **GREINER** – Jörg **HASLER** – Hajo **KURZENBERGER** – Lothar **PIKULIK**, *Einführung ins Drama. Handlung – Figur – Szene – Zuschauer*, 2 Bde, München–Wien (Carl Hanser Verlag) **1982**, 190 + 222 Seiten, (Hanser)Literaturkommentare. Unter redaktioneller Mitarbeit von Hans-

Joachim Simm. Herausgegeben von Wolfgang Frühwald, Bd. 20/I bzw. 20/II, ISBN 3-446-13466-2, 18,3 × 10,7 × 1,0 bzw. 1,1 cm, Paperback (Cover: grün mit schwarzen Ecken) [„Der erste Band behandelt den zentralen Begriff der dramat. *Handlung*. Nach dem Vorbild Lessings wird Handlung im weiten Sinne als Folge von Veränderungen verstanden. Die Analyse folgt den Erfahrungen, die Leser u. Theaterbesucher mit Dramen machen. Sie erleben Handlung als subjektives Tun der Figuren, als Spiel oder Darstell. der Schauspieler, als außersubjektive Einwirkung apersonaler Mächte u. als Organisationsprinzip des Autors u. Regisseurs." „Der zweite Band untersucht 1. Seinsweise u. Konzeption der dramat. *Figur* u. ihr Auftreten als Chiffre im modernen Drama; 2. Unter dem Stichwort *Szene* das Verhältnis zwischen dem literar. Text u. der theatral. Aufführ. des Dramas, in dessen Textur oft Szenisches bereits enthalten ist; 3. Die Rolle des *Zuschauers* in Drama u. Aufführungspraxis. Ein abschließendes Register führt Namen, Begriffe u. Titel an." „Diese Einführ. in die Bauformen des Dramas versteht sich zugleich als Nachschlagewerk zu den histor. wie systemat. Aspekten Drama u. Theater. – Für Schüler u. Lehrer, Studenten u. Dozenten." (aus dem Vorwort) Bei den Verfassern handelt es sich um zwei Germanisten u. zwei Anglisten, weshalb Textbeispiele aus jenen beiden Sprachen dominieren, aber es werden auch wichtige Stücke aus anderen europ. Literaturen behandelt. In allen Kapiteln berücksichtigt man immer die theaterbezogene Perspektive, d. h. die theatralische Darbietung, sodass sich dieses Studienwerk gerade auch an 'Theaterleute' richtet. Aufbau: A. Handlung (= Bd. I von L. P.). I. Handl. als subjektives Tun; II. Handl. als Spiel; III. Handl. als außersubjekt. Einwirkung; IV. Handl. als Organisationsprinzip. B. Figur (= Bd. II von N. G.). I. Die Seinsweise dramat. Figuren; II. Figurenkonzeptionen; III. Die Figur als Chiffre im mod. Drama. C. Szene (von J. H.). I. Das Szenische im Text; II. Drama als Theater; III. Elemente der Aufführung. D. Zuschauer (von H. K.). I. Zuschauer; II. Zuschauererwartung u. allgem. Verstehensvoraussetzungen des Rezipienten; III. Zuschauerbezogene Verfahren des Autors: beabsichtigte u. reale Zuschauerwirkungen.].

Heinz GEIGER [*1937, Akademischer Oberrat für neuere dt. Lit. an der Univ.-Gesamthochschule Essen] – Hermann HAARMANN [*1946, Prof. u. a. für Kommunikationsgeschichte an der FU Berlin], *Aspekte des Dramas. Eine Einführung in die Theatergeschichte und Dramenanalyse.* 4., neubearbeitete und erweiterte Auflage, Opladen (Westdeutscher Verlag GmbH) [4]1996, 261 Seiten, WV studium, Bd. 147, ISBN 3-531-22147-7, 18,5 × 12,5 × 1,3 cm, broschiert (Cover: weiß mit hell- u. dunkelbraunen Flächen u. Ornamenten) [Dieses etwas ältere u. leider nicht mehr aufgelegte Taschenbuch hat folg. Vorzüge: Es kann mit einer bildungsreichen historischen Dimension aufwarten (man beginnt also bei den Griechen); es ist wohl ein germanistischer Schwerpunkt auszumachen, aber es geht ganz generell um Dramatik; nicht nur das Textliche, Gattungsbezogene u. Inhaltlich-Künstlerische an Stücken spielt hier eine Rolle, sondern es wird gerade das mit der Bühne u. den dort Spielenden verbundene Kommunikative berücksichtigt, weswegen man auch eine geraffte Geschichte der Theaterhausräumlichkeit geboten bekommt (die vom Altertum bis zur Aufklärung reicht u. mit anschaul. Abbildungen versehen ist). Aufbau/Inhalt (alles mehrfach untergliedert): Teil I. Zum Verhältnis von Drama u. Theater; Teil II. Bauelemente des Dramas. Anhang: Texte zur Entwicklungsgesch. des Dramas – Eine Dokumentation. Das kleine Buch ist mit sehr vielen, bibliographisch punktuell weiterführenden Anmerkungen (unter dem laufenden Text) u. ausführlichen allgem. Lit.hinweisen (= am Schluss) ausgestattet. Es gingen folg. Auflagen voraus: [1]1978 (ebend., Titel lautete nur *Asp. des Dramas*, 182 Seiten, in der Reihe 'Grundstudium Lit.wiss. Hochschuldidakt. Arbeitsmaterialien', Bd. 7); [2]1982 (ebend. u. dito); [3]1991 (ebend., dito, aber in der Reihe von [4]1996). Erst die 4. Aufl. enthält zahlreiche Illustrationen u. zusätzl. Kapitel.].

Elke PLATZ-WAURY [*1940, em. Professorin für angewandte Fremdsprachen an der Fachhochschule Bielefeld], *Drama und Theater. Eine Einführung.* Fünfte, vollständig überarbeitete und erweiterte Auflage, Tübingen (Gunter Narr Verlag) [5]1999, 261 Seiten, LG = Literaturwissenschaft im Grundstudium, Bd. 2, ISBN 3-87808-922-8, 21,0 × 14,7 × 1,6 cm, Paperback (Cover: grün u. weiß), € 14,90 [Dieses Werk ist ein geschickt gestalteter Selbstlernkurs, mit dem man sich ohne fremde Hilfe das ganze Fachgebiet erarbeiten kann; es ist genauso aufgebaut wie z. B. zwei andere Bücher derselben Reihe von Hans-Werner Ludwig (zur Lyrik- bzw. Romananalyse): Auf modernem wissenschaftlichen Niveau wird schrittweise u. immer selbstreflexiv in zentrale Gebiete eingeführt, welche die Gattung kennzeichnen, d. h. sie konstituieren u. zum Gegenstand der Forsch. gemacht haben. Das Buch besteht aus 9 'Problemfeldern', nämlich folgende: 1. Der mediale Ort des Dramas; 2. Die Kommunikationssituation des Dramas; 3. Die dramat. Figur; 4. Die Handlung im Drama; 5. Die dramat. Sprache; 6. Die Tragödie; 7. Die Komödie; 8. Das absurde Theater; 9. Das epische Theater; Abschlußtest; Lösung; Auswahlbibliographie; Namenregister; Stichwortreg. Alles ist vielfach untergliedert. Jedem 'Problemfeld' wird eine Definition der 'Groblernziele' als 'Fahrplan' vorangestellt. „Ausgehend von Lernzielbestimmungen werden die einzelnen Problemfelder systematisch u. klar verständlich behandelt. Dabei findet der neuere Forschungsstand sowohl zu Theater u. Drama allgemein als auch zu einz. Gattungsformen Berücksichtigung. Die theoret. Überlegungen werden anhand von Kernzitaten aus der verwendeten wissenschaftl. Lit. u. konkreten Textbeispielen bekannter Dramatiker verdeutlicht." (Text auf der Rückseite des Umschlags) Es wird im großen Ganzen die europ. Dramatik eingebunden und das theoret. Material ist gleichfalls international ausgerichtet. Es gingen folg. Auflagen voraus: [1]1978, [2]1980, [3]1992 u. [4]1994 (alle jeweils unverändert u. 231 Seiten).].

Bernhard **JAHN** [*1962, Prof. für Dt. Lit. an der Univ. Hamburg], *Grundkurs Drama*, Stuttgart (Klett Lerntraining GmbH) **2009**, 168 Seiten, Uni-Wissen. Germanistik, ohne Bd.Nr., ISBN 978-3-12-939009-2, 21,0 × 14,9 × 0,9 cm, Softcover (mittelblau, hellblau, grün), € 14,95 [Auf der Rückseite des Umschlags werden die Themen des Buches folgendermaßen vorgestellt: „Was ist überhaupt ein Drama? Wie verändert es sich im Lauf seiner histor. Entwicklung? Wozu brauchen wir Dramentheorien? Worauf sollte man bei der Analyse eines Dramas achten? Der vorlieg. Band behandelt in 10 Kapiteln alle wichtigen Aspekte, die bei der Interpretation von Dramen berücksichtigt werden müssen: das Verhältnis von Drama u. Aufführung, die Leistung von Dramengeschichte u. Dramentheorie, die Funktion von Handlung, Zeit u. Raum für dramat. Texte, Konzepte von epischem Theater, Metadrama u. postdramatischem Theater. Ein Fragenkatalog mit einer Beispielanalyse fasst die Analysekapitel zusammen." Aufbau/Inhalt: 1. Drama ohne Theater? 2. Dramengesch. als Konstruktion (Institutionen, Gattungen); 3. Dramentheorien; 4. Raum u. Drama; 5. Handlung, Zeit u. Drama; 6. Ritual u. Drama; 7. Sprache u. Drama; 8. Figuren u. Figurenkonstellationen; 9. Konzepte epischen Th.s; 10. Metadrama u. postdramatisches Th.; 11. Fragenkatalog zur Dramenanalyse mit einer Beispielanalyse von Kleists *Zerbrochenem Krug*; 12. Anhang (1. Dramenliste; 2. Klassiker der Dramentheorie; 3. Wichtige Einführungen u. Nachschlagewerke; 4. Sekundärlit. zur Theorie u. Gesch. von Drama u. Th.; 5. Nachweis der Abbildungen; 6. Glossar; 7. Namenregister). Wie man sieht, gestaltet der Verf. mehrere Fragestellungen in Anlehnung an die von uns verwendeten Parameter aus der Erzähltexttheorie (also Raum, Handlung, Zeit u. Figuren, wobei innerhalb des epischen Theaters auch eine mit dem 'Erzähler' vergleichbare Vermittlungsinstanz auszumachen ist.). Das Werk ist mit sinnvollen Abbildungen, nützl. Tabellen bzw. Synopsen u. farblichen Markierungen versehen; es ist kompakt, aber dennoch ökonomisch u. damit lernerfreundlich angelegt. Der Verlag bietet in derselben Reihe ähnliche Bände zu den Arbeitsgebieten 'Lit.wissenschaft', 'Lit.geschichte' u. 'Lyrik' an.].

Hans Martin **RITTER** [*1936], *Sprechen auf der Bühne. Ein Lehr- und Arbeitsbuch.* Mit Fotos von Katharina Megnet und Thomas Gevers, ohne Ort [aber Leipzig] (Henschel Verlag in der Seemann Henschel GmbH & Co. KG) [2]**2009**, 316 Seiten, ISBN 978-3-89487-323-3, 21,2 × 13,2 × 2,0 cm, broschiert (weiß, auf dem Cover Foto: eine vor einem Tisch sitzende junge Frau spricht, sich extrem artikulierend, ein Publikum an = Diletta Benincasa 1997 als Bettina von Arnim), € 19,90 [Wohl kaum ein Theaterautor führt soweit weg von literarischen Texten u. dabei hin zur Welt der Bühne u. dem Beruf des Schauspielens wie Dario Fo. Da unser Kurs u. Arbeitsbuch auch berufliche Perspektiven andeuten will, weisen wir hier auf eine Publikation hin, die gerade in die Welt der Gestik u. Mimik einführt, durch die Fos Theater überhaupt erst lebensfähig wird. Der Henschel-Verlag publizierte übrigens weitere Werke, die mit dem Schauspielen selbst vertraut machen; siehe hierzu www.henschel-verlag.de. So findet man dort z. B. das Buch von Gerhard **EBERT** (*ABC des Schauspielens. Talent erkennen u. entwickeln,* [3]2010, 159 Seiten). Wenn man sich nach dem Italienisch-Studium für einen Beruf im organisatorischen, kulturellen oder wirtschaftl. Bereich des Theaters entscheiden sollte, gilt es unbedingt die Arbeitsweise der

220

SchauspielerInnen zu kennen, wozu eben Franca Rame u. Dario Fo anzuregen vermögen. „Ein Lehr- u. Arbeitsbuch, das in konsequenten Schritten den Weg vom ersten Atemzug, von Stimmäußerung u. Sprachlaut bis zur Arbeit am Text geht, schauspieltheoret. Hintergründe u. prakt. Übungen in einem Band vereint. Mit zahlreichen erläuternden Abbildungen. H. M. R., ehemals Prof. an der Univ. der Künste Berlin u. an der Hochschule für Musik u. Theater in Hannover, hat langjährige Erfahrung in der Ausbild. von Schauspielern u. im Stimmcoaching." (Text auf der Rückseite) H. M. R. ist einer der Begründer der Theaterpädagogik in Deutschland. Aufbau/Inhalt (alles weiter untergliedert): Prolog: Die Schauspieltheorien u. das Sprechen auf der Bühne. 1. TEIL: ELEMENTARE ARBEIT (1. Hauptstück: Atembewegungen; 2. Hauptst.: Die Stimme – Die Laute; 3. Hauptst.: Von der Lautgeste zur „tobenden Ordnung" der Laute; 4. Hauptst.: Berührung u. Kontakt). 2. TEIL: ARBEIT AM TEXT (5. Hauptst.: Shakespeare-Splitter; 6. Hauptst.: Bertolt Brechts „Städtebewohner"; 7. Hauptst.: Von der Ballade zur Mauerschau; 8. Hauptst.: Von B. Brechts „Straßenszene" zum „Botenbericht"). Epilog: Sprecherziehung in der Schauspielausbildung. Das Buch begleiten zahlreiche s/w-Fotos als Bewegungsstudien; außerdem graphische Darstellungen u. Notenbeispiele. Zu [1]1999: gleicher Titel u. Verlag, aber 336 Seiten.].

Günter **WALDMANN** [*1926, em. Prof. für Dt. Lit. und Lit.didaktik an der PH Freiburg], *Produktiver Umgang mit dem Drama. Eine systematische Einführung in das produktive Verstehen traditioneller und moderner Dramenformen und das Schreiben in ihnen. Für Schule (Sekundarstufe I und II) und Hochschule.* 6. unveränderte Auflage, 73666 Baltmannsweiler (Schneider Verlag Hohengehren) [6]2010, XI + 295 Seiten, ISBN 978-3-89676-623-6, 22,9 × 15,4 × 1,8 cm, broschiert (weiß, rot, rosa; auf dem Cover: geöffneter Bühnenvorgang sowie 2 hängende Masken, die eine lachend, die andere weinend), € 19,80 [Wer Literaturwissenschaft studiert, sollte keineswegs ausschließen, später auch einmal selbst literarisch tätig zu sein, also z. B. Dramatiker zu werden. Wie aber soll man zu einer solchen beruflichen Laufbahn kommen? Wie kann man überhaupt das 'Schreiben' erlernen? Nun, abgesehen davon, dass es Schreibseminare oder ähnliche Einrichtungen gibt, führt ein wissenschaftlicher, und zwar didaktisch-pädagogischer Weg zum Verfassen von literarischen Texten, den gerade G. Waldmann in mehreren Büchern aufzeigt. Wenn man nur fertige Dramen interpretiert, kommt man natürlich nicht so rasch zu jenem Ausbildungsziel; wird man jedoch gezielt dazu veranlasst, selbst gewisse Szenen zu schreiben oder dramatische Figuren zu entwerfen, ist das ganz anders. Waldmann bezeichnet das als 'produktiven Umgang' mit Texten. Weiter oben in dieser Abschlussbibliographie nennen wir auch sein Werk *Produktiver Umgang mit Lyrik* ([11]2010), aber es gibt von ihm außerdem den universelleren Titel *Produktiver Umgang mit Literatur im Unterricht. Grundriss einer produktiven Hermeneutik. Theorie – Didaktik – Verfahren – Modell*e ([7]2010, 149 Seiten). Aus der sehr ausführlichen Selbstdarstellung auf dem Umschlag des Buches hier ein paar Auszüge: „Dieses Buch bietet – als erste Veröffentlichung dieser Art – eine systemat. Einführ. in den produktiven Umgang mit dem Drama. Es führt zum produkt. Verstehen des Dramas insbesondere durch aktives szenisches Erarbeiten von Dramentexten, durch produkt. Umgang mit ihnen, durch eigenes Schreiben u. Spielen von Dramenszenen u. Dramen. Es ist also vor allem darauf gerichtet, durch kreatives Umgehen mit Dramen u. durch das Schreiben in dramat. Formen eigene Erfahrungen mit dem Drama einzurichten. Es will so die Sensibilität für dramat. Formen u. Lust am Drama u. am dramat. Spiel, aber auch Fähigkeiten zum eigenen Schreiben von Dramen vermitteln [...]. Das Buch enthält 70 Arbeitsaufgaben; ein eigenes Kapitel beschreibt die method. Möglichkeiten, mit ihnen umzugehen." Es gingen folg. Auflagen voraus: [1]1996, [2]1999, [3]2001, [4]2004, [5]2008; nur [3]2001 war 'korrigiert', sonst blieb das Buch unverändert und hatte immer XI + 295 Seiten.].

Weiterführende Werke zu italienischer Lyrik, Narrativik und Dramatik des 20. Jahrhunderts

[Wenn sich bei Ihnen als BA-Studierende ein festes Interesse an italienischer Literatur herausgebildet hat, dann wird das bestimmt Autoren und Werke des 20. Jh.s betreffen, weil jener Zeitraum nicht allzu weit von Ihrem eigenen Lebensambiente entfernt ist. Aus diesem Grund werden Ihnen nun 4 besondere Bände des bekannten Romanistik-Professors Manfred Lentzen in Münster vor-gestellt. Darin setzen sich viele namhafte ItalianistInnen – die Sie auf diese Weise (auch) kennen lernen können – jeweils mit einem Werk oder Schaffensgebiet eines Schriftstellers/einer Autorin auseinander. Wenn Sie sich mit diesen Studien und den dahinter stehenden Texten befassen, er-weitern Sie Ihre Kenntnisse von moderner italienischer Literatur beträchtlich.]

[Manfred LENTZEN (*1940) ed.] *Italienische Lyrik des 20. Jahrhunderts in Einzelinterpretatio-nen.* Herausgegeben von M. L., Berlin (Erich Schmidt Verlag GmbH & Co.) **2000**, 356 Seiten, ISBN 3-503-04942-8, 21,0 × 14,4 × 2,2 cm, Paperback (Cover: weiße Schrift auf oben rotem u. unten grünem Grund, sodass sich Italiens Nationalfarben ergeben), € 54,- [Der Band – er ist nach demselben Prinzip gestaltet wie Lentzens 3 andere Publikationen zu Erzählungen, Romanen und Theaterstücken des 20. Jh.s (siehe unten) – beinhaltet 30 jeweils in sich geschlossene (methodisch jedoch unterschiedliche) Interpretationen zu ebenso vielen Gedichten verschiedener ital. Autoren, die allesamt lit.geschichtlich sehr relevant sind. Die Studien stammen von namhaften Vertretern v. a. auch der dt. Romanistik sowie z. T. von ital. Fachleuten. Jeder 'Baustein' wird mit einem Werk-verzeichnis, einer Übersicht der Übersetzungen u. Zus.stellung der wichtigsten Forschungslit. abgeschlossen. Hinrich HUDDE (emeritierter Prof. für Romanistik in Erlangen) befasst sich darin mit einem späten Gedicht von G. Ungaretti, nämlich *Finale* aus der Sequenz *La Terra promessa* (= S. 88-97); so hat man die Möglichkeit, unter Anleitung seine Kenntnisse zu diesem Poeten zu vertiefen, wie sich überhaupt die Gelegenheit bietet, sich anhand dieses Bandes in die Lyrik Ita-liens des 'Novecento' peu à peu einzuarbeiten. Am besten blättert man das Buch durch, schaut sich die jeweils vorangestellten Gedichte an u. überprüft, ob einen der jeweilige Text persönlich anspricht, sodass man sich dann gerne mit der folg. Interpretation auseinandersetzt. Dieses Proze-dere setzt man nach Belieben fort.].

[Manfred LENTZEN ed.] *Italienische Erzählungen des 20. Jahrhunderts in Einzelinterpretatio-nen.* Herausgegeben von M. L., Berlin (Erich Schmidt) **2003**, 395 Seiten, ISBN 3-503-06161-4, 21,0 × 14,4 × 2,5 cm, Paperback (Cover: wie zuvor beschrieben), € 54,- [Der Band ist nach dem-selben Prinzip gestaltet wie Lentzens 3 Parallelpublikationen zu Lyrik, Roman u. Theater des 20. Jh.s (siehe oben u. unten) u. enthält 30 in sich geschlossene (methodisch unterschiedliche) Inter-pretationen namhafter Fachvertreter zu ebenso vielen narrativen Texten verschied. ital. Autoren, die alle lit.geschichtlich relevant sind. Joachim LEEKER – Romanistik-Prof. in Dresden – verfasste darin die Studie zu Buzzatis berühmter Geschichte *I sette messaggeri* aus dem Jahr 1942 (S. 140-54). Anhand dieser Sammlung von Interpretationen können Sie sich ein ziemlich breites Spektrum von der modernen ital. Kurzerzählliteratur erarbeiten.].

[Manfred LENTZEN ed.] *Italienische Romane des 20. Jahrhunderts in Einzelinterpretationen.* Herausgegeben von M. L., Berlin (Erich Schmidt) **2005**, 409 Seiten, ISBN 3-503-07962-9, 21,0 × 14,4 × 2,7 cm, Paperback (Cover: wie zuvor beschrieben), € 54,- [Der Band ist nach demselben Prinzip gestaltet wie Lentzens 3 andere Sammelbände u. enthält 19 Interpretationen zu ebenso vielen Romanen verschied. ital. Autoren, die alle lit.geschichtlich relevant sind. Um sich in die neuzeitige ital. Romanlit. einzuarbeiten, ist dieser Band sehr nützlich: Man liest darin solange, bis man auf einen Roman gestoßen ist, der einen besonders anspricht; hiernach könnte man den Ro-man selbst – in dt. Übersetzung oder (teilweise) im Original – lesen; man käme dann auf die je-weilige Interpretation zurück u. würde nun darauf achten, mit welcher methodischen Herange-hensweise das Werk erschlossen wird. So könnte man sich Schritt für Schritt solide Kenntnisse zu Italiens modernem Romanschrifttum aneignen.].

[Manfred LENTZEN ed.] *Italienisches Theater des 20. Jahrhunderts in Einzelinterpretationen.* Herausgegeben von M. L., Berlin (Erich Schmidt) **2008**, 395 Seiten, ISBN 978-3-503-09836-1, 21,0 × 14,4 × 2,5 cm, Paperback (Cover: wie zuvor beschrieben), € 59,80 [Der Band ist nach dem-selben Prinzip aufgebaut wie Lentzens 3 andere Sammelpublikationen u. enthält jeweils in sich geschlossene Interpretationen zu 20 dramatischen Texten verschied. ital. Autoren, die alle lit.geschichtlich relevant sind (Luigi Pirandello wird zweimal behandelt). Enrico OTTO (*1939)

– ein 'waschechter' Mann des Theaters, nicht nur der Literatur – stellt darin Dario Fos sehr wichtiges Stück *Morte accidentale di un anarchico* (= S. 289-307) vor, sodass sein Beitrag eine gute Möglichkeit der Ergänzung zu unserem dramatischen Baustein darstellt. Das Kompendium bietet eine wertvolle Gelegenheit, tiefer in das Wesen der Theaterkunst Italiens im vergangenen Jahrhundert einzudringen. Allerdings will die Art und Weise des Lesens bzw. Studiums der einzelnen Kapitel gut überlegt sein. Es ist nicht sinnvoll, wenn Sie die Interpretationen einfach nacheinander lesen, weil Sie weder die Bühnenwerke noch die AutorInnen kennen. Sie sollten das eine oder andere Stück zuerst auf Deutsch (bzw. Italienisch) gelesen haben. Deshalb überprüfen Sie genau Ihre thematischen Interessen und besprechen Sie Ihre Pläne mit Ihrem Studienberater oder Seminarleiter, die Ihnen sagen werden, welche Art von Theaterliteratur im Lehrplan behandelt wird.].

Sekundärwerke zur Vertiefung behandelter Themen/Gebiete und zur Vorbereitung auf ein Master-Studium (= weitere und spezielle Bücher zur Literaturwissenschaft, Literaturgeschichte, Theoriebildung etc.)

[Im Laufe unserer Ausführungen zu Epochen, Autoren, Formen, Stoffen, Themen, Theorien etc. berührten wir Arbeitsgebiete, die man erst in einem Masterstudiengang ausschöpfen kann. Ein solches, späteres Curriculum ist an deutschen Universitäten in der Regel in einen breiteren, z. B. romanistischen Kontext eingebettet. Deshalb nennen wir nun einige Publikationen, die in den 6 'Problemfeldern' angeschnittene Aspekte aufgreifen und deren Spektrum romanistisch erweitern. Sie kommen für die Abschluss- und Examensphase des Bachelor-Studiums (Hausarbeit) infrage und würden auf jeden Fall in eine Master-Lehrveranstaltung passen. Die Werke gelten vor allem den drei aristotelischen Hauptgattungen (Lyrik, Narrativik, Dramatik) und sie werden hier alphabetisch nach den Verfassern genannt. Es handelt sich um eine kleine Auswahl; in Wirklichkeit ließe sich eine ganze Bibliothek mit ähnlichen Arbeiten zusammenstellen; aber 'Masse' ist in einem gezielt zu organisierenden Studium wenig hilfreich.]

Hugo AUST [*1947], *Novelle*, Stuttgart (Metzlersche Verlagsbuchhandlung) [1]1990, X + 185 Seiten, Sammlung Metzler. Realien zur Lit., Bd. 256, ISBN 3-476-10256-4, 19,0 × 11,4 × 1,3 cm, Paperback (blau) [Dieses Taschenbuch des Kölner Germanistik-Professors führt v. a. in die dt. Novellentradition des 19. u. 20. Jh.s ein, berücksichtigt aber auch die romanische bzw. europ. Entstehungsgesch. dieser Erzählform, die in der dt. Lit. länger auszufallen pflegt als in der italienischen. Da man vom eigenen Schulunterricht schon gewisse Autoren u. Texte kennt, ist dieses bibliographisch recht reich ausgestattete Werk für eine narratologische Vertiefung sehr förderlich. Der Verfasser referiert nicht nur die jeweil. Erscheinungsformen der Novelle, sondern diskutiert meist auch Bedeut. der Ausprägung u. Beschaffenheit eines Novellentextes. [2]1995: 'überarb. u. ergänzte Aufl.', XI + 195 S.; [3]1999: 'überarb. u. aktualisierte Aufl.', VII + 197 S.; [4]2006: 'aktualis. u. erweiterte Aufl.', XIII + 215 S., 3-476-14256-6, € 14,95, gleiche Aufmachung.].

Uwe DURST [*1965], *Theorie der phantastischen Literatur.* Aktualisierte, korrigierte u. erweiterte Neuausgabe, Berlin (LIT Verlag Dr. W. Hopf) [2]2007, 436 Seiten, Literatur. Forschung und Wissenschaft, Bd. 9, ISBN 978-3-8258-9625-6, 21,0 × 14,7 × 2,4 cm, kartoniert (brombeerrot, auf dem Cover: okkultistische Zeichnung aus dem 16. Jh.), € 29,90 [Wer sich (nach dem Kennenlernen unserer Anagoor-Geschichte von Dino Buzzati) für die Theoriebildung der phantastischen Lit. – welche entscheidend u. modern mit Tzvetan Todorov begann, aber nicht bei ihm stehen blieb – interessiert, sollte sich mit dieser Stuttgarter Dissertation befassen. Auf dem Buchrücken lesen wir: „Diese strukturalistische Unters. entwickelt eine allgem. Theorie der Phantastik. Im Gegensatz zu bisherigen Arbeiten wird das Wunderbare nicht als Abweichung von der Wirklichkeit, als Verstoß gegen naturwissenschaftl. Vorstellungen begriffen, sondern als Bloßlegung literar. Verfahren, deren immanente Wunderbarkeit durch Traditionsbildung unkenntlich u. heimlich geworden ist [...]. Diese Arbeit, die mit erheblichen Korrekturen die Forschungslinie Tzvetan Todorovs fortsetzt, entwirft eine operable Systematik u. stellt der Forsch. ein terminologisches Instrumentarium zur Verfügung." Aufbau (alles jeweils untergliedert): Einleitung. I. Definition der phantast. Lit.; II. Der Kampf der Systeme; III. Die Verfahren des Phantastischen; IV. Das themat. Material; V. Phantast. Lit. im 20. Jh.; VI. Das Verhältnis der phantast. Lit. zu anderen Genres; VII. Gültigkeit u. Diskurs; VIII. Lob des Phantastischen. Schluß. Anhang (Bibliographie; Primärtexte; Sekundärtexte; Register). [1]2001: Tübingen (Francke Verlag) 370 Seiten.].

[Dieter LAMPING (*1954, Prof. für Allgem. u. Vergleich. Lit.wiss. an der Univ. Mainz)] *Handbuch der literarischen Gattungen.* Herausgegeben von D. L. in Zus.arbeit mit Sandra POPPE, Sascha SEILER u. Frank ZIPFEL, Stuttgart (Alfred Kröner Verlag) **2009**, XXVI + 772 Seiten, ISBN 978-3-520-84101-8, 21,5 × 14,2 × 5,4 cm, in graues Leinen gebunden, mit weißem Schutzumschlag (auf dem Cover: drei verschlossene u. eine geöffnete Tür), € 39,90 [Literatur ist ein uferloser Begriff. Wer sich mit einem bestimmten literar. Beispiel befasst, landet automatisch bei einem Werk, welches einer spezifischen Gattung angehört. Alle Gattungen stehen in einer langen Tradition. Man muss Kenntnisse davon haben, um einen Weg sicher und gerade zu beschreiten. „Strukturiert, bündig u. verständlich informiert dieser Band über die zentralen Gattungen der Literatur. In 92 Einzelporträts stellen namhafte Wissenschaftler jeweils ihr Spezialgebiet vor: Von Epos, Drama u. Roman über die lyr. Genres bis hin zu Textsorten wie der Satire oder der Groteske sind alle wicht. Gattungen vertreten. Ein idealer Begleiter der Lit.studenten, ein hilfreiches Nachschlagewerk für Dozenten u. Lehrer, eine Fundgrube für den Liebhaber." (Text auf der Rückseite des Umschlags) Das Kompendium ist alphabetisch angeordnet, u. zwar von *Abenteuerroman, Analytisches Drama, Anekdote, Aphorismus, Autobiographie, Autofiktion* über *Märchen, Melodrama, Minnesang* bis *Sage, Satire, Schauerroman, Schelmenroman, Science-Fiction, Sestine, Sonett, Stationendrama, Tagebuch, Tragikomödie, Tragödie, Utopie, Volksstück.*].

Walter **PABST** [1907-92], *Novellentheorie und Novellendichtung. Zur Geschichte ihrer Antinomie in den romanischen Literaturen.* Zweite, verbesserte u. erweiterte Auflage, Heidelberg (Carl Winter Universitätsverlag) [2]**1967**, 283 Seiten, 23,8 × 16,5 × 1,7 cm [Diese 1949 an der Univ. Hamburg eingereichte Habilitationsschrift des einstigen Romanistik-Professors der FU Berlin gilt auch heute noch als Standardwerk der Novellenforschung der Romania. An der 'klassischen' Novellenproduktion der ital., franz. u. span. Lit. zeigt P. ein grundsätzliches Phänomen aller jener Lit.formen auf: Die Werke der einzelnen Autoren gehören bestimmten (gewissermaßen fixierten) Gattungen an, an die sich die Textschöpfer anzulehnen haben, gegen die sie sich aber auch wehren. Dadurch entstehen innerhalb des Gattungskanons interessante Spannungen u. Diskrepanzen. Die in dem Buch behandelten ästhetischen, theoretischen u. lit.geschichtlichen Fragestellungen setzen Kenntnisse des BA-Studiums voraus, können aber erst richtig in der MA-Phase angegangen, durchdacht, bewertet u. auf andere Texte übertragen werden. 1. Aufl.: gleicher Titel, Hamburg (Cram, De Gruyter & Co) 254 Seiten, Abhandlungen aus dem Gebiet der Auslandskunde, 58: Reihe B, Völkerkunde, Kulturgeschichte u. Sprachen, Bd. 32.].

Hermann H[ubert] **WETZEL** [*1943], *Die romanische Novelle bis Cervantes*, Stuttgart (Metzlersche Verlagsbuchhandlung) **1977**, VII + 154 Seiten, Sammlung Metzler. Realien zur Lit., Bd. 162, ISBN 3-476-10162-2, 19,0 × 11,4 × 1,1 cm, Paperback (weiß mit blauer Umrandung) [Das kleine Taschenbuch des emeritierten Regensburger Romanistik-Professors ist ein Bericht über ital., franz. u. span. Novellenforsch., u. zwar eine Fortführung der grundlegenden Arbeit von Walter Pabst ([2]1967, siehe oben) hinsichtlich moderner textologischer u. narratologischer Aspekte. Die vielen einzelnen Autoren sowie deren Erzählbände muss man kennen, um die jeweiligen Diskussionen mitverfolgen zu können; dann jedoch wird man zu neuzeitigen Fragestellungen hinsichtlich dieser Kurzerzählgattung geführt, wie sie im Masterstudium eine Rolle spielen können. Eine aktualisierte Aufl. gibt es leider nicht. Das Buch ist in Ihrer Bibliothek auszuleihen oder antiquarisch zu erwerben.].

VERZEICHNIS DER ERWÄHNTEN NAMEN

AutorInnen, PhilologInnen, KritikerInnen, (historische) Persönlichkeiten und anonyme Werke

[Dieses Verzeichnis bezieht sich auf das ganze Studienbuch, d. h. die Inhalte der 'Problemfelder' I bis VI, die Aufgabenlisten, das bibliographische 'Studienmaterial' sowie die Literaturempfehlungen am Schluss. Über die Namen kann man also zu behandelten Themen, Problemen, Phänomenen, Fragestellungen, Methoden, Forschungen etc. finden.]

VERZEICHNIS DER ERLÄUTERTEN SACH- UND FACHBEGRIFFE

[Dieses Verzeichnis bezieht sich auf die 6 'Problemfelder' selbst, also nicht auf die Liste der 'Aufgaben' und das jeweilige 'Studienmaterial'. Es wird nur auf die Begriffe verwiesen, welche tatsächlich behandelt und definiert, d. h. zur Sprache gebracht werden. Beiläufig Erwähntes bleibt daher unberücksichtigt.]

Was kennzeichnet ein 'klassisches' Bauwerk der Antike?

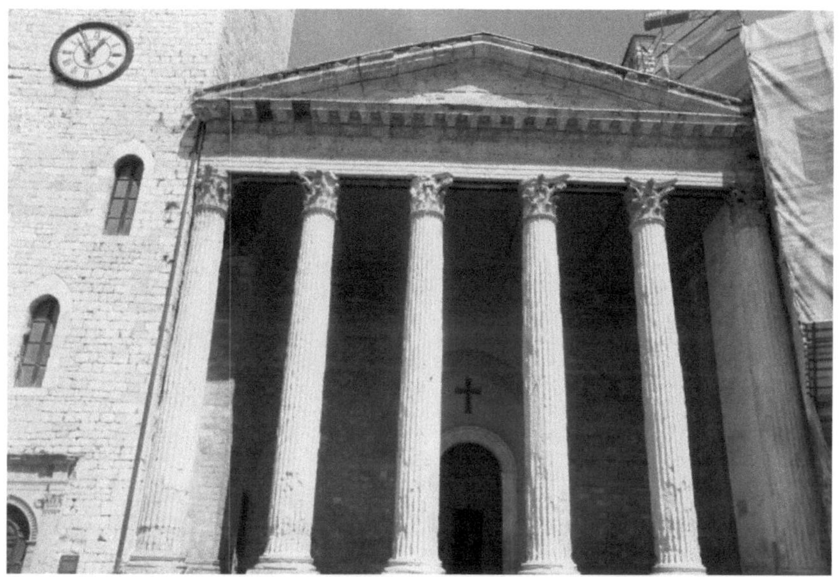

Abb. 1. Dieser einst der Minerva, Göttin der Künstler und Handwerker, geweihte römische Tempel – seit 1559 ist es die christliche Kirche Santa Maria sopra Minerva – befindet sich an höchster Stelle der kleinen umbrischen Stadt Assisi. Ursprünglich wird er frei gestanden haben und von weitem sichtbar gewesen sein. Man baute ihn in spätrepublikanischer Zeit. Das schon von Goethe bewunderte Bauwerk beherrschen strukturelle Klarheit und Einfachheit: Eine Reihe aus sechs korinthischen Säulen trägt ein Gebälk, auf dem ein Dreiecksgiebel ruht; es handelt sich um einen Portikus bzw. eine Vorhalle (Pronaos), die der Cella, d. h. dem sakralen Innenraum, vorgelagert ist. Weitere Elemente – wie die Kapitelle oder die Kannelierung der Säulen – bilden einen diskreten Schmuck. Gebälk und Dreiecksfläche dürften auch noch gewisse Dekorationen bzw. Inschriften gehabt haben, die aber verloren gingen. Die Architekten der Renaissance des 16. Jh.s übernehmen von den antiken Baumeistern stilistische Sparsamkeit und strukturelle Transparenz als prägende Gestaltungsprinzipien. In der Literatur derselben Ära dominieren gleichfalls Überschaubarkeit, Geregeltheit und Logik des 'Designs'. (Foto: Ingrid Wittschier)

So sieht eine im Zeitalter der Renaissance
von Andrea Palladio gebaute Villa aus!

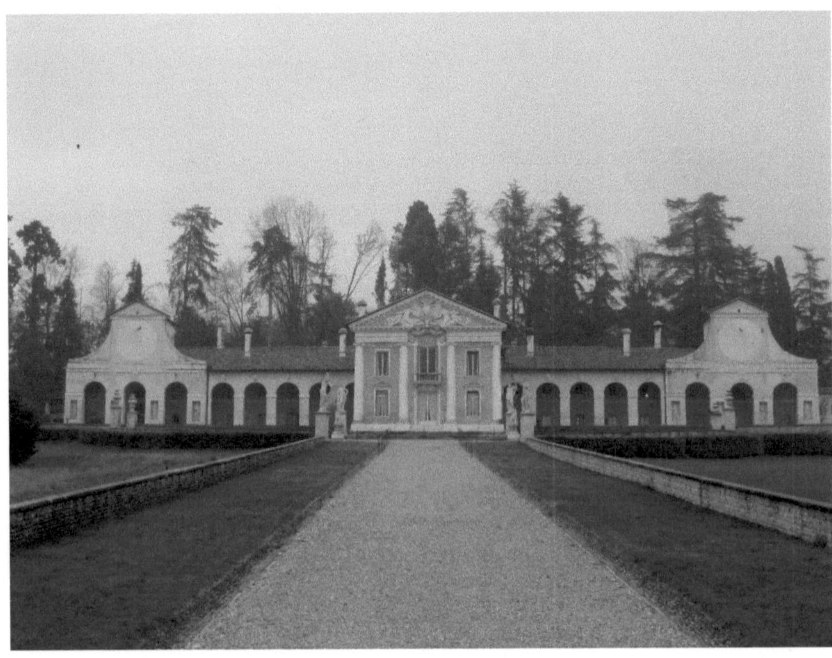

Abb. 2. Die Villa Barbaro liegt in Maser bei Asolo (Provinz Treviso), also im Veneto, wie zahlreiche andere Villen des berühmten Architekten. Palladio baute dieses Anwesen zwischen 1549 und 1558 für die Brüder Daniele und Marcantonio Barbaro, seine Freunde und Mäzene. Den Komplex errichtete er an einem sanften Hügel, von dem man einen weiten Blick in die liebliche Landschaft hat. Das Gesamtbauwerk lässt eine Gliederung in fünf Segmente erkennen. Alles ruht symmetrisch auf einer Achse, in deren Zentrum sich das Hauptgebäude befindet; dieser mittlere Trakt gibt den Ton an. Seine Fassade bestimmen ionische Pilaster sowie ein Dreiecksgiebel mit Skulpturen; es scheint hier das Grundprinzip einer antiken Tempelfront durch (vgl. Abb. 1). Der herrschaftliche Landsitz ist zweigeschossig, was die äußere Gestaltung geschickt verbirgt. Im Mittelbau liegen die Repräsentationsräume, die Seitenflügel nutzt man anderweitig. Das gesamte Areal steht unter dem Schutz der UNESCO, ist in Privatbesitz, kann aber besichtigt werden. Obwohl wir es mit einer reichhaltigen Darbietung verschiedener ästhetischer Elemente zu tun haben, ist eine diskrete Hierarchie festzustellen, die jeder Partie ihre Funktion und Bedeutung lässt und nichts dominant überdeckt. In der Literatur der gleichen Zeit ist man ebenso bestrebt, die behandelten Themen klar herauszustellen und sie adäquat deutlich zu strukturieren. Im Inneren befinden sich übrigens berühmte Fresken von Paolo Veronese (1528-88). (Foto: Antonella Wittschier)

Was sind die Merkmale barocker Ästhetik?

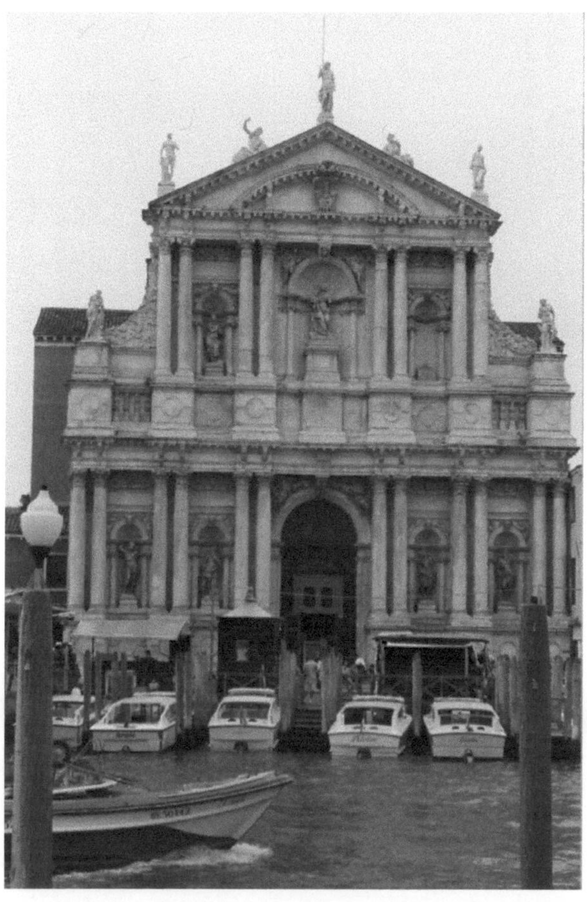

Abb. 3. Die venezianische Chiesa degli Scalzi (Barfüßerkirche) steht am Canal Grande bei der Scalzi-Brücke. Giuseppe Sardi gestaltete ihre Fassade 1683-89, während den dahinter liegenden, gleichfalls typisch barocken Innenraum 1670-80 der bedeutende Architekt Baldassare Longhena schuf. Man erkennt mit den Pilastern und dem Dreiecksgiebel Grundelemente der Renaissance-Ästhetik und damit implizit der Antike, die aber durch zahlreiche andere 'Formalien' ergänzt, angereichert, überlagert und schließlich in den Hintergrund gedrängt werden. An die Stelle von Zurückhaltung und 'Glätte' sind Mannigfaltigkeit und Üppigkeit getreten. In ähnlicher Weise ist ein barocker Text (oft) angeschwollen, formenschwanger, unübersichtlich und labyrinthisch angelegt. (Foto: Ingrid Wittschier)

Wie sah ein Titelblatt im Barockzeitalter aus?

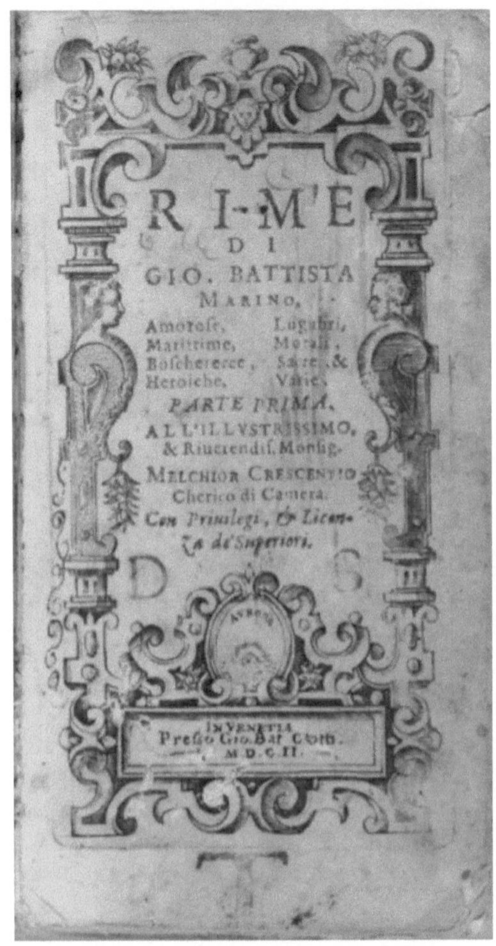

Abb. 4. Wenn wir heute ein Buch in die Hand nehmen, lassen wir uns gern von der effektvollen Aufmachung des Covers zur Lektüre oder gar zum Kauf verleiten. In früheren Zeiten war das nicht anders. So legte man im Barock großen Wert auf die Dekoration eines Titelblattes. Vergleichbar ist dies mit den Texten selbst, in denen es von Stilfiguren nur so wimmelt. Den Gedichtband der *Rime* von Giambattista Marino aus dem Jahr 1602, den Sie hier sehen (vgl. 'Problemfeld' II) würde man in unseren Tagen ganz anders gestalten, nämlich wie? Und was erkennen Sie denn überhaupt alles auf diesem 'Frontispiz'? (Foto: Biblioteca Estense, Modena)

234

Das Erscheinungsbild eines im Barock gedruckten Textes:

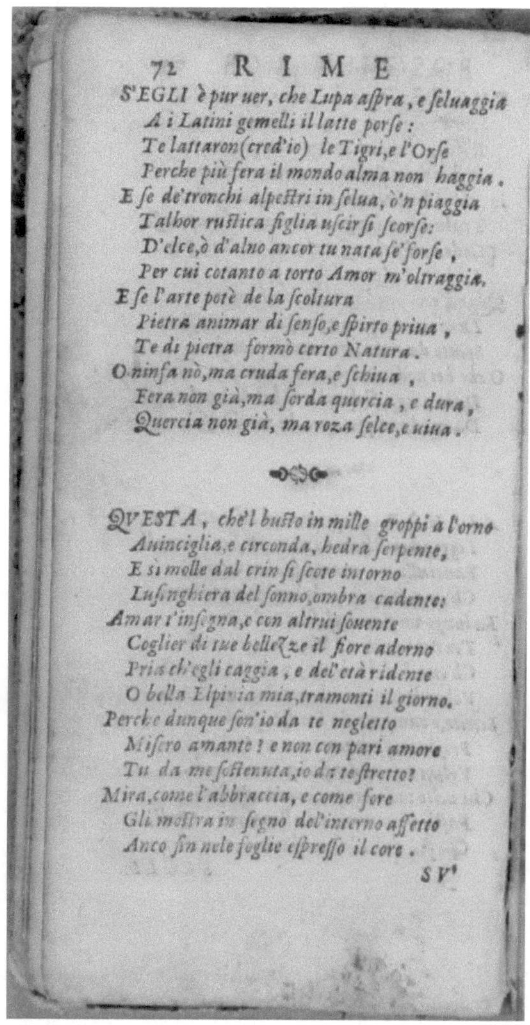

Abb. 5. Gedruckt sah ein literarischer Text damals auch etwas anders aus. Unser im 'Problemfeld' II behandeltes Efeu-Sonett von Marino ist nach der alten Erstausgabe (siehe links) nicht ganz leicht zu lesen; aber versuchen Sie es doch einmal! Was kommt Ihnen ungewöhnlich vor? (Foto: Biblioteca Estense, Modena)

Alexander der Große und der Philosoph Diogenes:

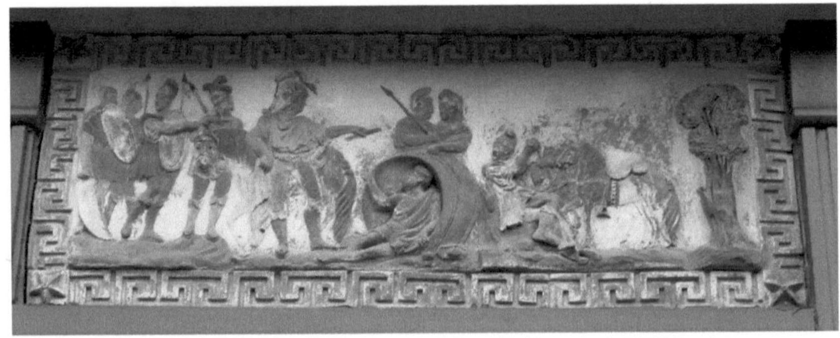

Abb. 6. Im Rahmen der Einführung in die Narrativik wurde auf die Begegnung des mächtigen Monarchen mit dem bedürfnislosen Denker hingewiesen (vgl. 'Problemfeld' III). Sie wird im *Novellino* als knapper, aber effektvoller Wortwechsel geschildert. Ich fand diese Szene als Relief über einem Hauseingang. Das kleine Kunstwerk deutet an, dass diese interessante Episode zum kulturellen Allgemeingut gehört. Unseren Diogenes sieht man hier übrigens in seiner berühmten Tonne, während er sonst auch in oder vor einer Höhle dargestellt wird. (Foto: FOTOARCHIV ROMANISCHER AUTOREN)

„Alpha und (et) Omega". Anfang und Ende von Allem.

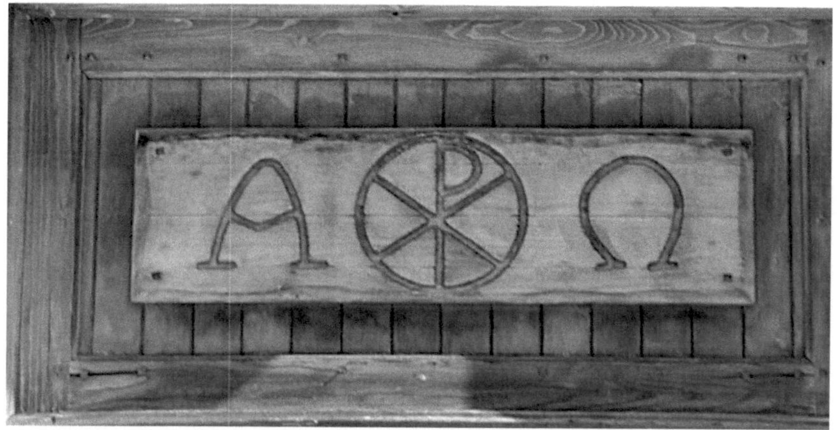

Abb. 7. Wir eröffneten unsere Einführung in die italienische Literatur(geschichte) lyrisch, und zwar mit dem extrem kurzen Gedicht MATTINA (*M'illumino / d'immenso*) von Giuseppe Ungaretti aus dem Jahr 1917 (vgl. 'Problemfeld' I). Seine Klanglichkeit stellt die Laute **A** und **O** zentral in den Deutungsraum: Es wird damit der erste und der letzte Buchstabe des griechischen Alphabets aufgerufen. Beide bilden ein Symbol für den Gott der Christen; das *Neue Testament* wurde nämlich in altgriechischer Sprache überliefert. Diese Darstellung fand ich über dem Eingang der Pfarrkirche von Busco (bei Oderzo). Das mittlere Emblem (oder 'Logo') ist hierbei eine griechische Abkürzung des Namens 'Christus' bzw. 'Christos', d. h. der beiden ersten Buchstaben. Mit diesem Bild und den damit verbundenen Gedanken für Ihre Zukunft schließe ich dieses Studienbuch. (Foto: FOTOARCHIV ROMANISCHER AUTOREN)

Zum Hintergrundtext des Buchumschlags: Es ist ein Auszug aus der *Göttlichen Komödie* von Dante Alighieri (1265-1321); Sie lesen dort:

Noi leggevamo un giorno per diletto / di Lancialotto come amor lo strinse; / soli eravamo e sanza alcun sospetto. [*Wir lasen eines Tages, uns zur Lust, / Von Lanzelot, wie Liebe ihn durchdrungen; / Wir waren allein, keines Args bewusst.*]

So beginnt eine der berühmtesten Episoden des Transzendenzabenteuers. Es geht um die Liebesgeschichte von Paolo Malatesta und Francesca da Rimini, denen Dante in der Hölle begegnet. Das auch hier noch 'unsterblich' ineinander verliebte Paar hat man für seinen Ehebruch bitter im Dies- sowie im Jenseits bestraft. Und das war damals so passiert: Als beide gemeinsam – einfach so – in einem berühmten Buch über einen Sündenfall aus Liebe lasen – König Artus' Gattin Ginevra und Ritter Lanzelot werden nämlich darin Opfer ihrer vehementen, verbotenen Leidenschaft –, wurde ihnen jene Lektürestunde zum persönlichen Verhängnis: Sie küssten sich auch… Francesca erzählt Dante dies alles.

Der Dichter demonstriert auf diese Weise die Wirkung von Geschichten, die magische Macht der Texte, die Zauberkraft von Sprache und Büchern. Genau damit beschäftigt sich eigentlich die Literaturwissenschaft und so auch die Italianistik, indem sie dies alles hinterfragt sowie zu erklären versucht.

www.peterlang.de